近畿大学日本文化研究所 叢書 十二

近畿大学日本文化研究所 編

対話

潜在する可能性

Dialogs

風媒社

I

時間との対話

1 〈出会い〉の可能性

サロン／ポストサロンにおける二つの時間

吉原直樹

「時間は『ともにあることの成り行きの色合い』を構造化するのである。しかし、これは単純な直截的関係にはない。一時の出会いであるために、その時限りの『よそ者』の立場を活かして秘密を打ち明けてしまうこともあれば、他方で、皆々がなじみ合い、信頼を育むために長い時間をともに過ごすことが欠かせない場合もある。」

——ジョン・アーリ『モビリティーズ』

はじめに

震災から五年目の二〇一六年三月十一日、大熊町役場会津出張所の前庭で町社会福祉協議会生活支援ボランティアセンター主催の3・11追悼及び復興イベントが開催された。当日、多くのメディアや会津若松市に身をよせている被災者が見守るなかで、黙祷・追悼式とロウソクへの点火がおこなわれた（図1参照）。同日、他の相双地区の自治体でも同様の追悼式が催された。これらは地元メディアだけでなく在京メディアでも大々的に取りあげられたが（『福島民報』二〇一六年三月十二日等）、イベント自体は通り一遍のものであった。しかしそこに参加した被災者にとっては特別の意味を持っていた。イベントにおいて二つの時間が出会い、死者と生者が向き合ったのである。

浜日出夫は、黙祷が行われる場で二つの時間が出会うことを次のように記している（浜 2016:22-23）。

「止まった時計が指したまま動かない時刻と一年間動き続けた時計が指す時刻が一年に一度重なり、そのときに黙祷が行なわれる。その黙祷の中で止まった時計の針が一目盛進み、『あれからまた一年経った』ことを告げる。止まった時計は一年に一度『あれから五年経った』……というように、多くの人が亡くなった戦争や災害や事故以来、積み重なった時間の厚みを告げるのである。それは犠牲者たちがもはや生きることのできなかった時間の厚みであり、生き残った者たちがそれらの事故や災害・戦争のあと生きてきた時間の厚みである。……黙祷の中で生き残った人間と死んだ人間の間の沈黙の相互行為が生じるのである。」

図1　黙祷・追悼式とロウソクへの点火（大熊町）
出所）『広報おおくま』117（2016年4月）。

浜がここで言及する「止まった時計」と「動き続ける時計」は、後述する内山節のいう「横軸の時間」と「縦軸の時間」、あるいは野家啓一のいう「垂直に積み重なる時間」と「水平に流れ去る時間」に相当する。そしてこうした二つの時間の〈出会い〉自体、モダンの時間の機制（両義性）のなかにある。[1] だが考えてみれば、こうした二つの時間の〈出会い〉は何も追悼式の時だけにみられるものではない。被災者が「悩み」や「苦しみ」とともに送っている日常生活のおりおりにおいてこうした〈出会い〉がみられる。被災生活の全体がこうした〈出会い〉の繰り返しであるといってもいい。

ここでは、大熊町の仮設住宅等をフィールドにして、そこから立ちあらわれているサロンにおいて、そしてポストサロンにおいて、被災者がいっとき傍に立つボランティアとともに経験している二つの時間の〈出会い〉の意味を考えてみることにする。「迷うこと」、そして「待つこと」の只中にある被災者にとって、二つの時間の〈出会い〉はある意味避けて通れないものとなっている。

1　Fサロンへ／から

会津若松市には、福島第一原発事故被災者の大熊町民が身を寄せている十二の仮設住宅がある。Fサロンはそのうちの一つであるF仮設住宅から立ちあらわれたものである。Fサロンについては、すでに拙著（吉原 2013;2016）

で言及しているので詳述は避けるが、以下の叙述とのかかわりで、さしあたり指摘しておきたいのは、Fサロンが立地するF仮設住宅が他の十一の仮設住宅とは異なり、特定の行政区住民にもとづいていないことである。すなわちF仮設住宅を除いて他の十一の仮設住宅には、「元あるコミュニティの維持」、「従前のコミュニティの確保」という国の方針を受けて、行政区住民ごとに入居し、区長や区長経験者がとりしきる自治会が結成された(2)。まさに「国策自治会」がつくられたのであるが、F仮設住宅だけは当初からさまざまな行政区住民が入り混じっていた。そしてそこでは、およそ「元あるコミュニティ」や「従前のコミュニティ」には邂逅しない、「異なる他者」＝「異種の存在」とともにある《コプレゼント》住民構成が基調となった。つまり、行政区住民が特定の仮設住宅に集住することによって育む共通／同一の帰属意識、それも内に閉じていくアイデンティティには回収されない世界がつくられたのである。

　こうしたF仮設住宅において、町包括支援センター主催の「いきいき教室」に参加した人たちが中心になってつくったFサロン（二〇一一年八月発足）は、それゆえ、同じ大熊町の被災者ではあるが、故郷を異にする被災者、すなわち相互に「異なる他者」であり「異種の存在」である

表1　サロンの展開

地区	サロン名
会津地区 （大熊町社会福協議会）	「なごみ」in 門田、「げんき」in 日新、「ひまわり in 一箕、喜多方サロン cf. 会津地区つながっぺ！おおくま日帰り交流会
いわき地区 （大熊町社会福祉協議会いわき連絡所）	いわき四倉サロン、サポートセンターサロン、いわき植田サロン、「ひなたぼっこ」（平）、大熊町交流カフェ、いわき鹿島サロン、いわき泉サロン、いわき草野サロン、いわき内郷サロン、いわき磐崎サロン cf. いわき地区つながっぺ！おおくま日帰り交流会
中通り地区 （大熊町社会福祉協議会中通り連絡書）	サロンつながっぺおおくま in こおりやま（郡山市）、茶話カフェ Rococo ～ろここ～（郡山市）、ホットサロン「てって」（福島市）、気軽に集まっぺ「もみの木」（白河市ほか県南地域）、「こらんしょ大熊」（福島市ほか県北地域）、「げんきが～い」（伊達市）、大王村社協サロン cf. 中通り地区つながっぺ！おおくま日帰り交流会
相馬地区	借り上げ住宅サロン（相馬市）、かしまに集まっ会（南相馬市）

注）表中、（　）内は連絡事務所をあらわす。
出所）吉原（2016：341）より引用。

表2　サロンの活動内容（2013年4月～2014年3月）

活動内容	回数	活動内容	回数
お茶会	196	押し花作り	1
食事会	3	手芸	1
健康相談	42	クリスマス会	3
介護相談	9	書初め	4
血圧測定	3	ひな祭り	5
レクリエーション	20	花見	5
ヨガ体操	8	餅つき	3
ラダーゲッター注)	6	豆まき	3
軽体操	5	七夕飾りつくり	2
周辺散歩	3	コミュニケーション麻雀	7
ピンポン	1	マジックショー	2
小物作り	26	男の料理	2
フラワーアレンジメント	3	落語	1
アレンジメント	3	弁護士との座談会	3
バルーンアート制作	2	園児との交流会	2
和紙小物作り	2	議会との懇談会	1

注）ロープでつながれた2本のゴムまりをはしご（ラダー）に向かって投げる遊びで、ラダーに引っかかるとポイントになる。
出所）吉原（2016：339）より引用。ただし、再掲にあたって表中の数字（一部）を修正。

被災者が出会う場として始まったのである。そしてサロンは、その後F仮設住宅を越えて会津若松市およびいわき市に立地する仮設住宅、さらに全国各地に散らばるみなし仮設住宅（借り上げ住宅）に拡がった（表1参照）。それらのサロンにおいておこなわれている活動や行事は、表2にみられるように、一見、自治会でおこなわれている活動や行事と何ら変わらないようにみえる。平たくいうと、ただ単に「おしゃべりの場」として存在しているようにみえる。

しかしサロンの「始まり」をなしたFサロンに関していうと、それが「異なる他者」＝「異種の存在」との出会いの場であるということがきわめて重要な意義を有している。なぜなら、それが被災者同士の〈出会いの場〉であると同時に、町社会福祉協議会管轄の生活支援ボランティアを通して入ってきた全国各地からのボランティアと〈出会う場〉となっているからである。詳述はさておき、筆者はこのボランティアと出会うことの意味を、近著において被災者の側に立って次のように述べた（吉原 2016:340）。

「全国各地からのボランティアと『出会う』ことによって、『よその人の目』が息づくとともに、避難者たちの『内なる』思いが『よその人』に伝わるようになっている。そして、いつの間にかボランティアを介して避難者間で自分たちの生活課題について話し合い、それらに向き合う状況が生じた。さらに、サロンでは、『国策自治会』が国、県、町など、『上から』の依頼業務の遂行に追われ、十分に対応できていない地元社会（町内会）との交流を積極的に推し進め、身近な『よその人の目』を通して自分たちの立ち位置を確認するようになっている。

　こうして日常的に『異なる他者』／『よその人』をまなざし、まなざされることを通して、『みんなが同じでないこと』、つまり『違うこと』を深く認識する。そして、自分たちが置かれている状況を対面的な関係において確認し、『異なる他者』／『よその人』と離れたりくっついたりしつつ、ゆるやかに互いの生を共感し合い、それらを生きる力へと変えながら、外に開かれた集合性を育むようになっている。それは『元あるコミュニティ』から自動的に派生したものではないし、そこに回収されるものでもない。サロンは常に動いていて、参加者は単一の中心や境界に組み入れられるわけではない。」


しかしそこでは、明らかに「隣り合うこと」が内包する多様性／複雑性および「偶発性(3)」、さらに「国策自治会」との異同に照準されており、活動やできごとを通して被災者の「声」を近傍に立って受け止め、立ち上げるボランティアの役割が貶価されている。それではそうしたボランティアの役割とはどのようなものなのだろうか。

　この点に関して、三井さよは、「悲しみでもあり、ときに怒りでもあり、苦しみでもあり、また悔悟の念でもある……言葉にならない［被災者の］〈思い〉」（三井 2015:150）を傍らに立って、ただ受け止め、「それとして尊重する」（同上:164）ボランティアに熱いまなざしを向けている。三井によれば、そうであるからこそ、「被災者もまたボランティアを生身の人として、自らの傍らに立つ人として、受け入れる」（同上：166）のだという。つまりサロンでは、ボランティアは一人の苦しみを抱え込んだ他者である被災者にいっときに傍らに立つという形で出会うのであり、被災者もまた寄り添っている目の前の他者であるボランティアを招き込むという形で出会うのである。似田貝香門はそこに〈歓待〉hospitalitéとしての〈出会いの場〉が形成されているとみているが（似田貝 2015:180）、より重要なことは、この〈出会いの場〉において、相互に「異なる他者」であり「よその人」であるボランティアと被災者が向き合って「〈『語る』―『聴く』〉というコミュニケーション」（同上:179）の過程が織りなされることである。ここであらためて注目したいのは、前掲の表2にみられる活動や行事において、このコミュニケーションの過程が見え隠れしていることである。似田貝はこのコミュニケーションの過程を通して、被災者が「現にある自己の存在状況」を見極め、「わずかでも、受難した過去を圧縮し、現在と未来を見通せるようになると感じる時」が立ちあらわれるという。そしてそれを「生きる時間」と称している（同上:182-183）。それでは、それはいかにして可能になるのであろうか。

2 サロンにおける二つの時間の〈出会い〉

ここで注目したいのは、似田貝のいう、ボランティアと被災者が向き合う「〈『語る』―『聴く』〉というコミュニケーション」の過程において、表2にみられる活動や行事、とりわけ年中行事が先駆的に繰り広げられる中で「生きる時間」が紡ぎだされていることである。サロンで被災者たちは、傍らに立つボランティアとともに年中行事に加わり、原発立地以前の村の生活に思いをいたすことになった。ちなみに、相沢韶男は、この村の生活を次のように述べている（相沢 1999:13）。

「人びとは農業を主に土に生きてきた植物を相手とし、繰り返しの作業をする中で、少しずつ変化を見せて一年を経過する生活を送った。肉体を駆使する生活の中で、信仰に深く関わり、日々の暮らしに大きな変化を与えるのが年中行事である。……過去の村の暮らしは、自然を相手とし野良で働くことの日々だった。その中に節目のように年中行事があった。胸をときめかし、心を躍らせ、誰もがその日を心待ちにしているのも年中行事である。」

こうした年中行事は、内山節のいう、以下のような「横軸の時間」を取り戻す／思い起こす機会／場となる（内山 1993:22）。

「春が訪れたとき、村人は春が戻ってきたと感じながら、それを迎い入れる。去年の春から一年が経過したと感じるのは縦軸の時間のこと、もう一つの時間世界では、春は円を描くように一度村人の前から姿を消して、いま私たちのもとに戻ってきたのである。一年の時間が過ぎ去ったのではなく、去年と同じ春が帰ってきた。時間は円環の回転運動をしている。このような時間存在を、とりあえず私は縦軸の時間と対比させて横軸の時間と記した。」

内山によると、「縦軸の時間世界では、時間は不可逆的な直線運動をしているのであり、その直線的時間は変化とともにある」、そして「私たちは……進歩や上昇を要請されつづける」（内山 1993:26）のである。考えてみれば、大熊町が効率、そして地域の発展を謳う原発立地を受け入れたときに、「縦軸の時間」に足を踏み入れたことになる。[4] そして原発爆発事故は、こうした「縦軸の時間世界の脆さ」（同上 :28）をこれ以上ない形で示すことになったのである。

だからこそ、被災者たちは、「縦軸の時間」世界が臨界局面に達している状況をそれとなく理解しながら、サロンで年中行事を繰り広げる中で、かつての大熊町が豊かに湛えていた「横軸の時間」世界、たとえば夫沢地区についていうと、「五《ご》、十日《とおか》、一《いち》、六日《ろくび》などという、村のみんなで行う行事や野良仕事を休む決まりがあった」こと、そして「みんなで決まりは守って仲良く暮らしていた」（鎌田 2016:9）ことに思いを寄せるのである。この思いは、喪われたものに対する、言葉になりにくい思いではあるが、それはしばしば悲しみや怒り、あるいは苦しみや悔みといった心情をともなっている。もちろん、こうした思いは先に言及したように、被災者に寄り添うボランティアが全身で聴く、換言するなら「ただひたすらに……それとして受け止め」（三井 2015:151）ることによって「声」（＝「語る」こと）になるのである。

だがいずれにせよ、サロンでの活動や行事、とりわけ年中行事でみられる、ボランティアと被災者間の「〈『語る』―『聴く』〉というコミュニケーション」過程を通して、内山のいう不可逆的な直線運動をしている「縦軸の時間」、すなわち進歩や上昇がメルクマールとなる年代記的《クロノロジカル》なテーマ設定の下にある時間と「毎年回帰してくる季節とともにある」（内山 1993:21）、円環の回転運動をしている「横軸の時間」――野家啓一の言葉を援用すると、「水平に流れ去る時間」と「垂直に積み重なる時間」[5]（野家 1996）――とが〈出会う〉ことになる。

3 「決めること」――帰還の強制と損害賠償の打ち切り

さて、サロンは、既述したようにF仮設住宅を越えて拡がった（表1参照）。そして表2にみられる活動と行事も、Fサロンのそれらを範型として広がった。しかしここに来て、いわゆる集中復興期間から復興・創生期間への移行と相まって、被災者を無視した復興施策の一方的な展開が露骨にみられるようになっている。ちなみに、政府からは、3・11から五年を境に（正確には一年前から）矢継早に損害賠償の打ち切り案が提示されている。[6] 政府方針によると、二〇一七年三月までに避難指示解除準備区域の避難指示解除がおこなわれ、それと前後して各種損害賠償の打ち切り（労働不能損害賠償→二〇一五年二月、営業損害賠償→二〇一七年二月、避難区域外（自主避難者）住宅補助→二〇一七年三月、精神的損害賠償→二〇一八年三月）がなされることになっている。こうした動きを見据えて、メディア等では帰還宣言を出す自治体が続出するであろうと予測している。実際、帰還をすすめる自治体が増えている。いずれにせよ、山川充夫が指摘しているように、「帰還と損害賠償の打ち切りがセットで提示されている」ことは明らかであるし（山川 2016）、自治体じたい、人の住まない避難区域をなくすことに躍起になっている。

大熊町についていうと、全住民の九六％が帰還困難区域の住民であるため、表立っては町による帰還の推進はなされていないようにみえる。しかし大川原地区を廃炉・ロボット技術関連研究開発拠点、植物工場、再生可能エネルギー等新産業が集積する「作業員の町」とするまちづくりが急ピッチでおしすすめられており、それが帰還をうながすものとなっていることは否めない。この点について、今井照は次のように述べている（今井 2016）。

「市町村からすると、『帰還』以外の選択肢は自らの存立を危うくする。だから市町村という空間を確保しようとする。避難指示を解除したい国や県の支援を受け、インフラ復旧や新たなハコモノの建設をすすめる。」

ところで、以上の動きに連動するかのように仮設住宅、みなし仮設住宅（借り上げ住宅）の縮小・放棄がすすんでいる。[7] そしてサロンもまた休止するところが出てきている。そうしたなかで被災者の間からは、自治体に対して「国からお金を引き出すことに汲々としており、住民の生活再建を二の次にしている」とか「加害者が損害賠償を一方的に決め、一方的に打ち切るといった不条理に目を閉ざしている」などといった批判が投げかけられている。だが何よりも被災者は、そうした動き、つまり一方的に「決めること」とともに、再建が一向にすすまない自分たちの生活が既述した「縦軸の時間」に再び席捲されるようになっている、と感じている。あのFサロンの二つの時間の〈出会い〉は一体、何だったんだろうか。被災者に寄り添ってみると、問いはますます深まっているように思われる。節をあらためてみることにしよう。

4 「決められないこと」、「迷うこと」そして「待つこと」

ところで、筆者もまたその作成にかかわった、日本学術会議社会学委員会・東日本大震災の被害構造と日本社会の再建の道を探る分科会が二〇一四年九月に発表した「東日本大震災からの復興政策の改善についての提言」では、「長期避難・将来帰還」という「第三の道」を提案している。「加害者」が賠償も帰還も一方的に決めて、それを押しつける状況を向うにしての提案であったが（そしてその限りでいまも有効であるが）、いまその「第三の道」をあらたな文脈で位置づけ直す必要が生じている。ちなみに、大熊町に関していうと、表3にみられるように、帰還を望まない町民が多数派を占めている[8]。そ

表3　大熊町民の帰還意向

	2011年6月調査	2013年10月調査	2015年8月調査
帰還派	(1)「放射線量が下がり、住んでも安全だとの国の指示があったらすぐにでも戻る」10.4%	(1) 現時点で戻りたいと考えている」 8.6%	(1)「戻りたいと考えている」 11.4%
	(2)「国の安全との指示が出た上で、水道、下水道、電気などの生活基盤がきちんと整備されてから戻る」36.9%		
	(3)「国の安全宣言が出て、生活基盤が整備され、他の町民がある程度町へ戻ったら戻る」25.4%		
非帰還派	(4)「放射線が不安だから戻るつもりはない」9.0%	(2)「現時点で戻らないと考えている」 67.1%	(2)「戻らないと決めている」 61.0%
その他	15.1%	(3)「現時点でまだ判断がつかない」 19.8%	(3)「まだ判断がつかない」 19.8%
NA	3.2%	4.5%	7.8%
n	3,419	2,764	2,667

注）いずれも大熊町が福島県、復興庁と共催でおこなったものである。

の一方で、二〇一五年八月調査では、六割の町民が「大熊町とのつながりを保ちたい」と回答している。そうしたなかで、「長期避難・将来帰還」という設定そのものに大きな空隙《すきま》が生じているのである。だが先にも言及したように、国、県そして自治体は「帰還」ありきで復興施策をすすめている。したがって「帰らない人」は自主避難者（→「棄民」）ということになる。とすれば、「第三の道」は、先の空隙を認めた上で、つまり帰還を望まない大多数の町民の意向を踏まえた上で、「長期避難」→「将来帰還」ではない道を提示する必要がある。少なくとも被災者にたいしてそのように一方向的に決めないこと、換言するなら、被災者にとって容易に「決められない」ことを中心に置くべきである(9)。

この「決められないこと」は、考えてみれば、一方で望郷の念を募らせ、他方で「棄民」化の惧れに慄く被災者にとっては、「迷うこと」でもある。そして上から持ち込まれた被災者間の分断と対立がこの「迷うこと」をいっそう拡散させ深いものにしている。ちなみに、旭爪あかねは、こうした「決められないこと」、「迷うこと」を「待つこと」に言い換えている。旭爪によると、「待つこと」は「抑えられない怒り、先の見えない状態の中で待つことの不安、焦燥、それでも絶望はしまいとする必死な思い」（旭爪 2016:44）とともにある。そして「理不尽に痛めつけられたかけがえのないものの再生を、先の見えない、見捨てられるかもしれない不安のなかで願い続ける、見守り続けるという意味合いでの『待つ』」（同上:46）ことなのである。もちろん、「待つこと」は、一人では達成されない。旭爪はいう、「苦しいけれど、とにかく生きていてほしい、生きていよう、ひとりぼっちではないことをたしかめ合おう」（同上:46-47）と。

この「ひとりぼっちではないこと」が「待つこと」においてきわめて重要なのである。ここであらためて問われるのが、ボランティアが被災者に寄り添うことの意味である。この点に関して、川上直哉の以下の言葉は含蓄に富む（川上 2016:62）。

> 「逃げたいと思う人には、逃げる道を共に考える。留まりたいと思う人には、放射能災害の減災を共に考える。迷う人には、一緒に迷う。そうして、被災者の尊厳を確保する。混乱と矛盾の渦中で苦しむ人のそばに立ち、『あなたはあなたでいい』という真実を、体を張って、証明する。」

いうまでもなく、「そばに立ち……証明する」ことは、既述したボランティアと被災者間の「〈『語る』—『聴く』〉というコミュニケーション」過程を通してはじめて可能となるのであり、またそうした過程を深く包み込んでいる、内山のいう「横軸の時間」あるいは野家のいう「垂直に積み重なる時間」が与件となるのである。ともあれ、こうして被災者を置き去りにした帰還政策がすすみ、被災者の間で諦めが広がり、そしてフクシマにたいする社会の関心が著しく低下（→忘却）する（そこではまぎれもなく、「縦軸の時間」が作動している）なかで、被災者は傍らに立つボランティアとともに「横軸の時間」世界に再び〈出会う〉ことになるのである。

むろん、だからといって被災／避難による「『苦しみ』や『悩み』、家族や人間関係の『ゆらぎ』、さらに差別され排除されてきた『無念』を『異なる他者』と語り合うこと」によって得られる、「将来への希望を抱かせるような何らかの契機が埋め込まれた『情熱的な紐帯』」（吉原 近刊）にただちに結びつくというわけではない。「横軸の時間」世界は、ムフのいうそうした「情熱的な紐帯」[10]（Mouffe 2005=2008）につながるような、先に言及したボランティアと被災者間の「〈『語る』—『聴く』〉というコミュニケーション」過程を、「迷うこと」、そして「待つこと」を通して育んでいるにすぎない。またそうした点では、みてきたような二つの時間の再度の〈出会い〉は、被災者が似田貝のいう〈こころの自律力〉を回復するための「生きる時間」をようやく手にしている、あるいはそのきっかけを作り出している、と解することができよう。

5　「原発さまの町」への郷愁と多重化する古里

考えてみれば、二つの時間が出会うということは、それほど簡単なことではない。たしかに、被災者たちはサロンにおいて、そしてポストサロンの「迷うこと」、そして「待つこと」のなかで、「縦軸の時間」世界に身を置きながら、「横軸の時間」世界に立ち戻ろうとしている。しかし「原発さまの町」をどこか懐かしく思う気持ちはある。

「家に戻れないのはくやしい。原発が憎いと思う。でも原発からいまも抜けきれない自分があるのも、正直隠せない。」

二〇一二年二月のFサロンの豆まきのときに参加していたある高齢の女性が発した言葉である。原発の基底にある「縦軸時間」に馴れきった被災者にとっては、いっとき「横軸の時間」に立ち戻ることがあっても、そこからただちに「縦軸の時間」を否定するということにはならない。被災者にとって、二つの時間の〈出会い〉は、何よりも、行き場のないどうしようもない自己の立ち位置を確認するものとしてある。そしてそうした点では、「迷うこと」、そして「待つこと」は「横軸の時間」世界にも「縦軸の時間」世界にも脚を下しているといえる。

ここであらためて想起されるのは、二〇一六年七月十日に実施された参議院議員選挙福島選挙区の選挙結果である。この選挙は、民進党の増子輝彦が自民党の現職の法務大臣である岩城光英を破って当選したということで話題になった。興味深いのは、それにもかかわらず、表4にみられるように、いわゆる相双地区、より広げていうと、浜通りでは、軒並み岩城の得票率が増子の得票率を上回ったことである（序にいうと、大熊町で

表4　2016年7月10日執行参議院議員選挙結果（福島県選挙区・一部）

	候補者 開票区	岩城光英	増子輝彦	得票数計
市部	福島市	58,177（43.8）	71,760（54.0）	132,944（100.0）
	会津若松市	25,288（46.1）	28,254（51.5）	54,892（100.0）
	郡山市	56,515（39.5）	83,344（58.3）	142,924（100.0）
	いわき市	85,982（58.7）	57,342（39.2）	146,445（100.0）
	白河市	13,812（48.6）	13,869（48.8）	28,440（100.0）
	須賀川市	14,391（40.6）	20,227（57.0）	35,467（100.0）
	喜多方市	11,360（46.1）	12,644（51.3）	24,657（100.0）
	相馬市	8,861（53.4）	7,255（43.8）	16,569（100.0）
	二本松市	13,048（43.8）	16,171（54.3）	29,790（100.0）
	田村市	9,913（48.7）	10,120（49.7）	20,350（100.0）
	南相馬市	15,243（51.9）	13,697（46.1）	29,720（100.0）
	伊達市	13,105（43.1）	16,611（54.6）	30,431（100.0）
	本宮市	6,182（42.0）	8,244（56.0）	14,709（100.0）
郡部	伊達郡	8,541（45.3）	9,942（52.7）	18,866（100.0）
	安達郡	1,775（41.1）	2,418（56.0）	4,319（100.0）
	岩瀬郡	4,296（43.6）	5,316（54.0）	9,846（100.0）
	南会津郡	8,012（43.9）	9,785（53.6）	18,258（100.0）
	耶麻郡	7,165（44.0）	8,735（53.6）	16,292（100.0）
	河沼郡	5,934（47.0）	6,348（50.3）	12,628（100.0）
	大沼郡	7,977（51.4）	7,164（46.2）	15,512（100.0）
	西白河郡	10,076（45.1）	11,630（52.1）	22,328（100.0）
	東白川郡	9,407（52.2）	8,198（45.5）	18,018（100.0）
	石川郡	10,809（47.8）	11,386（50.3）	22,628（100.0）
	田村郡	7,444（48.2）	7,758（50.2）	15,457（100.0）
	双葉郡	15,754（55.9）	11,841（42.0）	28,166（100.0）
	相馬郡	3,915（57.0）	2,783（40.5）	6,867（100.0）
県計		432,982（47.2）	462,852（50.5）	916,487（100.0）

注）表中（　）内は得票率を示す（ただし、岩城、増子以外の候補者（1名）の得票数及び得票率は割愛）。
出所）福島県選挙管理委員会所蔵資料より作成。

は、岩城の得票率は五六・一％、増子の得票率は四一・五％であった）。ちなみに、選挙期間中、増子は福島第一原発および第二原発の廃炉を明確に訴えた。それにたいして岩城は原発の廃炉を争点にすることを意識的に避けた。もちろん選挙結果は、両者の地盤、ＴＴＰの影響、いわゆる「原子力ムラ」の集票機能等[11]と密接に関連しており軽々に論じられないが、みてきたような被災者の両義的なスタンスが多少とも影を落としているといえないこともない。

いずれにせよ、被災者においてみられる二つの時間の〈出会い〉は、多元的に読み解く必要があるし、またそれとの関連で、みてきたような「決められないこと」、「迷うこと」、そして「待つこと」にたいして、さまざまな角度《アングル》から迫る必要があるだろう。それと同時に、二つの時間があたかもコインの両面のようなものとしてあることを認識すべきであろう。先にモダンの時間の両義性について触れたが、それがプレ３・11、そしてポスト３・11を通底していることを、ここであらためて指摘しておきたい。繰り返しになるが、二つの時間の〈出会い〉は、単に「横軸の時間」が「縦軸の時間」を凌駕することではない。そこには被災者の古里への思いが複雑にからんでいる。Ｆサロンで出会った、先に取り上げた高齢の女性は、「自分は帰らないが、孫には故郷を残したい」と、述べている。古里への思いは原発および原発事故とからまって多重化している。それが二つの時間の〈出会い〉において錯綜した「かたち」であらわれているといえる。

むすびにかえて

結局、被災者たちは、自分たちを置き去りにした形で一方的に進んでいる復興にたいして、復興がもたらす「変貌に反対をする、あるいは介入するというよりも、手だてを探すという感覚」（市村 2016:149）で向き合っている。その基底に渦巻いているのは、「原因者の都合で決められた避難区域によって賠償額を決定するといった感性に対する『何なんだ』という思いと……被害者不在で決定する方法への違和感」（同上 :154）ではあるが、だからといって、ただ単に「昔のあの頃」に戻りたいと考えているのではない。「迷うこと」、そして「待つこと」はもちろん上述の怒り、違和感に裏打ちされているが、「胸の内を伝え合う厭わない積み重ねが……長い目で見れば、きっと明るいよいものを生み出していく」（旭爪 2016:47）という思いも横溢させている。人間的復興はより遠のいているようにみえるが、諦めない。そのために途方もない時間を要するであろうという自覚が、いうなれば「迷うこと」、そして「待つこと」をつくりだしているのだ。

ボランティアと邂逅することによって、そしてかれら／かの女らに寄り添われて「横軸の時間」へ導かれることによって、「待つことのできる世の中」（旭爪 2016:47）に入っていく。それは「縦軸の時間」のなかにある自分たちを見つめ直すことでもある。だから、みてきたようなFサロンやポストサロンのなかで二つの時間に〈出会うこと〉は、被災者にとってかけがえのない「生きられた時間」を構成することになる。そして「生身の被災者」が自律するための序曲を奏でることになる。だが二つの時間の〈出会い〉が一つのメルクマールとなる「迷うこと」、そして「待つこと」は、いわゆる「原子力ムラ」の「驕慢なる統治構造」（斎藤 2012:255）に直接対峙するわけではない。むしろ、先に記した参議院議員選挙結果にみられるように、「原子力ムラ」に抱合されてしまっているようにみえる。とはいえ、「原子力ムラ」の下で性急に結果を出そうとひた走りしている、経済を至上とする復興のありよう（まさに「縦軸の時間」世界に根ざしている）にたいして一つの批判的きっかけを織りなしていることはたしかである。

つまるところ、二つの時間の〈出会い〉から、鎌田清衛のいう、以下のような「一万一千人のドラマ」にどのような道筋をつけていくかが、鋭く問われるのである（鎌田 2016:213）。

「私たち大熊町民一万一千人は、避難という形で見知らぬ土地に放り出された。それからの苦難の道は一人一人が異なる、初めての体験の連続で、一万一千話のドラマを持っている。」

「異なる他者」／「異種の存在」との交わりを通してさまざまな出来事や行事をつむぎながら、思いがけなく二つの時間に〈出会うこと〉になったFサロンの物語はまだまだ終わりそうにない。そこから立ちあがってくる被災者たちの「迷うこと」、そして「待つこと」もしばらく続きそうだ。そのことにたいして、けっして安穏とはしておれないが、筆者自身、ひとりの「異なる他者」／「異種の存在」としてずっとかかわっていきたいと考えている。[12]

注

（1）筆者は、モダニティと時間的経験を別のところで次のように述べたことがある（吉原 2008:23-27）。

「モダニティの概念として定着した啓蒙の神話は、時間を社会的時間から切り離し、『時間の細分化』、『社会生活のタイムテーブル化と数学化』（ラッシュ&アーリ）、畢竟、グリニッジ標準時の発展を促した、それじたい、ニュートニアンの視圏内にある『単線的で同質的で連続的な時間』（ブルデュー）を強く打ち出した。それはまさにソローキンとマートンにはじまって、トムソンにおいて『仕事』への志向から『時間』への志向へと捉えられた『クロック・タイム』を絶対視するものであった。……［ところが］グローバル化がすすみ、人びと、イメージの移動と電子的メディアが決定的な意味を持つようになるなかで、人びとは自分たち自身の社会のリズムや歴史以外に多くの時間があるという認識を抱くようになり、また異なった時期において、さまざまな社会によってたどられた経路およびパターンを感覚的に共有することで『生きられた時間』の多様性を共有するようになっている。……それは一言でいうと、『内的時間』への問い込みとして約言することができる。それはおおむね次のようにいえる。つまり記憶のなかで再現される過去は一定の過去の事実としてではなく、現在の書き換えられた記憶として頭におさめられている。同じように、未来は現在から自律して超越的に存在するのではなく、現在との関連において、まさに現在が変化するのに合わせて変化するものとしてある。こうした『内的時間』は、いうまでもなく、過去、現在、未来の区分をどこでおこなうかといったクロノロジカルな問題設定からは出て来ない。過去はいわば引き出しのようなもので、現在によって自由に出し入れができるもの、また未来はかろうじて現在によって想到可能なものとしてある。こうして『内的時間』は人びとの『生きられた記憶』として現在に深く底礎するのである。」

（2）ちなみに、12の自治会にたいして「結成のきっかけ」および「自治会長の前職」を聞いたところ、前者については「役場のはたらきかけ」4、「有志の呼びかけ」2、「不明」6、後者については「区長」7、「副区長・自治会長」1、「無回答」4、であった（吉原 2013:104）。

（3）この点について着目しているのは、ジェイン・ジェイコブズである。彼女は『アメリカの大都市の死と生』において、近隣において「隣人たちが大きな違いを持つこと」（Jacobs 1961= 二〇一〇：九〇．ただし、引用は訳文通りではない）に注目する。この違いは、人びとの

「交わり」を色鮮やかにする多様性の源であり、「はっきりしたユニットとして区切るような始まりも終わりもない」（同上：一四二）連続体であり、単調さ、機能的なまとまりには回収されない「ちがい」としてある。そしてこうした「ちがい」から、「自己完結的な居住地域内での異なる小さな集団同士」の人間関係に還元されない「飛び石式の人間関係」が「偶発的に形成され」るという（同上：一五七）。

（4）原発の立地は効率と結果を優先する地域振興策を選んだことであり、地域が原発のもたらす受益構造にすっかり包み込まれることを意味していた。それ自体、戦後日本の開発主義体制の一翼を担っていたわけだが、大熊町に関していうと、多くの町民が「縦軸の時間」世界の下で私化（＝個人主義的消費生活様式の進展）の道を歩むことでもあった。そしてそれはポスト3・11の地層にも引き継がれている。

（5）野家によると、「水平に流れ去る時間」は、たとえば、メトロノームの往復運動や時計の針の回転運動によってあらわされる時間、すなわち単線的な一方向的なものとして示される時間のことである。他方、「垂直に積み重なる時間」は、わたしたちの記憶とともにある時間である。それは、いうなれば集合的記憶の積層部分においてただよっている時間のことであり、シュッツのいう「経験のストック」を帯同している（併せて、浜（2016:20-21）を参照のこと）。

（6）賠償額を抑え、帰還をうながすという国の方針は明確である。他方、帰還以外の選択肢は自らの存立の基盤を危うくすると考えている自治体は、国の方針を受け入れざるを得ない。しかし考えてみれば、被災者の被害の状況を踏まえないで「加害者」が一方的に損害賠償を打ち切る、そして自治体がそれを肯認するというのはまったく理に適っていない。加えて、こうした事態がすすむと、被災者が何重にも分断されかねない。

（7）仮設住宅やみなし仮設住宅（借り上げ住宅）から追い出された多くの被災者たちは、こんにち、復興公営住宅に入居している。しかし、復興公営住宅に入居したために、サロン等でつちかわれた共同性から切り離され、却って孤立化するといった事態が生じている。みなし仮設住宅の自治会である会津会のTさんは、「公営住宅はまるで吹き溜まりのようになっている」という。入居者の大半が高齢の独居老人であることを考えると、ある種の「棄民化」がすすんでいるといっていいだろう。

（8）周辺の自治体でもほぼ同じような意識傾向がみられる。ちなみに、二〇一五年九月五日にいちはやく全町民を対象に避難指示の解除がなされた楢葉町の場合、三か月経っても町民の帰還者はわずか四百二十一人（全町民の五・七％）にとどまっている（『福島民報』二〇一六年一月四日）。

（9）もともと被災者の生活再建には「決められないこと」がつきまとっていた／いる。たとえば、福島県が二〇一一年七月に実施した、福島県から新潟県に避難している人びとにたいする生活再建に関する意向調査で「新潟県での生活を希望する理由を聞いたところ、避難区域の縮小や解消の見通しが立たないことや、避難区域外の世帯でも、子供に対する放射能の影響を不安視し、新潟県での生活を希望する世帯を希望する世帯が多いことがわかった」（高橋ほか編 2016:88）という。つまり生活拠点をどうするかについて「決められない」と答えているのである。その後、みてきたように被災者の生活再建の状況を無視した、上からの一方的な避難指示区域解除等の動きがみられるようになっているが、基本的には被災者にとって「決められない」状況が続いているように思われる。

（10）この「情熱的な紐帯」は、サロンでは病気による「苦しみ」や「悩み」、家族や人間関係の「ゆらぎ」、さらに差別され、排除されてきた経験をボランティアに語り、聴き返されることによって作り出される。そしてそれが被災者としてのアイデンティティの形成に与えることになるのである。

（11）ここでは、「原子力ムラ」という言葉をさしあたり東京電力をささえる産官学複合体（シンジケート）という意味合いで用いる。「原子力ムラ」はこれまで圧倒的なカネと組織力でさまざまな選挙に介入し、原発を推進する候補者を下支えしてきた。また原発推進に従わない者にたいしては、さまざまな陰謀を巡らせて抹殺してきた。たとえば、元福島県知事佐藤栄佐久の失脚はこの文脈で理解するとわかりやすい（佐藤 2009）。今回の選挙においても、「原子力ムラ」の一郭を占めるデベロッパーが浜通りを中心に暗躍したといわれている。

（12）ここでは論及しなかったが、二つの時間はモダンの二つの空間と相同的に存在する。つまり二つの時間の〈出会い〉は二つの空間の〈出会い〉でもあるのだ。ちなみに注（1）に関連していうと、「縦軸の時間」は「幾何学の連続的空間」に、そして「横軸の時間」は「生きられた空間」に照応している（吉原 2008:23-28）。もちろん、この二つの空間は二つの時間がそうであるように、モダンの両義性の機制のなかにある。ところで筆者は、本稿1で触れたように、Fサロンにおいて「異なる他者」／「異種の存在」間の〈出会い〉の裡に「隣り合うこと」が内包する多様性／複雑性および「偶発性」を観て取ったが、それは筆者のいう「創発性」、さらにムフらが着目する「節合」のありようを確認することでもある。そしてその確認は「生きられた空間」を経験場としておこなわれることになる。しかし本稿では、このことについて言及し得なかった。いずれ時機をみて考えてみる心算だが、さしあたり、吉原（2016）を参照されたい。

文献

相沢韶男［1999］『大内のくらし』ゆいでく有限会社
浜日出夫［2016］「時間と社会」実践社会学研究会編『実践社会学を探る』日本教育財団出版局、一八―二三頁
旭爪あかね［2016］「待つことをめぐって――原発事故とひきこもり」『日本の科学者』第五一巻第六号、四四―四七頁
市村高志［2016］「避難者にとって『復興プロセス』とはなにか」『現代思想』二〇一六年三月号、一四七―一五五頁
今井照［2016］「帰還政策は『収束』狙い」『北海道新聞』二〇一六年七月十二日
川上直哉［2016］「ほつれる心――原子力災害の現場における支援について」『学術の動向』第二一巻第一号、五九―六二頁
鎌田清衛［2016］『残しておきたい大熊のはなし』歴史春秋社
三井さよ［2015］「いっとき傍らに立つ――つぶやきから見る被災者の苦闘と足湯ボランティアの意義」似田貝香門・村井雅清編著『震災被災者と足湯ボランティア』生活書院、一四四―一七〇頁
Mouffe, C., 2005,*On the Political*, Routledge（酒井隆史監訳［2008］『政治的なものについて――闘技的民主主義と多元主義的グローバル秩序の構成』明石書店）
似田貝香門［2015］「『身体の声』を聴く――足湯での被災者の『つぶやき』分析から」似田貝・村井、前掲書、一七一―一九一頁
野家啓一［1996］『物語の哲学』岩波書店
斎藤貴男［2012］『「東京電力」研究　排除の系譜』講談社
佐藤栄佐久［2019］『知事抹殺　つくられた福島県汚職事件』平凡社
高橋若菜編［2016］「避難ニーズをくみとり、組織的に支援を展開する」高橋若菜・田口卓臣・松井克浩編著『原発非難と創発的支援――活かされた中越の災害対応経験』本の泉社、二五―一〇六頁
内山節［1993］『時間についての十二章――哲学における時間の問題』岩波書店
山川充夫［2016］「原子力災害被災地の復興計画と帰還問

題」『原発事故被災長期避難住民の暮らしをどう再建するか』（二〇一六年九月十九日日本学術会議公開シンポジウム）配布資料
吉原直樹［2008］『モビリティと場所――21世紀都市空間の転回』東京大学出版会
――［2013］『「原発さまの町」からの脱却――大熊町から考えるコミュニティの未来』岩波書店
――［2016］「コミュニティの社会学から社会史へ」中野佳裕編訳『21世紀の豊かさ――経済を変え、真の民主主義を創るために』コモンズ、三二八―三五七頁
――［近刊］「モダニティ・共同性・コミュニティ」金子勇編『計画化と公共性』ミネルヴァ書房

［追記］本稿は、二〇一六～一七年度日本学術振興会科学研究費・挑戦的萌芽研究「ポスト3・11と原発事故被災者の『難民』化の実相」（課題番号16K13423・研究代表者吉原直樹）で得られた成果の一部である。

2 今敏『千年女優』と能〈黒塚〉試論

糸繰り車の回転と〝輪廻〟

平林一成

1

日本演劇史は、しばしば地層に譬えられる。

たとえば河竹登志夫は、西洋演劇史が「交替あるいは興亡盛衰の歴史」であるのに対し、日本演劇史を「並立あるいは重層の歴史」として、「まるで地層のように、古いものから順に積みかさなって、層をなしている」と規定する(1)。

確かに日本における舞楽（雅楽）、能・狂言、人形浄瑠璃（文楽）、歌舞伎等の古典芸能は、それぞれ大成された時期が異なり、また、演技・上演形態・制度もまた、幾多の変遷を経てはいるものの、新しく勃興したジャンルが古きものを淘汰するのではなく、各々が地層のように積み重なって保存・伝承され、今日に至っている。これらはギリシャ悲劇のように、いったん上演が完全に途絶えた（ジャンルとして根絶された）のちに資料をもって復元・上演されている訳ではなく、地層として連綿と受け継がれつつ、各々の並立性・重層性を保っている。日々、観客として能・狂言や歌舞伎に触れている身であれば、これは自明と感じられるが、しかし世界的に見ても、日本の古典芸能を取り巻く環境や享受のあり方は特殊と言える。古典芸能は「博物館に資料として陳列されているのではなく、現代の観客とともに生きている」(2)のである。

この日本演劇の並立性・重層性は、近代演劇を「すでに存在していた伝統演劇の層のうえに加え」(3)つつ、今もなお新たな地層を生成し続けている。宝塚歌劇が、大正三年（一九一四）の「宝塚少女歌劇第一回公演」から数えて百周年を迎えたことはよく知られている。

そして仮に、〝日本演劇史〟を広義に捉え、十九世紀末に始まる日本映画(4)――ひいては映像文化――を「劇芸術」・「演劇的芸能」[5]の一環と見なすならば、これもまた、生成途上にある地層の一種と考えられないだろうか。日本の映像文化のうち、昨今、海外の評価も高いアニメーションに絞ってみても、大正六年（一九一七）に下川凹天、幸内純一、北山清太郎が相次いで作品を発表した黎明期から数えれば（黎明期がさらに遡るとの指摘もある[6]）、既に百年が経過したことになる。

このような、古典芸能から映像文化に至るまでの地層の並立性・重層性は、巨視的に日本演劇史を描き出す際、常に念頭に置くべきであるが、その一方、演劇・映像作品を個々に考察する次元においてもまた留意すべきと思われる。なぜならば優れた作家は創作にあたって、膨大な作品群をジャンルを問わず貪欲に摂取するが、その結果、意識的にせよ無意識的にせよ、日本演劇史を凝縮したような地層の堆積を記憶の内部に形成し、それを自らの作品中にも畳み込んでいる可能性があるからである。作品によっては、主題と密接な顕在的なイメージの奥底に、古い地層が潜在的に横たわり、期せずして両者が響き合うような現象も充分に生じうるのではないか。

以上のような観点に立脚しつつ、本稿で取り上げるのは、惜しまれつつ早世した映像作家・今敏《こんさとし》（一九六三―二〇一〇）のアニメーション映画『千年女優』（二〇〇二年劇場公開）である。

同作は往年の名女優・藤原千代子（設定は七十五歳、原節子と高峰秀子がモデルとされる）の昔語り、及び、死を描く。

この藤原千代子による昔語りは、初恋の男性である「鍵の君」を追うことで展開するが、ただし映像で表現される千代子の記憶においては、少女時代から女優として出演してきた数々の映画や舞台（虚）と実生活（実）の間に明確な境界線が存在していない。そのため千代子は、類似した状況や行動を反復しながらも、出演作の記憶ごとに時代設定や役柄をめまぐるしく変転させていく。

また、聞き手である映像制作会社の社長・立花源也（六十歳前後に設定）とカメラマンの井田恭二（二十八歳に設定）は、日本映画史とも呼ぶべき千代子の昔語りに釣り込まれ、次第に記憶（映像）の中に登場人物として参加するようになる。特に立花源也は、千代子を追いつつ、その危機に際しては助力するような役回りを、これも千代子の出演作ごとに時代設定を変えながら次々に演じていく。なお、この千代子と立花の関係性については、今敏自身の手による原案において「…愛しの君を追う女とその彼女を求める男の時代を超えたロンド。まるで輪廻を続けながら人が人を追い求める魂の物語[7]」と記され、本作においてもそのまま反映されている。

このように、虚と実、語り手と聞き手の区別を曖昧にしながらも、作品から作品へ時代を易々と飛び越えていく昔語りは、「まるで輪廻を続け」るように、あるいはまた、自己言及的な日本映画史のように展開していき、「鍵の君」を追う千代子と、その千代子を追いつつ助力する立花は、戦国時代を背景とした時代劇作品から未来を舞台としたSF作品に至るまでの千年を一気に駆け抜けていく。すなわち同作は、昔語りという伝統的な演劇手法を基底としながらも、映像作品特有の高度なモンタージュ技術を縦横に駆使し、八十七分の束の間の上映時間に内的な〝千年〟の時間性を見事に表現したのである。

この『千年女優』は第六回ファンタジア映画祭において最優秀アニメーション映画賞ならびに芸術的革新賞を同時受賞するなど、海外の数々の賞に輝いた。国内では、第五回文化庁メディア芸術祭でアニメーション部門大賞を受賞したが、このとき同時に大賞を受賞したのは宮崎駿『千と千尋の神隠し』である。さらにアニメーションと実写を含む全ての日本映画で初めて、ドリームワークス（Dream Works）による世界配給権を獲得したのも本作であった。

国内・外の高い評価を得た『千年女優』であるが、本稿で特に焦点をあてたいのは、今敏自身が原案の段階から言及している〝輪廻〟（前掲）、及び、これと密接な関係にある糸繰り車の回転のモチーフである。

氷川竜介が、「実生活でも映画でも似たシチュエーションと行動を何度も何度も繰りかえす千代子の行為は、「輪廻転生」のように見えてくる[8]」と評したように、〝輪廻〟は『千年女優』において極めて重要な要素となるが、同時に藤原千代子の昔語りには、糸繰り車、及び、それを回転させる老婆のモチーフが随所に挿入される。

この糸繰り車の老婆に関しては、黒澤明『蜘蛛巣城』（一九五七、シェイクスピア『マクベス』を日本の戦国時代に翻案した作品）が直接の典拠であることが既に知られており、異論を差し挟む余地はないが、しかしその淵源に遡るならば、先行する映像作品のみならず日本演劇史の古層に属する舞台作品の糸繰り車もまた、『千年女優』の主題性と軌を一にしながら回転を続けているのではなかろうか。

『千年女優』という一個の映像作品と対話しつつ、そこに畳み込まれた日本演劇史の重層・並立した地層を掘削していく試みは、おそらくは同作の再評価にも繋がる筈である。

2

先述のように、今敏『千年女優』における昔語りは、虚と実、語り手と聞き手の区別を曖昧にしつつ、「まるで輪廻を続けながら人が人を追い求める」（前掲）ように展開する。

　これに加え、作中には主人公の藤原千代子が出演した架空の作品が劇中映画として多数引用される（設定資料において確認できるのは十七本）。これら劇中映画には、『めぐり逢い』『あやかしの城』『学舎の春』『遊星Z』等といったタイトルが付されているが（本編では千代子の山荘の卓上に置かれたパンフレットの表紙に映画の題が示される）、『めぐり逢い』は昭和二十七年から二年間にわたって放送されたNHKラジオドラマ『君の名は』、及び、昭和二十八年に大庭秀雄によって映画化された同題作品を意識しており、『あやかしの城』は黒澤明『蜘蛛巣城』、『学舎の春』は木下恵介『二十四の瞳』、『遊星Z』は本多猪四郎『妖星ゴラス』へのオマージュといったように、それぞれが実在する何らかの作品と連関している。

　ただし、喚起される実在の映画作品と千代子の出演映画とは、忠実な一対一の対応関係を結んでいる訳ではなく、明確に言及されぬ他の作品とも複合しつつイメージを形成している。たとえば、劇中映画『ギガラ』には、『ゴジラ』シリーズのみならず『フランケンシュタインの怪獣　サンダ対ガイラ』の引用も含まれており[9]、また同じく劇中映画の一つである『女の庭』と題された、結婚をめぐる母娘の確執を描いた作品では、カメラ固定のローアングルのカットが頻出し、特定の作品に依拠したというよりは、小津安二郎の映画の作風そのものが模倣される。

　こうした処置によって観客の側は、自身の映画鑑賞の記憶の断片とも連動させながら、ちょうど『千年女優』における昔語りと同様、虚実が曖昧となった〝日本映画史〟に立ち会うことになる。ちなみに千代子が所属していた映画会社の名称は「銀映」であり、戦後の松竹、東宝、大映に並ぶ「戦前から活動していた伝統ある映画会社[10]」として設定されているが、劇中で取り壊され瓦礫と化す撮影所――瓦礫は千代子の死と再生の象徴ともされる[11]――が松竹の大船撮影所を髣髴とさせるなど、現実の事実の断片（実）を媒介としながら観客を作品世界（虚）へと誘導する手法が本作では巧みに用いられている。

　また『千年女優』では、劇中映画に登場する主要なキャラクターによって、類似した状況が幾度となく繰り返される。

昔語りの前半部分に限定してみても、初恋の男性である「鍵の君」を追う千代子は戦国時代の姫君（劇中映画『あやかしの城』、以降タイトルは全て架空のもの）、江戸時代の女忍者（『千代子の忍法七変化』）、京都・島原の遊女（『島原純情』）、幕末の町娘（『雪の絶唱』）など、過去の出演作の記憶ごとに時代を飛び越えて様々に変貌していく。これに伴い、聞き手でありながら昔語りに没入・同化する映像制作会社の社長・立花源也も、焼け落ちる天守閣の梁から身を挺して姫を庇う忠臣・長門守源衛門、敵方の侍たちに四方を囲まれた女忍者に助太刀をする木枯し紋次郎風の股旅姿の男、一室に幽閉された遊女に抜け道を指し示す遊郭の番頭、新撰組に詰問される町娘を救う怪傑黒天狗[12]といった役柄を次々に演じながら語り手の記憶（劇中映画の映像）に登場し、危地に陥った千代子を救っていく。

この千代子と立花の関係性の絶えざる反復のみならず、昔語りにおいては千代子の先輩格の女優・島尾詠子や頬に傷のある男（今敏の絵コンテ[13]では「傷男」あるいは「傷の男」と呼称）も時代ごとに登場し、千代子の行手を阻む役割を担う。そしてこの昔語りの前半は終戦時の焼け野原――あるいは瓦礫――の光景をもって締め括られ、千代子の少女時代は終わりを告げる。

つづく後半部分（戦後）に入ると、若かりし頃の立花源也が実は銀映のスタッフであったことが明かされ、記憶（映像）のうちに二十代前半の姿のままで登場する（絵コンテでは現在の立花源也と区別して「ゲンヤ」と表記される）。これによって千代子の知らなかった経緯が語られるのだが、今敏はその演出意図に関して「千代子の語りだけでは彼女の主観の部分しかわからない。そこに立花の語りが入ることによって、彼女の語りをもう一回俯瞰して見ることが出来る[14]」と述べている。

この語りの位相の転換と同時に、回想に登場する千代子も、戦前の娘時代から三十代・四十代へと年を重ね、「鍵の君」をひたすらに追い続けるのではなく、自身に思いを寄せていた映画監督である大滝との結婚・離婚も経験していく。そして徐々に容色の衰えを自覚しつつ、「あの人（鍵の君）に、老いた姿を見られるの、嫌だった」と四十代半ばで映画界から失踪したまま、三十年間にわたって姿を隠す。このように後半部分では、語りの位相を変えるのみならず、千代子の〝老い〟も取り上げられる。

ただしこの後半においても、前半と近似した状況は繰り返される。
　たとえば五百年後の未来を舞台とした特撮映画『遊星Z』（千代子は四十代半ばで出演）の撮影中に、地震とともに崩落したセットから身を挺して千代子を守ったのは、銀映のスタッフとして現場に居合わせていた二十代の立花源也（「ゲンヤ」）であったことが判明する。そして千代子への取材が行われている現実の世界においても地震が起こり、天井に吊るされた木組みが落下するが、このとき七十五歳の千代子に決死の覚悟で覆い被さるのも立花源也である。そして本作の最後、体調を悪化させて病室のベッドに横たわる千代子は、『遊星Z』の一シーンを想起しつつ、劇中の宇宙ステーションにおいてロケットに搭乗し、無限の彼方へと飛び立っていくが、この場面（映像）に立花はカメラマンの井田とともに宇宙服姿で登場し、千代子の旅立ち（死）を見送る。

　このように『千年女優』は、架空の劇中映画の引用、聞き手の劇中映画への登場、後半における語りの位相の転換など、極めて複雑な構造をそなえた映像作品であるが、その一方、原案の段階で示された「…愛しの君を追う女とその彼女を求める男の時代を超えたロンド。まるで輪廻を続けながら人が人を追い求める魂の物語」（前掲）が終始貫かれる作品でもある。

　なお、「まるで輪廻を続けながら人が人を追い求める」ことについて、今敏は次のように述べている。

> 聞き手の側もいつの間にか婆さんの昔話に入り込み、過去を彩った人物として登場してくる。主人公の女が、時代が変わっても同じ人格として扱われるように、この聞き手も同様に一貫した人格、それも主人公に対して同じ役回りをもって各時代に登場してくると面白いような気がしたわけです。輪廻のイメージだったかもしれません。輪廻といっても、…（略）…単純な生まれ変わりではなく、もう少し元来の意味での「業の輪廻」といったイメージ。輪廻するのは「関係」であると考えたわけです。時代を経ても繰り返される関係。(15)

　今敏は、『千年女優』における〝輪廻〟を、右の傍線部のように「時代を経ても繰り返される関係」とするが、これはそのまま、虚実を問わぬ〝千年〟を駆け抜けた千代子と立花の関係性に重なり合う。

　そして今敏によれば〝輪廻〟は、「回転」と「上昇」の二つの運動を伴うと言う。

…全く同じことが繰り返されるのではなく、螺旋を描くように回転しながらも上昇の軌跡を描いていく。私は安直な意味で輪廻を信じているわけではありませんが、繰り返される生々流転の中で魂は成長していく、正確にはそうあって欲しいと思っています。(16)

右の傍線部の「回転」と「上昇」のうち、前者に関しては、先にも触れたように黒澤明『蜘蛛巣城』から引用された、老婆と糸繰り車の「回転」のモチーフが随所に鏤められる(老婆単独で登場する場合も含めれば合計八回)(17)。この〝輪廻〟の表象としての「車」(糸繰り車)の「回転」は、たとえば平安中期の仏教書である源信『往生要集』において既に「…生死に輪廻して、六道のうちをめぐる事、猶し車の輪のごとくにして、初もなくおはりもなし」(18)(傍線筆者)と言及されているように、極めて伝統的かつ典型的な系譜に属するものと言える。

他方、もう一つの「上昇」に関しては、作品内に端的な例を看取できる。

たとえば後半部分で語りの位相が転換する演出に関して今敏は、「千代子の語りだけでは彼女の主観の部分しかわからない」(前掲)としているが、これは裏を返せば、千代子は立花の語りの混入によって、「鍵の君」を追う自身が実は身近な他者(「ゲンヤ」)に常に見守られ、撮影現場の事故においても救われていたことを初めて認識するのである。

また、本作のラストシーンで臨終の床にある千代子は、枕許の立花から「…今度は、きっと逢えますね…あの人に」と声をかけられるが、「どうでしょう…でも、どっちでもいいのかもしれない…だって私…」と答え、遠くを見つめながら目を閉じる。この直後、劇中映画『遊星Z』の一シーンに切り替わり、先述のように宇宙服姿の立花と井田に見送られながらロケットに搭乗した千代子は、打ち上げとともにまさに「上昇」しながら、最後の台詞「だって私…あの人を追いかけている私が好きなんだもの」を残して、宇宙の彼方へと消えていく。

この台詞については賛否両論あるが、「鍵の君」について次のように述べる今敏の意図は明確である。

彼女が追い求めたのは具体的な誰か、というより内面の父親像とも言えますし、永遠なる男性像、半可通な知識でこういうことを言ってはいけませんが、アニム

4老婆は「これよりそなたは[c]未来永劫、恋の炎に身を焼く定め」と嘲ったのち、「一転して静かな調子で」、「[d]われはそなたが憎い、憎くてたまらぬ」と言う。同時に「[e]己が身を抱えるような」所作をしつつ、「[f]…そして愛しい…愛しくてたまらぬのじゃ…」と千代子に語りかける。

5突風が吹き、それに巻き込まれるように老婆は消え失せる。老婆の居た辺りの板壁に、「[g]しみとも木の目ともつかない模様が浮かび上がっている」。

6天守閣が炎上し、梁が焼け落ちる。すると忠臣・長門守源衛門（立花源也）が現れ、身を挺して千代子を守る。

7長門守から、殿（鍵の君）は存命であるが敵方に捕らえられていると告げられた千代子は、打ち掛けを脱ぎ捨てて若武者姿となり、救出に向かう。

脚本を担当した村井さだゆきによれば、「一度は戦国時代まで遡るんですけれど、そこからは時系列…（略）…に従って語る、というような作品にした[23]」と述べているが、この言葉どおり、本作では右の千代子と老婆との出会いが構成上の重要な起点となって、以降順次、戦国時代（『あやかしの城』）から未来（『遊星Z』）に至るまで、ほぼ時代順に劇中映画の数々が配列され、全体として虚実を問わぬ〝輪廻〟、及び、〝千年〟の時間性を表現することになる。

この脚本の構成面を如実に反映して、右の劇中映画『あやかしの城』のシーンでは、『千年女優』の縮図が端的に提示される。

たとえば、1における「回る糸車」自体のアップ（傍線部a）は、時代を越えた関係性の反復——すなわち〝輪廻〟——を、伝統的な「車」の「回転」のイメージに即しつつ象徴するが、この「回転」（〝輪廻〟）に導かれるように、千代子は以降、次々に時代を飛び越えながら——あたかも生まれ変わりながら——、後半部分の『遊星Z』にまで至る。また3の「千年長命茶」（傍線部b）は、この〝輪廻〟が虚実を問わぬ〝千年〟にまで及ぶことの暗示である。そしてこれら〝輪廻〟と〝千年〟は、つづく4の「未来永劫、恋の炎に身を焼く定め」（傍線部c）において、千代子の運命（「定め」）と定義され、予言性を付与される。

ここまでが『千年女優』の主題、及び、『あやかしの城』以降の展開を凝縮させた縮図となるが、次の傍線部d・e・f・gは、終盤に明かされる老婆の正体に関わる。

4の「われはそなたが憎い、憎くてたまらぬ」（傍線部

d）と「…そして愛しい…愛しくてたまらぬのじゃ…」（傍線部f）は、老婆の千代子に対する愛憎の吐露であるが、その理由については、同じく4の「己が身を抱えるような」（傍線部e）所作が伏線となっている（後述）。

また、5で老婆が消え失せたあと、板壁に「しみとも木の目ともつかない模様が浮かび上がっている」（傍線部g）が、この「木の目」は、実際に昔語りが行われている千代子の山荘においても、柱や壁に見受けられ、背景として緻密に描かれている。今敏は「今回は木目を意識的に描き込んで欲しい。それは、時の流れ、すなわち千代子の年輪を表すものとして必要だ[24]」と美術監督を務めた池信孝に強く要望しているが、糸繰り車の老婆のイメージと「千代子の年輪を表す」木目がオーバーラップする演出もまた、老婆の正体に関する伏線となる。

次に、『千年女優』の終盤、千代子の山荘において、糸繰り車の老婆の正体が明かされる場面を抜いておく（便宜的に1から9に分節した。先と同様、鍵括弧内は今敏の絵コンテの文言である）。

1特撮映画『遊星Z』の撮影中に地震が起こった際、銀映のスタッフであった立花源也（当時二十代の「ゲンヤ」）が、崩落するセットから千代子（四十代半ば）を身を挺して救った事実が語られ、現在の千代子（七十五歳）は、「…私ったら、命の恩人を忘れてるなんて…」と悔いる。

2現在の立花（六十歳前後）が千代子に、撮影の事故のあと失踪・引退した理由を尋ねる。

3千代子は押し黙るが、やがて、山荘の「h年輪が刻まれた太い柱」を写実的に描いたカットが挿入される。この柱には大きな木目も描き込まれている。

4千代子は丁寧に額装された少女時代の肖像画を取り出し、これを見つめながら、「あの事故の時、私、気が付いた…」「私はもう、あの人が覚えている私の姿なんかじゃない…」と呟き、同時に肖像画を覆うガラス面に、現在の七十五歳の千代子が映る。

5やがて鏡像の千代子が『あやかしの城』の老婆の顔に変わると、老婆は少女時代の肖像画に語りかけるように「iわれはそなたが憎い…憎くてたまらぬのじゃ…」と言う。これとともに、糸繰り車が回転する軋んだ音が聞こえてくる。

6鏡像の老婆が顔を上げると、「その左目の下にホクロ」がある。七十五歳の千代子にも同じ位置に黒子があり、糸繰り車の老婆が「千代子の老いた姿である」ことが判明する。

7千代子は「あの人に、老いた姿を見られるの、嫌だった…」と言う。

8直後、千代子の体調が悪化し、「苦痛に胸を押さえ、姿勢が崩れる」。すると再び地震が起こり、山荘の天井に吊られた木組みが落下するが、立花は素早く覆いかぶさって「千代子の楯」となる。

9千代子は、「苦痛に耐えつつも微かに笑顔を作」り、「あなたは、いつでも助けて下さるのね…」と言って意識を失う。千代子は病院へ搬送され、やがて劇中映画『遊星Z』のロケットに乗って宇宙（死）へと旅立つ。

まず右の3の「年輪が刻まれた太い柱」（傍線部h）に描き込まれた木目であるが、これは糸繰り車の老婆が初めて登場するシーンの板壁に浮かび上がっていた「しみとも木の目ともつかない模様」を想起させる。

また、同じく先に掲出した場面において、老婆は「己が身を抱えるような」所作をまじえつつ「われはそなたが憎い、憎くてたまらぬ」「…そして愛しい…愛しくてたまらぬのじゃ…」と愛憎を吐露したが、右の5でも同じ台詞の一半が繰り返される（傍線部i）。そして続く6において顔の黒子が符牒となり、昔語りの主体である千代子が実は『あやかしの城』の老婆であったことが明瞭になるとともに、若さへの愛憎半ばした感情が現在の語り手である千代子のものであったことも判明する。

つまり『千年女優』はその終盤に至って、千代子の昔語りと、糸繰り車を「回転」させる老婆とを結合させ、モンタージュ技術を駆使した複雑な映像作品自体を、〝糸繰り車を「回転」させつつ昔を語る藤原千代子〟とも言うべき、独りの老いた女性の造型へと収斂させるのである。

なお、この劇中映画『あやかしの城』の老婆（千代子）が「黒澤明監督の名作「蜘蛛巣城」へのオマージュである」[25]ことについては、既に多くの指摘がある。

『蜘蛛巣城』はシェイクスピアの『マクベス』に基づきつつ、その時代設定を日本の戦国時代に翻案した作品であるが、始まって間もなく、主人公である鷲津武時（マクベスにあたる）と、その盟友・三木義明（バンクォーに相当）は、糸繰り車を「回転」させる物の怪の老婆（三人の魔女に相当、『蜘蛛巣城』では一人の老婆に代表させる）に遭遇し、未来を予言される。

この予言が契機となって、次第に欲望と懐疑に取り憑かれた鷲津は、妻・浅茅（マクベス夫人）に唆されて主君・都築国春（スコットランド王のダンカンに相当）を暗殺し、蜘蛛巣城の城主となる。鷲津はその後、地位を奪われる恐れから、同じく予言に立ち会った三木義明も殺害するが、最後には自らの軍兵に夥しい矢を射かけられて死んでいく。

このように『蜘蛛巣城』においては、予言の場面が全ての発端となってプロットが展開するが、『千年女優』においてもまた、構成上の重要な起点となる劇中映画『あやかしの城』のシーン（先掲）によって、少女時代の千代子に〝千年〟の〝輪廻〟の予言性がもたらされる。これら両作品の糸繰り車の老婆の姿は図像的にも酷似しており、今敏が黒澤明『蜘蛛巣城』を参照したことは疑いない。

しかし、ここで立ちどまって、もう一度考えてみたいのである。

『千年女優』の語り手である七十五歳の藤原千代子は、劇中映画『あやかしの城』の老婆と一体となって、運命の〝予言性〟に留まらず、〝昔語り〟と密接な〝輪廻〟、そして〝老い〟といった様々な要素を多義的に紡ぎ出していた。これら諸要素の全てが、黒澤明『蜘蛛巣城』に明確にそなわっているのだろうか。

特に主題である〝輪廻〟と「回転」については、少なくともシェイクスピア『マクベス』にその源を見出すことができない。もし『蜘蛛巣城』にも同じ要素がないとすれば、今敏が特定の題材に依拠せずにあくまで伝統的・典型的な〝輪廻〟の表象（先述）に沿ったか、あるいは、別の作品から着想を得たかのいずれかである。

この点に関わる黒澤明の言及を次に挙げておく。掲出文中の二重傍線部は『蜘蛛巣城』全体の主題、そして傍線部は糸繰り車の老婆の造型についての発言となる（黒澤と対談している「佐藤」は映画評論家・映画史家の佐藤忠男である）。

佐藤　シェイクスピアの『マクベス』をなぜあなたは映画化しようと考えたのですか？

黒澤　日本の戦国時代には『マクベス』に描かれているような事件がたくさんありますね。下剋上といって。だから『マクベス』の物語は非常に身近に感じられて翻案しやすかったのです。

…（中略）…

佐藤　『蜘蛛巣城』には能の影響がはっきり見られますが、最初から能のスタイルを考えながらアダプテーションを行ったのですか?
黒澤　森のなかの魔女は、アダプテーションのときから、『黒塚』という能に出てくる妖婆とおなじものに置き変えることにしていました。それは人間を食べたりする化物です。西洋の魔女に似たイメージをさがすと、日本ではそれしかいないと思ったからです。…(後略)…
(ロジャー・マンヴェル『シェイクスピアと映画』[26])

右の二重傍線部のように黒澤は、『マクベス』と日本の戦国時代に共通する主題として「下剋上」を読み取り、『蜘蛛巣城』を制作している。また、糸繰り車の老婆の淵源には、『マクベス』の三人の魔女のみならず、能〈黒塚〉も存していることがわかる(傍線部)。

つまり、藤原千代子(老婆)が「回転」とともに紡ぎ出す諸要素—特に主題である〝輪廻〟—の典拠とするにふさわしいイメージが、一方の「下剋上」を主題とする『蜘蛛巣城』に看取できない場合は、日本演劇史の古層に属する中世の能〈黒塚〉もまた視野に収める必要が生じてくる。なぜならば、黒澤明が「下剋上」の主題に照らして能から捨象した要素を、かえって今敏が『千年女優』において汲み上げている可能性も充分に考えられるからである。

参考までに今敏の、黒澤明に関する言及も抜いておく。

黒澤映画は私にとっては特別ですね。黒澤組に関する本とかシナリオ集とか随分読みましたけど、一人の映画作家についてあれこれ読んだのは黒澤明だけです。1つの画面を作るためにここまでやるのか、っていうのは画面を見ていてもわかるんだけど、本を読んであらためて見ると、画面を作るため、少しでも映画を面白く良いものにするためには膨大な積み重ねが必要なんだなっていうことが分かってくる。逆に言うと、自分の無知が浮かび上がって来る…(後略)…[27]

今敏は黒澤明を「特別」な存在と位置づけながら、その制作過程を研究していた。ちなみに、黒澤が『蜘蛛巣城』の糸繰り車の老婆について「森のなかの魔女は、アダプテーションのときから、『黒塚』という能に出てくる妖婆とおなじものに置き変えることにしていました」と発言しているロジャー・マンヴェル『シェイクスピアと映画』の当該記事(前掲)は、一九八八年に刊行された『全集 黒澤明』第四巻の「作品解題」にも収められており[28]、「…シナリオ集とか随分読みました」と述べる今敏が、糸繰り車の老婆の淵源に能〈黒塚〉が存することを知らなかったとは考え難いのである。

4

『千年女優』の語り手である老齢の藤原千代子――すなわち劇中映画『あやかしの城』の老婆――は、糸繰り車を「回転」させながら、運命の〝予言性〟に留まらず、〝昔語り〟や主題である〝輪廻〟、そして自身の〝老い〟も表出していた。

だが、こうした諸要素は、シェイクスピア『マクベス』を翻案しつつ「下剋上」を主題とした黒澤明『蜘蛛巣城』から導き出せるのだろうか。それとも、黒澤が参照した能〈黒塚〉へと、さらに日本演劇史の地層を掘削する必要があるのか。

この点を見極めるため、まずは『蜘蛛巣城』のシナリオから、鷲津武時（マクベス）と三木義明（バンクォー）が「蜘蛛手の森」に迷い込み、初めて糸繰り車の老婆に遭遇する場面を抜いておく（シナリオにおけるシーン番号「4　蜘蛛手の森」から「9　蜘蛛手の森・古戦場」までの抜粋となる）。

掲出にあたり、「8　藁屋の表」についてはシナリオ本文の掲出を省略しているが、これは先述のように、『千年女優』における運命の〝予言性〟（「定め」）と共通することが既に明白となっているためである。また、傍線部A・B・C・Dは糸繰り車の「回転」とともに老婆が口ずさむ詞章であるが、前半のA・B、及び、後半のC・Dでひとまとまりの内容となる。

4　蜘蛛手の森

……（前略）……

二人の前方、森の樹々がややまばらになって、僅かな草地をつくっている処に、ひっそりと小さな藁屋が立っている。

……（中略）……

その時、藁屋の中から、細々と哀しげな唄声が聞えて来る。

〽A あさましや　あさましや
などて人の世に生をうけ
虫のいのちの細々と
身を苦しむる愚かさよ

鷲津、思わずひきしぼった弓をゆるめる。
三木と顔を見合せる。
二人、その唄声に引き寄せられる様に、その藁屋に近寄る。

〽[B]あさましや　あさましや
花の命は短くて
やがて腐肉となるものを

二人、垣の外から藁屋の中をそっと覗く。

5　藁屋の中

老婆が一人、糸を繰りながら唄っている。

〽[C]それ人間のなりわいは
五慾の炎に身をこがし
五濁の水に身をさらし
業の上には業を積み

6　藁屋の表

じっと中を窺っている鷲津と三木。

7　藁屋の中

唄っている老婆。

〽[D]迷いの果てに行きつけば
腐肉破れて花と咲き
悪臭かえって香を放つ
面白の人の命や
おもしろや　おもしろや

8　藁屋の表

…（シナリオ本文の掲出を略す。藁屋の内で鷲津は「やがては蜘蛛巣城の御城主様」、一方の三木は「あなたのお子様はやがて蜘蛛巣城の御城主様」と告げられる）…

9　蜘蛛手の森・古戦場

二人、出て来て見廻す。
誰も居ない。
振り返ると藁屋もない。
そして、藁屋のあったあたりに、小さな小山がある。
よく見ると、[E]鎧を着た白骨の山である。

…（後略）…

以上、「4　蜘蛛手の森」から「9　蜘蛛手の森・古戦場」までを抜粋して掲出した[29]。

右のうち、糸繰り車の「回転」とともに口ずさまれる傍線部A・B・C・Dの詞章、及び、「9　蜘蛛手の森・古戦場」の「鎧を着た白骨の山」（傍線部E）は、『蜘蛛巣城』の主題である「下剋上」に照らした場合、どのように解せられるだろうか。

まず傍線部A・Bであるが、人間の生を「虫のいのち」（A）や「花の命」（B）のように儚いものと規定した上で、それにも関わらず自らの「身を苦しむる愚かさ」（A）からは逃れられず、やがては「腐肉」（B）と成り果てるような一生のサイクルが「回転」とともに語られる。

つづくC・Dは、いわばA・Bの再説である。先の「身を苦しむる愚かさ」を、今度の傍線部Cでは「五慾」（感覚器官に基づく五種の欲望と執着）・「五濁」（五種の穢れ）・「業」のように仏教語を点綴しつつ言い換え、「愚かさ」が人間の本源的なものであることを強調する。そして傍線部Dでは、この人間が「迷いの果て」に行き着くと同時に、「腐肉」となって悪臭の香を放つ花となるまでを、A・Bと同じく「回転」とともに語る。

これらの詞章に即すならば、糸繰り車の「回転」とはすなわち、仮初めの儚い寿命を、自身の欲望と穢れによって空費する愚行、及び、それによってもたらされる死の繰り返しである。また、傍線部Eの「鎧を着た白骨の山」とは、その絶え間ない「回転」によって築かれた武人達の死の堆積であると同時に、人間それ自体の愚かさの証左でもあるのだろう。

なお、『蜘蛛巣城』では終盤、主君の都築国春を殺して既に「下剋上」を成就し、盟友であった三木も殺害した鷲津武時が、もう一度、老婆に会うシーンがある（次に掲出する「77　蜘蛛手の森・古戦場」にあたる）。ここに至り、武時の行く手に「鎧を着た白骨の山」（傍線部Eと照応）が再び出現し、「迷いの果て」（Dと照応）の語もまた老婆の台詞中に置かれる。


　　走って来た、武時の馬、ダッととまる。

　　その行く手に、鎧を着た白骨の山。

　　…（略）…

武時「(叫ぶ) 出会えッ!!　物の怪!!　聞きたいことがある!!　出会えッ!!」

　　白骨の山の上に、白髪を振り乱した老婆がさまよい出る。

老婆「これはこれは、蜘蛛巣城の城主様」

武時「出たなッ、化生の者！　はっきりと返答しろ！

義明の子が蜘蛛巣城の主になるというのはまことかッ?」
老婆「これはこれは、迷いの果てに行きつかれた、めでたや、めでたや」
…（後略）…
（「77　蜘蛛手の森・古戦場」より抜粋[30]）

右のシーンによって、欲望と懐疑に取り憑かれた鷲津武時が、実は糸繰り車の「回転」の只中をめぐりつつ、その一周に相当する生涯を身をもって具現化していたことが明瞭になる。先掲の「7　藁屋の中」の傍線部Dに従うならば、「迷いの果て」に行き着いた後に待っているのは、「腐肉破れて花と咲き」「悪臭かえって香を放つ」ような末路であるが、全くこの詞章の通りに、「下剋上」を達成した武時は、最後には自身の軍兵の信頼さえ失って次々に矢を射かけられ、「腐肉」——ひいては「鎧を着た白骨の山」の一部——として生涯を終えるのである。

この「回転」についての要を得た説明として、海外の能楽研究者であるティタニラ・マートライの言及を挙げておく。

次の引用文中、冒頭に「…浅茅が指摘するように国春も自分の主君を殺害して権力を得る」とあるが、これはシナリオの「14　館の中・武時の部屋」（掲出は割愛）において、浅茅（マクベス夫人）が弱気の武時を叱咤し、「その御主君も……先君を殺して今の位につかれた方では御座りませぬか……」と述べたことを踏まえている[31]。

…浅茅が指摘するように国春も自分の主君を殺害して権力を得る。また、鷲津は君主である国春を殺し、映画の終わりで鷲津の家来達は自分の主君である鷲津を殺すのである。権力を得るための裏切りや殺害は、物の怪が廻す糸車のように終わりなく繰り返されるのである[32]。

右の通り、国春は君主を殺害して「下剋上」を達成したあと、鷲津武時に殺されて「腐肉」となった。また鷲津武時は国春を殺害して「下剋上」を達成したが、自身の軍兵に殺されて同じく「腐肉」となる。おそらく因果はさらに廻り、武時の死後に蜘蛛巣城の城主となった者も同じ道を辿るのだろう。

このように、『蜘蛛巣城』における糸繰り車の「回転」は、同作の主題である「下剋上」の際限のない繰り返しを象徴するのであり、その「回転」にひとたび接した武人を容赦なく「迷いの果て」へと導く強力な〝予言性〟を帯びている。つまり黒澤明は、「回転」の多義性を周到に選り分けながら、言うなれば〝運命の輪〟（Wheel of Fortune）の真髄そのものを先鋭化し、『蜘蛛巣城』のうちに機能せしめたのである。

そして今敏は『千年女優』の劇中映画である『あやかしの城』の老婆（藤原千代子）を造型するにあたって、『蜘蛛巣城』を参照し、その図像、及び、「回転」における〝運命の輪〟の側面を、貪欲に摂取したに違いない。

しかし他方、「下剋上」を体現した『蜘蛛巣城』の「回転」は、千代子の出演作の数々をモンタージュしていくような〝昔語り〟や、これと密接な主題としての〝輪廻〟とは明らかに隔たっている。

〝昔語り〟について言えば、『蜘蛛巣城』の〝運命の輪〟には過去の武人の愚行も反映されており、同作の全編を〝昔語り〟と同等の世界と解する論もある。(33) しかし糸繰り車の「回転」そのものは、摂理（「下剋上」の因果応報）を直接的に提示する役割を担っており、老婆個別の内的な記憶の再現には力点が置かれていない。

加えて、常に新たな生贄（それぞれ人格が異なる武人）を巻き込んで「鎧を着た白骨の山」を築いていくこの「回転」は、同一人格が時代を越えて生死流転を繰り返す〝輪廻〟とは根本的に異質である。『蜘蛛巣城』の糸繰り車の「回転」が象徴するのは、特定の人格（あるいは記憶）をそなえた者が絶え間なく生まれ変わる〝輪廻〟ではなく、個別性や同一性を問わぬ冷徹な因果応報の摂理それ自体だからである。

そして七十五歳の藤原千代子が自覚した〝老い〟についても同様である。鷲津武時は〝運命の輪〟（Wheel of Fortune）の象徴性（「下剋上」の因果応報）に従って迷妄の極まりとともに滅び、白骨の山に加わるのであり、千代子のように自らの〝老い〟を嘆くことはない。

すなわち、『千年女優』において糸繰り車の「回転」が表象していた〝予言性〟、〝昔語り〟と密接な〝輪廻〟、そして〝老い〟のうち、〝予言性〟以外の要素は、『蜘蛛巣城』の糸繰り車からは明確に導かれないことになる。

以上、日本演劇史においては比較的新しい地層に属する日本映画史において、まずは今敏『千年女優』（二〇〇二）から黒澤明『蜘蛛巣城』（一九五七）へと遡った。以降は、特に『千年女優』の主題である〝輪廻〟の「回転」に焦点をあてながら、さらに深く、古層に属する室町時代の能〈黒塚〉へと降りていきたい。

5

今敏『千年女優』は、虚実を問わぬ〝千年〟の〝輪廻〟を主題とした複雑な映像作品であるが、その根底には、〝糸繰り車を「回転」させつつ昔を語る藤原千代子〟とも言うべき、独りの老いた女性の造型があった。

そして、この藤原千代子（劇中映画『あやかしの城』の老婆）が「回転」させる糸繰り車には、千代子の出演作の記憶を次々にモンタージュしていく〝昔語り〟、及び、これと密接な〝輪廻〟や、若さに対して愛憎半ばする感情を抱くような〝老い〟、そして〝予言性〟が象徴されていた。

これらの諸要素のうち、〝予言性〟（「定め」）に関しては、黒澤明『蜘蛛巣城』（一九五七）における、運命の輪（Wheel of Fortune）とも名状すべき糸繰り車の「回転」にその淵源を求めることができるが、残る要素については同作を直接の典拠と見なすことが難しい。

そこで本稿では、日本演劇史の地層を更に深く掘削し、中世の能〈黒塚〉へと降りていきたい。

この能〈黒塚〉は、別名〈安達原〉あるいは〈糸繰〉とも言う。作者については世阿弥作とする資料もあるが（『自家伝抄』等）、厳密には不明である。竹本幹夫は「世阿弥時代からそれほど下らぬ時期の作品である公算が大きいのではなかろうか[34]」とする。

次に能〈黒塚[35]〉の劇進行を、段ごとに分節して掲出しておく（文末の括弧内は小段構成を表す[36]）。

同曲は前場と後場の二場によって構成されているが（中途に間狂言を含む）、主人公である女（シテ、実は鬼女）が枠桛輪（わくかせわ）と呼ばれる糸繰り車を「回転」させながら語るのは、左の第4・5段においてである。

なお、これら4・5段のうち、傍線部のⅠが〝昔語り〟、Ⅱが〝輪廻〟、Ⅲが〝老い〟に関わる。

前場

1那智（熊野三山の一つ）の阿闍梨である祐慶（ワキ）と同行の山伏（ワキツレ）は、廻国行脚の途次、陸奥の安達原に至る。日が暮れて一行が難儀していると、遠くに明かりが見える。祐慶たちは「立ち寄り宿《ヤド》を借《カ》らばや」と光の方へ進んでいく（〔次第〕〔（サシ）〕〔上ゲ歌〕〔着キゼリフ〕）。

2萩小屋（舞台上の作り物、ここでは人里離れた一軒の家を表現）の中に女（前シテ、演出によっては姥）がおり、「…げに侘《ワ》び人《ビト》の慣《ナ》らひほど、悲しきものはよもあらじ」（まことに世を侘びて住む身ほど悲しいものは他にあるまい）(37)と、孤独と落魄の身を嘆く（〔サシ〕）。

3祐慶たちは宿を乞う。女は一度は断るが、祐慶たちの懇願により、仕方なく家に招き入れる（〔問答〕〔掛ケ合〕〔歌〕〔上ゲ歌〕）。

4①室内には枠桛輪（わくかせわ、糸繰りの道具）がある。これを珍しく思った祐慶は、糸を紡ぐ技を見せて欲しいと頼む（〔問答〕）。

②女はこれを承諾し、「Ⅰ真麻苧《マソオ》の糸を繰り返し、真麻苧《マソオ》の糸を繰り返し、昔を今になさばや」（麻の糸を繰り返して、麻の糸を何度となくたぐって、できることなら、はなやかな昔を今に返したいもの(38)と糸繰りの所作を始める（〔掛ケ合〕〔次第〕〔一セイ〕）。

5①続いて枠桛輪の「回転」とともに、(39)「…Ⅱ生死《ショオジ》に輪廻《リンネ》し、五道六道《ゴドオロクドオ》に廻《メグ》ること、ただ一心《イッシン》の迷《マヨ》ひなり」（生死の世界に輪廻《りんね》し、五道六道をめぐるということは、ただただ心の迷いによるもの）(40)と、「糸繰りに六道輪廻の業苦を表現」(41)する（〔クドキグリ〕〔サシ〕〔クセ〕の途中まで）。

②また女は、「Ⅲおよそ人間《ニンゲン》の徒《アダ》なることを案《アン》ずるに、人《ヒト》さらに若きことなし、終《ツイ》には老《オ》いとなるものを」と語りつつ、瞬く間に若さを失って〝老い〟を迎えていく人間の儚さを嘆く（〔クセ〕後半）。

③ここで女は暫く趣向を変え、「日影《ヒカゲ》の糸の冠《カムリ》」「糸《イト》毛《ゲ》の車《クルマ》」「糸桜《イトザクラ》」「糸薄《イトズスキ》」のように、「糸」に縁のある語を並べつつ（通称「糸尽くし」）、『源氏物語』の「夕顔」や「葵」の巻に類えて、自身の華やかなりし頃を暗示する（〔ロンギ〕の途中まで）。

④枠桛輪の「回転」は徐々に速度を増していく。そして感情の高まりとともに女は、「今はた賤《シズ》が繰《ク》る糸の、長き命《イノチ》のつれなさを、長き命のつれなさを、思ひあかしの浦千鳥、音《ネ》をのみひとり泣き明かす」（今また賤の女が繰る糸のように、長く生き続けた命の情けなさを一晩中思って夜を明かし、明石の浦の千鳥の鳴く声音のように、声を上げてひとり泣き明かすのだ）(42)と語ると、突如手を止め、涙を押さえる（〔ロンギ〕後半）。

6糸繰りの技を披露した女は、祐慶たちに「この閨《ネヤ》の内ばしご覧《ラン》じ候ふな」と言い置いて、山へ薪を取りに行く（〔問答〕）。

間狂言

7祐慶一行の従者（アイ）は、女の制止を聞かず、「閨《ネヤ》の内」（ここでは前場と同じ萩小屋が女の寝室を表現）を覗いてしまう。するとそこには、人間の死骸が堆く積み重なっている（〔□〕〔問答〕〔□〕〔問答〕）。

後場

8一行は、女の正体が黒塚の鬼と知って肝を消し、「足にまかせて逃げて行く」（〔□〕〔上ゲ歌〕）。

9女は鬼に姿を変え（後シテ）、禁を破った祐慶たちを追う（〔□〕〔（クリ）〕）。

10一行が祈禱で対抗すると、鬼女は弱り果て、嵐の音とともに消え失せていく（〔□〕）。

右の1から10に、簡略ではあるが、能〈黒塚〉の劇進行を示した。

同曲は、「人間の心の二面性を描いた能」(43)とも言われる通り、世を侘びながら住む孤独な女（前シテ）と鬼（後シテ）の両面をもって一人の主人公（シテ）が造型されている。

今敏『千年女優』では、先に触れたように、劇中映画『あやかしの城』の老婆が実は七十五歳の藤原千代子であったことが明かされるが、この着想には、あるいは能〈黒塚〉の「二面性」の構図が影響を与えているのかもしれない。ちなみに黒澤明『蜘蛛巣城』においては、右の第7段（間狂言）の堆く積み重なった人間の死骸を「鎧を着た白骨の山」（先掲）として映像化したことが既に指摘されているものの、糸繰り車の老婆には「二面性」は投影されず、作中では終始「物の怪」「化生の者」として扱われる。

つまり、黒澤が切り捨てた能〈黒塚〉の様々なモチーフを、今敏がみずから淵源に遡って汲み上げた可能性があるのだが、ここではまず、女（前シテ）による枠桛輪の「回転」、及び、その象徴性に着目したい。

以下、傍線部Ⅰ（〝昔語り〟）、Ⅱ（〝輪廻〟）、Ⅲ（〝老い〟）について、順を追ってやや詳しく述べる。

最初の4②の傍線部Ⅰ「真麻苧《マソオ》の糸を繰り返し、真麻苧《マソオ》の糸を繰り返し、昔を今になさばや」（麻の糸を繰り返して、麻の糸を何度となくたぐって、できることなら、はなやかな昔を今に返したいもの）だが、これはもともと、『伊勢物語』第三十二段の和歌「いにしへの、しづのをだまき、繰《く》りかへし、昔を今に、なすよしもがな」(44)（昔の織物の麻糸をつむいで巻きとった糸玉から次第に糸を繰《く》り出すように、もう一度親しかった昔に時をまきもどして、あの楽しかった過去の日を現在にする方法があるといいなとしみじみ思うよ[45]）を踏まえている。[46] この『伊勢物語』中の上句「いにしへの、しづのをだまき、繰《く》りかへし」の「をだまき」とは、内部が空洞になるように糸を巻き取った糸玉であるが、ここから再び糸を繰り出すと同時に、過去から現在、そしてまた過去から現在へと、埋もれていた記憶も徐々に引き出されていく。そして能〈黒塚〉では、『伊勢物語』の「をだまき」を糸繰り道具である枠桛輪に置き換え、「回転」とともに女の華やかなりし頃の記憶（右の劇進行の5③）を甦らせる。

先述の黒澤明『蜘蛛巣城』の糸繰り車は、老婆の内的な記憶の再現よりは摂理（「下剋上」の因果応報）に比重が置かれ、〝運命の輪〟（Wheel of Fortune）としての機能に特化していたが、「回転」（あるいは「糸」）自体には本来、個人の記憶に深く根ざした象徴性もまた存していたことが、日本演劇史の古層に属する能〈黒塚〉によってあらためて認識されるのである。

また、次の劇進行5①における傍線部Ⅱ「…生死《ショオジ》に輪廻《リンネ》し、五道六道《ゴドオロクドオ》に廻《メグ》ること、ただ一心《イッシン》の迷《マヨ》ひなり」（生死の世界に輪廻《りんね》し、五道六道をめぐるということは、ただただ心の迷いによるもの）だが、文中の「五道」とは地獄・餓鬼・畜生・人間・天上を指し、「六道」の場合はこれに修羅を加える。能〈黒塚〉では傍線部Ⅰの後、視点を変えて、仮初めに生を享けた者が次々に「五道」あるいは「六道」に転生していく有様を「回転」とともに語る。

先の黒澤『蜘蛛巣城』の糸繰り車は、常に新たな生贄（それぞれ人格が異なる武人）を巻き込みながら、一サイクルの終着点である「迷いの果て」――ひいては「腐肉」――へと導き、「鎧を着た白骨の山」を築き上げていくが、その淵源である能〈黒塚〉はこれとは一線を画し、同一人格（衆生の各々）が自身の業因（「一心《イッシン》の迷《マヨ》ひ」）を滅しきれずに転生を繰り返す〝輪廻〟を示している。つまり同曲の「回転」は、源信『往生要集』の「…生死に輪廻して、六道のうちをめぐる事、猶し車の輪のごとくにして、初もなくおはりもなし」（先掲）のような、伝統的な〝輪廻〟のイメージの、舞台上における具現化なのである。

そして劇進行5②の傍線部Ⅲ「およそ人間《ニンゲン》の徒《アダ》なることを案《アン》ずるに、人《ヒト》さらに若きことなし、終《ツイ》には老《オ》いとなるものを」では、Ⅱの〝輪廻〟を俯瞰する視点を絞り込みつつ、今度は人間の儚い一生へと焦点を合わせていく。

このⅢにおける「回転」は、「現世の有為転変」[47]の象徴とも定義される。『蜘蛛巣城』では「回転」の一サイクルの極まりに「迷いの果て」を据えるが、もともとの能〈黒塚〉には、語り手である女が〝若さ〟から〝老い〟への「転変」を嘆く要素もまたそなわっていたことになる。

以上、今敏『千年女優』に看取される「回転」の象徴性のうち、黒澤明『蜘蛛巣城』を典拠とした〝予言性〟以外の三つの要素（Ⅰ・Ⅱ・Ⅲ）について述べた。

日本演劇史の古層に属する能〈黒塚〉へと降りていったとき、これら三つの要素が完全に出揃うのは決して偶然とは思われない。今敏は『蜘蛛巣城』の創作過程を研究しつつ中世の能〈黒塚〉にも触れ、黒澤明が運命の輪（Wheel of Fortune）を形成するにあたって捨象した諸要素を『千年女優』へと汲み上げていったのである。

そして枠桛輪の「回転」の象徴性以外にも、能〈黒塚〉の女には留意すべき点がある。

たとえば、劇進行2で女は、「…げに侘《ワ》び人《ビト》の慣《ナ》らひほど、悲しきものはよもあらじ」（まことに世を侘びて住む身ほど悲しいものは他にあるまい）と、孤独と落魄の身を嘆くが、『千年女優』の藤原千代子もまた、四十代半ばで映画界から失踪したまま、三十年間にわたって世間から姿を隠している（先述）。そこへ、祐慶と山伏一行ならぬ立花源也と井田が訪問し、同作は幕を開けるのである。

また能〈黒塚〉では、枠桛輪による糸繰りの演技の頂点を示す劇進行5④において、「今はた賤《シズ》が繰《ク》る糸の、長き命《イノチ》のつれなさを、長き命のつれなさを、思ひあかしの浦千鳥、音《ネ》をのみひとり泣き明かす」（今また賤の女が繰る糸のように、長く生き続けた命の情けなさを一晩中思って夜を明かし、明石の浦の千鳥の鳴く声音のように、声を上げてひとり泣き明かすのだ）と心情を吐露して涙を押さえる。引用した詞章中、「糸」の縁語である「長き」から導かれた「長き命」（傍線部）には、鬼（後シテ）と化して過ごしてきた膨大な歳月が暗示されているが、『千年女優』の千代子もまた、「鍵の君」を追った〝千年〟の記憶を秘めて山荘に逼塞している。

馬場あき子は、枠桛輪を「回転」させつつ「長き命のつれなさ」を語る能〈黒塚〉のシテの原型に、「紡げども紡げどもかえらぬほどの、遠い過去の思い出だけを頼りとして、ながい秋の夜を孤独に耐えている女」[48]を見出したが、高度なモンタージュ技術を駆使した映像作品『千年女優』の根底にも同様に、かつての華やかな銀幕の世界で虚実を問わぬ〝千年〟を体験した孤独な女——すなわち〝糸繰り車を「回転」させつつ昔を語る藤原千代子〟——の造型がある。

この藤原千代子のキャラクター設定は制作過程において

数次の変遷を経ており、これまでにも関連する先行作品がいくつか指摘されているが[49]、「回転」の象徴性（I・II・III）と人物造型の双方を含む本源的な典拠に遡行する場合は、中世の能〈黒塚〉の存在を挙げるのが妥当と思われる。そして今敏は同曲を作品の基底に据えた上で、『蜘蛛巣城』に登場する老婆の図像面の引用や、「回転」の象徴性に〝予言性〟を付加するといった処置を施し、七十五歳の藤原千代子（劇中映画『あやかしの城』の老婆）を完成させたのである。

『千年女優』の制作を振り返って、今敏は次のように述べている。

> これまで、[A]日本に堆積している歴史や文化と、自分との関わりを考えてみたことがなかったんです。むしろ、子どもの頃から成人するまで、自分の意識は西洋の方を向いていた。それが変わったように思います。もちろん、『千年女優』は、そういうことをしようと思って始めたわけではないんですが、自分の中に、[B]日本の文化や歴史とダイレクトにつながりたいという志向があったのかもしれません。[50]

右の「日本に堆積している歴史や文化」（傍線部A）については、戦前から戦後にかけての日本映画史の側面から解されることが多いが、『千年女優』と能〈黒塚〉の影響関係に照らすならば、そこにはもっと巨大な〝日本演劇史〟の「堆積」そのものが浮かび上がってくる。

この「堆積」する「日本の文化や歴史」と直接的に繋がりたいという今敏の「志向」（傍線部B）は、卓越した技法を縦横に駆使した映像表現を生み出しつつ、アニメーション作品『千年女優』を日本演劇史の重層・並立した地層の一つに刻み込んだ。劇中映画『あやかしの城』の老婆（千代子）が糸繰り車を「回転」させるとき、新層に属する黒澤明『蜘蛛巣城』のみならず、古層に属する能〈黒塚〉の糸繰り車もまた、軌を一にして「回転」を続けているのである。

注

（1）河竹登志夫『新NHK市民大学叢書11 近代演劇の展開』、日本放送出版協会、一九八二年、一八頁。
（2）注1前掲書、一八頁。
（3）注1前掲書、一九頁。
（4）入江良郎「日本映画の初公開——明治三二年の興行と上

映番組」、岩本憲児編『日本映画史叢書15 日本映画の誕生』、森話社、二〇一一年、一二九―一六二頁。

(5) 注1前掲書、一九頁。

(6) 松本夏樹「映画渡来前後の家庭用映像機器―幻燈・アニメーション・玩具映画」、注4前掲書、九五―一二八頁。

(7) 今敏『KON'S TONE「千年女優」への道』、晶文社、二〇〇二年、三六―三七頁。

(8)『今敏アニメ全仕事』、株式会社G.B.、二〇一一年、三八頁。

(9)『千年読本』(千年女優製作委員会、二〇〇三年)四八九頁の「メーサー車」の項を参照。

(10) 注9前掲書四八八頁の「銀映」の項を参照。

(11) 劇場用パンフレット『千年女優』(クロックワークス、二〇〇二年)所収「今敏×村井さだゆき」(三段組)の中段参照(頁数なし)。

(12)『千年女優画報』(株式会社マッドハウス、二〇〇二年)六八頁に、『千年女優』の劇中映画に登場する「怪傑黒天狗」のモデルとして、時代劇映画で有名な「鞍馬天狗」及び「快傑黒頭巾」の両者が挙げられている。

(13) 以降、『千年女優』の絵コンテについては、注9前掲書所収のものを用いる。

(14) 注11前掲書所収「今敏×村井さだゆき」(三段組)の下段参照(頁数なし)。

(15) 注7前掲書、二五頁。

(16) 注7前掲書、二八―二九頁。

(17) 劇中映画『あやかしの城』の老婆の登場回数については、数え方によって増減が生じる(カットごとで数える場合と、まとまったシーンあるいはシークエンスで数える場合とでは差異が生じる)。

そこで以下に、本稿が目安とした登場箇所(八回)を挙げておく(Cで示したのは、注9前掲書所収の絵コンテに記されたカット番号である)。

なお①から⑧のうち、映像に糸繰り車が映らない場合は、必ず音響で「回転」の軋む音が挿入され、象徴性を損なわないよう配慮されている点も付言しておく(⑥についてはややわかりにくいが、ヘッドフォンで視聴すると明瞭に音を拾うことができる)。

①劇中映画『あやかしの城』(C340―366)。

②劇中映画『島原純情』(C471―473)。

③前半の終わり(Bパートの終わり)、終戦時の瓦礫に千代子が昏倒した直後(C645)。

④劇中映画『女の庭』(C709)。

⑤「鍵の君」を追う千代子が乗った列車が急停止した瞬間(C828)。

⑥「鍵の君」を追って暗闇を走る千代子の背景(C8

38―840）。
⑦劇中映画『遊星Z』撮影現場。宇宙服のヘルメットに映り込む（C940―943）。
⑧「鍵の君」が描いた少女時代の千代子の肖像画にオーバーラップ（C960―962）。

(18)久野昭「六道の辻」（『日本研究 国際日本文化研究センター紀要』第三号、一九九〇年、一〇五―一三一頁）において、源信『往生要集』の思想史的な位置づけが簡明に成されており、本稿はこれに負うところが大きい。なお『往生要集』を引用する際には、久野昭「六道の辻」所引の書き下し文に従ったが、『日本思想大系6 源信』（岩波書店、一九七〇年、底本は建長五年版）では「…輪廻して六道に生るること、猶し車輪の如く始終なし」（「…輪廻生六道、猶如車輪無始終」）と小異がある。

(19)注11前掲書所収「今敏×村井さだゆき」（三段組）の中段参照（頁数なし）。

(20)河合隼雄『ユング心理学入門』、培風館、一九六七年、二一五頁。

(21)注12前掲書、八八頁。

(22)〝輪廻〟と密接なモチーフに、作品中に散見する「睡蓮」があることも付言しておく。もともとは、『千年女優』の音楽と主題歌を担当した平沢進の影響の下、花弁が螺旋を描くような形状の「蓮」が「上昇」を伴った〝輪廻〟の象徴として構想され、原案でも「世話の行き届いた庭の池にじきに咲きそうな蓮の花が雨にうたれている」（注7前掲書、三三頁、傍線筆者）と記されていたが、「仏教的ニュアンスが強くなる」ため（注9前掲書、四八八頁）、本編の台詞中では「睡蓮」と言い換えられることになった。
　この「睡蓮」（蓮）のモチーフは、昔語りが行われる千代子の山荘の庭の池に、原案通りの「じきに咲きそうな」状態で示されるが、その他、立花源也の映像制作会社の名称に「スタジオ LOTUS」（睡蓮・蓮）の名が冠せられているなど、作品の随所に入念に配されている。特に劇中映画『遊星Z』では、千代子がロケットに乗って「上昇」する際、花弁が組み合わさったような宇宙基地の発射口がゆっくりと開いていくが、これに関して今敏は「蓮の形」と明言している（注9前掲書、四六九頁）。言うなれば千代子は、「蓮」の開花とともに、次の〝輪廻〟の〝千年〟へと旅立っていったのである。

(23)注12前掲書、一〇〇頁。

(24)注12前掲書、一〇二頁。

(25)注12前掲書、六六頁。

(26)ロジャー・マンヴェル『シェイクスピアと映画』、白水社、一九七四年、一四六―一四七頁。

(27)『キネ旬ムックプラスマッドハウス①今敏』、キネマ旬報社、二〇〇七年、六〇頁。
(28)『全集 黒澤明』第四巻、岩波書店、一九八八年。同書所収の佐藤忠男「作品解題」三五三頁参照。
(29)注28前掲書、一四四―一四八頁より抜粋。
(30)注28前掲書、一六七頁。
(31)注28前掲書、一五〇頁。
(32)ティタニラ・マートライ「『蜘蛛巣城』における西洋と東洋の芸能の受容――シェイクスピア『マクベス』と能の比較より」、『演劇映像』第五一号、早稲田大学演劇映像学会、二〇一〇年、一―一八頁。
(33)黒澤明『蜘蛛巣城』は、既に荒廃して誰もいなくなった「蜘蛛巣城址」(シーン1)から始まり、同じく「蜘蛛巣城址」(シーン106)で締め括られる。つまり全編が回想形式の〝昔語り〟とも言えることから、世阿弥が大成した夢幻能形式の影響を指摘する論もある(例えば注32前掲書)。しかしこれに関しては、先行する映像作品を踏まえた可能性も高く、今後の黒澤明研究の成果を俟たなければならない。
以上の理由から、本稿では糸繰り車の「回転」それ自体の象徴性に焦点を絞り、考察することとした。
(34)竹本幹夫『観阿弥・世阿弥時代の能楽』、明治書院、一九九九年、五六五頁。
(35)以降、能〈黒塚〉に言及する際、テクストは伊藤正義校注『新潮日本古典集成 謡曲集(上)』(新潮社、一九八三年)所収の〈安達原〉(六五―七八頁)を用いる。
(36)能の諸本校訂における段、及び、小段の規定に関しては、横道萬里雄・表章校注『日本古典文学大系40 謡曲集(上)』(岩波書店、一九六〇年)所収の「能の構成」(一三―二五頁)を参照のこと。
(37)注35前掲書、六八頁。
(38)小山弘志校注・佐藤健一郎訳『新編日本古典文学全集59 謡曲集②』、小学館、一九九八年、四六三頁。
(39)謡のどの箇所で枠桛輪を「回転」させるかについては、諸流の演出によって異なる。
本稿では梗概を示す際、観世流の「長糸之伝」を念頭に置いた。
(40)注38前掲書、四六四頁。
(41)注35前掲書、七〇頁。
(42)注35前掲書、七一頁。
(43)西野春雄校注『新日本古典文学大系57 謡曲百番』、岩波書店、一九九八年、五〇二頁。
(44)阿部俊子訳注『講談社学術文庫 伊勢物語(上)』、講談社、一九七九年、一三七頁。
(45)注44前掲書、一三八頁。
(46)その他、典拠として指摘されるのは、『伊勢物語』第三十二段の和歌を踏襲した『義経記』等の「しづやしづ、しづのをだまき、くりかへし、昔を今に、なすよしもがな」（静御前の詠歌）である。

(47) 村上湛『すぐわかる能の見どころ——物語と鑑賞139曲』、東京美術、二〇〇七年、七五頁。

(48) 馬場あき子『ちくま文庫 鬼の研究』、筑摩書房、一九八八年、二六〇頁。

(49) 例えば、八百比丘尼を主人公とした星野之宣の短編「月夢」（集英社刊『妖女伝説2』所収）は、今敏自身が言及している重要な典拠の一つであるが（注7前掲書二四頁参照）、同作には糸繰り車の「回転」及び〝輪廻〟のモチーフは見られない。

(50) 注12前掲書、八四頁。

参考文献

須川亜紀子「非完結性と女性表象——今敏『千年女優』におけるナラティヴの螺旋構造とジェンダー」、『慶応義塾大学日吉紀要 英語英米文学』四七号、慶応義塾大学日吉紀要刊行委員会、二〇〇五年、九三—一一二頁。

＊本稿は、早稲田大学文化構想学部の設置科目「復元表象研究」（二〇〇八—二〇一三年度）の講義内容、及び、レジュメに基づく（今敏『千年女優』に関しては二〇一三年度に詳細に取り上げた。早稲田大学過年度シラバス参照）。

＊本稿作成にあたっては、今敏氏の御遺族の方に許諾いただいた。この場をかりて厚く御礼申し上げたい。また、近畿大学日本文化研究所の諸先生方、及び、妻・直子の適切な助言にも、感謝の意を表したい。

II

対話の試み

3　一つの対話をもたらす試み

ヴェーバー、ドストエフスキー、大拙

清 眞人

はじめに

ここで試みるのは、マックス・ヴェーバー、ドストエフスキー、そして鈴木大拙の三者のあいだに生じるはずと思われる――というのも、実際には起きていないから――、これまで人間が掲げてきた宗教的救済のヴィジョン・「宗教的救済財」（ヴェーバー）をめぐる対話と対決の関係性を素描することである。

いきなりこのようにいうと、大方の読者にはあまりに突拍子もないと映るかもしれない。いったいその三者のあいだに、そうした討議の関係性を生む如何なる必然性が分有されているというのか、と。

たしかに、ヴェーバーにとっては大拙とのあいだに対話と対決の関係性が生まれる可能性は十分にあったかもしれない。というのも、ヴェーバーはその宗教社会学論集第二巻『ヒンドゥー教と仏教』・第三部「アジアの宗派的宗教類型と救世主的宗教類型」において大拙のいわば思想家としてのデビュー作である『大乗仏教概論』（一九〇七年に“Outlines of Mahāyāna Buddhism”として英文で出版された）を大乗仏教の好個の解説書として受け取り[1]、実に彼の解釈を次のように批評している。――それは、大乗仏教を「非常に近代的な神秘主義の意味で解釈することを許す」見地からのもの、「現世内神秘主義」と形容し得る「現在『特殊』大乗教的なものを代表している」もので、ヒンドゥー教の『パガヴァドギータ』が提示した「現世内的現世無関心」という世界への態度に、それを大乗仏教に摂取するという「仏教的転換」を施したものとみなし得ると[2]。

ところが私が調べた範囲では、このヴェーバーのきわめて重要な批評を当の大拙は遂に知ることがなかったし、ま

たこれまでの日本の大拙研究においてもヴェーバー研究においても、この注目すべき事実を取り上げ、大拙の思想とヴェーバーの理解とをあらためて突き合わせ、そこに孕まれる問題を論じる議論は生まれなかったのではないかと思える。[3] というのも、もしそういう論議が起き注目されたならば、当然それは大拙の知るところにもなったであろうが、そのふしはない。鈴木大拙全集の人名索引ならびに文献書名索引を検索してもヴェーバーにも同書にも行き当たらないのだ。また、この全集各巻に付録として添えられた月報を総集した『鈴木大拙――人と思想』(岩波書店、一九七一年)を見ても、この問題を取りあげた人間は誰もいない。私にはこの議論欠如は日本の宗教学や社会学の一つの重大な瑕疵だと思える。(*1)

(*1) ヴェーバーの原書は一九二一年に初版が出版されており、その最初の英訳は "The Religion of India: The Sociology of Hinduism and Buddhism" というタイトルで The Free Press of Glencoe から一九五八年に出版されている。英語の堪能な大拙なら、情報さえ届いていたら、十分この英訳でまずヴェーバーの議論を読めたはずである。邦訳は、同書の第I部だけが一九五三年に、杉浦宏訳・中村元補注、『世界宗教の経済倫理II、ヒンズー教と仏教(1)――宗教社会学論集第三――』としてみすず書房から出ている。大拙に直接関係する第III部の最初の邦訳は注(1)で指摘したように『アジア宗教の基本性格』というタイトルで勁草書房から一九七〇年に出され、もうこのときには大拙は他界していた(一九六六年没)。しかしテーマからいって、一九五三年の邦訳に接し、そこからさらに第III部の読書へと進む可能性は十分あったはずである。彼は実に一九五七年に、訳者坂東性純が「最盛期を代表する英文著作」と評する『神秘主義――キリスト教と仏教』(Mystcism:Christian and Buddhist)をアメリカで出版した(邦訳は、岩波書店、二〇〇四年)。そうならなかったことが惜しまれる。

こうして、ヴェーバーと大拙の対話と対決は実際には生じなかった。いわんや、ドストエフスキーとの関係についていえば、彼は一八八一年に没したのだから、そもそも彼の側からはヴェーバーに対しても大拙に対しても討議の関係が生まれるはずはない。

ただし、ドストエフスキーとの対話と対決という問題に関していえば、大拙は彼が敗戦直後に執筆を終え翌年に出版した『霊性的日本の建設』にドストエフスキーに関する重要な発言を残している。[4] それはベルジャーエフの『ドストエフスキーの世界観』に共感しながら、『カラマーゾフの兄弟』の「大審問官」章に言及したものであり、この章が予言した「蟻塚」的全体主義国家の設立に人類救済の夢を賭けようとするくだんの「大審問官」の思念の過ちと悪魔性、それはヒトラーとスターリンが企てた全体主義国家のおぞましさによって見事に証明されたとみなす、かかる視角からのドストエフスキー評価である。この点で、彼の発言はたしかにドストエフスキー文学の孕む重要な意義の一つに触れるものである（＊2）。とはいえ、あとで示す本論考が掲げる問題——汎神論的大地信仰とイエス信仰の結合——に直接かかわる視点からのドストエフスキー評価がそこで問題になっているわけではない。

（＊2）なお、紙幅の関係でここでは指摘だけに留めるが、このベルジャーエフとも深くかかわってのドストエフスキー読書は、大拙と思想的盟友の関係を結んだ西田幾多郎の「場所的論理と宗教的世界観」（彼自身が自分の宗教論の極まりであり、遺書といってよい[3]と述べた）にも、その核心にかかわる深甚なる影を落としている。

またヴェーバーが、自分の展開する「合理的現世内倫理」形成論なり「宗教的救済財」観念をめぐっての東西文明の著しい相違をめぐる議論にかかわって、ドストエフスキーに重大な関心を抱いたということを窺わせる痕跡、これもいまのところ——私の知る範囲では——見つかっていない。

だから、本論考の試みとは、もし彼らに相手を十分に知る機会があり執筆の余裕があったならば、必ずや興味深い対話と対決の関係性が生じたにちがいないと推測・想像し、この推測・想像の根拠として、それほどに三者のあいだにはテーマの本質的共有性と対決の必然性が分有されていることを論証し、そうすることによって、実はわれわれこそが担い手となるべき今後展開されるべき議論——三者を媒介架橋する——、そのいわば構想を素描することだといえよう。

そこでまず、この「はじめに」章において、かかるテーマを私が抱くことになった理由について三者に即してあらかじめのスケッチをおこなうことにする。

ヴェーバーは『世界宗教の経済倫理・序論』（以下、『序論』と略記）のなかで人類の宗教文化史を振り返りながら、そもそも人間がその都度の歴史的・民族的・社会階層的等々の状況に規定されて如何なる救済観念、すなわち「宗教的救済財」を形成してきたか、その多様な様相を簡潔に素描しながら、この「宗教的救済財」の人類史的展開を次の遠近法《パースペクティヴ》の下に概括しようとしている。すなわち、呪術的「世界像」の下に包摂されていた意識のアニミズム的原始段階から出発して、その基本方向において「合理的世界像」の形成へと進む知的進化の過程をたどりながら、人類の様々な文化圏がその「宗教的救済財」をどのように変容

させていったかを。（だから彼は宗教的意識における「知性主義的な合理主義の進展」を常に問題を測定する基軸に置く(6)）

ここでまず私は、本論考で追求しようとする問題を浮かび上がらせるために、簡便ながらも実に示唆に富んだ彼の宗教心理学的でもあれば社会学的でもある問題素描の展開過程を敢えて省略して、本論考に直にかかわるきわめて重要な彼の総括的一節、インド宗教、すなわちヒンドゥー教と仏教の歩んだ過程を総括する一節をまず引用したい。いわく、

> 現実の合理化過程のなかに介入してくる非合理的なものは、現世の姿から超現実的な価値がはぎとられていけばいくほど、そうした価値の所有を希求する知性主義 Intellektualismus の押さえがたい要求がますますそこへ立ち帰っていかざるをえない故郷であった。統一的な原始的世界像のなかでは、すべてが具体的な呪術であるが、そうしたものはやがて、一方では合理的認識および合理的な自然支配へ、他方では「神秘的」な体験へという分裂の傾向を示すようになる。そして、この「神秘的」な体験のもつ言語につくしがたい内容が、神の存在しない現世のメカニズムと並立しつつ、なおも可能な唯一の彼岸として、しかも事実、そこでは個々人が神とともにいてすでに救済〔の状態〕を自己のものとしているような、そういう現世の背面に存在する捉えがたい国土として、残ることになったのである(7)。

ヴェーバーはこう問題を把握した。ヒンドゥー教と仏教は、何より思想としては、「現世とその『意味』」をひたすら思索によって捉えようとするような上流知識人層」を主たる担い手とし、それゆえに、次のような「宗教的救済財」を掲げることになった、と。すなわち、「瞑想によって与えられる単独者の深い至福の休息と不動の境地に入ること」をもって「人間にとって到達可能な最高究極の宗教財」とみなすところのそれを(8)。

では他方、ヨーロッパにおける、しかも近代ヨーロッパのなかに結実するに至る「宗教的救済財」の形成のされ方、それをヴェーバーはどのように把握し問題化したのか？　それは右のインド的過程と対比するならどのように特徴づけられるのか？

しかも、そのヴェーバーの問題の把握の仕方、問題の立て方は、私の視点からいうと如何なる問題性をもつのか？

先の一節に関してまず私は次のことを問題にしたい。

第一点は、ヴェーバーのとる遠近法《パースペクティヴ》の基軸、それが呪術的意識から合理的意識への発展史に置かれていることにかかわって、先の一節で彼が「現実の合理化過程のなかに介入してくる非合理的なもの」と述べる場合、さらに具体的いって何を彼は問題にしようとしているのかという問題である。というのも、それが次の文節に出て来る「『神秘的』な体験」とほぼ重なることは明瞭ではあるが、これまでいろいろとヴェーバーを読んできた者としてここで私は次のことを指摘し、追加し、問題に加えたいのである。

すなわち、彼にとって「非合理的なもの」とは、たんにインドの「上流知識人層」が問題とする「瞑想によって与えられる単独者の深い至福の休息と不動の境地」――ヴェーバーが多用する別な概念を使えば「神人合一の無感動的エクスタシス」――のみならず、原始段階に遡れば遡るほど洋の東西を問わずほとんど共通したアニミズム的相貌を示す――性的であれ、酒宴的であれ、歌舞的であれ――オルギア（狂躁）的・ディオニュソス的（ニーチェ）な「憑神状態」へとおのれの感情を高揚させ、それを享楽するという民衆の心身一体的欲求をも意味することである。というよりヴェーバーにとっても、それらこそが起源をなす原性的な救済財的情動であり、後に誕生する「上流知識人層」のそれは、一見するに前者とははなはだしく対立するかに見えて、実は発生論的にはその昇華形態とみなされるべきものなのである。というのも、それら「憑神状態」はまさにオルギア的である点で、ヴェーバーが「無感動的」と形容する志向性とははなはだ対立的であるにせよ、また他方彼ら知識人層が強い嫌悪感をもってオルギア的なそれを退けた点にこそ両宗教の特徴が誕生するにせよ、後者もまた「神人合一」のエクスタシーへの渇望であるという点では、血脈的には同一だからだ。だから、彼は両者の関係性について次のようにも述べているのである。いわく、「高尚な知識人層は、硬骨の非感情的な諸形態（「瞑想」の発展萌芽）や、同じく苦行のうちの合理化可能な全慣行に対しては、本質的に対立する必要はなかった」と。(9)

実にこの点で、たとえばニーチェは『悲劇の誕生』において次のように述べ、ほとんど私と同じ観点を披歴していたのである。すなわち、「一民族にとって、狂酔乱舞からは、辿ってゆく道はただ一つ、インド仏教への道があるのみである。インド仏教は、無へのその憧憬とともに堪えられ得るものであるためには、空間と時間と個体を超越させるかのあの稀有なる奪魂忘我の状態を必要とする。そしてこの状態はまた、中間状態の名状し難い懊悩を一つの表象によって克服することを教える一哲学を要求する」と。[10]

しかもわれわれは次の点に注目しなければならない。すなわち、くだんの呪術的原始段階を脱した段階においても、しかもその「知識人層」の担い手たちにあっても、鈴木大拙の解釈する大乗仏教やエックハルトが掲げる「現世内神秘主義」にあっては、たしかにオルギア的とはいえないにせよ、おのれの神的本質へと復帰することによって最高の高揚に達した「永遠の生命」への到達が説かれ、主張者自身によっても、それは決して「無感動的」ではないことが強調されること、に。

たとえば大拙の観点からすれば、小乗仏教のみならずヒンドゥー教のヴェーダーンタ哲学もまた「涅槃」という「神人合一」がなる究極の救済地点を、人間が「一切の欲望や欲求」から解放される、つまり死後の、「寂滅」の「虚無世界」のうちに見るが、それに対して、大乗仏教の最大の特質は次の点にある。すなわち、「それまで涅槃を存在の完全な根絶であると見ていたインド人思想家の中にあって、はじめてそれと対立する考えを示した」という点[11]、つまり涅槃を「永遠の生命を獲得する方法[12]」、すなわち一切の欲望と欲求をその根源的な本質において生き直すために「己我」の「エゴイズムの軛」から解放し浄化する方法と解釈し直した宗教、それが大乗仏教なのである。[13] またルードルフ・オットーのエックハルト解釈を見ると、同じ問題の地点で、エックハルトはヴェーダーンタ哲学の代表的思想家のシャンカラと区別されており[14]、彼にあっても、おのれの神的本質へと復帰する生、つまり「模像」から「原像」へ復帰することによってまさに「永遠の生命」の高みへと高揚する生の有りようこそが真の救済とみなされていたことがわかる。[15] オットーは、かかるエックハルトの掲げる生のヴィジョンの「ゴチック的」性格を指して、ヴォーリンガーの解釈を支持し、それは「呪術的」と形容されるほどの「全く強烈な生命力」、「ひたすら非合理性のもとで高まっていく」、神的生の境位を指すとしている。[16] このオットーの解釈は期せずしてヴェーバーの問題理解との接線を示すものである。またニーチェの理解と近接する観点をも示すものである。なお、先に紹介したようにヴェーバーは大拙の解釈を指して「現世内神秘主義」と特徴づけるが、実はこの「神秘主義」の概念の下で彼は明らかにエックハルトを比較し得る同質の思想家として思い浮かべているのである。[17] （なお大拙は様々な著作のなかで大乗仏教から生まれた禅宗とエックハルトとの類似性を指摘しているが、先に触れた最晩年の英文著作『神秘主義——キリスト教と仏教』において後者は「際立って大乗仏教的」であるとし[18]、出会った当初から、自分は「全くあまりにも近かったので、それらはほぼ決定的に仏教的思索に由来するものと太鼓判を押して然るべきもの」と思ったと述懐している[19]。）

しかもまた、ヴェーバーは「宗教的救済財」という概念で何を問題とすべきかを論じた『序論』の簡明であるがきわめて重要な箇所で、それぞれの宗教が追求した「神人合一」を志向する実に様々な「宗教的救済財」の有りようを列挙したあと、それらが掲げる神秘主義的な目標は一見きわめて彼岸的に見えようとも、実は「そうした状態そのものが直接に信徒に与える感情的価値」[20]——その意味では実に此岸的な——こそが救済財そのものであったことに注目するよう、読者を促す。この視点からいえば、前述のインドの「上流知識人層」の掲げる救済目標たる「涅槃」はまさに「死」を欲求するきわめて虚無主義的な性格のそれだが、その実質的な救済機能は、実はいまだ死せざる此岸における生の場面で、その生を「瞑想によって与えられる単独者の深い至福の休息と不動の境地」において生きようとする《いま、ここで》の「感情価値」の獲得にある、ということになろう。

またヴェーバーは「昇華された宗教的救済論における二つの最高概念」は「甦り Widergeburt」と「救い Erlösung」であるとするが、「甦り」の方は「きわめて古い呪術的な宗教財である」と指摘し[21]、その呪術的起源において「オルギア的動作あるいは計画的な禁欲によって新しい霊魂を獲得することを意味した」（傍点、清）と述べている[22]。

この彼の指摘は、期せずしてニーチェの観点に、またオットーの紹介する先のヴォーリンガーのエックハルトへの視点と重なるものだが、私にいわせれば、たとえば折口信夫の次の見解とも重なるものである。すなわち、古代日本において歌舞はみな「魂降《ふ》り」によってこそ生じるとみなされ、霊魂のもつ威力（セジ）を歌舞者に憑依させることによって歌舞者にまさに——ヴェーバーの言い方を借りるなら——「新しい霊魂を獲得する」ことを可能ならしめること、このことこそが芸能の本質だとする見解、これと等しい。（なお後述するが、私は拙著『聖書論Ⅰ』においてイエスの掲げる救済思想において中核をなすのはまさにこの「新生」・「甦り」の観念であり、それはアニミズムの或る種の復権とも呼び得るきわめて「生命主義」的な性格をもつことを強調した[23]。）

こうした問題の関連性は、くりかえしになるが、原始的な呪術的・アニミズム的なオルギア（狂躁）的・ディオニュソス的「憑神状態」ならびに大乗仏教的・エックハルト的な「神的生命」への浄化的高揚のヴィジョンのみならず、ヒンドゥー教のヴェーダーンタ哲学や原始仏教ならびに小乗仏教の掲げるきわめて主知主義的な相貌をとる「無感動的エクスタシス」までをも貫く、人間を捉えて離さぬ救済欲望の隠れたる「感情価値」の血脈を示唆するものといえよう。つまり、最も広義の《宇宙の全体性と自我との神秘主義的融合》体験が洋の東西を問わず普遍的に人間にとってもつ救済財的役割、それがここには浮かび上がっているのだ。

さらにここでヴェーバーに戻れば、次の問題も浮かび上がる。

事は性愛にかかわってである。——原始的呪術的「世界像」が支配する段階を抜けた人類にとっては、性愛欲望も共同体の祭祀形態（=性的オルギア）を脱して個々人の実存が互いに結び合う人格的関係の下でのそれへと昇華され、もっぱらこの形態でこそ「恋愛」として問題となるに至るわけだが、この段階に至った性愛=恋愛の感情形態の下にあっても「非合理的なもの」に留まり続けるのだ。否、それどころではない。実にヴェーバーはそれを「人生における最大の非合理的な力」と呼びさえするのである。（＊3）

そして彼はその昇華形態の変遷を西洋文化史のなかに跡付けるとともに、そのインドにおける展開をくだんの『ヒンドゥー教と仏教』の第三部・第六章「シヴァ信仰とリンガ信仰」、第七章「ヴィシュヌ派と信愛信仰」のなかでタントラ呪術にも関連させて詳細に跡付けもする。

さらにまた次の問題もある。人間の抱く攻撃的衝動・暴力欲動は通常の共同体内部の日常のなかでは嫌悪され、抑制されるべき悪しきものとみなされる。だが、共同体と共同体とが戦いあう戦時においては、その抑制は解除され、むしろ悪鬼的・鬼神的な水準、かの猪武者的な激怒・狂憤の「憑神状態」（荒ぶる魂）に達したそれは、戦士=騎士階層においては「英雄カリスマ」として特別に価値化され聖化されることにもなろう。（参照、『ヒンドゥー教と仏教』第1部・第8章における騎士階級クシャトリアに関するヴェーバーの考察）こうした人間の抱える攻撃的情動もまたいうまでもなく「非合理的なもの」の代表的な一つである。人間は、かかる悪鬼的水準に膨張し高揚する暴力の衝動に——聖化するにせよ、悪魔視するにせよ——おそらく永遠に纏い憑かれて生きねばならないであろう。

そしてここでドストエフスキーを持ち出すならば、まさに彼の文学は、性愛のそれにしろ、暴力のそれにしろ、あるいは両者が混淆し融合する地点も含め、それらが犯罪へと転移する場面に深甚なる関心を抱いた点において、傑出していた。ドストエフスキーは人間を突き動かす犯罪衝動を「精神錯乱をともなわない狂気状態」として把握し、いかなる社会組織・制度の改善によっても解消し得ぬ底深い「無意識」の闇から発する、日常において一見きわめて確かで強力と思われた人間の合理的自己抑制能力も瞬時に吹き飛ばす、まさに呪術的力の性格をもった、それゆえに畏怖の対象であるとともに魅了される対象でもある「非合理的なもの」の代表の一つとみなした。彼は犯罪衝動の帯びる「神秘性」への注視を欠いては文学は成り立たぬと考えた作家であった[24]。

（＊3）まさに『世界宗教の経済倫理』の「中間考察」・「現世拒否の諸方向。経済的・政治的・審美的・性愛的・知的諸領域」章の後半においてヴェーバーは、「人生における最大の非合理的な力」とみなした性愛を、それが「奥深い内面において必然的に排他的、かつ考えうる限り最高の意味において主観的であって、絶対に伝達不可能である」点で、この欲望エネルギーほどに「救いの宗教における同胞倫理」（何よりも彼はこの概念でキリスト教的倫理を指している）と「深刻な緊張関係」に入るものはないとする。彼はこの問題点を延々十数頁にわたって論じている[25]。その瞠目すべき熱度は、彼がこの「非合理的な力」に如何に畏怖を抱き、まただからこそ魅了されていたか、そのアンビヴァレントな関係性を暗黙のうちに示すといえよう。彼は、この対立性を最も鋭く把握できた人物としてトルストイとともにニーチェの名を挙げている[26]。なお。拙著『ドストエフスキーとキリスト教』において私は、ドストエフスキー文学においてこの「性愛」情動のもつ「非合理性」がその「他者所有」に猛り狂う悪魔的側面において問題にされるとともに、同時にそれが苦悩する他者に真底身を寄せようとするイエス的な共苦の「憐みの愛」へと通底し、それへと転化する側面をも隠しもつものとして問題とされていることを取り上げた。彼にとってはこの性愛の孕むかかる自己矛盾性こそがその「非合理性」の核心をなす問題なのであった[27]。

さて第二点として、私は右のように問題を辿り直すならば、ヴェーバーについてこういわねばならないと思うのだ。すなわち彼は、たしかに呪術的意識段階を脱して合理的意識の段階へ進化する必要と必然性を人類史を眺望する遠近法の基軸に据えたにしろ、しかし、彼は同時に次のことを確信していた、と。すなわち、右に見た「非合理的なもの」を遂に人間が完全に乗り越え自分のなかから消去してしまうに至るということはあり得ず、それゆえ「現実の合理化過程」の進展とそこに「介入してくる非合理的なもの」との確執は実は人類の永遠的課題であり続け、人間のその都度の文化的営為とはこの確執を生きる新しい仕方の創造にあり、その追求にほかならない、と。あるいは、文化史における各時期はこの確執が新たなる形態においてくりかえされるその軌跡にほかならない、と。（かくて二十一世紀において、PCという最先端の合理的な技術が如何なる仕方で人間の非合理的要求を満たす新形態の創造に行きつくか、その様相にわれわれは立ち会うことになろう。）

　では、眼をインド的過程から転じて西洋文化史に向け直すならば、ヴェーバーにとってヨーロッパ近代は、まさにその近代という歴史性において如何なる「宗教的救済財」を自分に創りだしたということになるのか？　そのさい、インド的過程に即して彼が取り上げた「一方では合理的認識および合理的な自然支配へ、他方では『神秘的』な体験へという分裂の傾向」という問題は、インドならぬヨーロッパ近代ではどういう形態において生きられたというのか？

　ところで、何故、こうした問いをあらためて私はヴェーバーに対して設問するのか？

　実はそこには次の四つの問いが伏在している。

　第一点は、ヴェーバー自身の議論に直にかかわってのことである。

　次の第一章で縷々論じるように、彼によれば、ヨーロッパ近代はその「市民」社会的基盤の上に「『使命』預言」をもって「合理的現世内倫理」の支柱とする合理主義的宗教＝（正統）キリスト教を発展させ、これをもって呪術的世界像を抜け出るヨーロッパ固有の道とした。

　では、この西洋が辿った道がまさにそうしたものであったがゆえに新たに自分に創りだした困難、くだんの「現実の合理化過程」とそこに「介入してくる非合理的なもの」との確執を解くうえでヨーロッパ近代が自ら抱え込んだ固有の困難、それは何であったのか？　その点をヴェーバーはどう自覚したのか？

　私が問いたいのは実はこの問題である。というのも私の眼には、ヴェーバーがいう「合理的現世内倫理」の普及という西洋に固有な道は、それはそれで、くだんの確執に対する新たな回答というよりは、むしろその確執それ自体を自分に覆い隠すという側面を色濃くもつ性格の「回答」であったと映るからなのだ。後期ロマン派・象徴主義文学を筆頭に、十九世紀後半から西洋文化は常にヴェーバーのいう「現実の合理化過程」の進展に対する「非合理的なもの」の反乱・反動を起爆剤とし、この反逆的ないわば「黒魔術」的地下水脈を隠されたる基軸とすることで展開してきたのではなかったのか？（二十世紀前半の超現実主義芸術思潮にせよ、後半のヒッピー・ムーヴメントやロック音楽の隆盛、マリファナ文化の伝播、宇宙技術的形態をとった呪術的快楽の追求、二十一世紀におけるゲーム文化を先陣とするヴァーチャル・リアリティー文化への耽溺にせよ）

第二点は次の事情にかかわる。すなわち、かかる問題設定をおこなうならば、ドストエフスキーの文学と思想は、ヴェーバーがむしろ陰に追い遣った問題をあらためてヨーロッパ人の眼の前に引き出し直すという意義を発揮するものとして現れてくるのではないか？ 先にヴェーバーから取り出し援用した言葉を敢えてまた用いれば、ドストエフスキーの文学ほどに「現実の合理化過程」とそこに「介入してくる非合理的なもの」との確執を小説の主題に据えたものはなかったのではないか？ おのれの意識の深部からやって来る性愛の、あるいはルサンチマンの、共苦の、その情熱の非合理性に、合理的たらんとする意識――キリスト教的立場にしろ無神論的な功利主義の立場にしろ――が如何に衝突し、悶え、敗北し、おのれに挫折するかというテーマ、また、その苦悶の一種苦行主義的なマゾヒスティックな「オルギア」的快楽性ないし「憑神」的熱狂性についての執拗なる描写こそ「ドストエフスキー的なるもの」を構成する本質的な文学的要素ではなかったのか？ また明らかにヴェーバーのいうインド宗教の掲げる「瞑想によって与えられる単独者の深い至福の休息と不動の境地」と通底する宇宙感情が、同時にまた「ドストエフスキー的なるもの」を構成する本質的要素でもあるのではないか？（本論考・第二章・第1節・第2節、参照）こうした諸点において、彼の文学は――ヴェーバーの視界からいえば――まさにその視角が視野の外に追い出したテーマの復権という相貌をもって立ち現れてくるのではないか？

だから、ここでもしわれわれが、ドストエフスキーとヴェーバーとが一つのテーブルを挟んで対話し対決するに至る場面を想定するならば、そこでの両者の会話はいったいどういう論争となって展開すると想像し得るのか？ かかるきわめて興味深い問題がわれわれに投げ返されることになるのだ。

第三点は、読者には突拍子もないと思われるだろうが、まさにこの係争点に鈴木大拙を絡ませたなら、これまたどういう対話と対決がヴェーバーと彼とのあいだに想像できるかという問題である。

いうまでもなく、大拙は二十世紀の代表的な――しかも英語をもっておのれの思想を語ることができた――日本の仏教徒知識人であり、まさにかの「瞑想によって与えられる単独者の深い至福の休息と不動の境地」をもっておのれの「宗教的救済財」とする人物である。だが、彼は同時にこう自問した仏教徒知識人でもあった。――そのインド的救済原理が同時にもし菩薩からの――ここでヴェーバーの概念を援用すれば――『使命』預言」となって、この救済原理の視点から日常の実践生活と社会組織の運営・展開をコントロールし是正するという行動へと仏教徒を駆り立てるならば、仏教はキリスト教に比肩し得る――またしてもヴェーバーの概念を援用するなら――別種の「合理的現世内倫理」を組織する宗教としても立ち現れることができるのではないか、と。この展望こそが彼のいう「大乗仏教」――批判者にして彼の翻訳者でもある佐々木閑にいわせれば、「大拙大乗経」と呼ぶしかないほどに特異な――の核心であったのである。

事実、先ほど私が言及した『霊性的日本の建設』のなかのドストエフスキーの名が登場する同じ頁には、こう記されてもいたのである。

　霊性的自覚と云ふも畢竟するに自由の自覚に外ならぬ。ところで此の自覚は東洋に在りては（略）個人的関心の目標になって来た。西洋はこれに反して集団生活の上に精神の自由が叫ばれた。（略）キリスト教も固より己霊と神との直接な交渉を説くのであるが、彼等は亦関心を社会的生活の方面に向けることを解《おこた》らなかった。これはキリスト教そのものに歴史的に内在するものか、或いはこれを信奉する国民の心理態に基因するものか、今しばらくそれを検討しないにしても、事実は疑う余地を容れないのである。(28)

明らかに右の一節には、大拙を西田幾多郎や三木清に一直線で繋げる日本人としての、日本文化に対する自己批判――まさに「社会的生活の方面」に西洋のキリスト教に匹敵する強力な道徳的意識を生みだし得ないできた――が含まれている。(29)大拙は日本人としてのかかる自己批判と、彼の仏教徒的信念、すなわち、究極の「宗教的救済財」はキリスト教の創造主的神観念をもってしては到底辿り着けぬ東洋的な「神人合一」の「華厳的事事無礙法界」の境地（法身・浄土）の獲得にあるという信念、この両者を結合しようと苦闘したのである。

しかも私から見れば、彼が掲げる「華厳的事事無礙法界」の境地とは、グノーシス派の「プレーローマ」的宇宙観ときわめて類似しており、この類似性を媒介にドストエフスキーの掲げる「大地信仰」的宇宙観とも通底する性格のものとなっているのだ。（実にこの点こそが、本論考が注目しようとする大拙とドストエフスキーとのあいだに生まれるはずの対話と対決の関係性なのである。）

　だから、彼とヴェーバーが、またドストエフスキーが、実際に対話し論争する機会はなかったにせよ、両者のあいだには対話と対決が成立する十分な根拠と土壌があったというべきであり、それを想像する権利をわれわれはもつのである。

　第四点は次の問題である。すなわち、こうした議論を媒介項として立てるならば、私見によれば、ヴェーバーの「キリスト教」論はまさに「キリスト教」論であっても、決して「イエス論」とはなっていないのだ。私の見るところ、彼の「キリスト教」論は古代ユダヤ教とイエス思想とのあいだにある亀裂と確執という問題の環をほとんどまったく取り落としており、実はユダヤ教とキリスト教をひたすらに原理的に太い連続線で結んでしまうことによって、「イエス思想」の固有な意義に関する議論を視野の外へと追い出してしまうものなのである。その点では、まさにニーチェが批判した「正統キリスト教」的解釈枠組み——イエスの名を騙って、実はイエスがあれほど鋭く対立した当のユダヤ教的心性《メンタリティー》とその宇宙観へキリスト教を先祖返りさせる——に立った「キリスト教」論でしかない。私にとってはかかる問題が浮かび上がってくるのである。

　かくて、本論考の課題とはこうである。すなわち、右の四点をより詳細に論じることで、本来架橋されるべきであるにもかかわらず不十分に終わっていた幾つかの重要問題をめぐって、くだんの三者の見解を新たな対話と対決へと導くこと、かかる新たな架橋工作を試みることにほかならない。

第Ⅰ章　ヴェーバーの「合理的現世内倫理」論の問題構造

1　ヴェーバーの基本視点

　人間の社会生活において宗教・道徳・政治・経済の四者のあいだに張り渡される関係を問うさいのヴェーバーの依って立つ根幹的視点、彼の宗教社会学的視点、それは次の一節にことごとく要約されているといってよい。いわく、「西洋においては、合理的現世内的な倫理の成立は、思想家と予言者の出現と結合していた。彼らは後で述べるように、アジアの文化とは異質であったある社会的な形成体、すなわち都市の政治的な市民身分層の政治的な諸問題を基盤として成長したのである。そしてこの都市なくしては、ユダヤ教もキリスト教も、あるいはギリシア人思想の発展も考えられないのである。しかるにアジアにおいては、この意味での『都市』の成立は、一部は氏族の力の持続性により、一部はカースト間のもつ排他性によって妨げられた」[30]（傍点、清）。

まず、右の一節について私は次のコメントを加えておきたい。

第一に、ほとんど蛇足であるが、ヴェーバーの視点とは次の如き宗教社会学的視点だということである。すなわち、古代ギリシアにおいてまず発展したような、成員が相対的にであれ「市民」としての平等なる参政権を有するいわゆる「都市国家」としての「ポリス共同体」という「社会形成体」の成立、これと西洋における宗教文化との切り離しがたい関係性を取り上げ、それを問題を解く鍵とみなす視点、これである。

第二に、ここでいう「合理的」とは、ヴェーバーの場合さらにいって如何なる含意を孕むかという点の明確化である。少なくとも次のことが了解されておく必要がある。すなわち、呪術的方法に基づくのではなく、自然との関係においては自然法則を発見し、それに準拠して自然に働きかけることで所期の実践的成果を得ようとし、社会との関係においては自然法則に準ずる法則性をもつと考えられた道徳規範（それをもって特定の行為の発生を厳しく抑圧するがゆえに、一種の社会法則的な働きをもつと承認された）を発見し、それを演繹と帰納の論理の下に体系化された律法として明文化し、それに準拠した行動を成員たちに強力に要求することで予期できる計算可能な社会的効用と秩序を得ようとする、そうした行動＝思考様式を対自然・対社会の両面において採用し発展させようとすること、それがヴェーバーが「合理的」という形容句に込めた何よりの含意だということである。この点でヴェーバーのいう「合理性」とは、常に、《呪術的 vs 合理的》の対抗関係の上にあり、「法則体系準拠的・予測計算的な実践意識・態度」とでも形容すべきそれを指示する概念であるといえよう。

くだんの『序論』での問題の捉え方をここで引照するならば、そこでは彼はこういっている。生活上の「技術的・経済的な合理主義への傾向」が同時にいわば類比的《アナロギー》に「倫理的・合理的な生活規制を呼び覚ます可能性」（傍点、ヴェーバー）を孕むという問題連関、それがヨーロッパ近代において「商工業者」を中核とする「市民」階層において目覚ましく立ち上がってくる、この点が西洋文化史の固有性である、と。[31] そして、ここでいう「倫理的・合理的な生活規制」とは、いうまでもなく、古代ユダヤ教の大いなる特質をなす、いましがた述べた明文化され体系化された律法的な、確固たる論理的性格と強力な義務的性格をもつ道徳規範を指すのである。

ヴェーバーは、問題の考察において、ヨーロッパの政治文化のこの古来の伝統を彼の観察の準拠軸とし、それとの比較を通じて、くだんの宗教・道徳・政治・経済の四者関係がアジアの場合に取る様態を考察しようとするのだ。

いま見たとおり、ヴェーバーはヨーロッパのそうした文化伝統は「思想家と予言者の出現」と固く結びついていたことに注目していた。彼の念頭にあったのは、古代ユダヤ教の強力な律法主義に基づく「政治的および社会的革命」を遂行するという道徳的立場と、数学的思考を基礎に据えた古代ギリシアの強力な論理的思考能力との結合であり、しかもこの結合が、絶えず時の権力に抗して民衆に向かって革命を鼓吹する「預言者」的知識人像と、ポリス共同体の「広場」という公共空間で同じく民衆に知性・論理を競わせる議論への参加を呼びかける啓蒙的「哲学者」的知識人像、この両者の結合として展開したという文化史的出来事であった。彼の思索の根底に据えられたのは、この二つの重なり合った文化史的出来事こそが西洋の精神史的基礎を築いたという根幹的認識であった。[32]

とすれば、アジアの比較宗教学的考察に当たっては、かかる西洋精神史における「思想家と予言者」に匹敵する知的リーダーとしての社会的位置を占める「アジアの知識人層」が、政治権力と平民大衆との狭間に立って《呪術的 vs 合理的》の対抗関係を如何に生きたか、これがまず注目されねばならないということになる。

この点で彼は、「アジアの知識層」にあっては次の点が何といっても特徴的だとする。すなわち、彼らの問題関心は「日常生活を超えた限りで、それは主として政治的方向以外のものに」(傍点、清) に向かうという点が。[33]

たとえば、政治的関心をその知的活動の中軸にいちばん置いていると思われる古代中国の「儒家」の場合ですら、実は彼らは「政治家というよりはむしろ美学的教養をもつ文献学者」と呼ばれて然るべき存在であった、と。[34] いわんやヒンドゥー教や仏教にあっては、ひたすらに「魂の神秘的で無時間的な救済と、存在の『歯車』の無意味な機構からの脱出」[35] がテーマに座ったのであり、「道教における『無為』、ヒンドゥー教における、現世的関連や前世的憂慮からの『空化』、および儒教における精霊や無益の問題への関与から『距離を保つこと』は、その点で同じ線上にあった」[36]、そう彼は結論づけている。つまり、アジアの知識人層においてはその宗教的情熱は何ら社会の道徳的＝政治的改革を推進するという目標に向かう原理的構造をもつものではなかったのだ。（ついでに指摘すれば、後述するように、この認識において鈴木大拙はヴェーバーと同じ視点に立つ。ただし、彼はまさに大乗仏教を例外とし、それをヒンドゥー教と小乗仏教に対立させようとする。しかし、ヴェーバーからすれば、大乗仏教も例外ではあり得ない。この判断の差異と前提された共通認識との確執、これが両者間の対話と対決を呼び起こす潜在基盤となる。）

この点で注目すべきは、西洋とアジアの知識人層のそれぞれが自分の人格完成の理想像・目標をどのように思い描いたのか、その点に関して両者のあいだに根本的相違を見いだすヴェーバーの視点であろう。

まず彼は西洋における理想像の特徴をこう規定する。すなわち、「人格」という「理想」を掲げることが西洋に特有な点であるといえるが、この理想のもつ「あらゆる意味の基礎」をなすのは、「『日々の要求』に従う率直な行為によって、現実世界への関連を持とうとする想念」とも特徴づけることができ、その志向性はおよそ現実逃避とは正反対であり、現実逃避を唾棄して、現実関与こそを称賛するという性格のものである、と。また、この志向が「現世を、それ固有の非人格的な法則性の発見によって、実際に支配しようと努力する、西洋の純粋に即物的な合理主義」[37]、かかる「俗人の合理的な生活方法の創造」[38]と常に「平行」の関係性を形づくったことが強調されるべきである、と。

くりかえすなら、たんに自然を自分たちが立てた実践的目標のために法則準拠的な仕方で変革し利用しようとするだけでなく、社会をも同じような法則準拠的な態度で変革しようとして、それに強力に道徳的に関与せんとする志向性、かのソクラテス的な、あるいは旧約聖書の示す「預言者」的な精神性、これこそがヨーロッパの特有性であり、アジアとは正反対の志向性だというのだ。

また、ヴェーバーは次の点も指摘している。ヨーロッパ言語において「人格」という言葉それ自体が理想表明の言葉となった文化史的事情には、次のこと、すなわち「一切の他の者とは異なってまさにこの個体にのみ固有のものを追求することによって、自らの頭を泥沼から引き出し、一つの『人格』にまで作り上げようとする探求」が含意されているのだ、と。つまり、独自な個性において際立つという含意がそこには必須の要素として込められていたのである[39]。かくて、《強烈に現実関与的で、現実を理想に向けて一歩でも変革しようとする実践的自己であれ！》という自我理想と《個性的自己であれ！》という自我理想、この二つの志向性の綾り合せからヨーロッパの人格理想は成り立っており、この点で常にそれは権力的・体制的な力に順応しないことを誇りとする批判のエートスを培ってきたというのだ。（＊4）

（＊4）この問題文脈に対する日本の思想史家（しかもヴェーバーに大きな影響を受けた）の応答として丸山眞男の『忠誠と反逆』は読まれなければならない。日本的騎士道（『葉隠れ』的武士道エートス）と孟子の儒学との結合から、いいかえれば非西洋的思想伝統のなかから、「諫死」という忠誠観念を梃子に反逆的的パトスを導きだすという逆説を通じて如何に吉田松陰の如き反逆的パーソナリティーが誕生し、明治維新の勃発に少なからぬ役割を果たしただけでなく、それが後の社会主義思想家の反逆精神にまで継承の跡を残したかを解明することで、日本が西洋的民主主義思想と反逆的個人主義を受容するうえで自前の媒介項をどのように準備することになるかを解明した、この丸山の仕事は。私見によれば、思想の創造局面はすべてこうした幾つかの思想モチーフの混淆的「異種交配化合」の逆説性に満ちた軋みを経過し、それに担われるのであり、ヴェーバーのかの「理念型」抽出の分析的思考は、一方ではこうした混淆性の構造分析にきわめて有効であると同時に、しかし他方では、こうした創造的混淆そのものを主題化するのではなく、むしろそれを視野から駆逐する単なる範型分析主義に堕す危険も常に内包していると思われる。

では、他方のアジアの知識人層を支配し規定した理想追求の志向性は如何なる性格のそれであったのか？

ヴェーバーはこう指摘する。そこには儒教型理想設定とインド型との二つがある。前者は、「意識的・意図的に、美しい身振りの典雅と品位の中に、現世的完成の最高の可能な目標を見出す」という自我理想であり、そこに孕まれる反権力的姿勢を持した批判精神のポテンシャルは西洋的伝統から見れば比較にならないほど脆弱で、体制と儀礼への服従心こそが基本的メンタリティーであった、と。また後者は、「掴みどころのない神秘主義の、現世をこえた静かな広野」に赴くといった隠遁者的自我理想であった。したがって、どちらの場合にあっても、知識人層と「平民大衆」層との精神的分裂が必然的に結果せざるを得なかった、と。

いいかえれば、もともと労働者階層であり、その生産活動現場でも、かつその経済的貧困によっても、おのれの生活に絶えまなく実践的に衝突させられる階層である「平民大衆」は、しかしアジアにあっては、そこで彼らが直面する実践的諸問題に対して如何なる方法的態度で立ち向かうかという問題にぶつかった場合、それらの諸問題にくだんの西洋的な「合理主義」的態度で立ち向かうよう知識人によって奨励されず、むしろ問題の解決を「呪術的」方法によって図るという方向へと常に押しやられた。かくて、知識人層の儀礼主義的な自我理想ないしは現実逃避的で神秘主義的な隠遁者的自我理想は、同時に、その裏面においては「平民大衆」を「呪術的拘束の持続の中に放置した」という社会的作用を発揮し、[40]結果としてアジアの社会は絶えまなく「知識人・教養人の階層と、無教養な平民大衆とに分裂していた」のだ、と。[41]

つまりくりかえすなら、反対に西洋文化にあっては、一方の「平民大衆」はその「ポリス」的伝統を特徴づける「都市」における相対的に平等でおのれの共同体の政治的形成に積極的に参加する「市民」へと自己形成すべく常に宗教的・文化的に励まされてきたのであり、そのさい「思想家と予言者」型の知識人層と「平民大衆」層との精神的・知的交流が不断に追求されることによって、他方の知識人の側には知識人の側で「市民」型・「啓蒙家」型知識人像が強力に成長し、この双方の事情が車の両輪の如く相乗作用を醸し、その結果「平民大衆」層の日常生活の次元に呪術的問題解決法ではなく、「合理的な生活方法論」が普及し浸透するという社会的成果が生じたというのだ。かくて、古代ギリシアのポリス民主制と固く結びついた哲学者伝統と「賤民民族」たる苦境を革命せんとする古代ユダヤの預言者伝統とは、フランス大革命をシンボルとする十八世紀の啓蒙と革命の波のなかであらためて縒り合され洗い直されることによって、近代「市民社会」の形成を下支えする精神的エネルギーへとバトンリレーされたというわけである。他方、アジア社会を特徴づける最大の問題点は、まさにこの「市民社会」的エートスを涵養する伝統の完璧なる欠如なのである。

2　ヴェーバーへの問題提起
——カルヴィニズムを貫くヤハウエ主義的心性をめぐって

ところで、ここで私はこれまで検討してきたヴェーバーの「合理的現世内倫理」形成論に関して、《カルヴィニズムを貫くヤハウエ主義的心性》という問題を摘出することを媒介にすることで、次の問題を提出したい。

その問題とはこうである。

——ではヴェーバーの「合理的現世内倫理」形成論にあっては古代ユダヤ教を貫くヤハウエ主義的心性に対するイエスの批判、私のいう「イエス主義」の問題は如何なる問題位置を獲得するのか？　そもそも彼の立てる問題構成にはこの「イエス主義」の問題が不在ではないか？[42]

どういうことか？

たとえば、ヴェーバーはくだんの『序論』のなかでこう指摘している。

「現世を呪術から解放すること、および、救済への道を瞑想的な『現世逃避』から行動的・禁欲的な『現世改造』へと切りかえること、この二つが残りなく達成されたのは――全世界に見出される若干の小規模な合理主義的な信団を度外視するならば――ただ西洋の禁欲的プロテスタンティズムにおける教会および信団の壮大な形成のばあいだけであった[43]」。

まさにこの問題認識の背景をなす彼の「合理的現世内倫理」形成論をこれまでわれわれは縷々考察してきたわけであるが、いうまでもなく、右の一節はわれわれをただちに彼の『プロテスタンティズムと資本主義の精神』に送り返す。

そして、同書において彼は問題となるプロテスタンティズムの中核をなすのは何よりもカルヴィニズムの掲げた「予定説」、すなわち「恩恵による選びの教説」であるとし[44]、その思想構造を「悲愴な非人間性をおびる教説[45]」と特徴づけつつ、それを一六四七年の「ウェストミンスター信仰告白」のなかに見定めようとしている[46]。

そのさい彼がまず取り出すのはその徹底的な原罪観念である。彼は右の「信仰告白」の第九章第三項から次の一節を引用する。いわく、

「人間は罪の状態への堕落によって、救いをもたらすべき霊的善へのすべての意志能力を全く喪失してしまった。従って生まれながらの人間は、全く善に背反し罪のうちに死したもので、みずからの力で悔い改めあるいは悔い改めたにいたるようみずから備えることはできない[47]。」

したがってこの見地では、イエスがその十字架での贖罪死によって悔い改めた人間への赦免の約束を神から得たといっても、「キリストが死に給うたのもただ選ばれた者だけのためであり、彼らのために神は永遠の昔からキリストの贖罪の死を定め給うた」という捉え方になる[48]。

ヴェーバーは、かかる問題の捉え方をミルトンが激しく批判したことを紹介し、ミルトンが「たとい地獄に堕されようと、私はこのような神をどうしても尊敬することはできないといったのは有名だ」と付言している[49]。

とはいえ彼は、こうしたカルヴィニズムの掲げる予定説が新約聖書の告げるイエスの思想と果たして一致するもの

なのか否かという問題を、彼自身の考察としてさらに深く批判的に検討するわけではない。彼の議論の展開方向は、かかる特異な「悲愴な非人間性をおびる教説」がその信徒集団を如何なる心理状況に導き、それが「心理的起動力」となって、[50]どのようにそこからまさに「合理的現世内倫理」を追求する精神的エネルギーが誕生したか、それを宗教心理学的かつ社会学的に解明することである。

　すなわちヴェーバーによれば、信徒はこの教説によって果たして自分が「救済される者」として選ばれ予定されている者なのか、それとも永遠に救済されないという運命を予定されている者なのか、それを知ることができないという「個々人のかつてみない内面的孤独化の感情」（傍点、ヴェーバー）に導かれ、[51]だからこそまた次の局面で、この恐ろしい内面不安から自分を救済する唯一の心理手段として、《救済の保証》にはならないにしろ、積み重ねておけば《救済の「徴《しるし》」》を呼ぶことはできるという、心理的には実に切実な不安解消の手段となるところの努力として、自分の生活態度――何よりもその労働生活――を神の意にかなうとおりのものに道徳的に「合理化」する義務を見いだすのである。（それをしなければ、救済されないことは確実であるとの確信に責め立てられながら）

　ところで私からすれば、このカルヴィニズムの予定説は古代ユダヤ教に対してイエス思想がきわめて鋭い批判的立場に立つという問題をまったく後景に退け、イエス思想を――ニーチェ的にいえば、イエスの名を騙りながら、イエスがあれほど批判しようとした――古代ユダヤ教のヤハウエ主義へと先祖返りさせるものである。またその問題こそ、まず古代キリスト教の時代にパウロ的な正統キリスト教に対するグノーシス派キリスト教の批判が体現しようとした問題であり、また本論考のテーマに立っていえば「ドストエフスキー的キリスト教」（私のいう）が体現しようとした問題でもある。[52]

　たとえばヴェーバーはこう強調している。

――くだんの「信仰告白」の第三章第三項にはまずこうある。「神はその栄光を顕わさんとして、みずからの決断によりある人々（略）を永遠の生命に予定し、他の人々を永遠の死滅に予定し給うた」と、またこれは「神の永遠の決断」と呼ばれもした、と。[53]そしてこう指摘する。カルヴァンの関心は「神のみを思い人間を思わない」と特徴づけることができ、彼にとっては「人間のために神があるのではなく、神のために人間が存在するのであって」・「あらゆる出来事は（略）ひたすらいと高き神の自己栄化の手段とし

て意味をもつにすぎない」と。(54)

私からいえば、ここにいう「神の栄光」とは神の抱く「みずからの被造物に対する主権」の誇示にほかならないし、信徒側におけるそれへの拝跪の心性であり、その双方性においてきわめて権威主義的な心性を示す。ヴェーバーによれば先の「神の永遠の決断」はまた次のように形容されている。なされた決断は、誰によっても覆されない「永遠にして不変なる志向」であり、それは神の「みずからの意志の見ゆべからざる企図と専断」に貫かれたものである、と。つまり、「栄光」とは、その絶対的な独裁的なおのれの恣意性を誇示してやまない権力性が放つ、いかなる異議申し立ても反抗も許さぬ、恐るべき暴力・威力の「栄光」なのであり、それへのひたすらなる無条件の拝跪を要求する「栄光」なのである。あるいは、そこで語られる「神の恩恵」とは、絶対的に無力なものが、絶対的に有力である者に恩恵を与えられ、それにただただ感謝し、それを称賛する以外の何事もなしえないという奴隷的関係性、これの誇示であり、それへの服従的承認である。そもそも、或る人々は無条件に救済（永遠の生命への参与）が保証され、他の人々には、如何なる努力も空しく、あらかじめ救済剥奪が宣告されているというのは、実に残酷である。専制権力の威力性を証立てるものは何よりもその残酷性であり、そのサディズムであろう。いいかえれば、そこで語られる「栄光」とは、何ら、比類ない大きさと深さをもった慈悲の愛の放つ「栄光」ではない。

だが、イエスが神に見いだそうとしたのは反対に比類なき慈悲の愛、憐れみの愛、共苦の愛であったはずではないか？

私は拙著『ドストエフスキーとキリスト教』・終章のなかで大略こう論じた。

古代ユダヤ教を貫くヤハウェ主義が掲げる「宗教的救済財」――まさにヴェーバーのいう徹底的に「現世内」的な「政治的および社会的革命」主義――に対してイエスの掲げたそれはどのような関係に立つのか？一言でいうなら次のように特徴づけられるのではないか？ イエス思想は、くだんの革命主義の、その内部から生まれた強烈な自己批判として出現する、と。

すなわちまず最初に、この革命主義から生まれてくる「聖戦」思想に対してまさにイエスは「汝の敵を愛せ！」の愛敵思想を対置し、この革命主義とその強烈な道徳主義に纏わりつくところのマニ教主義的善悪二元論を一貫して批判し続けた。また次に、この革命主義は常にヤハウェ神に忠節を誓う信徒たる自分たちを「義人」の正統的共同体を実現する人間たちとして描きだそうとするものなのだが、そうした自己正当化のいわば強力な道徳的エネルギーというものは実はその裏側に次の心理的機制を秘める。すなわち、たんにその「革命」が差し向けられる敵（＝抑圧者たる他民族なり自民族内の専横なる富裕層）のみならず、実はおのれの周縁に必ず劣悪なる非正統的な悪人・罪人・裏切者層を被差別民・道徳的劣等者として配置し、この周縁との絶えまなき自己比較（＝差別）の意識回路、いいかえれば自己中心化の意識回路を形成するという心理機制を。新約聖書では、この被差別対象の代表者は、サマリア人、悪霊憑きを筆頭とするさまざまなる病人、徴税人、娼婦らである。そして、イエスは何よりもこれら被差別民――周囲の差別にあって「心砕かれたる者」となった――の擁護者であり、彼らの魂の「医者」として登場するのであり、天国に最初に迎えられる者こそ、こうした「心砕かれたる者」だと確言するのである。

私は、ヤハウェ主義の掲げる強烈なる道徳主義が実はその内部に抱え込むこの心理機制を「広義の粛清主義・純血主義」的心性と呼んだ。[55] 私見によれば、この心性が本質的に孕む第二のマニ教主義的善悪二元論に対抗する象徴語こそ、第一のそれが「汝の敵を愛せ」であるとするなら、「裁くな、赦せ！」である。そして、かかるヤハウェ主義に対するイエス思想の対決関係についてきわめて敏感であり、かつこの問題性をおのれ自身の文学テーマとした作家こそがドストエフスキーである、と主張した。[56]

また次のことを強調した。すなわち、グノーシス派キリスト教と「ドストエフスキー的キリスト教」にあっては、前者においては人間的諸個人の主観性が「欠如」的視野を負わされているがゆえに（後者の言い方を使えば、「個我」的視野を負わされているゆえに）、前者でも後者でも、人類は、宇宙的全体の真実在連関としての「プレーローマ」（充溢性）的有機的統一性（後者の言い方を使えば、その「全一性」の担う「総合・統合」性）を自覚できず、当初は争闘・孤独・復讐の悪循環に巻き込まれざるを得ないという運命を負わされた存在として現れる。とはいえ、その悪循環が負わせる苦悶のなかから誕生する「良心の呵責」と、時として感得する宇宙的全一性の経験の積み重ねのなかで、人類全体が――つまりカルヴィニズムのいう予定説の選別主義を乗り越えて――誰も彼もが等しく「神の子」として「新生」を勝ち得るという展望が語られるのである、と。[57]（この点での、グノーシス派の宇宙観とドストエフスキーのそれ、かつ鈴木大拙の大乗仏教的宇宙観との類似性については、本論考の第Ⅱ章以降で詳論する。）

かかる私の視点から見ると、ヴェーバーの議論は一方ではカルヴィニズムと古代ユダヤ教とのあいだに張り渡された継承関係を鋭く摘出しながらも、その継承線が如何にイエス思想と対立するのかという問題点については考察を放棄しているといわざるを得ない。（彼としては、自分はあくまでカルヴィニズムの観念構造の分析にテーマを限定しているのだから、イエス思想との比較分析はここでは課題になっておらず、敢えて自分は方法論的に除外しているのだと自己弁護するにちがいない。しかしながら、彼がニーチェの正統キリスト教批判を十分意識していることは明らかである点からも、[58]またそもそもそうした比較分析なしには「キリスト教」文化のもつ特有な複雑な問題性を析出できない――ユングはこの点を十分に自覚していた――という点からも、このヴェーバーにおけるイエス思想とカルヴィニズムとの比較分析の不在は看過できない問題である。）

なお、ヴェーバーがこのユダヤ教とカルヴィニズムを結ぶ継承線をどのように認識しているかについては次の諸点を列挙しておきたい。

たとえば『プロテスタンティズムと資本主義の精神』（以下、『プロテスタンティズムと……』と略）のなかにこうある。「世界を呪術から解放するという宗教史上のあの偉大な過程、すなわち、古代ユダヤの預言者とともにはじまり、ギリシャの科学的思考と結合しつつ、救いのためのあらゆる呪術的方法を迷信とし邪悪として排斥したあの呪術からの解放の過程」（傍点、ヴェーバー）は、カルヴィニズムの登場によって「完結」した、と。[59]

またくだんの『序論』にはユダヤ教を特徴づける言葉として「ユダヤ人の合理的な法律的儀礼主義とシナゴーグでの呪術的要素のまったくない説教」[60]という言葉が記されているし、彼によれば、古代ユダヤ教はそもそも個々人の救済というテーマをもたず、ひとえにユダヤ民族共同体の民族的苦難からの救出にだけ関心を向けるという点で世界に類例のない宗教なのである。いわく、「イスラエル民族のばあいには、そして、これほど徹底的にはこの民族のばあいにのみ（略）個々人ではなく、民族共同体の苦難が宗教的な救いの待望の対象となった」[61]。

また、この救済観念の徹底した社会的＝政治的な性格に照応して、古代ユダヤ教にあっては「罪」の観念もまた、明文化され体系化された律法からの背馳・違反によって生ずるものとする、極度に合理主義的かつ道徳主義的な性格のそれとなったのである。『序論』にこうある。「宗教の展開に、預言者が決定的な影響をもつようなばあいには、当然にいつでも、『罪』がもはやたんなる呪術的な性質の違反としてだけでなく、何にもまして、預言者とその命令に対する不信仰としてあらわれ、これがあらゆる種類の不幸の根拠をなすものと考えられるようになった」（傍点、清）[62]。いうまでもなく、これは明らかに古代ユダヤ教を念頭においての言葉である。

また、『プロテスタンティズムと……』は、古代ユダヤ教の「宗教的救済財」の現世内的性格とカルヴィニズムの「合理的現世内倫理」の追求志向との同質性についてこう述べている。「ピュウリタンにとっては――その根拠は全然ちがうにしても――ユダヤ人のばあいと同様、神義論の問題だとか、他の宗教がその解決に身をすりへらしたような人生と現世の『意味』についてのあらゆる疑問は、全く排除してしまうのが当然きわまることだった[63]」。

そして私は、次の指摘はカルヴィニズムと私のいう「ドストエフスキー的キリスト教」との期せずしての対立関係を考えるうえで根幹をなす問題と思われる。すなわちヴェーバーによれば、「被造物神化と人間的な対人関係への執着に対する激しい嫌悪感」がカルヴィニズムの根底にある、と[64]。

というのも、ここには二つの問題が潜むからである。

第一点は、カルヴィニズムの「被造物神化」への激しい嫌悪感は当然ながら自然の全現象のなかに神の徴《しるし》を見る汎神論的感受性（ヴェーバー的にいえば「現世内神秘主義」）を拒絶させてしまうという問題である。それゆえに、次の第Ⅱ章で取り上げる問題、すなわち、ドストエフスキーの大地信仰とグノーシス派の汎神論的宇宙観の共振関係といった問題それ自体を拒絶させてしまうにちがいなく、そこにはローマ・カトリックに対する対立関係においてカルヴィニズムの担う問題とは異なる、別のもう一つの問題が浮かび上がっているといい得る。

実はその問題こそ、くだんの『序論』のなかでヴェーバーが一方のカルヴィニズムを駆動する宗教的情熱、その救済欲求を「『使命』預言」と概念化し、他方のインド宗教に典型化するそれを「『模範』預言」と概念化し、両者の構造的差異を論じたさいに出してくる論点、すなわち、汎神論的・内在神的神観念と古代ユダヤ教に典型化する創造主的・超越的人格神の神観念の両立不可能性についての主張が示唆する問題なのである。

彼はこう論じている。

自分は「『使命』預言」という概念を次のように定義する。すなわちそれは、「神の名において、もちろん倫理的な、そしてしばしば行動的・禁欲的な性格の要求を現世に突きつけるような預言」であり[65]、それを受諾する者はおのれを「神の『道具』であるとの感情をいだいての神の意志にかなう行動をすること[66]」をもって救済へと至る道と考えるわけだが、カルヴィニズムのくだんの「予定説」がその帰結として信徒の内面に呼び起こすのはこの「『使命』預言」に挺身せんとする情熱である。他方、インド宗教に典型化する「神人合一の無感動的エクスタシス」を追い求める宗教的情熱を自分は「『模範』預言」型と名づけるが、両者において神観念は次の対照的な性格のものとなる。すなわち、「使命預言は、特定の神観念、つまり、現世を超越する人格的な、怒り、赦し、愛し、求め、罰するような創造主という神観念と深い親和性をもっていた」のに対し、他方、模範預言における神観念は、「瞑想的な状態としてのみ近づきうるような、したがって非人格的な最高の存在である」(傍点、清)と[67]。

彼はこのような対置をしたあと、「『模範』預言」型救済欲求はヨーロッパでも昔から知られていたし、そのような神秘主義的潮流は持続し続けたが、ヨーロッパの宗教文化史を固有に特徴づけるのは、これまでくりかえしわれわれが見てきたように、それに「対抗して、行動的禁欲がたえず優位を維持しつづけることになった」、つまり「『使命』預言」型が優位に立ったという事情である、と[68]。

そしてヨーロッパにおける「『模範』預言」型の代表的思想家であるマイスター・エックハルトに言及してこう述べるのである。エックハルトは「西洋的な天地創造の信仰や神観念における一切の決定的に重要な諸要因を完全に放棄すること」なしには、「神秘主義者に固有な汎神論的神体験」を貫きとおすことはできなかった、と[69]。

なお、ここで次のようにいっておきたい。彼の指摘は、その限りにおいてはまったく正鵠を射ているといえよう。だが、この「模範的預言者」的救済財も「使命預言者」的なそれと同様、いわば併存的に人類によって常にかつ普遍的に欲せられ続けてきたという見地から見れば、西洋においてはなるほど後者の優位の下で前者は常に後景に退かされてきたとはいえ、だからこそ同時に常にかかる優位への反逆が反抗的知識人や芸術家のなかで生じ続けてきたのでもあり、両者のそうした隠然たる確執こそが勝れて西洋文化史の固有性であり、展開モーターをなしたともいい得るのである。文化の創造局面は常にこうした「異種交配化合」の混淆的確執こそを自己創造の弁証法的動力とするという私の基本的視点からすれば、ヴェーバーにはこの文化の創造的批判的な局面への視点が弱い。

第二点は、「ドストエフスキー的キリスト教」のなかの「イエス主義」――イエスの共苦の感受性と精神を何よりも高く評価し、それに学ぶ（＝倣う）ことこそをキリスト教信仰の中核と考える――の契機に直に対立する問題である。まさに、カルヴィニズムの「人間的な対人関係への執着に対する激しい嫌悪感」は彼らの追求する「合理的現世内倫理」の焦点をおのれの労働活動ならびに営利活動の道徳的「合理化」――後述するように、それ自体「自己中心的」性格の――に据えることに向かわせ、ドストエフスキー文学がくりかえしそうしたようには、決して共苦の人間関係の追求へとは向かわせないであろうという問題である。彼らの目から見れば、ドストエフスキー文学が示すが如き熱き共苦の情と苦悶は、その共苦の相手たる人間――被造物たる――を偶像崇拝化する悪しき情熱に過ぎず、そこで取り交わされる愛憎のやりとりはほとんど人間関係の呪術的操作にほかならないと批判され、拒絶されることになるはずである。先に見たように、そもそも「ウェストミンスター信仰告白」を貫く論理のなかにはイエスの「憐れみの愛」・共苦の精神が信徒の宗教的情熱を掻き立てるという役割を果たす場所がないのである。

事実、ヴェーバーは『プロテスタンティズムと……』のなかで興味深くも次のことを指摘している。カルヴィニズムこそがくだんの「呪術からの解放の過程」の「完結」者であるという事情は、「真のピューリタンは埋葬にさいしても一切の宗教的儀礼を排し、歌も音楽もなしに近親者を葬った」点によく示されており、またこの事実は「一切の被造物は神から完全に隔絶し無価値であるとの峻厳な教説」に結びついて、「文化と信仰における感覚的・感情的な要素へのピューリタニズムの絶対否定的な立場」（傍点、清）を象徴している、と。[70] また、この点は「とくにイギリスのピューリタニズムの諸著書がしばしば、人間の援助や人間の友情に一切信頼をおかないように訓戒している顕著な事実」によっても示されている、と。[71]

なお彼は、或る原注のなかでカルヴィニズムによって形づくられた「社会的組織の心理的基礎」となっているものは、「内面的『個人主義』で、かつ『価値合理的』な動機」であり、この文脈においては「個人は決して感情によって社会組織に入り込むのではない。『神の栄光』と自己の救いとはつねに『意識の閾《いき》』をこえたところにある」(傍点、ヴェーバー)と意味深長にも指摘している。(72) また、原始仏教を担うくだんのインドの「上流知識人層」の主知主義的心性——善に向かうものであれ悪にむかうものであれ、およそ一切の「激情」を避けるという——を特徴づけるさいに、その心性は「あらゆる憎悪の興奮を絶滅することが自分の救済に役立つという、自己中心的な知恵」(傍点、清)によって担われ、その点で、ピューリタン的なある種の人間嫌い的な「非人格性と客観性」を帯びるものでもあったと述べている。(73)

一言でいって、イエスの深き慈悲愛・共苦感情こそがキリスト教の神髄だとした「ドストエフスキー的キリスト教」の視点から見れば、これほどキリスト教的精神から背馳した立場もないほどの心性、それがカルヴィニズムの心性だということになるのだ。

とはいえくりかえしいえば、ヴェーバーは彼のいう「価値自由」の立場からの論述に徹していて、それこそイエスの言説が呼吸する心性とカルヴィニズム的心性との宗教心理学的比較といったテーマには踏み込むことはない。

第Ⅱ章　ドストエフスキーにおける「神秘的なるもの」あるいは「非合理的なるもの」

1　ドストエフスキーにおける大地信仰の汎神論的性格

前章で私はこういった。カルヴィニズムの「被造物神化」への激しい拒否感と、自然の全現象のなかに神の徴を見る汎神論的感受性とのあいだには架橋不可能な対立があり、それゆえにドストエフスキーの大地信仰とグノーシス派の汎神論的宇宙観の共振関係といった問題それ自体を——もし出会ったとしても、異端に過ぎるものとして端《はな》から——拒絶させてしまうにちがいない、と。

本章では、この問題にドストエフスキーの側からアプローチすることで、この対立をまずくっきりと浮かび上がらせることにしよう。

私はくだんの拙著『ドストエフスキーとキリスト教』のなかで晩年のドストエフスキーとソロヴィヨフとのあいだに生まれた熱烈な交流に言及し、そのさいソロヴィヨフの「人-神」思想の核心が次の点にあることを示した。すなわち、宇宙の全一性を強調し、その認識を我が物とすることで人間はおのれを神化して「人-神」へと高まることができるし、そうしなければならないと説く点に。そのうえで、ドストエフスキー文学に登場する汎神論的大地信仰との類縁性を問題にし（まだ私のソロヴィヨフ研究は初歩的段階に留まってはいるが）、「ドストエフスキー的キリスト教」はこの大地信仰とイエスの掲げる共苦の愛の思想への彼の傾倒（私はそれを「イエス主義」と名付けた）との二つの要素の融合から誕生すると主張した。

詳細は拙著に譲るが、大略を紹介しよう。

まずドストエフスキーにおける「大地信仰」の問題から入ろう。

ドストエフスキー文学の中枢的主題は次の点にあるといい得る。すなわち、ロシヤ民衆の汎神論的大地信仰へと自ら復帰することで、ロシヤ・インテリゲンチャはおのれの精神の「地盤喪失《ボーデンロース》」状況・デラシネ性を超克し、そうすることによって、いま自分たちが陥っている「意識の病」たる自己意識の極度の反省過剰性、それが生む心身一体性の解体と極度に観念化した自我ナルシシズムを克服し、民衆と大地（＝自然宇宙）との素朴な生命感に満ち溢れた親交（全宇宙と自己との有機的統一性・充溢の意識）を取り戻し、かくしておのれの存在の生命的甦り、つまり「新生」を得なければならないとするテーマ、これである。

『罪と罰』においてソーニャはラスコーリニコフにこう迫る。もしおまえがおのれの存在のなかの「生命」の回復を望むならば、四辻に立ってまず自分の犯した二人の女性の殺人を世界に向かって告白し、「大地への接吻」をおこなってその罪を「大地」に詫びなければならない、と。同様に『悪霊』において、マリヤ・レビャートキナを始めとしてシャートフ、僧チホンらは、スタヴローギンにおまえがおまえの「生命」の回復を望み、「良心の呵責」を真に生き背負うだけの生命力を手にしたければ大地に接吻しろと迫る。同小説ではマリヤ・レビャートキナは或る老女から次の思想を伝授される。すなわち、大地に接吻し、大地を三アルシルおのれの涙で潤すならば、大地母神でもある聖母マリアによって宇宙の万物が美しく善きものとして輝きだし、「どんなことにも喜びを感ずることができるようになる」能力を授けられる、との。また『白痴』においては、この大地信仰が生みだす、万物が善きものとして輝きだし人間は歓喜によって包まれるという宇宙感情の変容は、ムイシュキンを襲う癲癇の発作の前兆をなす感覚変容として描きだされ、それは『悪霊』のキリーロフにも受け継がれる。

いわく、その瞬間には「自分が生きているという感覚や自意識が稲妻のように一瞬間だけ、ほとんど十倍にも増大し」、それは自分が「調和にみちた歓喜と希望のあふれる神聖な境地」へと解放される瞬間であった、と。[74] この瞬間とは「美」の瞬間でもあり、「いままで耳にすることも想像することもなかったような充実、リズム、融和、および最高の生の総合の高められた祈りの気持ちにも似た法悦」の瞬間、「《ああ、この一瞬のためなら全生涯を投げ出してもいい!》」と感得される至福の瞬間とも形容される。[75]

そしてドストエフスキーはキリーロフにはこう語らせるのである。

その「瞬間」とは「完全に自分のものとなった永久調和の訪れが実感される」瞬間、「全自然界が実感されて、思わず『じかり、そは正しい』と口をついて出てくる」瞬間であり、この「明晰なる」認識それ自体が生む「おのずからなる喜び」というものがそれには随伴し、それは「一度にせいぜい五秒か六秒しかつづかない」瞬間である、と。

この特殊ないわば知的な喜悦は「愛以上」の喜悦であり、「赦し」という感情的カタルシスさえ超えている。とはいえ、この「瞬間」の喜悦に現在の人間の「身体」は五、六秒しか堪え切れることができず、「十秒間持ちこたえるには肉体的な変化が必要である」。しかし、この瞬間は自分にとっては「この五秒間のためになら、ぼくの全人生を投げ出しても惜しくわない」、いわば「永遠の今」として体験される瞬間なのだ、と。[76]

そしてこの宇宙感情の変容というテーマは、『カラマーゾフの兄弟』においてはゾシマ長老が彼の兄がかつて彼に教えてくれた「キリストの楽園」思想として語られるのだ。それはいまのゾシマの思想の源泉となった教えなのである。兄はこう語ったというのだ。

「人生は楽園なんです。僕たちはみんな楽園にいるのに、それを知ろうとしないんですよ。知りたいと思いさえすれば、明日にも、世界中に楽園が生まれるにちがいないんです。」・「そうだ、僕のまわりには小鳥だの、木々だの、草原だの、大空だのと、こんなにも神の栄光があふれていたのに、僕だけが恥辱の中で暮らし、一人であらゆるものを汚し、美にも栄光にもまったく気づかずにいたのだ」・「人間以外のあらゆるものが罪汚れを知らぬ」・「キリストの言葉はあらゆるもののためにあるのだ。神の創ったすべてのもの、あらゆる生き物、木の葉の一枚一枚が、神の言葉を志向し、神をほめたたえ、キリストのために泣いている。自分ではきづかぬけれど、けがれない生活の秘密によってそれをおこなっているのだ」云々。

またゾシマはこの神を讃える「木の葉」の輝きについて「大洋」の比喩をもってこう語りもする。いわく、

「なぜなら、すべては大洋のようなもので、たえず流れながら触れ合っているのであり、一個所に触れれば、世界の端にまでひびくからである。小鳥に赦しを乞うのが無意味であるにせよ、もし人がたとえほんのわずかでも現在の自分より美しくなれば、小鳥たちも、子供も、周囲のあらゆる生き物も、心が軽やかになるにちがいない。もう一度言っておくが、すべては大洋にひとしい」。

ここで読者には突拍子もないと思えるだろうが、あとで取り上げる鈴木大拙が「大洋」比喩について述べた言葉を引照したい。たとえば、『仏教の大意』にこうある。それは「霊性の世界」と「現象界」との「即非の論理」に貫かれた関係性を示す比喩にほかならない、と。いわく、

「今まで穢れた煩悩の世界だと思っていられたものが、もとの姿を変えないで、そのまま神の栄光に照らし出されるということになる」・「鳥が啼く、ここに神の音信が聞こえる。鐘が鳴る、ここに神の声がする」[77]。

ほとんどゾシマの言葉と同様である。あるいはまた大拙は、「霊性の世界」の真実在の「事事無礙」的関係様態が絶対的な無限なる有機的な相互依存性とそれが生む「永遠なる調和」性にあることを「大洋」と「波」との喩をもってこう語る。いわく、

その関係性を指して大乗仏教では「海印三昧」という。「澄み切った海の上に天界の万象がきらりと印影しているとの義」である[78]。この宇宙感情を手にできて、「心安然として大海に波の湛えたる如くなると、妄想はすべて尽きてしまう」[79]。「大海に一つの波が動けば、いかに微小なものでも、全体に及ぶ」[80]と。

実は、彼は早くも彼の思想家としてのデビュー作である英文で書かれアメリカで出版された『大乗仏教概論Outlines of Mahāyāna Buddhism』に、「大洋」の比喩は仏教徒の最も愛好する比喩であると書き入れていたのである。そしてヒンドゥー教の専門研究者によれば、「大洋」比喩はヒンドゥー教のヴェーダーンタ哲学の核心をなす比喩なのだ。また後に取り上げるルードルフ・オットーはエックハルトから、彼が次の「大洋比喩」を語る箇所を引用している。いわく「大海に比して一滴の水は取るに足りない。

そのように神に比すれば万物は小さい。魂が神をおのがうちに引き入れる時、水滴は大海に変ずる」[81]。

本論考の「はじめに」のなかで、この論考が取り組む第二の問題について言及するなかで私はこういった。ドストエフスキーの文学ほどに「現実の合理化過程」とそこに「介入してくる非合理的なもの」・「神秘的体験」との確執を小説の主題に据えたものはなく、この点でそれはヴェーバーの「合理化」論がむしろ陰に追い遣った問題をヨーロッパ人の眼の前に引き出すという意義を発揮するものとして現れてくる、と。

大拙を持ち出し、ドストエフスキー文学の幾つかの場面と敢えて重ね合わせたのは、この事情を鮮明に浮かび上がらせたかったからである。

そしてこの問題は、ソロヴィヨフをそこに介在させるならば、ドストエフスキーのなかの汎神論的宇宙観とグノーシス派のそれとの基本構造の同一性という問題となり、グノーシス派を介してエックハルト、さらにはヒンドゥー教や仏教の宇宙観との類縁性という問題にまで発展するのだ。

2　グノーシス派の宇宙観とゾシマのそれとの類縁性

ここで先の「楽園」に関するゾシマの兄の言説に戻り、その点をさらに示したい。注目すべきは、そこではその「キリストの楽園」は地上と現在をはるかに超越した天上の未来ではなく、この地上の現在のなかに開花されねばならないものとして、しかも既に実在していながら、ただ愚かな歪んだ魂をもつがゆえに視野を狂わされた人間だけが気づかないでいる、そうした「楽園」として認識されていることである。

ところで、私見では、かかる二世界構造は典型的にプラトン主義的でありグノーシス主義的である。そしてまさにその点において「大拙大乗経」的でもあるのだ。(後述するように、ヴェーバーも大乗仏教の救済ヴィジョンを原始仏教のそれと区別して「現世内的涅槃」と呼ぶさいに、それはヒンドゥー教の「ヴェーダーンタにとって中心的な『マーヤ』(宇宙的幻影)の概念」をその神学の基礎に据えることによって成り立つ、と指摘している[82]。)

そこで、拙著『聖書論I　妬みの神と憐みの神』のなかで私がグノーシス派キリスト教の立脚するプラトン主義的な根本発想について紹介したことの大略、それをまずここで示しておきたい[83]。

ヴェーバーの「宗教的救済財」という概念を援用す

郵便はがき

料金受取人払郵便

名古屋中局
承認

9014

差出有効期間
2026年9月29日
まで

460-8790

101

名古屋市中区大須
1-16-29

風媒社 行

注文書●このはがきを小社刊行書のご注文にご利用ください。

書　名	部数

郵便振替同封でお送りします（1500円以上送料無料）

風媒社 愛読者カード

書　名

本書に対するご感想、今後の出版物についての企画、そのほか

お名前　　　　　　　　　　　　　　　　　　　　（　　　歳）

ご住所（〒　　　　　　　　）

お求めの書店名

本書を何でお知りになりましたか
①書店で見て　②知人にすすめられて
③書評を見て（紙・誌名　　　　　　　　　　　　　　）
④広告を見て（紙・誌名　　　　　　　　　　　　　　）
⑤そのほか（　　　　　　　　　　　　　　　　　　　）

＊図書目録の送付希望　□する　□しない
＊このカードを送ったことが　□ある　□ない

るなら、グノーシス派の掲げるそれは「安息」への到達である。「安息」とは、各人が「一者」（一《いっ》なるもの、全一なるもの）たる宇宙的全体性に抱擁され浸透され支えられ一体となっていると自分を感じとることによって、そこから切り離され、諸「欠如」に織りなされ苛まれる孤独に陥っているという不安、これをもはや抱えずに済む実存的境地＝存在感情に達したことを指す。そこでは、お互いを「互いに助け合うことによって生み出す」[84]という感情が支配的であるがゆえに、相互に「妬みもない」[85]のであり、「調和と愛」・「一致と合意」の世界感情が支配的となっているとされる[86]。この本来そもそも宇宙の真実在的な存在連関でもあれば、そこへの復帰・帰還こそが救済目標に据えられるこの存在連関、それをグノーシス派は「プレーローマ（充溢）」とも呼ぶ。

　ここで強調しておきたいのは、グノーシス派の土台にあるプラトン主義的宇宙観は「全一性」（＝プレーローマ）と「欠如」との弁証法的な関係性を根底において構成されており、この弁証法的な関係性は認識論的な関係性であると同時に存在論的なそれでもあり、それは「真実在」の「原像」と「摸像」の弁証法となるという点である。（後に論じるように、その関係性は大拙の「即非の論理」やエックハルトの「独特の事物の二重観」[87]とほとんど等しい。また前述のようにヴェーダンタ哲学における真実在とマーヤとの関係性と。）

　どういうことか？

　この関係性は、グノーシス派の用語を使えば《全一性と欠如とのあいだの弁証法》の転倒形態が抱える悪循環の問題となる。

　彼らはこう主張する。諸個人はおのれと宇宙の全一性とのあいだに行き交うプレーローマ的な生きた総合的関係性＝全面的な有機的相互依存関係についての認識《グノーシス》・霊知を得ることができず、感得できず、その意味でその認識と感情を欠いている「欠如」の状態にあり、そこから湧き出てくる孤独の感情に絶えまなく脅かされているあいだは、自分に「自分たち自身によって存在しており、始源を持たない者たち」[88]だという高慢な意識を与えることによってその孤独と不安を補償しようとし、さらにその高慢を、他の人間や事物をすべて自分の支配下に置こうとする覇権・所有の欲望によって打ち固めようとする[89]。だが、そのような方向に自分を駆り立てることは、それが達成されないことが生む激しい妬みの感情に自分を委ねることにほかならない。かくて人間は競い合って万人万物をして争闘の関係性のうちへと沈没せしめる。「このゆえに、彼らの子孫として多くの者たちが、戦士、闘士、荒らす者、反抗する者として現れてきた。彼らは不従順な者、覇権を好む者である」(90)という仕儀となる、と。

かかる問題認識を背景にして、グノーシス派の立てる中枢的問いは《如何に人間は「妬み」の心性からおのれを解放し得るか?》にある。

いましがた見たように、欠如的孤独の苦痛が支配の欲望を生み、支配の欲望があるところ必ず勝敗の分岐が生じ、それは妬みの心性を生み、妬みは必ず復讐の暴力を生む。

この悪循環をなす心性連鎖の基礎には、或る特別な場合、すなわち、人間の意識がまだ嬰児の段階にある場合か、あるいは特別な神秘的な瞬間を除いて、人間にとっては一般にあらゆる物事が常に「境界づけ・分割・欠如」の論理に貫かれてしか現象してこないという存在論的でもあれば認識論的でもある事態がある。(大拙的にいえば「差別・分別」が根幹の視点・論理となって織り上げられるところの現象界たる「差別・分別界」)

しかし既に述べたように、それは人間にとっての現象形態がそうだということであって、宇宙の全事物が織りなしているそれ自体の関係性、宇宙の全体性そのものがひたされている真のリアルな存在連関は「プレーローマ(充溢)」的な全面的相互依存・有機的な相互補完性によって織り上げられているのである。

だからもしこの真の「プレーローマ(充溢)」的な存在連関についての認識《グノーシス》・霊知を獲得できたならば、人間はかかる認識に促され一転して相互依存・平和・調和の心性を産みだすことができ、それによって支配・妬み・復讐の心性を克服するであろう。まさにそこへと到達した魂の境地、それがくだんの「安息」であった。(グノーシス派が「グノーシス派」と呼ばれるのは、この「認識」――「グノーシス」はその古代ギリシア語。そこから宗教用語として「グノーシス」が使われる場合、「霊知・叡智」といった訳語が充てられる――の果たす決定的な救済機能を強調するがゆえである。なおこの点で、ヴェーバーについて一言するならば、彼は宗教社会学論集第二巻『ヒンドゥー教と仏教』等ではこの一般的な宗教用語としての「グノーシス」を多用するとともに、くだんの『序論』には宗派としての「グノーシス派」(これが「グノーシス派キリスト教」を指すのか、その基にある独立宗教としての「グノーシス主義」を指すのかは不明だが）への言及も見られる。）

ところが、その肝心な認識《グノーシス》・叡智を得ることが難しい。しかも特別な場合を除いて、もともとあらゆる物事を常に「境界づけ・分割・欠如」の論理に貫かれた形でしか受け取れず、容易く「欠如的孤独」に陥り、そこから脱しようとして、かえっていっそう自分を「孤独」に追い遣る「支配の欲望」に自分を委ね、ますます争闘の関係に沈没してゆくのが人間である。かくて悪循環が始まる。人間はますます争闘の論理の下においてしか物事を受け取れなくなり、だからますます「安息」の境地から遠のき、それゆえにいっそう争闘の論理に呪縛されるほかなくなる。

だが、まさしく事態がそうであるからこそ、神はイエスを、真の認識・叡智・霊知を人間が再獲得するためにこそ遣わした。イエスこそ、「プレーローマ（充溢）」の視座から世界を、他者を、そして世界・他者と自分との繋がりを、自分の「本性」にほかならぬこの真の存在連関を感得し認識すること、このことを人間に教える知恵《ソフィア》の教師であり、人間の目の歪みを、つまりは魂の歪みを治療するところの「医者」である。

（グノーシス派は『ヨハネ福音書』を四福音書のなかでこの観方がいちばん明瞭に貫かれていると見て、同書を自分たちの聖書とみなした。ドストエフスキーも明らかに彼の汎神論的宇宙観と誰もが「神の子」であり、回心を果たせば、つまりくだんの「グノーシス（認識）」を得れば、万人が「キリストの楽園」の住人になるとの救済思想の典拠として『ヨハネ福音書』を使っている。）

ところで、「欠如」という視点は実は動態的な弁証法的な運動性を孕む視点である。そもそも欠如という認識の角度はその前提に「全一性」を置いている。つまり、おのれを一個の欠如体と捉える存在者は、絶えまなくいまの自分のあり方を脱け出して元の全一性の下へと復帰しなければならないという存在実現の動態的コンテクストのなかに埋め込まれて存立しているわけである。[91] サルトルは『存在と無』のなかで、事物のかかる存立の仕方に注目し、それを最初にテーマ化したのは、プラトンのエロスと想起の思想を特徴づける「プラトン的脱自」の概念であったと述べている。[92] またヴァルター・シューバルトは『宗教とエロス』のなかで、プラトンのエロスの概念と想起説に関して次のように書いている。すなわち、「我々は、全一性に対する——はっきりしたものにしろ、微かなものにしろ——思い出があるからこそ、自分たちが部分であると感ずる。自分が孤独だと感ずるためには、全なるものを予感していなければならない。孤独の悲しみや全なるものの豊かさに対する憧れの前提には、全なるものの体験がなければならない。郷愁こそ、我々の夢見る故郷が存在することを証明するものである（略）エロスの愛とは失われた統一への憧れであり、救済をもたらす完全化への衝動であることに、我々の注意を喚起したのはプラトンであった(93)」。

私は、先に欠如的孤独がおのれを補償しようとして生みだす《支配・争闘・敗北・妬み・復讐・孤独の悪循環》の問題を論じたが、それは欠如―全一性とのあいだの本来の弁証法、《憧憬‐復帰‐救済》の弁証法の転倒形態であったわけなのだ。

先に述べたように、この「欠如」に纏いつかれた視野の下にしか世界と自己とを把握できない人間にとっては、世界ならびにその世界と自己との関係の現れ方は、当然欠如的な歪みが纏わりついた仮象的なものとなる。これをグノーシス派はプラトンのかの有名な「洞窟の比喩」（人間の前に現象する世界は真実在の「影」に過ぎないとした）に依拠して、「摸像」と呼ぶ。つまり、人間にとって宇宙の全体はその真実在の在り方そのまま（原像、仏教的にいえば「真如」）で現れるのではなく、特有の欠如的な歪みを負った「模像」的な現れ方を取る。二つの別々な存在界があるのではなく、そもそも実在する世界は一つしかないのだが、人間にとってはその唯一なる世界がその真実在そのままの姿では現象せずに、「欠如」に蝕まれた者の眼に映るその姿、つまり「模像」（ヴェーダーンタ哲学なら「マーヤ」と呼ぶ）の姿でしか現象しないのだ。

とはいえ、模像とは、一方では原像にあらざるもの、偽物の意味であるが、しかし、他方では模像ではあっても、模像であるがゆえに、たとえ歪みをもつといえど原像を示唆するもの、原像への通路を隠し持つものでもある。それゆえにまた本来的に、模像を生きている者の魂の奥底に原像たる真実なるもの・全一なるものへの「憧憬」を潜めさせているわけでもある。実にグノーシス派はこの点を強調する。

一例だけ示そう。「肉」の概念は古代ユダヤ教以来ユダヤ＝キリスト教的伝統においては人間の情欲——恋敵が現れるやたちまち激しい嫉妬に人間を駆り立てる「火炎」的原動力となる――を指示する概念である。グノーシス派もこの観念の伝統を引き継ぐ者ではあるが、しかし、彼らの《原像‐摸像》の視点から、その「肉」のなかにも実は「真の肉」が潜んでおり、実は人間が「肉」とみなしているのは「真の肉」の模像に過ぎないと捉え返し、「肉」の火炎的な在り方の内にも浄化されれば「真の肉」に到達復帰する道が隠されていると説く。

彼らの聖書『フィリポ福音書』§72c節にこうある。「主は死者たちの中から甦った。彼は以前そうであったようになった。しかし、彼の身体は全く完全なものであった。彼は肉を持っていた。しかし、この肉は真なる肉である。だが、われわれの肉は真なるものではなく、むしろ、真なるそれの摸像としての肉である」[94]（傍点、清）と。また『マリヤによる福音書』7はちょうどその浄化＝帰還の問題にかかわってイエスの出現の意義をこう説く。「救い主が言った。『罪というものは存在しない。本性を真似たこと、例えば姦淫をあなたがたが行うと、これが罪と呼ばれるが、存在するのはその罪を犯す人、つまりあなたがたなのである。このゆえにこそ、つまりその本性の根のところへと本性を立て直そうとして、あなたがたの領域に、いかなる本性のもののところへも善い方が来たのである[95]』」と。

ここで先の「楽園」の二世界論的構造を説くゾシマ長老の言葉に戻るなら、いましがた取り上げたグノーシス派の全一性―欠如の弁証法のいわば裏面をなす《原像‐摸像》論的観点は、明らかにゾシマ長老のいう「キリストの楽園」ヴィジョンを支える「人間＝神の子」論のなかに強力な共鳴者を見いだすといい得る。すなわち、「キリストの楽園」は実は既にあり、だからまたわれわれ自身が既に等しく全員「神の子」であり、ただわれわれがそれに気がついていないだけであり、しかしもし気がつくことができれば、即そのままわれわれは本来の自分＝「神の子」に復帰でき、ゆえにまた「キリストの楽園」を実現できるはずだ、という思想のうちに。

なお最後に、このグノーシス派の全一性―欠如の弁証法的宇宙観にかかわって、ソロヴィヨフについて少しだけ触れておきたい。

ドストエフスキーはその晩年にソロヴィヨフに出会い、いわば肝胆相照らす熱烈な交際に入った。谷寿美の『ソロヴィヨフ　生の変容を求めて』によれば、ソロヴィヨフは

「二十代の初めにはグノーシス諸派やカバラに関心をもっていた」のであり、彼の書いたもののなかにはグノーシ派キリスト教のオフィス派やバレンティノス派への言及がたしかに見られるという。この点で彼のなかに「『グノーシス的源泉』を読み取ろうとすることは意図すれば比較的容易にできる」、と谷は述べている。[96]

実にこのソロヴィヨフの思想原理こそ、これまで縷々見てきたグノーシス派の全一性―欠如の弁証法的宇宙観とほぼ重なるそれなのである。谷は、その要諦を彼の『人生の霊的基礎』に出てくる「人‐神」の概念、すなわち「神性を感受する人間」の形成論のうちに見て、次の一節を引用している。「人間が神性を感受することができるのは、ただ自らが無条件に欠けるところがない時のみ、つまり、全てのものとの総体にある時にのみである」との。またこの状態を彼がこうも言い換えていることを。「それは円周を成り立たせる点のどれにとっても半径が同一であって、それ故、それ自体として既に円の始まりである円周の点は、ただその総体としてのみ円を形成するようなものである」と。

そしてソロヴィヨフは、いわば存在論的にはそもそも元来的に総体的・全一的である存在のこのあり方を、人間がおのれの理性を振るって主体的自覚的にその認識《グノーシス》を我が物とし、そのことによって自分の欠如的な存在のあり方を総体的・全一的なものへと変革するとき、人間は「人‐神」へと成熟するとしたのである。また彼はこの獲得すべき認識を指して「ソフィア」とも呼んだのである。[97]

ここでドストエフスキーに戻るなら、詳論は拙著『ドストエフスキーとキリスト教』に譲るが[98]、ドストエフスキーが最初の妻の遺骸を前にしたためた重要なメモ「一八六四年のメモ」、後期ドストエフスキーの文学的モチーフを凝集したものとして注目すべき短編『おかしな人間の夢』等には、宇宙の全体と諸個人との本来的関係を、まさに全一性―部分の有機的な総合的な統一性の観点のもとに捉えるべきことが、個我の自己執着的なナルシシズムに緊縛されているがゆえに（グノーシス派＝ソロヴィヨフ的にいえばまさに「欠如」的であるがゆえに）、その本来の関係性を認識し感得し得ない現代人の自我に対する批判と結び合わされて語られているのだ。そしてこの宇宙観こそがまたくだんの「大地信仰」の基盤ともなるのである。だから、たとえば『おかしな人間の夢』では、「黄金時代」のうちにいる他の遊星人たちが生きる愛の在り方についてはこう描写される。

それは、「地球の子供たち、それもほんの小さな幼子の中にだけは、こうした美の遠い微かな面影を見いだすことができるかもしれない」、そういう美に包まれた愛であり、その愛は陽光に包まれた生命感に満ちた自然的宇宙への愛と一つの愛、たとえていえば木々たちと会話を交わすことのできる愛であり、[99]何よりも「嫉妬」とその根源にある自己執着が醸す焦燥に満ち満ちた愛ではなく、「静穏」に満ち、かつ「歓喜にまで高まった愛、それも穏やかな、何かに満たされてゆく瞑想的な歓喜」に満ちた愛である、と。[100]

3 ドストエフスキーにおける「イエス主義」ならびに彼の「犯罪」論が提起する問題

ところで、ヴェーバーの「合理化」論との関係でドストエフスキー文学がもつ批判的意義、すなわち、ヴェーバーが陰に追い遣る問題を逆に正面に引き出すという働きをドストエフスキー文学が発揮するという問題に関して、私はこれまで論じてきた「神秘的体験」にかかわる問題の他に、あと二点指摘していた。すなわち第一点は、イエスの思想の核心は、「合理的現世内倫理」の推進にあるのではなく、比類ない「共苦の愛」の感情力の湧出を如何に諸個人において実現するかという点にあるのではないか？　という問題であった。第二点は、「非合理的なもの」が提起する問題性のなかには、いったん事がそこに定まるならば、道徳的自己抑制能力をやすやすと突破してしまう「無意識」の闇から生じてくる犯罪衝動の激発性という問題も加えるべきではないか？　という問題であった。

ここでは詳論する余裕はないから、如何にこの二つの問題がドストエフスキー文学の中枢に位置する問題であったかという点だけを、幾つかの引用を介して指摘しておきたい。

まず第一の「共苦」の感情力という問題については、たとえば、『作家の日記』の一八七六年九月号にこういう一節がある。

ドストエフスキーは、ロシヤ民衆が我が物としているキリスト教の「核心」は何よりもイエスが示した人間（私の言い方をもってするなら「根源的な弱さ」に蝕まれ、それに苦悩することを運命として背負わされた）への愛、憐れみの愛・共苦の精神にあることを力説し、まずこう述べる。「（それは）決して単なる教会の儀式や典礼ではない。わが国の民衆のあいだで、それなくして国民が生きていくことができない、あの根本的な生活力のひとつになってしまっている、生きた感情なのである。」（傍点、清）

次いで、この「生きた感情」はイエスが示した人間愛の

「御姿」にもっとも呼応し、またそれによって掻き立てられてきたものだとし、こう続ける。「ロシヤのキリスト教には実際のところ、神秘主義すらもまったく含まれていない。そこにあるのはただ人類愛だけ、キリストの御姿があるだけで——すくなとも、それがいちばん本質的なものである。[101]」。

また、この愛が何よりも「不幸な人間」への共苦としての愛であることを強調し、トルコの圧政によって苦難に陥ったセルビヤ等のスラヴ民族の人々への救援が説かれる場合も、「自由を守るための崇高な事業」への援助を説くよりは、そのメッセージの重心を、そうした崇高な事業に携わる力をまだもち得ない人々が膨大にいることを顧慮し、「人間が不幸であるというただそれだけの理由で援助の手を差しのべること」に置くべきだと論じている[102]。

右の主張をさらに裏付けるものとして、私は『白痴』から次のムイシュキンの言葉を引用しておきたい。ムイシュキンはロゴージンに次のエピソードを語る。——或る百姓女が自分の乳飲み子が初めて見せた笑顔に目を細め十字を切る。その振る舞いに、彼はなぜそうしたのかと尋ねる。以下こう書かれる。

「相手は、『いえ、あなた、はじめて赤ちゃんの笑顔を見た母親の喜びっていうものは、罪びとが心の底からお祈りするのを天上からごらんになった神さまの喜びと、まったく同じことなんでして』と答えたもんさ。(略)じつに深味のある、デリケートな、真に宗教的な思想じゃないか。この思想のなかにはキリスト教の本質のすべてが、つまり、人間の生みの親としての神にたいする理解のすべてと、親が生みの子を思うと同じような神の人間にたいする喜びのすべてが、いや、キリスト教の最も重要な思想がことごとく、いっぺんに表現されているんだからねえ!」

そうムイシュキンは語り、さらにこう続ける。

「宗教的感情の本質というものは、どんな論証にもどんな過失や犯罪にも、どんな無神論にもあてはまるもんじゃないんだ。(略)そこには無神論などが上っ面をすべって永久に本質をつかむことのできない、永久に人びとが見当ちがいな解釈をするような、何ものかがあるんだ。しかし、肝心なことは、この何ものかがロシヤ人の心に、誰よりもはっきりとすぐ眼につくということなんだ。」(傍点、ドストエフスキー)[103]

この観点は、『白痴』の別な場面に出てくるムイシュキンの次の言葉に呼応しているのである。それは、「共苦こそ全人類の生活にとって最も重要な、ひょっとすると、唯一の法則だからである」という言葉だ。[104]（なお私は、右の引用のなかの「共苦」の語に関して次のことを注記しておきたい。実は木村浩訳では「共苦」は「同情」となっているのだが、上から目線の、裏側に自己優越感の享受を隠し持った「同情」――ニーチェが嫌悪し批判してやまなかった――と理解されるのを避けるために、私は「共苦」と敢えて訳した。共苦は、苦悩者の担う苦悩への尊敬・労わり・連帯の深き感情の地平に成り立つ。[105]）

第二点に移ろう。

『作家の日記』のなかに、ドストエフスキーがトルストイを称賛しつつ、こう述べている箇所がある。

「人類の中に悪は社会主義の医者たちが考えているよりもはるかに深くひそみかくれていること、いかなる社会組織にあっても悪をまぬがれることはできないこと、人間の魂はいつになっても同じままであること、異常性と罪は人間の魂そのものから出るものであること、そして最後に、人間の魂の法則はいまだに不明のままであり、科学の世界にとっては未知の世界であって、あまりにも茫漠とした、あまりにも神秘的なものであるので、いまだこれを治療する医者はいないし、またいるはずもなく、究極的な裁き手すら存在せず、存在しているのはただ『復讐するは我にあり、我これを報いん』と言うものだけであること[106]（略）」。（傍点、清）

彼は右のことがトルストイにおいて「明らかに、疑問の余地もないほどに明白に示されている」と称賛したのである。しかし、われわれは次のことを見て取らねばならないだろう。右の一節は実は何よりドストエフスキー自身の見地であることを。

ここで私は次のことを強調しておきたい。ドストエフスキーにとっては、右の洞察あるいは嘆息があって初めて宗教の次元、つまりイエスへの信仰の場が開けるのである。人間には究極において犯罪を真に正確に裁く資格がない。「いまだに解決されていない神秘の法則の前に低く頭をたれる」ほかになすことがない。その自己嘆息とそこから生まれる謙虚さが、初めて神の、あるいはイエスの『慈悲』と『愛』にすがる」ことが実は「唯一の解決法」であることを自覚せしめるのである。[107]（＊5）

（＊5）この観点は、道徳的「自力」信仰の挫折があってこそ初めて宗教的「他力」信仰の場が開けるとした西田幾多郎の観点と深く通ずるところがある。[108] 大拙とドストエフスキーとのかかわりに関する先の補注で触れたように西田の「場所的論理と宗教的世界観」にとってドストエフスキーとの対話は実に重大な意義をもつ。彼がどこまでドストエフスキーの「犯罪」論を知悉していたかは知る由がないが、「良心の呵責」のもつ宗教的意義を極めようとする同書の議論のなかで、西田はこの問題究明にとってのドストエフスキー文学の意義を称賛している。

この観点からドストエフスキーの文学を振り返った場合、彼の文学が、また当然『作家の日記』が右にいう犯罪の「神秘性」の側面に常に如何に強い関心を払ってきたかが気づかれる。実に次の言葉がこれまで取り上げてきたトルストイ称賛のなかに登場する。あたかも自分のこれまでの文学営為にエールを贈るが如くに。

「悪が人間の全存在を支配し、その一挙一動をがんじがらめにして、これに抵抗しようとするあらゆる力、あらゆる考え、魂に影を落としてくる闇とたたかうあらゆる意欲を麻痺させ、意識的に自分から好きこのんで、復讐の情熱にかられるままに、光明のかわりにその闇を魂に受け入れようとする、有無をいわせぬ状態が描きだされているところ」云々と。[109]

まただから『作家の日記』を見渡すならば次のことも実に特徴的である。そもそも同書は彼が報道をとおして接した様々なる犯罪事件と、それをめぐる裁判——まさにその犯罪をそもそも「犯罪」（犯行者の自由なる意思決定を前提として成り立つ規定としての）と認めるか、認めるとしたら如何なる「犯罪」と捉えるか、その認識が問われる格好の舞台たる——についての彼の批評に充ち溢れているといい得る。そのさい彼の視点をこよなく特徴づけるのは、犯罪に走るさいの犯罪者の心理状態を「精神錯乱をともなわない狂気状態」として問題化する視点[110]、これを彼が持している点である。また通常われわれが「魔がさす」という言い方で示そうとする、行為者本人の主体性、つまり意識的自己コントロールを内側から突き崩す深層意識層に潜んでいた情動の突発性、その偶然性——それが或る偶然的な出来事を刺激として発動するという——に強い関心が払われているという点である。[111]

かくて、ドストエフスキーの「犯罪」論は次の問いの線上に常に展開することになる。すなわち、「環境」なり、運命的に与えられた「性癖」なり、深層意識・無意識に巣くう秘匿された情動が、人をして如何ともしがたくその犯罪に走らせたという被決定の客体的存在の側面と、しかし、その犯罪者は意識者として決断する自由とそれが生む自己責任を免れ得ない自己決定者＝主体的存在であるという側面、この両側面を如何に総合的に問題にし得るかという問いの線上を。

くだんのヴェーバーの言葉に戻れば、まさにおのれを道徳的規範に基づいて自覚的にコントロールしようとする「現実の合理化過程のなかに介入してくる非合理的なもの」として、われわれは犯罪衝動の源にある暗き「神秘的なもの」に出食わし、それが生む暗澹たる身震いとそこから立ちあがる救済の呻きのなかでこそ、西田幾多郎的にいえば、あれほど確信していたはずのおのれの「自力」の無惨なる挫折の果てに、否、その果てに立つからこそ、おのれの内面的自己救済を得る途は《イエスの「『慈悲』と『愛』にすがる」以外にない、それが「唯一の解決法」である》（ドストエフスキー）という「他力」への依拠の境地に到達するのであり、そこにこそ宗教固有の《場》が開けるのだ。また、後述するが、この究極の場においてこそ、ウィリアム・ジェイムズがきわめて鋭く認識していたように、何よりも「二度生まれの人」と呼ばれるべき深い実存的疎外感を抱えるに至った人々にとってこそ特段の意義をもつ救済、エックハルトも含めて、洋の東西にわたって問題にされる汎神論的な神秘主義的な「神人合一」による自己超越がもたらすカタルシスによる自己救済という問題の《場》が拓けるのである。

　そして、ドストエフスキーも明らかにこの問題場を射程に入れていることは、『カラマーゾフの兄弟』のなかでかつての少年ゾシマが『ヨブ記』に示されるヨブの最終的カタルシスを肯定的に引用するところに象徴的に示されているのだ。――まず彼はその場面を次のように叙述する。そこでは、ヨブは、くだんの弁神論・神義論の問い、「邪悪なる者が栄える傍ら、最も義なる者が堪えがたい苦悩を強いられねばならなのは如何なる神の義に基づくのか？」という問いそのものをいわば棚上げにして、「上着を引き裂き、地にひれ伏して叫んだ。『わたしは裸で母の胎を出た。また裸で大地に帰ろう。主が与え、主が取られたのだ。主の御名はとこしえに讃むべきかな！』」と。そして、その場面に『旧・新約聖書の百四の物語』のなかで出会った少年ゾシマは、このヨブの態度に「神秘」を覚えたとする。少年にドストエフスキーはこういわせる。「しかし、そこに神秘があり、移ろいゆく地上の顔と永遠の真理とがここで一つに結ばれる点にこそ、偉大なものが存するのである。地上の真実の前で永遠の真実の行為が行われるのだ」と。[112] 詳細は、拙著『ドストエフスキーとキリスト教』第二章・「『ヨブ記』解釈のアンビヴァレンス」に譲るが、ここに描きだされるヨブのカタルシスは、オットーのいう「ヌミノーゼ」経験そのものであり、それはオットーにおいては汎神論的カタルシスと解釈されるべきそれなのであり、その核心は、このカタルシスは、前述のくだんの弁神論・神義論の問い自体をいわば無化し、当事者をしてそれを投げ捨てさせてしまうという点にある。逆にいえば、それを投げ捨てることができた場合にのみ救済を得ることができるというところまで追い詰められた人間に、まさにその救済感情の獲得を可能ならしめるものとして作用するのが、この神秘的溶融経験であったということである。

　この点で、私は、W・ジェームズが『宗教的経験の諸相』の第七講と第八講で展開した神秘主義的体験に関する心理学考察（彼自身がそれは同書の核心をなすと言明する）は、とりわけ次の諸点を鮮明にしている点できわめて重要であると考える。

　すなわち、第一に、この経験は洋の東西を問わず、何らかの事情で自殺寸前の心理状態に追い込まれた「病める魂」の持ち主を劇的に救済する心的体験（「二度生まれの人」の心的体験）として生じる。第二に、その「基調」は、これまでその人間が苦悶してきた対立・葛藤が「まるで融け合って一体となってしまったような」、「和解」に満ちた、「汎神論的で楽観論的な」宇宙感覚の突然の甦り、その意味で、「既視感」を帯びた「潜在意識の発現」という様相において成立する。第三に、この意味でそれは「個別化の孤独から、存在する一切のものとの合一の意識に立ち帰る」という点で、やはり洋の東西を超えて「大洋」感情・感覚として語られること。また同じく、この帰還の感覚ベクトルは、その対立・差別・区別を超えてという意味での、「否」あるいは「無」によってのみ表現されること。

　そして、彼は実に的確にもこう記している。「正気は縮め、分離し、そして否といい、酩酊は広げ、統合し、そして諾という」と（なお、この指摘は、本書「はじめに」章で引用した、狂躁的・酩酊的「憑神」経験とインド仏教とを繋ぐ通路に注目するニーチェの観点にも期せずして重なる。本書六二—六三頁）。

　本論考の最後で再び触れるが、私は右に示した点に、人類的観点（ないしは人間学的観点）から見た場合の、一方の神秘主義的「神人合一」救済思想と、他方の——ヴェーバーがその分析に専心する——「合理的現世内倫理」との相補性という問題が成立する根拠が示されていると考える。あとで大拙を引き合いにだして示すつもりだが、前者の観点からはどう転んでもヴェーバーが問題にするような「合理的現世内倫理」の地平は切り拓けないが、同様に後者は原理的に到底前者が担当する救済の地平（ジェイムズのいう「二度生まれの人間」が問題にする）を切り拓くことはできない。しかしながら、人間存在は、あるいは人類は、必ず両地平を共に必要とするべく運命づけられているのである。両者の対立性は、人類的＝人間学的＝実存的観点からいえば同時に必然的に相補性へと転換される対立性なのだ。

では、かかる相補性をヴェーバーは論じているだろうか？

私からすれば、まさにその問題こそ、ヴェーバーが取り逃している当の問題にほかならないのだ。

4　私の側の二つの問題意識
——イエス思想の問題位置、ならびに汎神論的・非人格的宇宙神と創造主的人格神との融合をめぐって

ここで、私は拙著『ドストエフスキーとキリスト教』において前著『聖書論Ⅰ』を引き継いで、古代ユダヤ教に対するイエス思想の立つ問題位置、およびそれと深く関連した次の問題、すなわちイエスのなかに介間見える汎神論的・非人格的宇宙神と創造主的人格神との融合あるいは混淆という問題に関して、私がどのような問題設定をおこなったかについて略述しておきたい。

まず、古代ユダヤ教に対するイエス思想の立つ問題位置を明らかにするにあたって、私は二つの問題系を浮かび上がらせるべく努めた。

第一の問題系とは次の問題文脈にほかならなかった。

われわれは『プロテスタンティズムと……』ならびに『世界宗教の経済倫理』における古代ユダヤ教の果たす宗教的・文化史的意義の議論を検討し、ヴェーバーがそれを次の点に見ていることをくりかえし確認しきてきた。

すなわち、古代ユダヤ教のヤハウエ主義者が掲げた「宗教的救済財」とは、「賤民民族《パーリア》」に貶められたユダヤ民族の苦境を打破し民族解放を勝ち取ること、また富裕階級の私利私欲を糾弾しその専横を排し、ユダヤ社会をあくまでも真に同胞的な相互扶助共同体として維持すべく戦い、昔日のダビデ王国の栄光に範をとる（『イザヤ書（第一）』[113]）、詳細に明文化され体系化された強力な律法精神と「兄弟愛」の絆が隅々にまでゆきわたる絶対正義が貫かれた完璧な道徳国家＝「義人の王国」の建設であった。ヤハウェはまさにこの「政治的および社会的革命」を導く「軍神」にほかならず、この点で彼らが掲げた救済ヴィジョンは徹底的に「現世内的」であった、という点に。[114]

既に幾度も見たようにヴェーバーによれば、まさにこの特質がこの宗教をして西洋の特質をなす文化史過程——呪術的生活態度を駆逐し「合理的現世内倫理」に立つ生活態

度を社会に浸透せしむる——の決定的な出発点にさせるのである。それ以降、この伝統の内部にあっては、「罪」の観念もおよそ呪術的起源をもつものではなく、「預言者とその命令に対する不信仰」が生むものとされ、呪術的生活態度は道徳規律中心的生活態度へとくりかえし置き換えられていくことになるのだ。

では、そうした文化史的役割を果たしたヤハウエ主義に対してイエスの思想はどのような関係に立つのか？

ここで私は読者にお願いしたい。本論考・第Ⅰ章・「ヴェーバーへの問題提起」節で私が提示した次の視点、すなわち、イエス思想は右に略述したヤハウエ主義の「政治的および社会的革命」主義とそれに連動する強力な律法主義が生む道徳主義的心性に対する、この宗教文化の内部から生まれた強烈な自己批判として出現するという論点、これを振り返っていただきたい。

既にそこで指摘したように、ヴェーバーはイエス思想が体現するこの問題局面を古代ユダヤ教とイエスとの関係にかかわって全然問題にしていないし（イエスの「愛敵」や律法的硬直を批判して反律法的態度を取ったことへの注目はないわけではないが、それを私がしたように主題化し論じるということはおこなっていない）、またカルヴィニズム——ヴェーバーの考察からいっても、明らかにヤハウエ主義的心性への回帰を強烈に示すところの——が果たしてこの問題局面を受け継ぐことができたのか否かという問題、これもまったく問うことはない。私はこの点が彼の「合理的現世内倫理」形成論の最大の欠陥・弱点であると考える。

ここでさらに私は次のことをつけくわえておきたい。すなわち、ユングの「影の理論」こそ、まさしくこの問題局面をイエス以後の正統キリスト教のあり方にかかわって真正面から問題にしたものであり、だから期せずして、ヴェーバーの理論構成を真正面から批判するものであったことを。詳論は、拙著『聖書論Ⅱ　聖書批判史論』・第三章「ユング『ヨブへの答え』を読む」に譲るが、以下、そこでの考察の要点をここでの議論に直接関連する範囲で紹介しておきたい。（まだ私の研究は、ユングがどの程度ヴェーバーとの対決を意識してその考察を展開したのか、それを突き止めるところまではいってない。しかし、その議論のキーワードが「合理性」にある点で、実はヴェーバー批判が隠れたるモチーフでもあった可能性は十分ある。）

ユングは、イエスが古代ユダヤ教の批判者として出現したことの意義を次の点に見る。すなわち、古代ユダヤ教が見失いかけていた神（汎神論的非人格的宇宙神）の「ソフィア的智恵」――矛盾的全体性を律法主義的に杓子定規に、つまり善悪二分法的に生きるのではなく、柔軟かつ融和的にその都度の均衡を創造しつつ生きる智慧、おそらく大拙なら「中道」の智慧と呼ぶであろう――との接続する絆を再興した点に。ユングはいう。「イエスは、人類が神とのつながりを失って、単なる意識とその『合理性』へと迷い込むことを防ぐ」と。[115] ここでいう「単なる意識とその『合理性』」とは、おのれのなかの《悪》とみなす要素をことごとく否定しようとするあまり、それを「無意識」のなかへと追い遣ることでおのれの「影」に変えてしまう、キリスト教徒に典型化する「道徳的完全主義」に囚われた反省的自我の志向性を指す。

他方、イエス的視点（ユングによれば『ヨハネ福音書』がイエスの言として伝える「助け主（パラクレート）」としての「真理の御霊」が体現する「ソフィア的智恵」の観点）は、ユングにいわせれば、二〇世紀こそが必要とする視点、すなわち、「善とは悪がうまいこと隠されていることであり、悪とは（そのことを自覚せずに、清）無意識的に行為することである」と考える視点、「善と並んで悪も考察される時代を、すなわち何が悪であるかがそのつど完全に正確に分かっているという疑わしい前提に立って《始めから》悪を抑圧するようなことをもはやしない時代」を「すでに視野の中に入れている」視点、これを先取りするものなのである。[116] かの「汝の敵を愛せ」・「裁くな、赦せ！」のイエスの標語が示す反マニ教主義的態度の意義はそう解釈されるべきなのだ。

だがユングによれば、そのようにイエスは「ソフィア的智慧」の観点を堅持しようとしたにもかかわらず、むしろ正統キリスト教は前述の「道徳的完全主義」・「合理主義的迷妄」を推進してきたといい得るのであり、この伏流は二〇世紀に至って大規模な再興を果たすと見る。ユングは、自己懐疑の不安を投げ捨て、おのれを頭ごなしに道徳善と正義の化身であると妄想してやまない「道徳的完全主義」が振りかざす「合理主義」についてこう述べている。「人間はつねに、そしてますます、彼の心の中の非合理的な事柄や必要物を見逃し、意志と理性によってすべてを支配できると思い込み、そのために社会主義や共産主義のような大規模な社会政治的な企てについて明瞭に見ぬかねばならないこと・すなわち前者においては国家が、後者においては人間が疎外されるということ・を無視できると思い込む危険に陥るのである」と。[117] この観点は『アイオーン』でもくりかえされている。そこでは「こんにち独裁国家の強制収容所で起こったこと」を指しながら、[118] こうした所業を引き起こした究極の深層心理学的問題は「意識の外にあって意識を育てている根から意識をもぎとってしまって、意識に対して意識内部にしかない目標ばかりをかかげる」ところの「合理主義的傲慢」にあり、[119] そのような態度（無意識的な・非合理的なものの存在と作用を極度に軽視する）が無意識化に追い遣った自分のなかの《悪》と暴力の諸要素をひたすらに《敵》にこそ固有なものとみなして、相手になすりつけ、それへの攻撃にいきり立つ——その自分には無自覚な——「アンチ・キリスト」的暴発へと導いたのだとしている。

この観点から、彼は右の問題の典型的な現れ・表現を『ヨハネ黙示録』のなかに見いだす。神をその「愛と赦しと善の神」の相貌だけにおいて捉え、かくてまたおのれを《悪》と暴力の要素を一分も含まぬ善と愛の精神に横溢した人格に形成しなければならないと考えるキリスト教徒的自我は、その強迫的な「完全主義」的自己理解によって、[120] かえって、その無意識の領野・層においてはきわめて攻撃的な《敵》憎悪の心性《メンタリティー》をおのれのうちに育む。いま自分を駆り立てている、《悪》を拒絶し憎みそれと闘うという激烈な道徳的な闘争感情・意志・欲動それ自体が、実は「愛と赦しと善の神」が闘おうとする当の《悪》、つまり《敵》憎悪のマニ教主義的心性・ルサンチマン的心性なのではないか？　だが、かかる自己懐疑を自分の善性を確信したがっているキリスト教徒的自我はまさに自分から遠ざける。そういう仕方で、無意識の領野・層に追い遣られた《悪》の欲動はかえってますます凶悪化して、それは「影」となって実はキリスト教徒的自我に、この自我がおのれの背後にたらす「影」となって執拗に纏わりつく。

ユングは集団対集団が構成する社会的場面における「影」化された欲動のダイナミズムについてこう論ずる。——諸個人の「完全主義」的な道徳的意識のなかで「影」化されたくだんの諸欲動は、「集団的無意識の敵対者像によっても布置される」に至る、と。つまり、それらは自分自身から疎隔化され、自分の帰属集団が《敵》とみなす相手集団を特徴づける要素へと変換され、他者化され、敵対集団像のなかに投影・投射される。その《悪》は彼ら敵対集団にこそ固有であって、我らにはそもそも存在しないというように。とはいえ、かかる投影・投射はまさに「影」となっておのれに憑き纏う不安——おまえ自身のなかにその《悪》があることの証だという——を、《敵》に投射することでおのれから拭い去りたいからのことだ。かくて、敵は《悪》の化身であり、我らは《善》の化身であるとのマニ教主義的な彼我像が確立する。かかる悪循環が始まるのだ。

そしてこの悪循環こそがチャンスなのだ。いまやおのれのなかに潜む《悪》は、自分を《道徳の騎士》をみなすキリスト教徒的自我によって《正義の仮面》をあてがわれ、遠慮会釈なく《敵》へと噴出するチャンスを得る。

この逆説的転換をユングは「エナンティオドロノミー」（反動衝動機制）と名づける。彼の言を借りれば、『ヨハネ黙示録』が提出するキリスト像は「まるで愛を説く司祭の『影』のようであり[121]」、そこには「キリスト教の謙遜、忍耐、隣人愛や敵への愛、また天にまします愛の父とか人間を救う息子や救世主といった、あらゆるイメージの横っつらをはりとばすような、おぞましい光景」、「憎しみ・怒り・復讐・盲目の破壊的憤怒・の正真正銘の狂乱」が噴出し、「無垢や神との愛の交わりの原初の状態へと救い出そうと今まであくせくしてきたこの世界を、血と炎で覆いつくすのである[122]。」

ヴェーバーには、あれほど宗教心理学に長けているはずの彼にもかかわらず、この問題の環への注視がない。だが、われわれは知らなければならない。第一次大戦の勃発にさいして起きた注目すべき「精神史」的出来事、すなわち、その勃発が当初敵として交わる双方の側で等しく「聖戦」の開始として如何に多くの人びとによって熱狂的道徳的高揚のなかで迎え入れられたかということ、次いでそれがたちまち今度は革命とファシズムの熱狂に移行し、その果てに第二次大戦へと雪崩を打って突入し莫大な人命が死の祭壇に捧げられるに至ったという二十世紀前半の悲劇、この過程の全体に際会した多くの優れたヨーロッパ知識人は、そこにヤハウエ主義的「聖戦」思想の悪しき復活と席巻を見いだし、その批判的克服こそを現代思想の課題として自覚したことを。

私はくだんの拙著『聖書論Ⅰ』で次のことを紹介した。——たとえばサルトルは彼の世代の「聖戦」体験をこう回想している。「わたしたちは幼年期と少年期にかけて、聖なる暴力を二度経験しました。一九一四年には戦争があり、この戦争は正しく、神はわれわれの味方である、とわたしたちは教えられていた。一九一七年にはロシア革命です。（略）わたしたちには、父親の暴力が滲みこんでいたのです。（略）この聖なる暴力を内面化するように求められていたからです。彼らは実際にそうした、そしてそれにうんざりし、多くのもの——私もその一人でしたが——は、その聖なる戦争なるものを聖なる革命によって置き換えるのになんの困難もなかったのです」（傍点、清）と。[123]

こうした問題連関がいかに当時の西欧知識人の関心を捉えていたかを物語るもう一つの代表例は、D・H・ロレンスの『黙示録論』である。ロレンスは同書で、キリスト教を構成する諸要素のなかで古代ユダヤ教の強烈な道徳主義的＝革命政治主義的性格に直結する要素として黙示録的観念を取りあげた。そして、その現代的賦活をまず第一次大戦において西欧社会を席巻した「聖戦」思想のうねりのなかに見いだし、次にその継承者として——まさにヴェーバーの指摘した「政治的および社会的革命」の指導神としてのヤハウェとかの「預言者」たちを髣髴させるコンテクストを負った——レーニンならびにムッソリーニの名を挙げ、黙示録的観念のそのような現代的な隆起の仕方に強い危惧を表明したのであった。（参照、下巻第一章「ニーチェのイエス論」・「D・H・ロレンスとニーチェとの異同」節）

くりかえすなら、こういう問題へのアプローチがヴェーバーの「合理的現世内倫理」形成論には構造的に不在なのである。（彼は講演等ではまさにかかる問題について警鐘を鳴らそうとしているかもしれないが、彼の主要な宗教社会学論考にはこの問題は全然テーマ化されていない。）

他方、ドストエフスキーの文学においては、あるいは「ドストエフスキー的キリスト教」においては、「犯罪者」を「不幸な人々」と呼ぶロシヤ民衆の心性のなかにイエスの共苦主義の生きた受容と浸潤を見いだし、また「犯罪」へと人間を走らす「非合理的なもの」の「神秘性」に瞠目する点において、彼はヴェーバーよりもはるかにユングの問題感覚に連帯的である。また、『悪霊』や『カラマーゾフの兄弟』の「大審問官」章を作品的頂点とする彼の「政治的社会主義」批判は、サルトルやロレンスの語る「聖戦」イデオロギー批判に大いに重なるもの、その予言的先行である。おのれの掲げる「正義」に自己陶酔し、そのことによっておのれの内に波打つルサンチマンと暴力衝動には無自覚となり、その社会主義的ユートピアを結局おのれを革命的前衛と誤認したテロリスト的暴力が専制支配する「蟻塚」的全体主義国家というデストピアとしてしか実現できないという逆説、これこそドストエフスキーが問題にした十九世紀社会主義運動の抱える内的問題性であった。かくて彼の視点は二十世紀にとっては大いなる予言となった。

では第二の問題系とは何か？

これは先の第Ⅱ章に深くかかわる問題である。

私は、くだんの『聖書論Ⅰ』・第Ⅱ部・第一章・「汎神論的宇宙神と慈悲の神とは如何に媒介可能か?·」節、「三つの問題側面」節、「イエス思想の混淆性あるいは往還性」節や、『ドストエフスキーとキリスト教』をとおして、大略、次のような問題意識を表明した。

『マタイ福音書』のくだんの「愛敵」章において、「汝の敵を愛せ」との言葉の後に次の一節が続く。いわく、「そうすればあなたたちは、天におられるあなたたちの父の子らとなるであろう。なぜならば父は、悪人たちの上にも善人たちの上にも彼の太陽をのぼらせ、義なる者たちの上にも不義なる者たちの上にも雨を降らせて下さるからである」と。[124]『マタイ福音書』自体はこの一節を記すだけで、この一節をどう解釈すべきか、イエスはここで完璧に汎神論的観念に向かったと解釈すべきなのか、それともそれは或る微妙な独自の混淆と呼ばれるべきなのか、そもそも汎神論的非人格的神観念と「憐れみの神」という人格神的表象とはどういう関係に立つのか、それは論理的には両立不可能であるはずなのに、イエスのなかでは曖昧なる両立が提示されていると捉えるべきなのか、等々の議論を展開するわけではない（展開しようがないというべきだろう）。

だがここで、『エレミヤ書』のなかに、ヤハウエは義人・善人には良順の天候を与え、不義なる悪人には悪天候と不作を与えて懲らしめると述べる一節があることを想起するならば、[125]先の一節はそれに意識的に対置されていると推測し得る。

次のことは明らかである。この一節が『マタイ福音書』のくだんの箇所、イエスは魂の医者として、罪人の魂の病を治療するために彼の下に罪人を集めるために来たのであって、義人を糾合するために来たのではないという一節に呼応していることは。それほどにイエスの「父《アッバ》」なる神は憐れみ深く、その深さは善人や義人のみならず罪人にも太陽をのぼらせ雨を降らせるほどだ、とこの一節はいうのだ。(『イエスと死海文書』のチャールズヴァースの調査によれば、諸福音書が伝えるイエスは神を呼ぶさい、決して「ヤハウエ」を使わず、「親密な父を表すアラム語の『アッバ』」だけを使った[126]。)

とはいえ、まさにその憐れみの深さを表現するものとして、くだんの『エレミヤ書』とは明確に異なって、汎神論的思考に連なる神の表象がここで語られていることは何を意味するのか? これが私の問いである。

ここでヴェーバーを持ち出すならば、彼は一方で汎神論的宇宙神の「非人格性」を強調し、他方ユダヤ=キリスト教の伝統が掲げる「創造主」神の「人格性」を強調し、エックハルトの例を持ち出しながら、両者の「非両立」性を強調した。たとえば彼はくだんの『序論』のなかでこう述べている。

――ユダヤ=キリスト教における「使命預言」の観念は「特定の神観念、つまり、現世を超越する人格的な、怒り、赦し、愛し、求め、罰するような創造主という神観念と深い親和性をもっていた」のであり[127]。他方、インド諸宗教が掲げる「神人合一」的な救済観念が定立する神は「通例は、瞑想的な状態としてのみ近づきうるような、したがって非人格的な最高の存在である」から、この点において両者は「対照的である」と[128]。また続けて、キリスト教の範疇内に位置しながら汎神論的思想を追求したエックハルトに言及して、彼は「西洋的な天地創造の信仰や神観念における一切の決定的に重要な諸要因を完全に放棄することなしに、神秘主義者に固有な汎神論的神体験を貫きとおすことができなかった」という内的矛盾に直面した、と[129]。

このヴェーバー的観点からいえば、明らかに『マタイ福音書』の「愛敵」章のイエスの言説は混淆的であり、本来の二つの神の「非両立」性を曖昧にしていると映る

しかし、論理的には両神は「非両立」であろうとも、実際の人間たちの宗教観念と行為において両神の混淆や融合の試みはむしろ常態であるとみなすべきではないのか?

汎神論的救済思想は人間におのれの個人性を超克し、宇宙の全体性との自己同一化を成し遂げさせ、宇宙的全体性の側に立つ主体へとおのれを主体転換せしめる

ことで、「善悪の彼岸」に立つ、一切の現世的人間関係・社会関係を超越した「非情性」・「無常性」・「涅槃性」が醸しだすカタルシスに与ることを得させようとする。しかし様々な宗教をよく観察してみれば、ほとんどの宗教においてこの超出性は地上的人間界へと帰還・還送・廻向されて再び人間の「有情」のなかで新しい生命感情となって生き直される往還論理が説かれる。そのとき、必ずといってよいほど、非情なる宇宙神は、たとえ父神の相貌を当初とっていたとしても、実質的には母性愛を原理とする「慈悲と赦しの神」へと変貌する。イエスの体現する汎神論的契機と共苦の愛の結合・混淆の試みも、こうした事情の一つの典型的な形といい得るのではないか？（あとで考察するように、鈴木大拙の説く「大乗仏教」における菩薩に託された役割もこの事情の一個の典型である。そしてドストエフスキーの場合は、この事情は「大地信仰」の中心存在となる大地母神が同時に「聖母マリア」と同一視されて小説のなかに登場する事情によって示される。なお西田幾多郎は彼の遺稿とも呼ぶべき「場所的論理と宗教的世界観」のなかで彼の考える洋の東西を超えた普遍的な宗教的絶対者の観念が指示するものを「宇宙の内面的統一力」と呼びつつ、それをまた双称的に「父なる神、母なる佛」と呼び、前者でユダヤ＝キリスト教を、後者で仏教を示唆している。[130]）

この点で、イエスに関してはまず次のことを指摘したい。——「父《アッバ》」なる神の「固有な関心」は、義と不義、善と悪との弁別が必至の事柄となる現世内的事情に焦点を合わせるものでは全然ない。くだんの古代ユダヤ教に対するイエスの批判的位置に関する考察のなかで述べたように、政治的な集団的敵対性の増強が必ずマニ教的な道徳主義的硬直化を要請するという状況[131]、ならびに制度維持を図る権力はつねにそうしたマニ教的二分法によっておのれの身を養うという事情に。

逆にそれは、先のユングの考察を借りれば、絶対的と見えた善悪の二元論的区別がまったく相対的なものへと変わり、そうなることで無効となり、対立する両者が等価となる、そうした人間（政治的・社会的・道徳的存在であるしかない）が抱える究極的な問題地点に照準を結ぶものなのではないか？　パウロ的あるいはドストエフスキー的にいえば、律法をいとも簡単に踏み破る欲動の衝動性と死の不可避性に切り離しがたく結ばれた人間の現世的＝肉体的存在が孕む《根源的弱さ》、いかなる個人の「自力」による道徳的自己改善・社会改革の努力も手の届かぬところにある人間の存在そのものと一つとなった《弱さ》、あるいは《運命》によって負わされた自力では如何ともし得ぬおのれの罪性、ならびにこの《弱さ》と罪性に向けられた慈悲への渇望という問題地点に焦点を結ぶのではないか？　いいかえれば、社会・政治・歴史の地平の根底にあるがゆえに、それを超えてもしまうメタ次元に位置するという点で、根源的自然の地平、宇宙という地平との接線、いいかえれば《自然》と《人間》との接線・境界線上で生じる人間の存在そのもの、その実存的基底に掉さすといわざるを得ない《弱さ》と罪性の問題、それが産む苦悩からの魂の救済という問題に照準を結ぶのではないか？

　この点で、私見によれば、イエスにあってくだんの「汎神論」的契機は次の往還的運動を人間の魂のなかに惹き起こすための観念装置としてあると思われる。

　すなわち、人間が人間である限り、人間は如何ともしがたく自分たちを国家を頂点とする社会的秩序に組み込み、この社会装置によっておのれを律することによってのみ、まさにおのれを「善悪の彼岸」ならぬ「善悪の此岸」に置き据えることによってのみ生存を可能とする。この根源的事情にさいして、イエスは「汎神論」的な宇宙的全体性の非人格的視点を介入させることで、いったんこの地上的存在としての人間の事情、「善悪の此岸」に立つほかないという事情を一挙に相対化し、地上的な善悪の区別を絶対視し、そうすることでたちまちマニ教主義的善悪二元論の罠に落ち、争闘の論理によって自分たちをがんじがらめに縛りあげるわれわれに、その自分たちを懐疑し、そうすることによって見失った認識と感性に再び眼を開くことを、また、その地点に注がれるべき、あるいは湧き出すべき慈悲愛に眼を開くことを、教えようとしたのではないか？　そのような自己相対化の回路の象徴としてイエスを捉えるべきではないのか？

　またイエスは、「裁き」と復讐欲望に凝り固まった怨恨の心性を「赦し」と共苦の心性へと内側から打ち開くための必須の媒介路として、グノーシス派ときわめてよく似て、宇宙的全体性の呼吸する「プレーローマ的安息」のうちに人間がいったんおのが魂を解きほぐし浄化する必要性を深く直観したのではなかったか？　そのような解きほぐしと浄化によってのみ共苦の愛の「広き、大らかな」（ドストエフスキー）立ち上がりが促されることを。そして、実にこの問題地平こそが宗教だけが担う宗教に最も固有な問題の地平だというべきではないか？

つまり、われわれが自分たちの「社会的存在」性を「善悪の彼岸」に立つ「非情・無情」なる汎神論的・非人格的全体性としての「自然」の方《かた》へと超越する《往路》は、実は同時にそこからの《還路》でもあり、往くことが還ることでもある往還の運動性のなかでこそ、われわれはこの如何にしても超越不可能な「善悪の此岸」を可能な限りいちばん正しく、つまりマニ教主義的善悪二元論に滑落するという誤りを犯すことをいちばん少なくし、共苦の愛を可能な限り膨らませて歩く、その歩行姿勢――象徴こそがイエスではないのか？（読者には、ここで、先にW・ジェームズに関して私が指摘したことを振り返ってほしい。）

『ドストエフスキーとキリスト教』で私はそのように主張し、またこう書いた。ドストエフスキーの文学こそ右に記したようなイエス理解にいちばん道をつけていると思われる、と。彼は、何よりも、人間の根源的《弱さ》と如何なる適正な社会組織の建設をもってしても克服不可能な《悪》の神秘的な深さを強調するとともに、人間が「良心の呵責」を苦しむ能力をもつことにイエスへの信仰の根拠を置いたのであり、彼の文学の焦点が常に怨恨人――ニーチェはルサンチマン的心性とマニ教主義的心性の切り離しがたき結びつきに注目していた[132]――の抱える内的な苦悶にあったことの意味は深い、と。

第Ⅲ章　大拙の「大乗仏教」概念に託されている問題

1　大拙とヴェーバーならびにドストエフスキーとの対話的対決の可能性

さて最後に「はじめに」章で予告したように鈴木大拙を考察の場に引き出そう。

そこには二つの理由がある。

第一の理由はこうだ。くりかえしになるがヴェーバーは、ヒンドゥー教ならびに仏教とユダヤ＝キリスト教文化を比較し、前者の主要な担い手となる「上流知識人層」の「神人合一の無感動エクスタシス」を目指す「宗教的救済財」は、背中合わせの形で平民大衆を「呪術的生活方法」に押しやるという関係性においてしか追求されないと指摘し、そもそも「合理的現世内倫理」を普及させる「創造主的人格神」の観念と「汎神論的非人格的宇宙神」の観念とは原理的に両立不可能であると主張した。

他方、大拙の解釈する大乗仏教（批判者の佐々木閑にいわせれば、「大拙大乗経」と呼ぶべきほどに特異な）は、ヴェーバーの視点に立てば、両立し得ないはずの両神を融合させ、明らかに人格神である菩薩（阿弥陀）を媒介にすることで、非人格的な汎神論的宇宙神からキリスト教の追求する「合理的現世内倫理」と相当に類似した仏教的な「同胞倫理」を平民大衆の生活現実のなかに生み出そうとする一面を[133]、仏教元来の「空」・「般若的直覚」の心的態度（ヴェーバー的にいえば、「現世内無関心」による全面的な「現世」肯定）の伝播と併せもつ仏教として登場するのである。

では、この対蹠的立場に立つヴェーバーと大拙とが、もし対論をおこなうならばそこには如何なる対話と対決が起こるとわれわれは想像し得るだろうか？　想像すべきだろうか？　実に私はこのことを問題にしたいのだ。

第二の理由は、対立を主軸とするヴェーバーと大拙の関係性とちょうど正反対に、ドストエフスキーと大拙とのあいだには両者の類縁性がはなはだしく印象的に立ち上がってくる関係性が見られることである。既に私はドストエフスキーの大地信仰を代弁するゾシマ長老の用いる「大洋比喩」が「華厳法界」の本質を比喩するものとして大拙が掲げる「大洋比喩」とほとんど同一であることを指摘した。またいましがた述べたように、大拙は汎神論的神観念と創造主的人格神との融合を――後述するように、それを最終的に否定するような身振りもとるのだが――腐心するのである。少なくともそう私には映るのだ。

だから、ちょうどドストエフスキーと大拙とのあいだで想像し得る対話と対決の関係性は、ヴェーバーと大拙との関係性とメダルの裏と表の関係となるはずなのである。

以上のことをまず私は論証し、しかる後に、両面における対話的対決の様相をさらに総合してみたい。

2　「大拙大乗経」と「合理的現世内倫理」論との対話可能性

では、第一の問題から入ろう。

思想家としてのデビュー作となった『大乗仏教概論』のなかで、既に大拙はこう主張していた。「大乗とは菩薩の仏教にほかならない」。次いでこう述べる。いわく、「大乗仏教における菩薩は、自分の利益のためでなく、一切の同胞の精神的幸福のために宗教的修行に励むのである」、他方、小乗仏教を担う信徒と僧侶階級、すなわち

「声聞」や「独覚」と呼ばれた彼らは、「ともに消えた火にも喩えられる涅槃を得ることに専念した。彼らは一切衆生の幸福などは考えず、それゆえ、この世の罪と情欲から逃れ出ることができたときが修行の完成であり、そのあとさらに、自分たちの個人的悟りの至福を同胞たちにまで広げていこうとしなかった[134]」。

ここに大拙が設定する小乗仏教と大乗仏教との対立は、およそ仏教の「宗教的救済財」を表す「涅槃」概念の内容規定そのものの解釈上の対立にまで発展する。すなわち、大拙によれば、小乗仏教は「涅槃」を死後の寂滅した虚無的世界と見なすが、大乗仏教にとっては「涅槃」が実現するのは罪と苦悩に満ちたこの世においてであり、つまり、それは死後の寂滅した虚無的世界としてではなく、生の此岸の世界としてなのである。いわく、「大乗仏教では涅槃を虚無的な意味には解さない。…(略)…空の意味では理解しない[135]」。

――「涅槃」という概念は「文字通りには」・「終息あるいは消滅」を意味するが、大乗仏教においてこの意味で使用される場合は、あくまでそれは「永遠の生命を獲得する方法」を意味する語としてなのであり、次のことを信徒に指示するためになのである。すなわち、「永遠の生命を獲得する」ためには「エゴイズムの軛から脱する」必要があること、またそうしてこそ「事物の本質を洞察すること」ができるようになり、「我々の行動を最高真理と調和するかたちで規定していく」ことができるようになるということ、この二つのことを指すいわば方法的概念としてなのである[136]。つまり、そこで意味される「終息あるいは消滅」とは《エゴイズムの終息・消滅》という意味であって、生そのもののそれを意味しない。大拙はこう述べる。「大乗仏教というものは、それまでは涅槃を存在の完全な根絶であると見ていたインド人思想家たちの中において、はじめてそれと対立する考えを示した宗教教義であった[137]」。

かかる大拙の小乗批判は実に徹底的なものである。

私は次節で佐々木閑が大拙の「大乗仏教」論を仏教をしてヒンドゥー教のヴェーダーンタ哲学との同化へと導くものとして批判した点を取り上げるが、そのヴェーダーンタ哲学に対してさえも、大拙は「ヴェーダーンタ派は、一切の個別存在の上に君臨する梵との同化を教えた」とまず指摘したうえで、しかし、この考えも「人間が持つ欲望や欲求からの解放こそが天の至福すなわち涅槃であると考えた」点では、生と存在への敵視を説くそれまでのインド型思想とほとんど変わることはないと批判している[138]。そしてこう述べるのだ。（あとで示すように、かかる批判的認識はヒンドゥー教の中心的思想家シャンカラに対するルードルフ・オットーのそれと等しい）

すなわち、一切の生と欲望を端的に否定しさってしまう以上、いいかえれば善き生と善き欲望の形を問題にすることなく、そもそも生と欲望の全否定に進む以上、「形而上的にいえば、彼らの主張はみなそれぞれに正しいと言えるかもしれないが、倫理的には、彼らの見解は我々の現実生活においてはほとんど何の意味も持たず、道徳的問題を扱う上においては哀れなお粗末さを露呈するばかりである」と[139]。そしてこう続ける。

「涅槃とは存在の完全な終息にあるのではなく、八正道の実践にこそある（略）この道徳的実践により、我々は涅槃の本当の喜びへと導かれるのだが、それは人の欲求の鎮静化ではなく、人の生活が充足し、展開していくことなのである」[140]。「大乗の涅槃というのは生の根絶ではなく生に覚醒すること、つまり人間としての熱情や欲求を破棄するのではなく、それを浄化し高めてゆくことなのである」[141]。

この見地は次のようにもいわれる。「かつて宗教思想家たちが犯した過ちの中でも最も重大なもの」は涅槃を一切の欲望を捨てることと考えた点である。しかし、そうではなく、次の視点こそが涅槃の真のいわんとする視点なのだ、と。いわく、「愛と智慧をとおして完全に覚醒した菩提（知性）を獲得するなら、それまでは罪深く汚らわしいと思われていたすべてのことが、素晴らしく清浄なものに変わるのである。同じ人間の心でありながら、先には無知とエゴイズムの源泉であったものが、いまや永遠なる至福が住まう場所になる。そして涅槃はその本来の壮麗さに輝くのである」[142]。（最晩年のくだんの『神秘主義』でも、涅槃とは、「般若的直覚」を得ることでこの現世において人間が「智慧・慈悲に基づく全く新しい価値観の世界」を創造する「積極的・建設的なエネルギーを発現する」ことだと強調している[143]。）

このような大拙の言葉を辿っていけば、彼にとってはまさに菩薩を救世主に据える大乗仏教は、ヴェーバー的にいえば、「平民大衆」のこの世の日常生活のなかに、呪術的ではない、真の魂の救済に到達するための「合理的現世内倫理」（敢えていえば）をもたらす宗教として立ち現れていることが明白となる。

ただし、ここで急いで断りを入れておくならば、実は次の問題こそが後に本論考での最終問題となる。すなわち、小乗仏教を乗り越え、大乗仏教が「智慧・慈悲に基づく全く新しい価値観の世界」を創造するという強力な道徳的エネルギーとなってこの現世に果たして本当に介入し得るのか否か、大拙の主観的意図・自己解釈はそうであったとしても、実は大乗仏教も結局のところ小乗仏教と大差のない社会的実践的帰結しか生まないのではないのか？　むしろ問題の稔りある設定と展開とは、大拙のなかに生まれている貴重な視点、すなわちキリスト教的宗教性と仏教的なそれとの相補性というテーマ（くだんの『神秘主義』での表現を借りれば、[144]キリスト教的宗教性の「垂直性」と仏教的なそれの「平面性」との相補性）、それをより正確な問題設定へと構築し直し追求することではないのか？　かかる問題が。

また右の問題にかかわって次の問いも浮かび上がる。すなわち、晩期の大拙にあっては、彼の初期ならびに戦中・戦後期に顕著に見られる、キリスト教との比較における仏教者としての自己批判意欲、これが後退しているのではないか？　という問いが。

先に引用した小乗仏教に対する強烈な批判の言葉や、本論考「はじめに」章の終わり近くに触れたドストエフスキーに寄せて彼が『霊性的日本の建設』のなかに記した評言、すなわち、仏教と異なってキリスト教は「関心を社会生活の方面に向けることを懈らなかった」が示すように、彼の大乗仏教論のなかには明らかに次のモチーフが強力に孕まれていた。すなわち、ユダヤ＝キリスト教的伝統と互角に渡りあえ、かつこの伝統といわば相互補完的な役割関係に入る、別種の「合理的現世内倫理」（ヴェーバー）を誕生せしめるほどの力をもった宗教、それへと仏教を如何に変革するか、このモチーフが。そこに長き歳月をアメリカで暮らし、アメリカ社会においてキリスト教が発揮する「合理的現世内倫理」形成の実力をまざまざと見せつけられた、仏教徒としての大拙が抱いた仏教革新のモチーフが隠れていることは間違いない。

この点をわれわれは、彼が『大乗仏教概論』を書いた三九年後に出版した『仏教の大意』にも確認することができる。（同書は一九四七年に彼が昭和天皇の前でいわゆる「御進講」した仏教論の原稿に相当の手を入れて出版したもので、小さいものだが、「戦後」期の大拙の思想を凝縮したものといい得る著作である。）

同書において彼は大乗仏教を日本において最も先鋭に展開したものは親鸞の浄土真宗であると指摘したうえで、[145]こう述べる。「浄土系には社会的人道主義的要素があるが、禅はむしろ高踏的であるということが、日本における両者の現状」であると。彼が、「浄土系仏教といえども、政治に連関を持つものではありません」と断っているとはいえ、[146]

「社会的人道主義的要素」の役割を果たせることに大乗仏教の小乗仏教を超える大なる使命を見ていることは明らかである。(もっとも、一九四二年に出版された『浄土系思想論』では同じ大乗仏教出自のものとして、その「浄土」概念と「浄土—娑婆」の「即非」の関係性は、禅でも浄土系でもまったく同一であるとの主張に力点が置かれている。)

しかもまた、彼は大乗仏教の掲げる救済思想の核心をなす「華厳の事事無礙法界観」へと人々が到達することの意義を語るなかで、ついでに次のような反省の弁を述べる。いわく、「ただ遺憾なことは、これらの霊性的直覚的体系(「華厳の事事無礙法界観」のこと、清)を意識的に把握して、これを複雑な今日の事法界(政治・経済・社会生活などの差別面)に活現させる運動の剛如していることです」と。[147] しかもこの反省は、次のような政治問題についての認識に実際に結びついていた。彼は「ブルジョアとプロレタリアの」階級対立や、国家間の対立、あるいは自由と平等という二つの価値の対立に関して、対立を協調へと転換すべきことの重要性を説き、そのさい「一即多、多即一または即摂即入の華厳的原理の基盤に載せれば、相互に円融不可解なことはありません」と述べ、現代のさまざまな政治対立を超克し融和にもたらす発想の原理として「華厳の事事無礙法界観」を活用しようと考えていたのである。[148] (付言するなら、一九〇七年の『大乗仏教概論』のなかでは現代の社会問題解決のためには「リベラルで合理的で体系的な、ある種の社会主義」を導入する必要を彼は主張していた。[149])

だが果たして、原理的にいって、そもそも「華厳の事事無礙法界観」を「政治・経済・社会生活」の運営原理として「活現」せしめられるものなのか、この点をめぐる議論はあとでおこなうが、ともかくもそうした或る種の——ヴェーバー的にいえば——「合理的現世内倫理」へと大乗仏教を「活現」せしめること、このことが大拙のきわめて大きなモチーフであり続けていることは明らかである。

3　佐々木閑の大拙批判

ところで、このようにユダヤ＝キリスト教の道徳宗教的性格に対する対話と対決の姿勢を隠しもつ大拙の「大乗仏教」論は、それゆえに、たとえば佐々木閑によって「大拙大乗経」と命名されるほどに特異なものであった。大拙自身はくりかえし大乗仏教の宇宙観(華厳法界ないしは事事無礙法界)の「即非」的性格をキリスト教を出自にもつヨーロッパの汎神論的潮流と大乗仏教を分かつ分水嶺として強調していたにもかかわらず、そうした批判者の眼からみれば、彼の立場はむしろ「キリスト教的一神論」的だと評されるほどにキリスト教的モチーフに傾斜した解釈と見なされたのである。

二〇一六年になってようやく岩波文庫に加えられた大拙の『大乗仏教概論』は、そもそも大拙が一九〇七年に『Outlines of Mahāyāna Buddhism』と銘打って出版した彼の英語による論考を、佐々木閑が訳者となって、英語によるオリジナルテキストから邦訳し返したものである。その佐々木はその「訳者後書」のなかで、プサン(ベルギー人の著名な仏教研究者、ルイ・ド・ラ・ヴァレー・プサン)――大拙のこの著作を仏教研究者の一人として厳しく批判し、このオリジナルテキストが出版されたあと、それに厳しい批判を加えた――の指摘はおおむね正しいとしてその要点を次のように紹介している。

――プサンによれば最大の問題点は、大拙が「大乗仏教の多様性を真剣に考慮せず、あたかも自分が主張する特異な汎神論を、真の大乗仏教であるかのように言い立てるところにある」[150]。そしてその「汎神論」的解釈の特異性とは、それが仏教というよりヒンドゥー教の「ヴェーダーンタ」思想に近しいものであり、またその点で同時に他方では「ヘーゲル哲学」にも近く、そうした特異な東西の混淆性から成り立っているところにある。プサンの判断では、大拙は大乗仏教とヴェーダーンタ思想とを「完全に混同している」のであり、また、龍樹や無著の主張と照らし合わせても、あるいは『無量寿経』や『入楞伽経』の思想とも密教イデオロギーとも異なる。

特に「法身」の概念の解釈をめぐってプサンは、「彼は軽率にも、法身を宇宙の究極原理、移ろいゆく諸現象の存在論的基体であると考えるが、これは大乗仏教の考えではない」と言い切っている[151]。プサンの見るところ、この大拙の思想は菩薩のかの誓願思想――衆生が真の宇宙認識(正覚)に達して魂の救済を得るまでのあいだ、自分だけが正覚して救済されることなど求めず、衆生が正覚できるよう尽力することを誓うという――を「勝手に改変するところから生まれてくる」ものであり、大拙はその誓願をヘーゲル哲学に良く似た実体=主体の相互転化を主張する弁証法を導入することで「法身の意志」へと変え、そうした勝手な解釈によって「全く新しい概念を創出した」と評さざるを得ないものなのである[152]。またこのヘーゲル風の弁証法に乗せて、大拙は人間の心の中に生まれる「菩提心」(救済を求める心)も同様に「法身が人の心に映し出されたものとしての知的心」と解釈するが、やはりこの解釈もまた仏教とは無縁のものとする。また、ここから大拙は「如来蔵」（菩提心を得た如来の胎児）の概念を、「我々が誰もが本来は仏陀であって、神秘的呪術的プロセスを通ることで、容易にその仏性を悟ることができる」という思想を表すものと解釈するが、この解釈には「タントリズムの原理を認める日本真言宗の視点が影響している」と見る。[153]（なお、後の5節に示すように、このヘーゲル風の「法身」の展開論理はオットーの解釈するエックハルトの「真正の意味での『主意主義的』神秘主義」思想とほとんど同一である）。つまり、プサンにとっては大拙の大乗仏教観の核心部分はすべて大拙の勝手な創作なのである。

　ところで、佐々木はこうしたプサンの大拙批判をおおむね的を射ているとするのだが、先に取り上げた大拙の『仏教の大意』のみならず最晩年の『神秘主義』においても、大拙は『大乗仏教概論』以来終始一貫して先の「法身」思想を維持してきたことがわかる。そのことはまた佐々木の認めるところでもある。[154]大拙は生前同書を邦訳し出版することを承諾せず封印しようとしたといわれるが、その理由がそこに盛られた自身の思想に未熟さを認めてのものではないことは明らかである。まさに同書で彼が大乗仏教の傑出した点と強調した諸点はその後も一貫して彼自身の宗教思想を構成する本質的諸点であり続けたのであるから。

　そして私には、プサンが厳しく批判したこの「大拙大乗経」の根本発想は実にグノーシス派キリスト教の世界観と類似していると思われるのだ。また、それがエックハルトとほとんど同一であることは大拙自身が強調するところである。その事情を次の4節ならびに5節で取り上げよう。

4　大拙の「華厳法界（事事無礙）」とグノーシス主義

　大拙はその『仏教の大意』のなかでこう述べている。

「『華厳経』に盛られてある思想は、実に東洋――インド・シナ・日本にて発展し温存せられてあるものの最高頂点です。般若的空思想がここまで発展しえたということは実に驚くべき歴史的事実です。もし、日本に何か世界宗教思想の上に貢献すべきものを持っているとすれば、それは華厳の教説に外ならないのです[155]」。

　右の一節にいう「般若的空思想」とは何よりも「華厳の事事無礙法界観」を指す。一言でいうなら、宇宙を、そこでは一切の事物が有機的な絶対的な相互依存関係を結んでいる無限なる全体性として、したがってまたあらゆる事物が時間的にも空間的にもそのようにあることが必然的である、そうした全体性として把握する宇宙観を指す。彼はこの宇宙の全体性を「霊性の世界」と呼ぶが、あとで論じるように、この有機体的宇宙観は本論考の先の第二章・「グノーシス派の宇宙観とゾシマのそれとの類縁性」節で紹介したグノーシス主義あるいはグノーシス派キリスト教のいう《「プレーローマ（絶対的な充溢性）」として展開するところの真実在世界》とほとんど同じである。（「〝丸ごとその一《いっ》なるもの〟と成った時、すべての差別、あらゆる異なったものはそのままの状態にさし置かれ、すべてかの一《いっ》なるものの部分となり、華厳思想の言葉で表せば、何ら妨げとなることはない（事事無礙、清）[157]」）

　既に私は、本論考・第二章・「ドストエフスキーと大拙に分け持たれた『大洋比喩』」節で、『カラマーゾフの兄弟』の長老ゾシマと大拙とのあいだには、宇宙の全一と部分との有機体的統一の弁証法的関係性を表す比喩としてきわめて良く似た「大洋比喩」が使用されることを示した。こうしていま、大拙のいう「華厳の事事無礙法界観」とグノーシス派の「プレーローマ的真実在界」との基本的な構造的同一性を知るならば、彼ら二人がこの同一性を媒介とすることで期せずしてきわめて類似した比喩を口にすることもなんら偶然の一致といったものではないことが了解されよう。

　さて、大拙の大乗仏教論、くだんの「大拙大乗経」の核心は次の主張にある。すなわち、この宇宙的全体の真実在的構造（＝原理ないし法則）たる「事事無礙」性を諸個人はたんに自ら発見し認識するだけでなく、その認識はそのまおのれの在り方をこの原理に即したものへと一挙に変革せしめる回心の意志とそれに基づく周囲と自分との関係性の変革という実践的意志を生みだし、いわば認識論的変化が存在論的変化へと転換し、この転換をもってこそ救済成就がなる、そう主張するところにある。つまり、客体的法身が――ヘーゲルのいう実体＝主体弁証法に良く似た仕方で――主体化された法身、いいかえれば「法身の意志」へと化体し、そうなることによって諸個人をその実存の奥底から突き動かすのだ（「絶対我」・「真我」の成立[158]）。これが「大拙大乗経」の描く救済展望であった。『仏教の大意』はその事情をこう述べる。いわく、

「華厳の中心思想は法界の静観ではなくて、これを動態的に覷補するところに在る[159]」。

　この法界の動態論的把握という問題の環において、ポイントとなるのは次の二つの問題とその関連である。すなわち、「霊性の世界」のもつ真実在性と、それが人間諸個人に現象するさいの相貌、そのいわば仮象性（ヴェーダーンタ

哲学のいう「マーヤ」性）との関係をどう把握すべきかという問題、くりかえせば、「霊性の世界」と「現象・仮象界」、この二世界相互の関係性を如何に把握するかの問題である。これが大拙のいう「即非の論理」が担う問題である。

第二の問題は、先ほどいった世界認識が一転して世界ならびに世界と自己との関わりを如何に生きるべきかという実践的意志へと転換するという場合、この「法身の意志」の誕生は「回心」と呼ぶべき劇的な精神転換と固く結びついており、後者を必須とするという問題である。

まず第一の問題から入ろう。では何故、この世界ほど「実在性をもったものはない」[160]と述べられる「霊性の世界」は、それにもかかわらず、そのありのままの相貌（「真如」）においては現れず、とりあえず、人間にとっては多かれ少なかれ或る特有の歪みを負わされた「仮象の世界」としてしか現象しないのか？

「大拙大乗経」は、その最大にして究極の原因を、人間がとりあえずは強烈な自己執着の心性に浸された個我・「己我」・自我の意識に纏いつかれた意識をもってしか世界に対面できないことに求める。いいかえれば、おのれの意識に浸み込み纏いついた強烈な自己執着の心性・「己我」の意識をおのれから拭い去り、そこからおのれの意識を解放するという劇的な転換、つまり「回心」が起きない限り、人間諸個人は対面する世界ならびにその世界と自己との関係を真実在のありのままの姿、「真如」的相貌において発見し認識することはできないのだ。

とはいえ、この回心と「真如」的認識への到達とのあいだに、大拙はいうならば予示的な相乗作用的準備過程を見いだすのである。つまり、決定的な回心による決定的な「真如」認識への到達、これを跳躍のバネとする「法身の意志」の後戻りのない発動、それによる救済への到達という最終ステージの前に、そこへと至る漸次的な準備過程を想定し、そこではまだ基本的には世界の仮象的相貌に囚われたままだとはいえ、部分的には、あるいは偶然的には仮象の陰に「真如」の相貌を発見し、それが或る予示的な示唆力を発揮し、それに導かれ、それまでの自分の世界と自己との認識仕方を疑いだし、問題化し、漸次的にではあれ、最終的な回心と「真如」認識のステージへと接近する過程を見ようとするのである。

そして、かかる予示的・予兆的な過程が可能となるのも、実は「霊性の世界」の「真如」は仮象世界それ自身のなかに部分的にではあれ顔を覗かせてもいるからだとするのだ。

つまり大拙によれば、「霊性の世界」と「現象・仮象世界」とは、別々の二つの実在する世界が相互に独立に――その意味で二元論的に対立して――併存しているといった関係性のうちにあるのではない。「事実は一世界だけ」であり、「二つと思われるのは、一つの世界の、人間に対する現れ方だといってよい」。そしてその「現れ方」には幾つかの段階があり、グラデーションがあることが注意されねばならないのだ。つまり、真実在である「霊性の世界」はそれに相対する諸個人の「己我」の意識に纏いつかれた歪みゆえにその相貌を彼らに対しては特有に歪ませて示してはいるのだが、同時に、その特有な歪みをとおしてであれ、それを介間見せている、予示しているともいえる。人間は、無意識の裡に、自分の見ている世界が或る特有な歪みを帯びていて、完全な意味での真実性を示しているわけではないことを感じ取っており、そこから常に「真実な相貌の世界」・世界の「真如」への「あこがれ」を抱いており、それに突き動かされてもいる。この事情の意義を強調して、大拙は「即ち霊性的世界の真実性に対するあこがれが無意識に人間の心を動かす(161)」と述べる。大拙は回心を必要とする劇的な認識仕方の変革と、それだけがもたらす「法身の意志」の宗教的意義を重んじるからこそ、この跳躍的変化が引き起こされるための漸次的準備過程の意義を強調することも忘れない。いわく、

「差別の世界(「己我」の意識に纏いつかれた意識が知るところの、清)は今もなお差別の世界ですが、ただ一つ相異がある、それはこの千差万別がそのままで霊性的世界の消息であるという超分別識的直覚であります(162)」。「霊性は一方において感性的経験を否定してしまいますけれども、感性的世界はこの否定の故に、その千差万別な知性的分別を、霊性の中に、そのままに、保存して行くのです(163)」。

この二世界の関係論理が「即非の論理」、つまり《一なるものが同時に相否定しあう二であり、相互に否定しあう二が同時に一であるという存在関係》にほかならない。いいかえれば、如何せん「己我」の意識に纏いつかれざるを得ない人間諸個人の意識にとって「現象・仮象界」の相貌は基本的にはそのままだが、その相貌の示す意味の文脈が――部分的でしかないにせよ、それでも「真如」・「般若的直覚」を経験することに促され――時には変貌するといった経験が次第に生まれ、その蓄積がやがて諸個人を決定的な劇的な回心へと導く準備となるのだ。しかも人間の場合、劇的な回心が起きた後もなお世界はその現れにおいては「現象・仮象界」として現れるほかない。なにしろ人間は抜きがたく「己我」の意識に浸された存在、つまり

「人間」に留まるのだから。かくて大拙はいう。「真如」の認識に到達し、「事事無礙」の宇宙観を我がものとするといっても、「無分別の渾沌に還るという意味ではありません。…（略）…ただ今までと違ったより深い意味がそこに読まれて来て、この生活が実に価値あるものとなるのです[164]」と。

さて、この点で私は読者に本論考第II章・「グノーシス派の宇宙観とゾシマのそれとの類縁性」節を振り返ることをお願いしたい。

そうしていただければ、大乗仏教におけるくだんの「霊性の世界」と「現象・仮象世界」との関係を表す「即非の論理」と、グノーシス派における真実在たる「プレーローマ」界の「原像」性と、それが「欠如」に蝕まれた人間の眼に現象する場合の「模像」性との二世界構造とが、模像は同時に原像への通路を内在せしめるという観点も含めて、ほとんど同一であることに読者は気がつかれよう。

グノーシス派のいう「欠如」の関係性に纏いつかれた人間の主観が抱える問題性とは、大拙的にいえば、人間諸個人のもつ意識が抜きがたく「己我」の意識に纏いつかれており、かかる意識の在り方が自分に生みだす「己我」たることの孤独と不安を、かえって「己我」たることに執着し誇示することで補償しようとし、そうすることでいっそうの悪循環に陥り、真実には自分という存在が他の万象とのあいだに豊かな相互依存と調和の関係性、かの「全一」と「部分」との有機的弁証法の総合的関係を結んでいることを見失うという事態に等しい。

この点で、大拙は、おのれに纏いつくこの「己我」の意識からの脱却、それこそが「大死一番」の回心であり、この回心という跳躍によって初めて諸個人は本来の「事事無礙」の華厳法界への帰還を果たせる。それが救済の成就だと主張するのである。

かかるグノーシス的宇宙観と大拙の解釈する大乗仏教（「大拙大乗経」）との構造的同一性を媒介項に立てれば、われわれの第二のテーマ、すなわちドストエフスキーと大拙とのあいだに対話と対決という関係性を設定するという試みは決してたんなる思い付き的な知的遊戯に類する事柄ではないことが明白となろう。

5　オットーのエックハルト論を介在させるならば

ところで、ここで私はこれまで論じてきたことにかかわらせて、ルードルフ・オットーの『西と東の神秘主義――エックハルトとシャンカラ』におけるエックハルト論を取り上げておきたい。というのも、これまでの私の議論に同書を対照させてみるならば、そこに浮かび上がるエックハルト像は大拙のくだんの「大拙大乗経」と驚くほど類似した思索を提示するものとして映るからである。ただし最初に指摘しておけば、大拙と同様オットーの議論にもグノーシス派キリスト教の姿は一切といっていいほど出てこない（この点ではヴェーバーの視野の方が広い）。しかし、大拙の「大拙大乗経」がその思想の基本構造においてグノーシス派の宇宙観ときわめて類似しているように、オットーの描きだすエックハルトのそれ（オットーが「汎神論」と形容することを不正確だとして「神遍在論」と呼ぶところの[165]）も同様である。

まず核心をなす問題をずばり取り上げるなら、前節で見た「大拙大乗経」における「法身」思想は、そこでも既に指摘したが、オットーのいうエックハルトの「真正の意味での『主意主義的』神秘主義」思想（同時にそれは彼の神秘主義のキリスト教的性格を何よりも物語る要素とされる）ときわめて良く似ているのだ。事実、オットーもこの側面を指して「エックハルトはゴチックの神秘主義者であって、ギリシヤのそれではなく、従って彼はマハヤーナ（大乗仏教、清）と似ているのである」と述べているし（ここでいう「ゴチックの神秘主義者」という規定については後述する[166]）、大拙を明示したうえで、彼が紹介する禅の神秘的体験世界は西洋人には実に「精々エックハルトから、もしくは彼のこの上なく不思議で、極めて深遠な契機のあるものからしか入口を得ることができないような体験世界」だと指摘している[167]。

まずこの点を解説しよう。

前節で、私は大拙のいう「即非の論理」とグノーシス派のいう原像‐模像の論理とがほとんど同じであることを示した。そのさい、そこには原像と模像はまったく異なるという否定の関係性と同時に、しかし、摸像は同時に原像の模像であるがゆえに原像へと至る通路を秘めるものとしても捉え返され、このアンビヴァレントな二重性格にこそ、もし「大死一番」の回心を為しうるなら、これまで「欠如的」あるいは「己我的」にしか生きれなかった当の世界を、まったく別様に、つまり「真如的」に「至福」に満ちて「和解的」に生きることができるようになるという「法身」の論理の根拠が据えられていることを示した。

オットーの解釈によれば、エックハルトの思想もほとんど同じことをいうのである。

まず注目すべきは、エックハルトが「独特の二重の事物観」を展開したというオットーの指摘である[168]。エックハルトにとっては「被造物が被造物である限りにおいて、それは自らの内に辛苦、欠陥、邪悪および災禍を持つ」のだが、しかし、万物は「無限なる形態のもとでは永遠性の内にとどまっている」のであり、[169] 被造物も、「被造物が神から存在している（weset）限りにおいて、それは、真の存在であり、一体的であり、一であり、神の存在と一体的である」のだ。[170] 大拙的にいえば、「被造物が被造物である限りにおいて」それは「差別の世界」を形づくる仕方でしか人間にとっては存在できないが、しかし、それら万物が神によって「創造」され「存在」を授与されたいわば原局面・原像局面においては、万物はすべからく相互に「一体的であり、一であり、神の存在と一体的である」という仕方で創造されており、かかる存在様態は「充溢」とも形容されるのだ。エックハルトの用語を使えば、彼のいう「存在 esse」とは「存在以外の何ものでもない純粋に存在するもの」を指すが、[171] かかる「存在」とは、そもそも「一者」（全一性）という仕方で存在しているがゆえに、人間の眼には個々の事物と見えるもの全てをおのれの「一者」の内に統合融解せしめている宇宙の全体性・原像としての「存在」を指す。人間の眼にとって個々の事物が存在するのは、それらがこの全体的一者である「存在」からいわば「存在力」としての「存在」を授与され分有することを許されているからである。ヒンドゥー教のヴェーダーンタ哲学にせよ、「華厳事事無礙法界」にせよ、グノーシス派にせよ、汎神論的宇宙観に立つ神秘主義の潮流が洋の東西を越えて等しく強調するように、そこでは個物と全体が完璧な有機的一体性をなしており、かの「大洋」比喩が告げるように一つの小波には大海の全体が同時に映現しており、小波は同時に大海そのものである。だから逆にいえば、そこでは個物は等しく全体に直結しており、或る個物にかかわることはそのまま全体にかかわることである。そのような仕方で「存在」が成り立っている事態、それが「充溢（プレーローマ）」である。この事情はエックハルトにおいても同様である。かくて、彼のいう「存在」は「同時に、全き存在の充溢でもあり、存在および存在の内容の計り難き豊かさでもある」とオットーも指摘している。[172]

なおここで一言差し挟めば、オットーは「充溢」という言葉をエックハルトから引き出しているが、先述したように彼はグノーシス派については一切言及しないから、この「充溢」（プレーローマ）という規定がグノーシス派にとっても決定的な規定であることには勿論触れていない。とはいえオットーの紹介によっても、エックハルトもグノーシス派と同様に、この「独特の二重の事物観」を「原像」と「模像」の関係性によって語りもするのだ。オットーはこうコメントしている。

「エックハルトによると、魂は神性の反対像（Wiederbild）あるいは模像（Abbild）である。しかしながら、問題は、この場合に原像の方が逆に模像によって描かれたのではないか、エックハルトが自らの魂の深い本質そのものにおいて直観した諸特徴が、神性の諸特徴として無限大に拡大されて客観化されたのではないか、ということである[173]」

つまり、彼もまた当然まず仮象界に住まうしかなく、欠如的な仕方でしか万象を認識できなかったのであるが、しかし、それでも部分的にであれ、事物を、また自分と宇宙との関係性をその有機的一体性・プレーローマ性において感得する機会があり、そこから出発して、「自らの魂の深い本質そのものにおいて」それこそが万象の真実在的関係性であるとの直観を得て、この直観をもってプレーローマ界の「原像」を手にし、反対に最初は自分にとって実在界と思われたその現象界の様相を「模像」と捉え返したというのだ。

このエックハルトの観点、万象は常に原像―模像の関係性において人間にとっては存在するという「独特の二重の事物観」は、かの大拙の「即非の論理」の下での宇宙観やヴェーダーンタ哲学の「マーヤ」論とほとんど同一である。

きわめて興味深いことは、この宇宙観から発してエックハルトも大拙のいう「法身」ときわめて類似した論理、かのヘーゲル風の実体＝主体の相互転化の弁証法を説くことである。オットーはそれをエックハルトにおける「神秘主義化された義認論」と呼ぶ[174]。あるいは「主意説的神概念」と[175]。そして彼によれば、その事情こそがエックハルトの神秘主義のキリスト教的出自を示すのである。一言でいうなら、エックハルトにおいてはかの最高の形而上概念として立てられる「存在」は同時に「義（正義）」そのものとして捉え返されている。つまり、キリスト教的遠近法《パースペクティヴ》の下での神の体現する最高の義（正義）として捉え返される。

ところで、先に述べたエックハルトの「独特の二重の事物観」に立てば、人間もまた、いかにその「現存在」が罪に穢れた欠如的な在り方しかとっていないとしても、その本性・本質においては、等しくかの「存在」に参与し、それを分有する存在として、あらゆる人間が実は「神の子」であり、そのままいわば神と地続きの「神性」を分有した存在である。

オットーは、たとえば次の言葉をエックハルトから引用している。いわく、「義なる人は神に等しい。なぜなら神は正義だからである。それゆえ、義においてある人は神においてあるのであり、その人自身神である(176)」。

つまり、エックハルトの神秘主義の根底には神人同体論が置かれている。そして、この観点を根拠として、人間にはおのれの隠された、しかし本性であるところの神性に依拠し、あるいはその神性に促されて、遂にはおのれの「現存在」が身にまとう罪と汚れを拭い去って、本来の「神性」の実現、いいかえれば、かの「存在」への参与を果たそうとする本質的な「生命」の衝動性が宿っているとみなすのである。

この点でオットーはパウロの「ピリピ人への手紙」の次の一節を引きながら、そこで称揚されている主意主義は同時にエックハルトの思想とも重なるとしている。いわく、「畏れ戦きて己が救を全うせよ。神は御意を成さんがために汝らの懐にはたらき、汝等をして志望をたて、業を行わしめ給へばなり(177)」。

ところで、右に示された問題の連関と思想、すなわち、「存在」そのものであるところの「義」が、そもそも「神の子」としてある人間の「懐」に働きかけ、その「義」がいまやその人間の最も深き「志望」となって立ち上がり、その人間をして「存在」が命じる「業」をなさしめるという問題の連関、またこの「存在」から由来する魂の働きが、実際に決然たる意志としてその人間に担われるためには、まさにかのパウロのいう「死して、生きよ！」の回心と、それによる「新生」が起こらねばならないとする思想、これはその構造においてほとんどかの「大拙大乗経」のいう「法身」とそれを引き起こす回心についての主張と同一である。

またこの点にかかわって次の点にもわれわれは注目すべきである。

オットーはエックハルトの神秘主義を特徴づける生命主義の側面を大いに強調するのだ。彼は、くだんのエックハルトのいう「存在」の概念を理解するさい、われわれは次のことを見て取らねばならないと注意する。すなわち、この概念が「古いバイブルの概念、すなわちゾーエ(chajjim,zōē)、生命および生命の賦与(vita,vivificatio)といった概念の枠内で現れるもので、これらから特殊性、まさしくその『生気』を受け取っている」点を(178)。

まさにこの点で、エックハルトの先の「主意説的神概念」の思想は、同時にこの人間における意志決定の問題を生命の甦り、かの「新生」の問題として展開するのだ。ここからオットーは、エックハルトの掲げる神が「活ける神」であり、「生」が「エックハルトの愛好する表現」であることを強調し、まさにこの生命肯定の動態論的性格こそ、エックハルトの神秘主義とシャンカラのひたすら寂静を求める観想主義的な神秘主義とを決定的に分かつ相違であると指摘する。(179)

実にこの点においても、オットーの理解するエックハルトはかの「大拙大乗経」の生命主義——大拙によって小乗仏教と鋭く対置せしめられた——ときわめて類縁的なのだ。

6 ヴェーバーの「大乗仏教」論

以上が、私の視点が照らしだす問題の文脈である。

では、この文脈に、あらためてヴェーバーが彼の宗教社会学論集第二巻「ヒンドゥー教と仏教」の第三部「アジアの宗派的宗教類型と救世主的宗教類型」のなかで展開した「大乗仏教」論を対質させるならば、そこには如何なる問題が浮かび上がるか？

すると、次の問題が浮かび上がるのではないか？

すなわち、くだんの大拙の「大拙大乗経」が歴史的に実在してきた大乗仏教を批判して、そのいうならば《可能的未来》を先取りしようとする試みであることは認められるにせよ、果たしてその《可能的未来》はそもそも大乗仏教に原理的に宿り得るものであろうか？

少なくとも『大乗仏教概論』や『仏教の大意』にあっては、「大拙大乗経」は決してキリスト教的ではないにせよ、仏教的な或る種の「合理的現世内倫理」(ヴェーバー)を生みだす仏教の新形態というニュアンスを強く帯びて構想されるわけだが、しかし、その新形態は大拙の自己幻想であって、およそ大乗仏教が如何に小乗仏教と対立するとはいえ、仏教である以上は、原理的にいってそうした新形態は仏教からは出来しないというべきではないか？ 事実、最晩年の大拙自身の『神秘主義』における議論は、「般若的直覚・智慧」の獲得によっておのれを「絶対我・真我」に高めることで現世とそこにおける我の「そのまま」・「このまま」を絶対受容し得るようになること、それが「現世内涅槃」にほかならないとの議論に終始しているのではないか？ そして、その見地は一九四二年の『浄土系思想論』でもつとに強調されていたのではなかったか？(180) それは事柄の実質において、つまり現世の社会的諸関係と自己の在り方の何らかの実際的=実践的変革も必須としない精神的自己受容の可能性を説いているだけだという点で、小乗仏教の救済思想と大して変わりがないのではないか？

かかる問いが生まれてくるのである。そしてこの問いは、実にヴェーバーの大拙理解と直に重なってくるのである。

本論考「はじめに」章で触れたように、ヴェーバーは大拙の解釈する大乗仏教をヒンドゥー教の『パガヴァドギータ』が提示した「現世内的現世無関心」（傍点、清）という世界への態度に「仏教的転換」を施したものとみなす。問題は、大拙はこの理解を果たして諾とするかどうかという点にある。あるいは大乗仏教の本質構造を主知主義的小乗仏教的（＝原始仏教的）救済観とヒンドゥー教的神秘主義の折衷・混淆に見るヴェーバーの理解を、大拙は果たして諾とするか否かという点にある。

そこで、最初にヴェーバーの問題理解の道筋を辿っておこう。

まず彼は「原始仏教」の救済観念の構造を次のように確定する。すなわち原始仏教は、およそ「生命」の発揮する「美・幸福・歓喜」の「絶対的な無意味の無常さ」の洞察から発して、この無常さからの救済、つまり一言でいえば「永遠の生命への救済ではなく、永遠の死の安息への救済」を求める宗教なのであり、だからまず何よりも、『物活論的《アニミスティシャン》』信仰と結びついているあらゆる傾向・希望・願望への執着、一切の此岸的生と、特にまた彼岸的生とへの執着」、これらこそが捨て去られねばならないものとされ、それこそが「迷妄の根元」と見なされる。つまり「仏教の思想にとっては『永遠の生命』というのは一つの形容矛盾である[181]」。

この点で、原始仏教にとっては、最も高貴で有益なそれであれ、およそ熱情・激情というものは「生命」と不可分であるがゆえに「端的に救済にとって有害」であり、だからまた悪の激情といったキリスト教的な「心情倫理的な罪の概念」も「馴染まない[182]」。かくて、ヴェーバーは原始仏教の救済観念とキリスト教のそれとを比較するなかでこう述べる。この如何なる激情も熱望も拒否し、人間の現世内的な感情に対しては、その「冷静な調節」をこそ追求する原始仏教の心性にとっては、「キリスト教における偉大な兄弟的親愛の達人たちの意味での隣人愛」にしろ、「敵に対する愛」にしろ、それらは原理的に「まったく異質」な感情に留まり、「その静寂主義が許容し得るのは、かかる達人的な克己力ではなく、敵に対する冷静な不憎悪と、共同体仲間に対する『落ち着いた友好的調和感（オルデンベルク）』とであった」と。しかもこの目標は「あらゆる憎悪の興奮を絶滅することが自分の救済に役立つという、自己中心的な知恵」によって担われ、その点で、ピューリタン的なある種の人間嫌い的な「非人格性と客観性」を帯びるものでもあった、と[183]。

では、原始仏教のこの救済観念は大乗仏教に至って根本的な変化を遂げるのであろうか？　それとも、注目すべき変化は起きるにせよ、右に見た救済観念それ自体はおよそいかなる仏教にとっても根幹的であるから、実は依然として、しかし或る種の折衷主義的な混淆において維持されることになるのだろうか？

結論からいえば、ヴェーバーの判断は後者である。ヴェーバーの考察は何よりも彼の宗教社会学的視点からおこなわれる。既に見たように、彼にとって核心をなす問題は、原始仏教の救済思想が平民大衆との関係では彼らの生活のリアリティーに突き刺さって彼らの心に何らの思想的インパクトを与えるものではなかったという点にある（この問題感覚は大拙の小乗批判と共通する）。ところが、平民大衆への布教ということが王権国家と仏教との政治的関係から生まれるに至り、変化はそこから生じる。ヴェーバーの問題理解を示すのは次の一節である。

「第一に、布教の理由から、俗人の宗教的な関心を考慮しなければならなかった。俗人は涅槃を熱望しなかった、そして仏陀のような、自己救済の模範的予言者とともに始めることはできなかった。むしろ彼らは、此岸の生のためには救難者、彼岸の生のためには極楽を求めた。そこから、大乗教においては、普通、菩薩（救済者）の理念をもって、自力覚者の理念と大聖（自力救済）の理念とに置き替えたといわれるあの過程が現れた[184]」。

ただし、ヴェーバーは次のことを強調する。菩薩は平民大衆の救済者として登場することになるといっても、菩薩の考える救済があくまで「無常」からの救済であり、「罪」を犯した苦悩なり、現世を「罪」を犯すことなく生きることが可能な世界へと一歩でも変革するといったことではないこと、この点は変わりなく、結局のところ菩薩が「模範予言者」として登場する根幹の事情には変わりない、と[185]。

このヴェーバーの視点からは、大乗仏教の試みとは、ヒンドゥー教と原始仏教との動揺絶えまなき或る種の混淆主義として捉えられる。まず彼は次のことを指摘する。

「古代バラモン的諸概念、そして今や実際ヴェーダーンタ的諸概念、特に、ヴェーダーンタにとって中心的な『マーヤ』（宇宙的幻影）の概念が、解釈し直されて、大乗仏教神学の基礎に置かれた[186]」。また、このヴェーダーンタの宇宙観は対立する「サーンキャ派」の宇宙観が二元論として特徴づけられるならば、逆にそれは真実在とその宇宙的幻影

（マーヤ）から構成されるがゆえに存在論的には「一元論」であり、「汎神論」と形容し得る、と。（ただしこう付け加えている。「ただし、宇宙的仮象に対する唯一の実在としてのブラフマンの、まったく特殊形而上学的な『超現世性』をこの用語によって包摂させることは必ずしも適当なことではない」と。[187]）

この問題の契機こそ、実に、大拙の「即非の論理」とグノーシス派の原像‐模像の論理の類似性という前述の問題に重なる問題にほかならないが、ヴェーバーによれば、右の結合を通して大乗仏教の「原始仏教に対する一つの基本的な相違」が生まれるのだ。[188]

その相違とは、原始仏教をあれほど特徴づけた「霊魂」の概念の拒否という立場が撤回されることである。その結果として生じるのが、大乗仏教をして大拙が主張するような「現世内涅槃」（ヴェーバー）・「永遠の生命」獲得主義へと向かわせる方向転換である。またこの点で、それはまさに大拙のかの「法身」の概念に向かう方向転換になる。

明らかにヴェーバーはこの問題文脈においてつとに大拙の解釈に注目しており、こう述べている。「大乗仏教にとって特徴的なこと」は「現世内神秘主義」がそこから誕生すること、[189]つまり現世にあっても法身との合一を成し遂げた者は生前において法悦を享受し解脱に達し「現世内涅槃」を実現できるとの主張がなされる点だ、と。そして、そもそもこの「現世内涅槃」の思想は、「ブラフマンと合一せる者」の「生前解脱」を打ち出したくだんのヴェーダーンタ思想の摂取によって、大乗仏教にもたらされたものなのである。[190]

実にヴェーバーは大乗仏教を特徴づけるこの現世内救済志向の第一と第二の形態を跡付けたあと、その「第三」として大拙の「現世内神秘主義」を挙げる。[191]彼によればそれは、「法身との意識的合一」を目指し、その達成によって「普遍的宇宙愛と慈悲心とをもって包摂される一切の被造物との意識的合一」をはかるという救済目標の提示であり、それは西洋のキリスト教的な言い方をすれば「永遠の今」という「無時間的価値」の内面的獲得によって、実際は「無常」として展開する現世での生の営為に対して、それが不断に生むであろう「現象的幸福と現象的苦悩」に対して「無関心」になることによって、現世の根源的「無常」を甘受しながらも、それを内面的には超越する、そうした救済の実現なのである。

かくてヴェーバーによれば、原始仏教においてはあくまで《存在》それ自体の客体的秩序としていわば即物的＝非人格的に理解されていた「真如」が、大乗仏教においては、人間の個我がそれとの神秘的合一によっておのれの魂を救済の高みへと高揚することのできる、当の「一つの普遍的霊魂」と見なされるに至り、拒絶されていたはずの霊魂思想がヒンドゥー教から再摂取されるのだ。

ヴェーバーはこう指摘している。くだんのヴェーダーンタ的宇宙観との融合によって（＊6）、大乗仏教は「西洋の神秘主義的探究やウパニシャッドが行ったのにまったく類似している」ものとなり、真実在の「真如」たる存在連関＝「神的なもの」は「その際当然に、中国的『道』の諸特徴を容認する傾向、つまり一方で現世の秩序とその真の根拠となり、他方で永遠の規範と永遠の存在とを結合する傾向を示した」と。[192] 大拙的＝グノーシス派的にいえばかの原像‐模像の二世界構造である。ヒンドゥー教的にいえば、かの真実在‐マーヤの関係性である。しかし、この宇宙観は、原始仏教との比較においていえば、原始仏教を特徴づけた「峻厳な二元論」――一方に「永遠の存在」を置き、他方に「現象世界の絶対的無常性」を置く――のさらにその彼岸に、この二元性をくだんの原像‐模像の二世界関係へと変貌させ媒介する究極の「絶対者」を見いだす、そうした宇宙観へと変貌するのである。その絶対者が、ヴェーバーのいう前述の「一つの普遍的霊魂」なのだ。

（＊6）ヴェーダーンタ思想についてヴェーバーは簡潔にこう説明している。それは、「バーダラーヤナの『ブラフマスートラ経』に示され、後にこの学派の最も重要な哲学者であるシャンカラによって注釈をつけられて、後代の正統バラモン教的ヒンドゥー教の古典的体系となったものである」と。[193]

ところで、右のヴェーバーの大拙理解にかかわって一つ問題が生まれる。

すなわち、大拙が「大乗の涅槃というのは生の根絶ではなく生に覚醒すること、つまり人間としての熱情や欲求を破棄するのではなく、それを浄化し高めてゆくことなのである」（前出）というとき、この生の浄化と高次化とは果たしてヴェーバーのいう「現世内的現世無関心」の実現なのか？ という問題である。

ヴェーバーの立てる問題軸、つまり「合理的現世内的倫理」の「使命預言」に導かれた現世の実践的かつ「合理的」な道徳的改造行為が、形と性格を異にするとはいえ、はたしてヒンドゥー教ならびに仏教においても大規模に奨励されるか否かという問題設定からすれば、大乗仏教は、如何に現世内での涅槃実現を課題に押しだすにしろ、それは現世に対する「無関心」を代価としてのことであり、したがって裏腹の関係で「大乗仏教には俗人の合理的な生活方法の創造へのいかなる萌芽も欠けている」との結論になる。[194]（なお、ヴァーバーはこの「無関心」であることを持続する心的能力はヨーガの技術によって鍛えられたと指摘し、こう述べている。「無感情的恍惚を瞑想と思索へと合理化したことは、ほとんど比類のないインド人のあの諸能力、つまり、特殊な霊的な諸過程、なかでも感情状態を、達人的に、主知主義的自覚的に経験する能力を目覚めさせた。自己の内面的な出来事の活動と進行について、関心はあるがみずから参加しない傍観者として自覚する習慣がヨーガの技術によって培われた」と。[195]）

では、もしこの批評を大拙が知ったなら、彼はこの批評にどう答えただろうか？

前述した如く、これが問題である。

この点で、最晩年の『神秘主義――キリスト教と仏教』を振り返るならば、大拙はその第Ⅶ章「このまま」から最終章の第Ⅹ章「才市の手記より」にかけて「妙好人」の才市および佐々木ちよの報恩の歌――真宗の教えに心を如何なる仕方で救済されたかを綴った――を詳しく取り上げ、彼らの救済が成就したのは、彼らが阿弥陀への信仰を通じて自分の存在を「このままでよい」として受容・肯定する心性を獲得し得たことによると力説している。たとえば、

「このまんま」の教えがあまりうれしいので／わたしは頭を下げる／善くても悪くても／それは「このまんま」／正しくても、間違っても／それは「このまんま」[196]

……

なんとなく、なんとなくが、身をたすけ、／なんとなくこそ、なむあみだぶつ／よいも、わるいも、みなとられ。／なんにもない。／ないが、らくなよ、あんきなよ[197]

……

大拙によれば、この自己肯定は一見きわめて「安易」で、そこには「精神的・超越的なものは何ものもない」と映るかもしれないが、実は根底に到るほどの至福に満ちた自己受容・肯定は決して人間の自我においてめったに起きるものではない。才市やちよの場合、それが起きたとすれば、それは阿弥陀仏（客体的法身・般若の人格的比喩）と自己との絶対的な感情的な合一・一体化が起き、それによっておのれの存在をいわば大洋たる阿弥陀仏の産む波の一揺れ（それ自身大洋であるところの）として感得・「体認」（大拙）するほどの感情変容、それが起きているはずなのである。（私

はくだんの拙著『ドストエフスキーとキリスト教』にこう書いた。
「汎神論的救済思想は人間におのれの個人性を超克し、宇宙の全体性との自己同一化を成し遂げさせ、宇宙的全体性の側に立つ主体へとおのれを主体転換せしめること」を必須とすると、と。[198]）

右にみる「このままでよい」という神秘的感情を指して、大拙はこう書いている。
「才市の『無関心《なんともない》』と『無為《なんともない》』は、『このまま』或は『そのまま』をはっきり示さんがため、もう一つの消極的な手法である。仏智はある意味では全面肯定であるが、他の意味からいえば全面否定である」と。[199]

まさにこの点で、大拙は前述のヴェーバーの「現世内的現世無関心」という評言を自ら受け入れているといい得る。「現世無関心」という「現世内全面否定」を私の右にいう「主体転換」によっておのれに成立させることが、才市やちよにとって「現世内全面肯定」という救済へと至る唯一の道なのである。（注(200)で示した『浄土系思想論』、二一〇、三一二頁も参照せよ）

だが、救済論の焦点がこの心性転換に据えられる以上は、もうそこには初期から「戦後」期にかけて大拙が問題にしようとしたテーマ、敢えてヴェーバーの概念を借用すれば、仏教的な別種の「合理的現世内倫理」の構築と伝播というテーマは影を潜めてしまっているといわねばならないのではないか？　まさに才市とちよは「このまま」・「なんとなく」・「なんともない」の無関心・無為の心的態度を現世に対する彼らの態度する以上、もうそこにはいかなる道徳的実践も生じないといわねばならないのではないか？

事実、大拙は右の「このまま」的自己受容による救済を念頭に、こう書くのである。「多くの人びとは、道徳的な生活を、内面的・超越的な生活から区別しそこなっている。内面的・超越的な生活は、それ自身の生活を持っており、実用的な目的意識の世界でのみ価値があるような、個々に分別された生活とは全く別個の領域を持っているということができよう」と。[200]

まさにヴェーバーが注視する、実践的な「俗人の合理的な生活方法の創造」という生活場面に密接に結合し平行関係を結ぶ「合理的現世内倫理」の形成という道徳的問題場面、これとまったく区別される「別個な領域」での救済問題こそが、ここでの大拙のテーマである。

では、『仏教の大意』で言及された、あの「浄土系」の特別に担う「社会的人道主義的要素」のいっそうの社会的発揚と「複雑な今日の事法界」に「霊性的直覚的体系」を意識的に「活現させる運動」はどうなったのか？　それは彼にあって沙汰止みとなったのか？

二つの「宗教的救済財」の永遠的対話関係、ないし相補性について――結び

実は、私は、沙汰止みになったとは思わないのである。

先に本章・第2節の後半で私は右の問題が登場することを予告しながらこう述べていた。――むしろ問題の稔りある設定と展開とは、大拙のなかに生まれている貴重な視点、すなわちキリスト教的宗教性と仏教的なそれとの相補性というテーマ、それをより正確な問題設定へと構築し直し追求することではないのか？

ここでまず私は次のことをいいたい。

大拙は、その根拠と内容を十分に展開しているわけではないが、常にキリスト教と彼の考える大乗仏教との相補的関係性が発展し普及することを人類社会にとって有益であると考えていた。たとえばくだんの『仏教の大意』の末尾近く次のように語っている。

――仏教とキリスト教とは「二大世界宗教」であり、将来の「世界国家」の建設にあたっては「両教の力にまつこと最も大なるもの」があり、「各々一方にのみ割拠したり、他を排斥したり、軽侮したりするようなこと」はあってはならず、「いずれも寛容の精神をもってお互いに領解することを勉めなくては」ならない。「キリスト教は二元論的立場で事事併存の面に活動する」のが「その特徴」であり、他方「仏教の独自性は即非の論理から華厳の事事無礙に進むところにある」ので、おのずと人々は自分の必要なり性格に基づいてそのどちらかの面に惹きつけられるであろうし、それはそれでよいのだ、と。[201]

この点で実にくだんの最晩年の『神秘主義――キリスト教と仏教』にはきわめて興味深い議論が登場する。

一方で、まさに彼はエックハルトと大乗仏教との深い類似性を強調することによって、こう主張するのである。

――彼の存在は、「キリスト教徒の体験が、結局、仏教徒のそれと全く異なったものでないことを、私にますます強く確信せしめてくれる」のであり、だから、「表現の仕方」の差異にこだわるあまり、対立を強調するのではなく、「事態を注意深く思い量って、本当にわれわれをお互いに疎外せしめるものが一体あるのかないのか」、また「われわれの霊性の涵養と世界文化を発展せしめる基盤があるとすれば何か」、それを「吟味してみなければならない」と。[202]

そして彼は第Ⅵ章「十字架とさとり」でキリスト教の救

済思想にとって磔刑による死とそのあとの復活＝昇天の担うシンボリズムをさらに抽象化して「垂直性」とし、他方仏教の救済思想の核心を「悟り」・開悟に見たうえで、その図像的シンボルとして大地を遍歴し、入滅して弟子のみならず宇宙の万物に囲まれてその大地に静かに横たわる仏陀の涅槃像を取り上げ、それを「平面性」・「水平性」へと抽象化する。

　この興味深いシンボル対置の意味するもの、それを彼はこう提示する。いわく、

「垂直性は行動・好戦性・排他性を、他方、水平性は平和・寛容性・寛大さを意味する。行動的であるがため、キリスト教はそれ自体の内に何か物を掻き廻し、心を揺り動かし騒がせるものをもっている。好戦的・排他的であるがため、キリスト教は、民主主義や普遍的な友愛を標榜しながらも、他者に恣意的で、時として、威圧的な力を振るいたがる傾向をももっている。これらに照らしてみると、仏教はキリスト教とまさに正反対であることが判る。仏陀の涅槃像の平面性は時には怠惰、無関心、非活動性を示唆するかも知れぬ。しかし、仏教が平和・静寂・平静そして安定を説く宗教であることに疑いを挟む余地はない。好戦性・排他性などは全く受けつけぬ。それらとは対蹠的に仏教は懐の広さ・普遍的寛容性・世俗の差別意識から超然たることの方を尊重してやまぬ[203]」。

　私としては、まさに先に述べたように、イエス思想それ自体は古代ユダヤ教のヤハウェ主義が体現する好戦性・排他性の「垂直性」に対して、その文化圏の只中から立ち現れた自己批判の契機を、いうならば大拙のいう「水平性」の契機を体現したものであり、ユダヤ＝キリスト教文化圏の構造自体に「垂直性」と「水平性」とのかかる自己批判的葛藤の継続性を見るべきだと考えるが、このシンボリズムの対置は刺激的である。そして私は、大拙がかかるシンボル図式を打ち出したのは最終的には次のことをいわんがためにであったとことに共感するものである。

　彼は第Ⅵ章の末尾に、くだんの両宗教の相補的関係性への視点を切り開く次の「私案」を披歴する。

「平面性が常に平面性に留まるならば、その結末は死である他はない。垂直性がその硬直性を続ける限り、それは潰滅してしまうということだ。実は平面性が平

面性でありうるのは、それが起き上がる傾向、つまり、それが何か別なものになる過程の一齣として、あるいは、三次元に移行せんとする直線のような傾きを孕んでいることが認知される時に限られるということだ。これは垂直性に関しても同様である。それが動くことなく垂直性を保ったままでいると、それは自分自身すらも喪失してしまう。垂直性は融通性を得、弾力性を獲得し、可動性との均衡を保っていなければならぬ[204]」。

けだし名言である。私としては、右の言葉が指し示す「私案」の具体的な問題内容として本論考第II章・第4節「私の側の二つの問題意識」の全体を提案するものである。

そしてもう二点つけくわえたい。

第一点はこうである。

本論考・第II章・第3節の最後で私は、W・ジェイムズが神秘主義的体験の心理学的意味についておこなった考察に言及し、この神秘主義的汎神論的救済が「二度生まれの人」と彼が呼ぶ、激しい自己罪悪感情から存在論的水準での《世界》疎外を蒙る人間たちの特別な救済欲求に呼応する救済ヴィジョンとして登場する事情に注目した。

私見によれば、大拙は次の方向に進むべきであったのである。すなわち、前述の大乗仏教の「このまま」的自己受容・肯定をもたらす救済論理の問題をこのジェイムズの考察に結びつけ、またそれを媒介に、エックハルト的救済思想と大乗仏教的なそれとの呼応関係の心理学的な人間的普遍性をさらに探求することへと。また、かつて彼の盟友西田幾多郎がその思想的遺書たる「場所的論理と宗教的世界観」で強調した論点、絶対「他力」の受容として起こる宗教的回心は道徳的「自力」の挫折という契機を不可欠とする論点[205]、それをあらためて彼の才一・ちよの「妙好人」論、いいかえれば親鸞論・真宗論に結合しなければならなかったのである。彼らにおける「全面的肯定」が如何に彼らの「全面的否定」に媒介されているかを、ジェイムズと西田と結びつけてもっと明確に主題化し、宗教心理学的にも解明すべきだったのである。

だから私は先の彼の指摘はきわめて有意義だと考える。すなわち、彼らにおいて問題となっている宗教的救済の問題は「道徳的な生活」場面から区別される「内面的・超越的な生活」場面に位置づくという指摘は。いわばこの問題の頂点を凝縮して示すのが、くだんのジェイムズの「二度生まれの人」論だと私は考える。というのもその議論は、そこで問題となっている救済は心理学的に見てもヴェーバーのいう「合理的現世内倫理」がテーマとなる問題場面の外にあり、それゆえにそもそも到底「合理的現世内倫理」によっては解決できぬ地平に位置する問題だということをきわめて鋭く示すものだからである。そして、この点にこそ、「合理的現世内倫理」が優勢である西洋社会にあっても、まさにそのユング的「影」として、神秘主義的救済思想が実は侮れない文化的強度をもってこれまで存続し続けてきた理由が示されてもいるのだ。

　第二点は、右の問題のもう一つの側面として、私は次のことも気づかれるべきだ思う。すなわち、くだんの「このまま」的自己受容・自己肯定の救済論は、直接的な形では、ヴェーバーのいう「合理的現世内倫理」が問題となる場面、つまり「道徳的な生活」場面（大拙）で西洋的「合理的現世内倫理」に代わるもう一つの仏教的なそれとなるといったことはない。しかし、そうした自己受容・自己肯定が生みだす寛容・平和・非活動性・柔軟性は、まさに西洋的「合理的現世内倫理」が帯びる大拙の指摘する「垂直性」（まさにヴェーバーの分析するカルヴィニズムがその好個の例となる）を緩め、その攻撃性を緩和し、その過剰化を抑止する補完作用を発揮する、いわば批判的伴走者の役割を果たすものとなるという問題である。つまり、それは「合理的現世内倫理」にとって必要不可欠な《他者》として非道徳的次元・契機を体現するのではないか、そういう意味では、同時にそれ自体必要不可欠な道徳的要素となるという逆説が起きるという問題である。

　こう突拍子もなくいうと読者は怪訝な顔をするにちがいないが、たとえばビートルズのかの「Let It Be」が西洋の人びとに与えた感動というものにも次のテーマが見事に浮かび上がっているのだ。

　すなわち、まさにヴェーバーがおのずと体現し、ユングが問い直しをはかった問題、きわめて「合理」主義的で、キリスト教的な道徳主義にいわば裏張りされた、いうならば「強い自我主義」の裏面、それがもたらす呪縛性からの解放、すなわち「あるがままにLet It Be」の心性の導入、それによる「強い自我主義」の硬直性の解きほぐしによる、魂の自由さと大らかな自己肯定の再獲得というテーマが。

（＊7）「汎神論」概念の使用をめぐって
大拙は『仏教の大意』のなかで大乗仏教の世界観を「汎神論」的と形容することに対する批判を次のように述べている。「事事無礙の法界観」は「汎神論でもなければ、汎一論でもない、また神秘論と同一視せらるべきでもない[206]」と。彼にとっては、「汎神論」という概念はその根底においてあくまでキリスト教的視点に立った視点に過ぎず、「二元論的・対象論理的立場」からの視点であり、「事事無礙の法界観」の立つ「同時互即とか同時頓起」という視点からのものではない(207)。次のようにもいっている。「キリスト教と仏教との相異」は「神と人間との合致を説く場合でも、前者には何となく二元論的痕跡を残すのですが、事事無礙法界観の如き見方はその片影をも認め能わぬのです。」「普通にいう汎神論にはやはり二元論の影が宿っています。汎神論の神は依然として万象の外に立っています(208)」と。

注

（1）ヴェーバー『ヒンドゥー教と仏教』、深沢宏訳、東洋経済新報社、二〇〇二年、三五六〜三五七頁の注（17）。同書を「『西洋の』の需要に適応しているとはいえ、特によく書かれた」と評し、大乗仏教の理解において自分は「しばしば参照することにする」と明記している。なお、同書の第三部「アジアの宗派的宗教類型と救世主的宗教類型」だけを一九七〇年に勁草書房が『アジア宗教の基本的性格』と題して翻訳出版（池田昭、山折哲雄、日隈威徳の共訳）している。

（2）同前、三五二頁。

（3）東洋経済新報社版の『ヒンドゥー教と仏教』の訳者の深沢宏の解説にも、『アジア宗教の基本的性格』の訳者たち（池田昭、山折哲雄、日隈威徳）の解説にも、一切言及はない。

（4）鈴木大拙『鈴木大拙全集』第九巻（増補新版）、岩波書店、二〇〇〇年、五七〜六〇頁

（5）西田幾多郎「場所的論理と宗教的世界観」、所収、西田幾多郎全集・第十一巻、四六一〜四六四、他に、四一三、四四九〜四五一頁。参照、拙著『聖書論Ⅱ　聖書批判史考』第五章「西田幾多郎と終末論」、拙論「二つの救済欲求の両極性と対話可能性について――西田、三木、W・ジェームズおよびニーチェ」、近畿大学教養学部紀要

（6）ヴェーバー『世界宗教の経済倫理・序論』、所収『マックス・ヴェーバー　宗教社会学論選』、大塚久雄・池松敬三訳、みすず書房、一九七二年、六一頁

（7）同前、六〇〜六一頁

（8）同前、六一頁

（9）ヴェーバー『ヒンドゥー教と仏教』一九八頁

（10）ニーチェ『悲劇の誕生』、塩屋竹男訳、ニーチェ全集2、ちくま学芸文庫、一七〇〜一七一頁

（11）鈴木大拙『大乗仏教概論』三五〇頁

（12）同前、三四〇頁

（13）同前、三七七頁

（14）ルードルフ・オットー『西と東の神秘主義――エックハルトとシャンカラ』華園聰麿・日野紹運・J・ハジック訳、人文書院、一九九三年、二三〇、二三五頁

（15）同前、二四〇、二七七頁

(16) 同前、二二七頁
(17) ヴェーバー『ヒンドゥー教と仏教』
(18) 鈴木大拙『神秘主義――キリスト教と仏教』、坂東性純・清水守拙訳、岩波書店、二〇〇四年、一六頁
(19) 同前、二頁
(20) オットー『西と東の神秘主義』五三〜五四頁
(21) 同前、五五頁
(22) 同前、五五頁
(23) 参照、拙著『聖書論I　妬みの神と憐れみの神』藤原書店、二〇一五年、第II部、第三章「イエスにおける『天の王国』表象の『生命力』メタファー――種子と幼子」。第六章「イエスの生命主義とグノーシス派」等
(24) 参照、拙著『ドストエフスキーとキリスト教』、第一章・「ドストエフスキーの『犯罪』論――『作家の日記』から」
(25) ヴェーバー『宗教社会学論選』一三四〜一四六頁
(26) 同前、一四四頁
(27) 参照、拙著『ドストエフスキーとキリスト教』、補論VI・「娶らず、嫁がず（犯さず）」の三六九頁、他、ドストエフスキーの性欲観を考察した諸箇所。
(28) 鈴木大拙『鈴木大拙全集』第九巻五八頁
(29) 参照、拙著『聖書論II　聖書批判史考』藤原書店、二〇一五年、第五章「西田幾多郎と終末論」
(30) ヴェーバー『ヒンドゥー教と仏教』四七一頁。
(31) ヴェーバー『世界宗教の経済倫理・序論』六五頁
(32) 古代ユダヤ教の掲げる「宗教的救済財」が徹底的な「現世内的関心」に貫かれた「政治的および社会的革命」にあったことについては、ヴェーバーの『古代ユダヤ教』（内田芳明訳、岩波文庫・上、二一、二九頁）を参照。ギリシア的知性の特質に関しては、ヴェーバー『宗教社会学論選』、大塚久雄・池松敬三訳、みすず書房、一九七二年、六一一一頁。参照、拙著『聖書論I　妬みの神と憐れみの神』藤原書店、二〇一五年、三九〜四〇、一四七〜一六二頁、等
(33) ヴェーバー『ヒンドゥー教と仏教』、四七一頁
(34) 同前、四七二頁
(35) 同前、四七二頁
(36) 同前、四七二頁
(37) 同前、四七七頁
(38) 同前、三五五頁
(39) 同前、四七七頁
(40) 同前、四七七頁
(41) 同前、四七七頁
(42) ここでいう「イエス主義」については、参照、『聖書論I　妬みの神と憐れみの神』第II部「イエス考」、『ドストエフスキーとキリスト教』第二章ならびに終章。

(43)ヴェーバー『宗教社会学論選』七六頁
(44)ヴェーバー『プロテスタンティズムと資本主義の精神』一四四頁
(45)同前、一五五頁
(46)同前、一四四頁
(47)同前、一四六頁
(48)同前、一五七頁
(49)同前、一五一頁
(50)同前、一四一頁
(51)同前、一五六頁
(52)参照、拙著『ドストエフスキーとキリスト教』、終章「ドストエフスキーと私の聖書論」・「ドストエフスキーを照射する第一の問題系」節、「ドストエフスキーを照射する第二の問題系」節
(53)ヴェーバー『プロテスタンティズムと資本主義の精神』一四六頁
(54)同前、一五三頁
(55)参照、拙著『聖書論Ⅰ　妬みの神と憐れみの神』、『ドストエフスキーとキリスト教』
(56)拙著『ドストエフスキーとキリスト教』四一一頁
(57)同前、五一〜五二、四二七頁
(58)ヴェーバー『宗教社会学論選』三九頁、四九〜五〇頁、くだんの『序論』の議論は『反キリスト者』に示されるニーチェの正統キリスト教観——ユダヤ的ルサンチマンへの先祖返りと見なす——への反批判の書という趣が明らかにある。
(59)ヴェーバー『プロテスタンティズムと資本主義の精神』、一五七頁
(60)同前、六四頁
(61)同前、四五頁
(62)同前、四六頁
(63)同前、一六七頁
(64)同前、一六八〜一七〇頁
(65)同前、六五〜六六頁
(66)同前、六六頁
(67)同前、六七頁
(68)同前、六六頁
(69)同前、六八頁
(70)ヴェーバー『プロテスタンティズムと資本主義の精神』、一五七頁
(71)同前、一五八頁
(72)同前、一六四〜一六五頁、原注(12)
(73)同前、二八八頁
(74)同前、四一九頁
(75)同前、四二〇頁
(76)同前、下、三九五頁

(77)同前、二九～三〇頁
(78)同前、九一頁
(79)同前、八五頁
(80)同前、一二二頁
(81)ルードルフ・オットー『西と東の神秘主義　エックハルトとシャンカラ』四六頁
(82)ヴェーバー『ヒンドゥー教と仏教』、三四九頁
(83)拙著『聖書論Ⅰ』・第Ⅱ部・第六章・「プレーローマ的安息の観念」節、「《全一性－欠如》のプラトン弁証法」節
(84)『真理の福音』、所収、ナグ・ハマディ文書Ⅱ『福音書』岩波書店、二三八頁。『聖書論Ⅰ』二九二頁
(85)『三部の教え』、所収『福音書』、二三八頁。同前、二九二頁
(86)同前、二五二頁。同前、二九二頁
(87)ルードルフ・オットー『西と東の神秘主義　エックハルトとシャンカラ』一三五頁
(88)同前、二四八頁。同前、二九二頁
(89)同前、二四八頁。同前、二九二頁
(90)同前、二四九頁。同前、二九二～二九三頁
(91)サルトル、松浪信三郎訳『存在と無』Ⅰ、ちくま学芸文庫、二〇〇七年、二六二頁。拙著『聖書論Ⅰ』
(92)『存在と無』Ⅰ、一九三頁、Ⅱ、八四、四六二頁、Ⅲ、四六七～四六八頁。同前、
(93)ヴァルター・シューバルト、石川實・平田達治・山本実訳『宗教とエロス』法政大学出版局、一九七五年、一二三頁。同前、
(94)同前、三〇二頁、(ナグ・ハマディ文書Ⅱ『福音書』八六頁
(95)同前、三〇三頁』、(同前、一一九頁)
(96)同前、二四八頁
(97)谷寿美『ソロヴィヨフ　生の変容を求めて』二二六頁
(98)参照、拙著『ドストエフスキーとキリスト教』、第四章「汎神論的大地信仰とドストエフスキー、そしてニーチェ」
(99)安岡治子訳『おかしな人間の夢』、所収『白夜／おかしな人間の夢』光文社古典新訳文庫、一八九頁。「そうだ、彼らは樹木の言葉を発見し、たしかに樹木も彼らの言葉を理解していたのだ。自然全体をも彼らは同様に見ていた」。拙著『ドストエフスキーとキリスト教』、二三一頁
(100)同前、一九二頁、同前、二三一頁
(101)『作家の日記』3、二一八頁
(102)同前、二二一頁
(103)木村浩訳『白痴』上、新潮文庫、四一一頁

(104)『白痴』上、四二八頁

(105)この点で、『おかしな人間の夢』の訳者安岡治子がその解説のなかで「苦しみ《ストラダーニエ》を体験した人々に対してしか共苦《ソストラダーニエ》を寄せることはできない」との一文を書き入れている点は、私のいわんとするところに大いに触れる点である（『白夜／おかしな人間の夢』光文社古典新訳文庫、二三七頁）。英語の com-passion、独語の Mit-leiden と同様、ロシヤ語の сострадание も страданИе（苦悩・苦痛）に со という「共にする」という意味の前置詞を合成してできており、その語義の原点は苦悩の連帯性を表示するところにあるのだ。またこの点をめぐって、ニーチェの語義理解がこの連帯性の契機を見損なっているという問題に関しては、拙著『聖書論II　聖書批判史考』三六〜三八頁、『大地と十字架』九七〜一〇三頁を参照されたし。

(106)ドストエフスキー『作家の日記』5、小沼文彦訳、ちくま学芸文庫、一〇〇頁

(107)同前、一〇〇頁

(108)参照、拙著『聖書論II』・第五章「西田幾多郎と終末論」。

(109)同前、一〇一頁

(110)『作家の日記』3、一八七六年、十月号・「第一章、二四二〜二四三頁

(111)たとえば『作家の日記』2、一八七六年、五月号、第一章・第三節「裁判所とカイーロヴァ夫人」、「すでに斬りつけたときでさえも、自分では本当に斬り殺そうとしているのかどうか、またその目的でこうして斬りつけているのかどうかは、まだ自分でも分からないでいたのかもしれないと、わたしはあえて断言してはばからない」（傍点、ドストエフスキー）、四二三頁

(112)『カラマーゾフの兄弟』中、七五頁。拙著『ドストエフスキーとキリスト教』一三八頁

(113)同前、三九頁。関根清三訳『イザヤ書』旧約聖書VII、岩波書店、一九九七年、四〇頁

(114)同前、三九頁、ヴェーバー、内田芳明訳『古代ユダヤ教』上、岩波文庫、二一、二九頁。

(115)ユング『ヨブへの答え』、林直義訳、みすず書房、一九八八年、一〇一頁

(116)同前、一〇七〜一〇八頁

(117)同前、一〇一頁

(118)同前、七一頁、他に、五六頁。

(119)ユング『アイオーン』、二四八頁

(120)同前、六〇頁

(121)ユング『ヨブへの答え』、一一一頁

(122)同前、一一三頁

(123)サルトル、海老坂武訳「作家の声」、所収『シチュア

シオンⅨ』人文書院、一九六五年、二二二頁
(124) 拙著『聖書論Ⅰ』一五五頁、(『マルコによる福音書 マタイによる福音書』、一一一頁。
(125) ヴェーバー『世界宗教の経済倫理・序論』、一二〇、一五五頁
(126) 同書、二二五頁、拙著『聖書論Ⅰ 妬みの神と憐れみの神』一四六、三四八頁
(127) 同前、六七頁
(128) 同前、六七頁
(129) 同前、六八頁。なお、大拙は『神秘主義――キリスト教と仏教』のなかで、エックハルトの「永遠の今」・「絶対現在」を語る言葉を様々引用した後、「これらの引用文からして、聖書の創造の説話などは完全に否定し去られていることが分かる。すなわち、それはエックハルトにおいては象徴的意味すらもたぬし、またさらに、彼の神は、大半のキリスト教徒のいだいている神とは、似ても似つかぬものなのである」と記している(同書、四頁)
(130) 拙著『聖書論Ⅱ 聖書批判史考』一六五頁
(131) マルティン・ブーバーはこの問題状況を適確にもこう把握した。「宗教ほど神の顔をわれわれからさえぎってしまうことのできるものは他に例がない」と同様「道徳ほど共に在る人間の顔をわれわれからさえぎってしまうことのできるものはない」。(田口義弘訳『対話的原理』、ブーバー著作集1、みすず書房、一九六七年、二一九頁)
(132) 参照、拙著『サルトルの誕生――ニーチェの継承者にして対決者』・第六章「サルトルの暴力論の源泉としてのニーチェ」、二〇一〜二〇二頁
(133) 大乗仏教内での浄土真宗と禅宗との差異にかかわって、大拙も似た表現を用いてこう述べる。「真宗の表現形態は、客観的・非人格的な禅の行き方とは対蹠的に、主観的であり、且つ人格的である。このことは、真宗が実在の慈悲の面に一層の関心を寄せるのに対して、禅の方はその智慧の面を強調する傾きがあることを示めす」(『神秘主義――キリスト教と仏教』二〇一頁)と。
(134) 鈴木大拙『大乗仏教概論』岩波文庫、二〇一六年、五〇七頁
(135) 同前、三四〇頁
(136) 同前、三四〇頁
(137) 同前、三五〇頁
(138) 同前、三五〇頁
(139) 同前、三五一頁
(140) 同前、三五一頁
(141) 同前、三七七頁
(142) 同前、三六六頁

(143)『神秘主義――キリスト教と仏教』六一頁
(144)『神秘主義――キリスト教と仏教』一九三～一九五頁
(145)『仏教の大意』法蔵館、一九四七年、一一六頁
(146)同前、一一七頁
(147)同前、七八頁
(148)同前、一二三～一二四頁
(149)鈴木大拙『大乗仏教概論』二〇七頁
(150)同前、四八〇頁
(151)同前、以上、四八〇頁
(152)同前、四八一頁
(153)同前、四八一頁
(154)同前、
(155)鈴木大拙『仏教の大意』六八～六九頁
(156)同前、七八頁
(157)鈴木大拙『神秘主義――キリスト教と仏教』一一七頁
(158)同前、六八頁
(159)鈴木大拙『仏教の大意』、七七頁
(160)同前、五頁
(161)同前、五頁
(162)同前、七頁
(163)同前、七頁
(164)同前、八頁
(165)オットー『西と東の神秘主義――エックハルトとシャンカラ』二六八～二七〇頁
(166)同前、三一五頁
(167)同前、三一二頁
(168)同前、一三五頁
(169)同前、一三七頁
(170)同前、二七七頁
(171)同前、四五頁
(172)同前、四五頁
(173)同前、二七七頁
(174)同前、二六三頁
(175)同前、二三八頁
(176)同前、二六四頁
(177)同前、二七二頁
(178)同前、二三四頁
(179)同前、二三〇、二三五、二三六頁
(180)鈴木大拙『浄土系思想論』岩波文庫、二〇一六年、一一二頁。「弥陀の本願の重点」は、「業は業のままでおいて、即ち生死は生死にしておいて、而もそれに繋縛せられぬことを企図すること」にあり、いいかえれば「娑婆」(現世)にあって、この娑婆を変革することなしに、そのまま「極楽」(浄土)として生き得る心を人々に獲得せしめ、「業に生死してその裡に安住の地を与えんと

する」ことにある。そう大拙は書いている。
(181) ヴェーバー『ヒンドゥー教と仏教』二八六〜二八七頁
(182) 同前、二八七頁
(183) 同前、二八八頁
(184) 同前、三四五〜三四六頁
(185) 同前、三四八頁
(186) 同前、三四九頁
(187) 同前、二三七頁
(188) 同前、三四九頁
(189) 同前、三五二頁
(190) 同前、二四〇頁
(191) 同前、三五二頁
(192) 同前、三五〇頁
(193) 同前、二三八頁
(194) 同前、三五五頁
(195) 同前、二三一頁
(196) 鈴木大拙『神秘主義——キリスト教と仏教』一九六〜二二六頁
(197) 同前、二〇二頁
(198) 拙著『ドストエフスキーとキリスト教』四〇八頁、拙著『聖書論I　妬みの神と憐れみの神』一八三頁。なお、第II部・第一章・「汎神論的宇宙神と慈悲の神とは如何に媒介可能か?」節・「三つの問題側面」節・「イエス思想の混淆性あるいは往還性——本書の視点」等を参照されたし。
(199) 鈴木大拙『神秘主義——キリスト教と仏教』二〇八頁。
(200) 同前、一九九〜二〇〇頁。『浄土系思想論』二一〇、三一二頁、参照。
(201) 鈴木大拙『仏教の大意』一二四〜一二五頁
(202) 鈴木大拙『神秘主義——キリスト教と仏教』九頁
(203) 同前、一九三〜一九四頁
(204) 同前、一九四〜一九五頁
(205) 参照、拙著『聖書論II　聖書批判史考』第五章「西田幾多郎と終末論」
(206) 同前、八六頁
(207) 同前、九一頁
(208) 同前、一〇七頁

4 身を晒す対話の潜在力

現代社会が与える可能性

鈴木伸太郎

「対話する」と普通に言う。単なる「会話」とは区別して言われることが多いが、会話でなく対話となれば、それは日常の会話よりも少しばかり面倒な課題を背負うという意味が込められていることであろう。例えば、大学の教員が学生と対話することは、しばしば難しいことである。雑談のようにして、共通の話題を見つけて会話するだけならそれほど大変ではないかもしれないが、それで「対話」がうまく成り立つとは限らないのである。

社会のどこにでも同じような問題はある。専門分野を超えた対話も難しい。医師と患者の対話も難しい。親子の対話も、世代間の対話も難しい。話を広げるなら、組織間の対話も労使間の対話もそうであるし、「中央銀行と市場との対話」も、国家間や異文化間の対話もまた難しい。社会的なスケールでの対話も、具体的な対話の課題を担うのは対話に参加する個々人であるという点で、個人間の対話と本質的に異なるものではない。組織間の対話でも異文化間の対話でも、実際のところは個人の代表者同士の対話に帰着するのである。筆者にしても、誰に任命されなくても、相手次第でいつでも所属組織の代表者にも、日本文化の代表者にもさせられている。その個人同士が互いに背負っている背景が、対話をしばしば難しいものにするのである。「文明間の対話」のようなスケールになれば、もちろん対話の参加者の数や、対話に要する時間の規模は巨大であり、その間に複雑な相互作用が起きる可能性もあるので、その全体を見渡そうとすれば壮大ということになるだろうが、実際に対話を行うのは常にひとりひとりの人間であるという事態は変わらない。

いま述べたように対話は難しいように見えるにも関わらず、現代は対話の必要性、重要性を強調する時代でもある。前述のように対話は結局個人が担わなければならないということは、誰もが対話の渦に巻き込まれるということでもある。私の家族における立場、私の職業上の立場、私の参加するグループ、私の生まれ育った国や文化などのために、私はそれぞれに他者との対話を迫られていると言えるのである。これはすぐれて現代社会的な状況であろう。もちろん根本的には、現代社会や社会生活上の様々な役割など以前に、私が一個人として他者とは別個の人間であるという事実そのものが、私をして他者との対話に向かわせるとも言える。他者と関わり合いながら社会生活を営んでいくということが不可避であれば、他者との対話も不可避であるほかはない。

1 対話の現代社会的背景

しかし、当面、本稿では現代社会の状況を中心に見ていこう。現代社会において、他者とのコミュニケーションが量的に拡大し、質的にも変容している有り様は、ギデンズの「脱埋め込み」と「再埋め込み」の概念によってひとまず俯瞰的に確認することができるだろう[1]。ただ、私たちの直面する課題は、単に「脱埋め込み」と「再埋め込み」が起こるというだけでなく、際限なく「脱埋め込み」と「再埋め込み」が起こり続けていくという点にある。伝統的な共同体がいったん棚上げされて、新たな社会的結びつきが生まれ、それが定着するだけなのであれば、その対応に苦労する時期は一時的であるともいえようが、現代社会の構造はそれを許さない。

例えば、日本社会は終身雇用制に見られるような、組織への長期的な関わりの慣習を形成しやすいということは言えるだろう。それなら、ひとつの会社に長年勤めることによって、少なくとも職業生活の面では固定的な人間関係の中に安心して埋め込まれるのかといえば、決してそうではない。一定以上の規模の組織であれば、日常関わる人間の数は組織全体のごく一部である。配置転換というものが避けられない以上、配置転換のたびごとに「脱埋め込み」と「再埋め込み」の過程が何度でも生じることは明らかだろう。ある人事配置のもとで形成された人間関係が、ずっと継続するわけではない。一定時間の後に別の人事配置になったら、そこでまた新たに人間関係を構築しなければならないという宿命を、誰もが抱えることになるのである。

家族やごく親密な友人関係のような長期的に継続する関係を伴いつつも、現代人は無数の賞味期限付きの人間関係に取り巻かれているということができる。もちろん賞味期限があるからといって、いい加減に扱ったり、軽く扱ったりすることも適切とはいえない。長く継続する人間関係と同様に気を配り、神経を使い、大切に扱わなければ、何かと支障が出てくるであろう。そして賞味期限付きの関係から長期的な関係が生じていくこともあるのである。他方でまた、賞味期限が切れた関係をどう扱っていくかという課題もある。「埋め込まれる」感覚のままでは現実との乖離を生じる。少なくとも言えることは、自然に疎遠になる関係が無数に生じていくという現実を受け入れなければならないということである(2)。

このようなことは、現代社会がともすると冷たく、寂しく感じられる原因ともなっているかもしれない。しかし、ひとりの人間が誠実に関われる人数というものは自ずと限度がある。例えば仕事上お付き合いのあった関係者との接触の機会がなくなってみるとしばしば分かることだが、私たちはそもそもそれほど深く立ち入った関係ではなく、限定された範囲で良好にお付き合いをしていただけということに気づく。その人の私生活、家族構成など基本的なことについて、驚くべきことに詳しいことを何も知らないということも多々ある。ましてや互いに個人的な悩みの相談に応じるということも、振り返ってみればほとんどなかったかもしれない。しかしまた、このように立ち入った関係ではないからこそ、悶着も起こさずに友好的な関係を保っていけたということでもあるのだろう。浅く、表面的な関わりということも確かだが、適度な距離を保った関係とも言える。このような関係のあり方と、次々と「脱埋め込み」「再埋め込み」されるという社会現実を踏まえれば、人間関係の多くが自然にフェードアウトしていくという現実は避けて通ることが難しいというべきだろう。

私たちは次々と新しい人々と知り合いになっては、過去の人間関係を忘れていくような暮らしをしている。パーティーを次々とはしごするような行為を、もう少し時間をかけて行っているとも言える。ポジティブに捉えるとすれば、それは人間関係においても選択の自由(接触を持つ人間の範囲と、生活のどの部分でお付き合いするかという範囲の選択の自由)が増大し、自分にふさわしい人間に出会うチャンスや、他者との柔軟な協力関係の構築の可能性が拡大したと言うことができるだろう。

SNSの隆盛に象徴されるような、ネットを介した人間関係は、この現代社会の傾向をさらに延長したものと捉えることができる。SNSの出発点は現実の人間関係であることも多いが、SNSでのやりとりは、リアルでは実現しにくい自由さを獲得していくところに特徴がある。まず、時間と場所の限定を離れることができるというのは基本であろう。目の前にいる人間よりも、ＳＮＳの通信に熱中するという一種の「倒錯現象」もしばしば起こるくらいであるし、ひとつの場所に集合できない人間同士が会話することも可能である。そのような場所と時間の自由に加えて、文字のコミュニケーションは、目的限定をしやすくする。特定の話題に集中しやすくなるし、顔が見えなければ、自分自身の性格の一面を強調して演出することも容易くなる。

もちろん、ネット一般では、もっと自由に、不特定多数に向けた「放送」も可能であるし、顔も名前も知らない同士の、特定の領域限定の「濃密」な関係ということも可能になる。オタクにとって居心地のよい空間がネットになるのもごく当然なことである。周囲と趣味を同じくしない人間が、ネット上では同類と語り合うことが容易になるのである。あるいは、オタクとはかぎらずとも、リアルでは口にできないような罵詈雑言を好きなだけ吐くこともできる。人間関係の取り結び方の自由度も増大する。ネットの知り合いと、ネットがｏｆｆでも関わり続けたいかどうかはまったく保証の限りではないし、制約もない。そのようなしがらみのない自由な関係が魅力でもある。

また、かつてイワン・イリッチが『脱学校化の社会』で唱えた、関心を共有する者同士のコミュニケーションがネットによって実現される可能性が開かれたというのも感慨深いものがある。[3] 知識の獲得は、同じ目的を持って集まる人間の場、あるいは組織によって効率化される。「組合」という意味を持つウニベルシタスやコレギウムが西欧語の大学の語源になっているということでも明らかである。しかし、それが国家によって制度化されると、様々な逆機能を生じる。実は学びの場の基本は、関心の焦点を適切に定めたコミュニケーションなのである。教師が大勢の生徒の前で説明するというのはその一形態に過ぎない。自由で柔軟なコミュニケーションが実現されるかぎり、学びの場は「学校」でなくともよい。当然（時間と空間に自由度の高い）ネットの空間でもよいということになる。

現実に、パソコンの使い方が分からないときにネットを参照するというのは、ありふれた行為であり、様々な人が提供する雑多な情報に触れながら、自ら考え、問題解決を図ることによって、リテラシーを高めていくということは、ごく普通に行われている学習過程である。もちろん、ネット上の学びはまだまだ可能性の一部しか実現されていないと思われる。そこには、対面的な学びの場でしばしば起こること（起こせること）がネット上では（対面的な場における ほどには）起こりにくいという要素もある。本稿が焦点を当てていきたいのもこの点にある。それは、冒頭に掲げたような「対話」の要素なのである。

2 対話の核心にあるもの

対話の定義は様々あり得るとしても、筆者としては対話が意味のあるものとなるからには、その「対話」には必ず次のような契機が含まれていなければならないと考えている。それは、参加者の少なくともひとりが、他人の率直な視線に自らを晒そうとするということである。誰かが、注目を浴びながら人前で語るという場面は、分かりやすい例であろう。もちろん、これにも様々なレベルが考えられる。決まり文句をただ述べるだけの挨拶もあれば、内奥の心情を吐露する場合もあるだろう。前者は確かに自分を率直に晒しているとは言い難く、「対話」としても中身の薄いものになる可能性が高い。しかし、それでも、ありきたりの短い挨拶をするのさえ、他者の注目に慣れない人であれば相当なプレッシャーを克服しなければならないし、たとえ言葉の内容は「自分」の表現ではなくとも、自分の姿や声（自分の身体表現）というものが他人の目や耳に晒され、他人の注意を集めることには違いがない。「自己を晒す」レベルの違いはあるとしても、少なくとも他人に自分の無意識な身体表現を晒すという契機は、友人同士の気楽なおしゃべりとは一線を画するものであると言える。

友人同士の気楽なおしゃべりとの違いは、友人が十分に「他者」として機能しているかどうかという点にある。人間は見慣れたもの、聞き慣れたものにはほとんど反応しなくなるし、注意も払わなくなるものである。気楽なおしゃべりでは、「いつもの人間」が語っているだけなのであって、話題の中に出てくるおかしみや新奇性に注意が向く。語り手もその状況を心得て、自分の性格や存在は心地よく括弧に入れて、おもしろおかしく語る内容の方に集中できる。

ただし、いつもはおとなしく無口な人間が口を開くとなると状況が違ってくる。それは本人にとっては気楽なおしゃべりではなく、「対話」に向かう一歩を踏み出すことになる。そこにいる人間の注目が一気に語り手に集まり、語られる内容もさることながら、なぜこの人が急に語りだしたのかということも関心の的になるだろう。無口な人間にとって、友人たちの前でさえ、そうやって語ることは勇気のいることであったり、プレッシャーをやりすごさなければならないことであったりするわけであり、それに対応して友人たちも注目する度合いを高める。その中で語り出すことは自分を晒す行為なのである。

　無口な人が敢えて語り出すことでやりすごす境界線というものを、私たちの誰もがどこかで感じ取っている。日頃賑やかな振る舞いをしている人であっても、見知らぬ人たちの前で話をするときにその境界線を意識せざるを得ない。どこかの時点でこの境界線を意識しない人はおそらく存在しない。なぜであろうか。

　自分に注目する他者というのは、怖いものである[4]。私たちは自分が世界を意味づけていることに日頃はあまり注意を払わないが、他の人間もやはり世界を（その人が主人公になるような具合に）意味づけており、他者の意味づけの中で、自分がどう扱われるかという問題は、私たちにとっては死活問題なのである。他者が私の存在を否定して「無に等しい」と断ずるとすると、私は必死にそれと戦うことなくしては、自分の円満な存在を保てない。誰もが経験上知っているように、自分で自分をバカと思ったり言ったりすることは容易いが、他者からバカと決めつけられることはとても辛い。他者の容赦のない意味づけの力に圧倒されないように頑張らなければならなくなる。同様に、他者から見下されたり、軽蔑されたり、非難されたりすることに対して私たちは戦わなくてはならない。

　世の中には親切で思いやり深い人も多い、という事実があったとしても、潜在的な他者の脅威はなくならない。他者からの物理的な暴力の可能性も確かに潜在しているが、そのような可能性がほとんど考えられない環境であっても、他者は依然として脅威であり続けるのである。人前で話をするのに際して不安を覚えるというのは、極めて自然なことなのである。私たちが世界を意味づける人間存在である限り、他者は意味を作り出すことについて私と同じだけの力を持つ存在であり、潜在的な否定者として私たちの前に立ちはだかる可能性を秘めている。他者の肉体的な力も、精神的な成熟度も、あまり関係がない。小さな子どもにバカにされただけでも、私たちは傷ついてしまうかもしれない。そして、権力者も一般人の批判や不満や軽蔑を常に恐れている。人間は非常に「平等」に作られているのである。

　しかしながら、他者をこのように潜在的脅威と見るのみでは「対話」の積極的意義が見失われてしまう。他者が私たちに注目し、（口に出すかどうかはともかくとして）容赦のない批判を向けてくるのも事実であるが、私たちはそれを手がかりにするしか、自己を認識する術を知らない。アダム・スミスがすでに十八世紀にこう書いている。

もし、人間という被造物が、ある孤独な場所で、かれ自身の種とのなんの交通もなしに成長して、成年に達することが可能であったとすれば、かれは、かれ自身の顔の美醜についてとおなじく、かれ自身の性格について、かれ自身の諸感情と行動の適宜性または欠陥について、かれ自身の精神の美醜について、考えることができないだろう。これらすべては、かれが容易にみることができず、自然に注視することがなく、それらにたいしてかれが目をむけることができるようにする鏡をあたえられてもいない、諸対象なのである。かれを社会のなかにつれてこよう。そうすればかれは、ただちに、かれがまえにもたなかった鏡をあたえられる。それは、かれがともに生活する人びとの、顔つきと態度のなかにおかれるのであって、その顔つきと態度はつねに、かれらがいつかれの諸感情のなかにはいりこむか、いつかれの諸感情を否認するかを、表示するのである。(5)

もちろん他者のコメントがすべて公平で正当なものであるわけでもない。他者は他者中心の視点から、勝手なことを思っているだけなのであって、それは私たち自身と少しも変わらない。他者が他者の視点で私たちを否定してくるとしても、私たちは否定に甘んずる必要もない。しかし同時に、夢でも見ていないかぎり、他者のコメントに何の根拠もないということもあまりない。他者の言い分の背後にある(多少歪んだ)自分の姿を想像し、受容するべきであろう。それが私たち自身の刷新につながる方向で他者の批判を活かす道筋である。このことが重要である。

対話の難しさというのは、単なる他者に対する恐怖に留まるものではない。漠然と現状維持を望む私たちの密やかな願望も作用している。そこを考えに入れることで、私たちの課題もより明確になってくるだろう。教師と学生との対話が難しいのは、双方とも強く非難されない範囲で自分の社会的役割に閉じこもってしまいがちだからである(この点は後述する)。そうである限り、ステレオタイプ化した社会的役割以上に互いの姿が見えてくるということにはならない。また、他者の批判的視線をきちんと受け止めることにもならない。実際上、「対話」のためには、無難な話をやめて思い切って自分の考えを口に出してみること、そして相手が敢えて口に出さない率直な批判に「耳を傾ける」ことから始まるしかないということである。

他者への怖れをやりすごし、自分の現状を越えていくことを願って、他者の容赦のない視線を受け止めることを通じてのみ、私たちは自己を客観視する手がかりをつかみ、そして自己の未熟さに向き合い、自己を変革して成長するための現実的な一歩を踏み出すことができる。自己の変革や刷新は、的確な自己認識から始まるほかはない。多少とも的確な自己認識なしには、努力をしたとしても見当違いや自己満足に陥ってしまう可能性が大きいだろうからである。同時に、他者の独自の意味づけ方、意味の世界のあり方を尊重し、他者を本当に同じ人間として、対等な存在として認めるということにも近づくことができる。(6) 象徴的に言えば、ステージに立って歌を歌うように、自己を他者の前に投げ出して見るような契機こそが、対話を発動すると言えるのではないか。ジャンルは問わず、自分の作品を世に問うことの本来の意味もそこにあると言えるだろう。

この「世に問う」形というものは、企業が商品を新しく出すというような場合にも、対話の一形式として見る視点を提供する。十分に競争的な環境であれば、企業にとって商品は、存亡を賭けた消費者に対する真剣な提案である。消費者が商品を支持するかどうかは、端的に売上によって示される。消費者による、買うとか買わないとかの判断は、どんな言語コミュニケーションにもまして本音が表れやすい。だからこそ、その企業の成長と刷新の観点から、また社会的視点から言っても、商品を「世に問う」ことの意味が大きいとも言える。売れない商品は、企業の意図としてどんなに工夫をこらしたものだったとしても、現時点で世の中には受け入れられないものとして、捉える他はない。しかし消費者の判断が絶対という意味ではない。誤解もあるであろうし、認識不足ということもあり得る。企業としては、やり方を変えて再びトライをしても構わない。しかしながら、そうではあっても、商品を提供する側は十分に認識できなかった商品のある側面に、消費者の行動が光を当てたことにはなるのである。

もちろん、現実にはこのような理想型ばかりがあるわけではなく、成功した他社の真似をしたり、独占的な地位を背景にするなど、企業姿勢によっては「世に問う」ほど積極的な対話とは言えないこともしばしば起こる。そうではあるが、市場における十分な競争がある限り、商品を「世に問う」形が市場経済の基本形をなしていることは間違いない。一般消費者の率直な評価に自社商品を晒すということを通じてのみ、活発なイノベーションも起こりうるのである。「世に問う」範形は用意されている。その可能性を積極的に実現するかどうかは、競争的な環境の有無と、個々の企業の行動に委ねられている。つまり、個人の場合と同様に、企業組織のような場合にも、「対話」に踏み出すかどうか、境界線を超える行動に踏み切るかどうかが問われていると言えるのである。

市場経済における企業と消費者の関係に見られる「対話」の形は、現代社会においては、本来的には様々な分野に用意されていると言える。そもそも民主政治の基本の範形は、敢えて言論を「世に問う」ことであろうし、またその積み重ねでもある。学問の探究も芸術の深化も本質的には「世に問う」ことを継続する以外の道は考えられない。そして結局のところ、自由な社会の実現は、個々人がどれだけ潜在的な可能性を実現して成長していくかにかかっている。自由な社会とは、個々人が自由に「世に問う」ことの拡大深化を続けていく社会であるはずである。先に述べたように、ほとんどの人にとって人間関係が絶えざる「脱埋め込み」と「再埋め込み」のプロセスであるのなら、ほぼ全員に自らを「世に問う」可能性が開かれているということができる。つまり、新たな人間関係の中に投げ込まれて、新たに注目を浴びながら自己を晒すことを通じての成長の過程である。

固定メンバーのコミュニティーが崩れていく一方の現在、常に新たに結び直していく人間関係の中で、「世に問う」行為は何度も何度も繰り返されていくチャンスがある。有名人だけが、あるいはビジネスをする会社だけが「世に問う」のではなく、実は、「脱埋め込み」「再埋め込み」の進展とともに、次第に誰もが「世に問う」ことを求められる社会に変わってきたと言えるのである。現代の社会で生きるということは、絶えず「もはや古びた人間関係」と「新しい人間関係」に取り囲まれるということであり、そこからこれまでにない新しい可能性が生まれてくるということに賭けていくということなのである。

しかしながら、多くの場合に、「世に問う」入り口のところでしばしば私たちは足踏みをしてしまう。「対話」をためらうことは、他者からの対話的な応答も得られないということにつながってしまう。個人的なレベルで「承認要求」などが問題になるような文脈とはそういうものであろう。「世に問う」入り口のところで私たちが足踏みをしてしまうという点について、もう少し掘り下げてみたい。

3　役割を仮面に

私たちの意識と私たちの現実の姿との間には差異があり、他者の力を借りなければ、私たちの意識は私たちの現実の姿に到達することはない。だからこそ他者との「対話」の必要性も魅力もあると言える。しかしながら、私たちは自分の現実の姿を知ることをしばしば恐れる。私たちの意識が現状で受け入れることのできる私たちの姿についての「想定」が崩れれば、私たちは混乱と苦痛に見舞われてしまう。それが成長の過程だと言われたからといって、そうそう気軽には「対話」に入ることができない。そこで私たちはいつの間にか、「他者に受け入れられやすい自分」を作り上げ、それを自分だと思い込むことによって「対話」の恐ろしさ、煩わしさを回避しようとしているのではないだろうか。「他者に受け入れられやすい自分」には、社会的な役割に忠実に適応して、その枠から外れないような言動をすることも含まれると考えられる。

その際に、他者に歓迎される「作られたパーソナリティー」ばかり身につけるとは限らない。会社で部下に嫌われ、恐れられる上司の役割というのは、必ずしも居心地が悪いとも限らない。部下にとっては「あの人は、いつもああだから」ということで、仕事上で必要な部分でだけ最低限の関わりを持つ以外、それ以上は深く関わろうとしなくなるだろう。家族の中で「作られたパーソナリティー」にしても、同様である。気難しい夫や父親という位置づけが確立すれば、家族といえどもあまり境界線の中に入ってこようとはしなくなるだろう。「下手に関わると面倒な人間」というのは、それはそれで「対話」の対象から外れていくので、他者が本気になって挑戦を挑んできたりしない限りは、自分を「世に問う」ことなどはしなくて済むのである。

例えばキューブラー・ロスたちの次のような観察は、以上のような事態を指していると思われる。

> 不幸なことに、内在する天賦の資質は、身につけた何重もの仮面や役割によって隠されていることが多い。役割……たとえば親、会社員、指導者、皮肉屋、監督、のけ者、チアリーダー、いい人、反逆者、病床にある親の世話をするやさしいこども……は、真の自己を葬ってしまう「岩盤」にもなりうるものである。(7)

嫌われていても構わないが、ともかくも他者による解釈にブレのないような具合に巧みに役割をこなしてくことが人生のある時点で確立していけば、他者と「対話」するような恐怖や面倒な事態は避けることができる。ただし、「対話」がないために、自分の本当の姿に気づく機会は失われていき、意識の動揺もない代わりに自己の刷新や成長ということも難しくなる。自分がどのような可能性とともに誕生し、その可能性をどれだけ実現するかというような問題には没交渉となってしまう。そう考えれば、引用にあるような「真の自己を葬ってしまう」という表現は決して大げさなものではないだろう。

「皮肉屋」、「のけ者」、「反逆者」、…というような、ネガティブなタイプが意外に好まれるというのも現代の社会状況の反映という視点からは興味深い。もちろん、好ましい役柄も、仮面として役立つ。「病床にある親の世話をするやさしい子ども」であることはもちろん悪いことではない。周囲の人間からの社会的評価は確実に高まる。ただし、周囲の人間はそれ以上は深入りしないだろう。当の親すらも深入りしないかもしれない。親の世話をする子どもにも自分の生活があり、理想や夢があり、時にわがままであったり、辛抱強くなれなかったりもするかもしれない…などということは、「対話」が始まらないかぎり問題にされない。その役割に閉じこもる度合いが高ければ、それだけ自己の姿が自分に対しても覆われてしまうことになるだろう。

ルネサンス期の偉大な芸術家ミケランジェロはあるとき、いかにしてピエタやダビデのような彫刻をつくったのかと問われた。大理石のかたまりのなかに、すでにある像をイメージしてから、余分なものを削りとって、そこにずっとあったものを示すだけだとミケランジェロは説明した。すでに創造され、永遠にそこにあった奇跡のような彫像が、外にあらわれるのを待っていたのだ。おなじように、すでにあなたのなかにいる偉大な人物も、姿をあらわす準備ができている。どんな人でも偉大さの萌芽をもっている。「偉大な」人物が、ほかの人たちのもっていないものをもっているというわけではない。「偉大な」人物はただ、最良の自己のまえに立ちはだかる余分なものを脱ぎすてているだけなのだ。(8)

「偉大な」という点はともかくとして、どんなに私たちが高く評価する人間であれ、それは私たちが共感できる美質を持っているということに違いない。そうであるならば、私たちの誰にでも、その美質の片鱗はあるということになるのではないか。ともあれ、私たちには自分の知らない一面がたくさん隠されているというのは真実であろう。それは機会がなければ外に表われてはこない。「岩盤のような」役割に閉じこもったり、仮面をかぶったりしているうちは機会は訪れない。他者との対話的な関わりとは、そのような機会を提供するものであろう。

社会的役割についての考察は、私たちが意識の中で自己をどのように思いなすかという点に関して手がかりを与えてくれるものである。私たちはうまく周囲の人間たちの間で自分の役割を見出したら、都合よくその中に隠れてしまいたい衝動を持っている。それが本当の自分の姿ではないということは薄々感じていても、自分を他人に晒すよりは楽だと感じるのである。もし以上の考察が正しいとしたら、私たちはもっと一般的に自分を規定してくれるものに対しても同じような行動をとるのではないだろうか。例えば「日本人として日本文化の中で育ってきた」というようなことがらに対しても社会的役割と同じように仮面として機能するということを論ずることも可能に思える。

4 自己の身体を手がかりに

社会的役割などに自分を同一化するという衝動は、唯一無二な存在として自分を感じるということと矛盾する。例えば自分の意見を人に言うという場合にも、同じような矛盾に遭遇することになる。尹雄大《ゆんうんで》は次のように言っている。

自分の意見を述べようとするとき、次のようなことがふと脳裏をよぎらないだろうか。「自分の考えなど既に誰かが言っているのだし、もっと洗練させてから言ったほうがいいのではないか」。

洗練されると、より多くの人を引き込む魅力は増す。同時に、限りなく無難に近づくことにもなりえる。知識や情報を参照し、あれこれと言葉だけで考えていくと、他人が理解しやすい意見に改めていくことと、自分の考えを他人に譲り渡していく工程の違いがわかりにくくなる。…（中略）…

己の存在はそう大したものではないと知っておくことは、傲慢さに陥らないためには必要だ。しかし、「所詮自分などちっぽけなものだ」と卑屈になること

も、自分を正当に扱えないという意味では傲慢さの変調でしかない。(9)

後者の傲慢さは、意識が自分を決めつけてしまうこと、意識が自分の全体を支配しようとする傲慢ということにつながる。意識にとって未知の自分があるというのは、フロイト以来の古典的な認識でもあるが、忘れないように、私たちが繰り返し思い出さなければならない認識でもある。「もっと洗練させてから…」と考えるだけで前に進めないときの私たちは、自分を決めつけ、自分に限界を課し、他人に受け入れられやすい鋳型に自分をはめ込もうとしているのである。社会的役割に閉じこもることと相似形の行動がここで見出される。尹雄大の論のユニークさは、このことを身体を通じて示そうとしている点にある。特に、身体的にどんな言い訳も通用しない武術を手がかりにしているところが説得力を持つ。

武術のよいところは、これらに完全に呑み込まれてしまわないところだ。

たとえ「自分には独自性が乏しい」と思ったとしても、相手が自分に打ちかかってきたとしたら、他人との違いは明確だ。「所詮自分などちっぽけなものだ」と思っていたところで、相手が見逃してくれるわけではない。ちっぽけだろうがなんだろうが、遭遇した事態は自分独自の出来事であり、己で何とかしないといけない。自分という存在、つまり体は、常に個的で他の誰とも取り替えがきかないのだ。

自分の感じていることが、自分にとっての現実だ。したがって人の数だけ現実は存在する。そこに特別さはなくとも、同じ体はふたつとないのだから、極めてオリジナルな見方しかありえない。(10)

自己中心的で傲慢な意識が、それゆえに卑小な自分という決めつけ方に閉じこもろうとするのに対して、身体が脅かされるときには、自分独自の状況の中で、自分なりの最善を図らなければならない。そこに意識の支配をかいくぐるひとつの契機が生まれるのである。私たちは自分の意識で了解しているよりもはるかに「オリジナルな」存在である。それなのに、それを目立たせないようにして「普通の大学生です」のような言い方の中に自分を閉じ込めようとする奇妙な傾向があるわけである。

つまり、人はそれぞれ独自の見方をしているのだ。だが、それをあまり信じられないのは、「これが自分だ」と思ってしまう意識と現実の体にズレがあるからだ。言葉は体の独自性を均し、言葉で理解できる範囲にとどめようとする傾向がある。体はいつも言葉の背後にあるように思えてしまう。だから、言葉にならないものは存在しないかのように感じられる。

だが、それは認識が間違っている。言葉以前に体は存在するのだ。どうせ考えるなら、事実から、体から出発すべきなのだ(11)。

「普通の大学生」というような「言葉」は、私たちの独自性を均すように作用する。それではいつまでたっても、独自性のある自分という現実に到達できない。言葉は「体の独自性を均し」てしまうかもしれないから、「体から出発する」といいのだろうか。一見するとそれで問題解決しそうなのだが、しかし、ここにも落とし穴がある。私たちは身体が感じていることを「実感」として捉えようとしがちなところがある。言葉は現実から遊離して嘘になりやすいというふうに考えて身体性に関心を向ける場合、「感じる」ことを重視するのは極めて自然なことのように思えてしまうが、そこに、すでに見えない罠がある。「実感」を重視する風潮が広まっているのは、もうすでに身体に対する鈍い感性しか現代の私たちには残されていないということを証明しているのかもしれない。

スポーツに限らず、仕事の現場でも、無我夢中でやったらうまくいったという経験をしている人はいるだろう。そういうことをラッキーだとかまぐれとして片付けてしまいがちなのは、実感という手応えが得られないからだ。それだけ私たちは実感できる出来事がリアルだと思っている。

では、実感とは何か。それは「敢えて行っている」といった余計な認識を必ず伴っている。たとえば食事の際、箸を口に運ぶとき、「いま箸をもってつまんだおかずと箸の重さを感じながら口に運んでいる」などと感じながら食べはしない。箸を運ぶときは、ただ箸を運ぶだけだ。「ただ」の行いは何の引っ掛かりもない。そうなると実感とは、何か不必要なものが混じったときに覚えるものとなりそうだ(12)。

食事の際の箸の重さを実感しなければ食事した気になら

ないということは、本当はないだろう。スムーズに身体が動いていれば、箸の重さを実感するという場面はほとんどない。私たちの注意をすり抜けてしまうような「何の引っ掛かりもない」行いこそ、私たちが最も巧みに成功した実例なのである。私たちの身体の真実があるとすれば、そのような「何の引っ掛かりもない」行いの中にしかないだろう。自分がどのように動くのか、そこに自分の意識を超えた自分が見いだされるだろう。

中国武術では、力任せのことを「拙力」と呼び厳に戒める。拙力とは文字通り拙い力だが、実感を覚えられるような力の発し方はまさにそうだ。実感を伴えば伴うほど手応えを味わうのだが、それもそのはずで、実感と聞くと、リアルタイムの出来事に思えるけれど、行為そのものに没頭していないからこそ味わえる感覚なのだ。

実感は、いま新しく起きていることにまるで向き合っていない隙間に生じる虚ろな感覚だ。ズレが実感として自分を照り返しているのだ。だから、それを再現しようとするとき努力が生じる。しかし、その過程には少しも新しい出来事は起こらず、自分の中の古びた感覚を見ているに過ぎない。

何のことはない。私たちが当たり前と考えている体の鍛え方、動かし方のほとんどが実感のある拙力で構成されている。拙さが強大になるほど実感は情緒纏綿の色合いを濃くし、だから根性や我慢や忍耐といった湿度の高いストーリーが必要になる。

それらと拙力の相性がいいのは、「何かをやっている」ことに対する評価が欲しいからだろう。[13]

「拙力」とは、私たちが意識の中で（勝手に）納得している「自己の身体」を使って、何かを力任せに成し遂げようとする際に出現するようである。意識が勝手に前提にする「自己の身体」とは、例えば目に見える手足や頭や胴体のあり方を基本として、物理法則に従って身体が機械的に動くように見なすというようなことである。そういう物理法則にかなった動きをするためには、筋力を付けると有利である、というふうに私たちはつい何となく考えてしまう。武術の際に相手に打撃を与えようとして繰り出す腕の筋力は強いほどよく、そして自分がその筋力を有効に使うべく力を込めればそれだけ有効である、と考えるとしたら、それが「拙力」を使う思考である。しかし、渾身の力を込めたパンチが一番打撃力があるとは限らない。

キックボクシングを始めて十年目のある日、練習後にスパーリングといって軽い手合わせを行う相手に指名され、リングにあがった。相手はボクシング経験者だった。私は最初、押されていた。

軽い手合わせといっても、いいパンチをもらうと互いに熱くなる。そうなると一発くらいは力のこもったパンチを浴びせて威嚇し、相手を後退させる。そういう応酬が始まると、あまり冷静ではいられなくなり、互いに足を止めて打ち合う展開になる。

相手に顔面を殴られ、バランスが崩れた。次の瞬間、思わずバランスを取ろうとしたら、右の拳が前に出てしまい、それがたまたま相手の腹に当たった。どうにも格好のつかない、そしてなんの手応えもない、ちょこんと出した程度のパンチだったはず。だが、相手はうずくまった。驚いた。渾身のパンチでも倒れなかったのに、なんの実感もない軽いパンチでダウンを奪うのが信じられなかった。

常識で考えたら、相手を倒すには、やはり強く叩く必要がある。そのためには、足を踏ん張り、地面を蹴り、腰をねじって回転させ、その勢いを拳に伝え、相手にぶつける。これが広く信じられている打撃のセオリーだし、当然ながら筋力もスピードも距離も必要になってくる。

でも、私が相手を倒したとき、その条件を何ひとつ満たしていなかった。[14]

日常を振り返れば確かに、意識の中での観念的な身体理解に基づく行動が私たちは多すぎる。近年は使わない主義の人も増えつつあると思われる「頑張る」という言葉も、「拙力」と極めて相性がいいだろう。力を入れて物事を行う「実感」があれば、「頑張った」と自分を褒めてやりたくなる。

しかし、身体は身体自身の面倒を見て、頭で考えるような動きはせずに、「何の引っ掛かりもない」動きをするように本来できているのである。頑張らなくとも誰でも握手は簡単にできる。分析してみると、これはなかなか高度な技なのである。初対面の人間同士が、前もって何のリハーサルもなしに手を伸ばし合い、ぶつかったり行き過ぎたりすれ違ったりしないようにして、たいていは一度でぴたっと互いの手を握り合うことができてしまうのである。握手を「頑張る」としたら、手を伸ばす距離を目測して、適切な伸ばし方をしたりするような慎重な行為をすることになるだろう。そんなふうに握手を頑張ってしまったら、腕と手はぎこちない動きをするであろうし、相手の手とぶつかったり、握ったつもりで宙をつかむというような失敗を何度も繰り返してしまいそうだ。そして、「事前の練習が欠かせない」と信じるようにすらなりかねない。

5 認識不足

いま書いたことは、おそらくは精神的な「努力」、「我慢」、「忍耐」についても当てはまる。本当は私たちの精神が本来の可能性に沿った何事かを実現するときには、努力や根性を実感することはあまりないものである。嫌なものを強いて行うときに、努力の「実感」が濃厚に感じられる。そしてまたその実感があると、「何かをやっている」気になれるし、自分で自分の努力を評価してやりたくもなってしまう。

自分のあり方を他者の前に「晒す」という「対話」の契機というものは、実感を伴うようなものというよりも、意識が努力するような実感なしに「できてしまう」ものなのではなかろうか。私たちが自然なあり方で他者の前に出ればそれだけ、他者の前に素直に自分を晒すことになる。そうであって初めて、他者の積極的な関心とともに、率直な視線や評価に出会えるようなものではないだろうか。それは、「さあ、やるぞ」と努めて行うプレゼンテーションで起こりやすいというよりも、何気ない言動が聞き手の笑いを誘ったりするような場合に最もうまく行きそうなことだと考える方がいいのではないか。

そうであるとすると、私たちが「対話」に尻込みする理由のひとつに、「対話」というものに対する認識不足があると言えるように思う。私たちが自分と思って見ているものを、他者は見るとは限らない。言い換えると、私たちが知られたら恥ずかしいと思うようなことがらをそのまま他者が知るなり、関心を持つなりするとは限らない。他者の視線は、私たちが気にしている事柄の手前に来たり、向こう側に行き過ぎたりして、私たちの思惑を超えて行ってしまうのである。

また、私たちが自分で意識するような「自分」をいくら相手にぶつけようとしても「対話」にはつながりにくい。意識をすり抜けていくような、身体に象徴されるような「自分」は、意識の支配を逃れたところで他者に示されるものであり、他者の応答や反応を通じて、私たちにもそれと知られるようなものなのである。

このあたりの事情をよく了解していたとみられる柳田国男の文章を参考にしてみたい。明治大正の社会変化を述べた文章の一節である。

> 強いて細かな観察をすれば、外を知るということと、外から知られるのと、事が別々になっていてお互いではないのが、気にかかるただ一つの点である。田舎の世間通は簾などの中から外を覗いているような姿がある。こちらは隠そうというつもりはなくとも、見られる機会だけがまだ後に残されているのである。この点は特に国外との関係において、模倣の不自然であったことをよく示している。日本のように欧米の国の生活の台所や寝間までを、詳しく知ろうとしている国民はまずないかと思うが、それでいてまたこれほどの誤解と、いい加減な当て推量を甘んじて受けているものも珍しい。そんなら見せるさと言ってみたところで、見せるは見られるとは違うから話がまたよそ行きになる。[15]

日本社会の文脈では、このように、はにかみつつ外を興味深く眺めるという態度が、「対話」のためには乗り越えるべき課題となるだろう。日本で生まれ育った人間にとっては、まことになじみ深い「はにかみ」タイプの課題である。ここまで論じてきたことから明らかなように、「そんなら見せるさ」と言っているだけでは「対話」にはなっていかない。自分の意識が了解しているつもりのものを「見せる」からといって、それはあくまでも自分の意識の管理する範囲に過ぎないのであり、他者（外国人）が自由に私たちを観察する視線に、構えずに自らを晒すことと同じではない。ただ、近年の日本社会は、自らが何気なく行っていて、決して「見せよう」と思ってもいないことについて外国人に指摘される機会が増えてきたために、若干の変化を見せていると考えられる。アニメや「かわいい」ファッションなどが日本の「ソフトパワー」であるという自覚などは、海外からの指摘がなければあり得なかったことだろう。日本社会が災害時にも非常に秩序だった動きをするというような指摘も日本人の自意識に確実に影響を与えている。訪日外国人の増加は、批判にせよ賞賛にせよ、日本社会の無自覚な特徴の指摘に通じ、それ自体、自意識の変化を通じた日本社会の前向きな変化への契機になっていくと思われる。

6 欧米社会のアポリア

自分などは大したことはないという否定的な自意識と「はにかみ」が「対話」を阻むように機能することが「対話」の難しさを生むというあり方は、日本の専売特許というわけではないだろうが、非常に日本社会においてなじみ深い現象である。しかしながら、「対話」の難しさそのものは、日本社会だけの問題ではないだろう。それは様々な文化伝統の社会で、様々な形の課題として浮かび上がるのが実情であろう。

近代の欧米社会を全体として見るならば、世界各地に植民地を作り出していくというような行為に明確に表われているように、「エスノセントリズム」のようなタイプの「対話」の困難さが浮かび上がってくる。これはまた、カントの「啓蒙」の考え方に表われているような「理性」を過度に重視する態度と結びついている。理性は普遍的と信じて、自ら理性を頼りに論理を組み立てるうちに、いつしか侵略をも正当化するような独善的な信念に至ってしまうということになる。もちろん、西洋文明が世界を席巻して以降は、これは欧米の専売特許ではない。日本社会も、その影響を受けて、文明の名の下に侵略行為を正当化することに手を染めてしまったわけであり、伝統的な「対話」の困難さばかりがあるわけではない。そういう意味で、欧米流の「対話の難しさ」について考察することも無駄ではないだろう。

そもそも理性で把握できるのは、自らの思考の全体ではない。最も進歩的な文明の一員であるという自意識は、異文化の他者の視線を遮る鎧として機能するだろう。理性に関するアダム・スミスの見解は、この関連で非常に興味深いものである。

理性は疑いもなく、良俗についての一般的諸規則の源泉であり、われわれがそれらによって形成するすべての道徳的判断の源泉であるとはいえ、正邪についての最初の諸知覚が理性からひきだされうると想定するのは、…(中略)…まったく道理にあわないし理解できない。これらの最初の知覚は、なんであれ…(中略)…理性の対象ではありえず、直接の感覚と気分の対象である。われわれが、良俗についての一般的諸規則を形成するのは、諸実例の厖大な多様性のなかに、行動のひとつの調子が一定のやり方でたえず精神を愉快にし、他の調子が同様にたえず不快にすることを見出すことによってなのである。[16]

何よりも理性を最上位に置きたがる思考習慣から自由になり、西洋社会特有の「対話」の困難をかなりの程度に乗り越えたものとして『道徳感情論』を捉えることができよう。他者との関わりの中でしか、理性を含めた私たちの能力が発展することはない。このように認識していくことが、私たちを「対話」的な精神の成長過程に乗せることになるだろう。スミスは感情の問題を、個人心理の枠組みからではなく、他者との関係性の中で考察する。本稿の考察から見て、スミスがこのような「対話」的研究を行っていたことと、十八世紀の西洋知識人としては例外的に、ヨーロッパの植民地経営に対する鋭い批判を行うことができたこととは、無関係ではないと考えられる。

ヨーロッパ諸国の政策は、アメリカ植民地の最初の建設においても、また、その植民地の統治にかんするかぎり、その後の植民地の繁栄においても、誇るに足るものはほとんどない。

愚劣と不正、これこそが、植民地建設の最初の計画を支配し指導した根本の動機であったようだ。すなわち、金銀の鉱山を漁り求めた愚劣がそれであり、また、ヨーロッパ人に危害を加えるどころか、最初の冒険者たちを親切に手厚く迎えた無辜の原住民の国土を貪婪にも領有しようとした不正義がそれである。[17]

植民地にされた地域の人々の「まなざし」をスミスは受け止めることができたということになるのではないだろうか。ヨーロッパと他の地域との接触は、本来であれば実り豊かな「対話」を通じて双方の文化のいっそうの発展につながってもよかったはずなのである。スミスはアメリカ先住民についてはあまりたくさん書いてはいないが、アメリカという植民地に住む人々とイギリスとの関係は、植民地人の目線から鋭く洞察していた。ヨーロッパと他の地域の接触がスミスのような「対話」の洞察を刺激したとは言えるのかもしれない。

アダム・スミスに続けて二十世紀のサルトルを挙げるのは、やや突飛な印象があるかもしれない。しかし、サルトルこそ、他者との「まなざしの相克」を自らの哲学の中心に据えたという意味で、画期的な存在である。スミスを刺激したのが「ヨーロッパと植民地」とするならば、サルトルを刺激したのはいわゆる大衆社会の出現ではなかっただろうか。少数の知識階級が知を独占していた時代が終焉を迎え、大学レベルの教育を受ける人々の数が増大するという社会の変化によって、「ブルジョア」の知識人たちが、労働者大衆によって「見られている」という自覚が高まったと考えることができる。以下の引用は、いま述べたような含みはないかもしれないが、ブルジョア知識人が大衆に「見られている」という自覚を持つ瞬間を象徴的に捉えるものと読むこともできる。

自分が有罪な態度もしくは単に滑稽な態度をとっている現場をおさえられた経験のない人はいない。そういう場合にわれわれが体験する突然変異は、むしろ、それ自身において、一つの固体化であり、私自身の一つの突然成層である。この突然成層は、私の諸可能性や私の《対私的》な諸構造には触れないでそれらをそのままにしておいて、いきなり、一つの新たな存在次元に、すなわち、「顕示されないもの」の次元に、私を押し出す。…（中略）…他者のまなざしのもとでは、私は、世界のただなかに凝固したものとして、危機にひんしたものとして、療されがたいものとして、私を生きる。けれども、私は、私がいかなるものであるかを知らないし、世界のなかでの私の位置がいかなるものであるかを知らないし、私のいるこの世界が、いかなる面を他者の方に向けているかを知らない。[18]

他者のまなざしが、具合の悪いときに私たちを襲うときに、私たちは思わず、いわば身を固くしてしまう。そこで他者が何を見るのか、「私のいるこの世界」のどの側面をどのように解釈するのか、私にはすぐには分からない。ほかならぬ私のことであるのに、私がいまは決して知り得ないことを他者は知っているだろうことは確実である。このような気まずい思いを含めて、他者との「対話」に私たちは常に差し向けられているのであり、それに自覚的になれば、「対話」を通じて他者と率直に向き合うことも可能であり、それは私にも他者にも当初は分からなかった新たなあり方の可能性を垣間見せてくれるものになるかもしれない。知識人であろうとなかろうと、それは真実であり、今後の世界に生きる人間は、この認識を基本にして進んでいかなくてはならないのではないか。

サルトルの鋭敏な姿勢が現代の欧米社会に継承されたかといえば、心許ない。すなわち、知識人と大衆との「対話」は現時点においてもなお、決して順調とは言えないのである。例えば、グローバル化と自由貿易をよしとする立場をとる経済学者のグレゴリー・マンキュー(ハーバード大学教授)は、彼の書いた教科書などを通じて日本でもよく知られた存在であるが、ニューヨーク・タイムズへの寄稿において、大衆の「まなざし」に対する鈍感ぶりを露呈している。イギリスのEU離脱を決めた国民投票の結果について、マンキューは経済学者のような専門家の言うことを理解できない一般大衆の側に問題があると見て、次のように言っている(拙訳)。

> 「最近のEU離脱の投票については」教育との関連性が強く見られた。大学卒業生の比率が高い地域では、EUに留まるべきだという投票結果になる傾向がある。逆に比率が低い地域ではEU離脱に投票する傾向がある。
>
> したがって、長い目で見れば、楽観主義にも根拠がある。世代から世代へと、社会の教育レベルが上がっていくにつれて、一般大衆のグローバル化への態度も、専門家の態度に近づいていくだろう。
>
> しかし、現在の私たちの時代に関して、短期的に見た場合は、また別である。[19](冒頭の「 」内は筆者の補足)

教育レベルの低い人たちは何も分かってはいないんだ、と言わんばかりのこのコメントの論理を一貫してたどっていくと、どのようなことになるのか、マンキュー教授本人も自覚していないかもしれない。しかし、何世代もの後の時代を待ちきれないというのが人情だとすれば、論理的な帰結は、現在のような民主主義の廃止であり、教育レベルの高いエリートによる寡頭制政治であろう。無知な大衆に投票権を与え続ければ、ろくな結果にならない、とこの文章では言っているに等しいのである。[20]

一般大衆の思考を理解できない専門家の側には問題はないのか、自らもひとりの専門家として、自分の学問の限界がその辺にあるということはないのか…この点についてのあっけらかんとした「エスノセントリック」な態度は驚きでもあり、まさに理性を至上として信奉する近代欧米社会の継承者という印象がある。もちろん、このような新聞への寄稿も、非常に率直な見解の吐露であるだけに、理屈の上では「対話」の可能性を開くものかもしれないが、投稿者は、たとえ「頭でっかち」であるとか、「机上の空論」

であるとか言われたとしても、いまさらそこで動揺したり、考えを変えたりすることはあまりありそうもない。それはもっと人生の早い段階で、例えば学生時代くらいの段階で行われるべき「対話」であったのではないだろうか。

高いレベルの教育を受けていない人たちが、「専門家」にどのような「まなざし」を向けているのか、自分たちの気持ちを理解して、社会をいい方向に導いてくれるような洞察力を備えた優れた存在として期待しているのかどうか、マンキュー教授の書きぶりからは、気にしている様子がない。スミスやサルトルの示す「対話」の水準とはまったく異なり、専門外の人間との「対話」について未経験なままで、社会の現実の的確で鋭い分析が生まれるものかどうか、自ずと疑問が残る。

欧米型社会においては、エリート（ないしは知識階層・高学歴者）と大衆の亀裂が深刻な状況になっている。経済学の専門家であるマンキュー教授は、「統治者目線を学ぶためのツール[21]」である経済学の現代における代表かもしれない。高学歴者の階層は、当然ながらメディアを支配しているので、大衆との亀裂がやはり覆いがたく露呈してきている。EU離脱を巡るイギリスの国民投票と、トランプ候補が当選したアメリカの大統領選挙の共通点は、メディアの事前予想が大きく外れたということであり、「ポピュリズム」が勝利したと評されていることである。しかし、大衆の考え方をろくに代弁できないメディアこそ、問題の根幹のひとつであるのではないだろうか。メディアにそっぽを向けられた（または、そっぽを向いた）大衆が何を切実な政治課題として考えているのかが、メディアを通じては高学歴層には伝わらず、彼らにとって大衆が反動的で不気味な存在見えてくるような、不幸な状況が存在しているように思えてならない。ひとり一票の民主制をとる以上、このような亀裂は近未来の大きな社会変動を予感させるものである。それだけに、これまで階層を超えた「対話」に消極的だったエリート層が高学歴者の驕りを捨てて、社会的役割に閉じこもらないような「対話」に向けてオープンな態度をとることが重要になってくると思われるのである。

投票結果に表われた大衆の意思が正しいかどうかは誰にも分からない。しかし、エリート知識人と大衆との間に「対話」が活発でない場合、社会的なコンセンサスを形成することが難しくなり、迷走しかねない。イギリスやアメリカの現状は、そのことを懸念させるようなものとなっていると言えよう。

7　結びにかえて

理性を信奉することによって、いつしか独我論的な他者の否定に至るというような、この近代西洋社会流の「対話の難しさ」は、日本社会にもある程度まで浸透していると考えられる。欧米型の知識人を目指すようなタイプの知識層もないわけではないので、「対話」の難しさのひとつのタイプとして考えていく価値があると思われる。

ただ、日本社会では、知識人の知的優越ということが必ずしも明確ではないので、アメリカやイギリスのようには社会問題化はしないかもしれない。文科省のウェッブサイトに掲載されている「国際成人力調査」の概要などを見ると、日本社会の著しい特徴として、成人の学力の平均値の高さが示されている。特に読解力で見た場合、日本の「単純作業の従事者」の学力は、ドイツやアメリカの「単純作業の従事者」はもちろん、「セミスキルド・ブルーカラー」や「セミスキルド・ホワイトカラー」の水準を抜き、分類上では最も知的レベルが高そうな「スキルドワーカー」の水準に迫っている。[22]つまり、一般的に職業的に知的労働が必要でないと考えられる人たちの学力レベルも、相当高いということである。しかしながらトップレベルの知的人材の層の厚さに関しては、日本はドイツやアメリカと比較して、さほどでもないかもしれない、ということを考え合わせると、高学歴者や知識層の知的レベルの圧倒的な優越ということは、日本ではあまりありそうもない、という結論になる。そういう環境で、仮に前述のマンキュー教授のような優越意識を振り回しても滑稽なだけであろう。

むしろ、柳田国男が指摘したような「はにかむ」態度が日本社会の目立つ特徴であり、「対話」に際しての課題となると思われる。日本社会においては、相互の「対話」の少ない小集団に分かれてしまうことが問題であろう。細かい単位ごとに「対話」の困難が無数に生み出されるような構造になりかねないし、現にそういう問題を日々私たちは目撃している。職場においても小さい単位で「常識」が異なっていたり、世代間の相互理解が困難であったり、学歴や出身学校が違えば腹を割って話ができないような状況を少しでも解消する方向で努力するほかはあるまい。

ここまで見てきたように、「対話」に向かう契機は、観念的な自己の意識の決めつけに囚われずに、可能な限り自分らしく行動することである。このことは、ある意味では意外な結論ということが言える。独善的、自己中心的なあり方を否定し、乗り越えようとするところに対話というものが出現する、と普通は考えられているであろう。確かにそうなのだが、その前に前提条件があるのである。真に意味のある他者による批判や否定は、本稿で言う意味での「対話」の中で生じてくる。私たちはそこでもちろん、他者の批判や否定を受け止めていかなくてはならないが、そのようなことが可能になる「対話」の前提は、「自分らしくある」とでもいうような、伸びやかさなのである。なぜなら、そうでなければそもそも他者からは「私」が見えないのだから。仮面をかぶったまま他者といかに会話を行ったり協業したりしたとしても、それは「対話」にはならない。

このことは、逆から見れば、「対話」を恐れて自分の役割や自分の意識の中に閉じこもることは、仮面をかぶることであるとともに、伸びやかさを失い、自らを自らの定めた枠の中に押し込めてしまうことを意味する。身体の動きにせよ精神の働きにせよ、それでは自己を認識する契機を他者からもらうことができず、成長も発展も止まってしまうのである。自己の潜在的な可能性を実現し、成長するには他者の「まなざし」の恐怖を乗り越える必要があり、それには、構えずに他者のまなざしのなかに素直に入って行くことが必要なのである。

「対話」は個人の課題であると同時に、社会の課題でもある。私たちが社会的役割を帯びたまま、「自分らしくある」ようなことができるかどうか、政府を含めた官僚的組織が一般人の不特定多数の人間に対してどの程度まで率直で「人間的」であることができるかどうか、これを詳細に論じることはここではできない。しかし、「脱埋め込み」された社会存在となってしまった現代の私たちが、ばらばらの個人であることをやめ、「対話」を通じて可能性を実現していくことなしには、現代社会は進むべき道をいつまでも見いだせないままであろう。

注

(1) A・ギデンズ『近代とはいかなる時代か』而立書房 一九九三年

(2)「物は目に見えるので、部屋が一杯になって見苦しくなるなど支障をきたすことが自覚しやすいのですが、友達や知り合いなど人間関係は活動的な証として多ければ多いほど良いと考えられています。しかし、気づかない間に増えたさまざまなしがらみが、私たちを忙しくさせ、悩みの種にもなるのです」小柳晴生『ひきこもる小さな哲学者たちへ』NHK出版、二〇〇二年、一八一ページ。
(3)「私が言おうとしていることの例として、ニューヨーク市でならば、知的探求をしようとしている人々同士を出会わせる方策として、どのようなことが考えられるかを少し述べてみよう。各人はいつでも、しかも最小限の費用で、相手を求めて議論をしたいと思う本、論文、映画あるいは記録物などを決め、自分の住所、電話番号をコンピューターに入れることができる。彼はいく日も経たないうちに、最近、彼と同じイニシアティヴをとった他の人々のリストを、郵便で受けとることができる。彼はこのリストを手がかりにして、まずは同じタイトル(書名とか論文の題目、あるいは映画の題名)のものに関する対話を求め合ったというだけのことで互いに知るようになる人々との会合を、電話でとり決めることができるであろう」イヴァン・イリッチ『脱学校の社会』東京創元社、一九七七年、四四ページ。
(4)J・P・サルトルが『存在と無』などによって展開した「まなざしの相剋」についての所論は、他者の視線が私たちに向けられることの意味の重大さを論じた。サルトルについては後述。
(5)アダム・スミス『道徳感情論』岩波文庫、二〇〇三年、上巻、二九三―二九四ページ。
(6)「信念の〝独我論〟を破る要件はただひとつである。それはつまり、自己の信念を他のさまざまな主観のうちに投げ出して、その間で「妥当」(相互の納得)を成立させていくプロセスの有無にかかっている。これはまた、自分の信念や理論によって他者や現実を試すのではなく、逆にひとびとによって自分の信念が試されることだ。そしてこのことを通してのみ、わたしたちの〈自我〉のありようが解きほどかれ変容するということが生じる。……(中略)…またそれは、他者と直面し、他者を認める唯一の仕方なのだ」竹田青嗣『自分を知るための哲学入門』筑摩書房、一九九〇年、七六ページ。
(7)エリザベス・キューブラー・ロス、デーヴィッド・ケスラー『ライフ・レッスン』角川文庫、二〇〇五年、二五ページ。
(8)前掲書、二五ページ。
(9)尹雄大『体の知性を取り戻す』講談社現代新書、二〇一四年、一四四ページ。
(10)前掲書、一四四―一四五ページ。
(11)前掲書、一四五ページ。
(12)前掲書、六七―六八ページ。
(13)前掲書、六八―六九ページ。
(14)前掲書、六六―六七ページ。
(15)柳田国男「明治大正史世相篇」『柳田国男全集26』ち

くま文庫、一九九〇年、一六五―一六六ページ。

（16）アダム・スミス前掲書、下巻、三四六ページ。

（17）アダム・スミス『国富論』中公文庫、一九七八年、Ⅱ巻、三四一ページ。

（18）ジャン＝ポール・サルトル『存在と無』ちくま学芸文庫、二〇〇七年、Ⅱ巻、一三一―一三二ページ。

（19）N. Gregory Mankiw "Why Voters Don't Buy It When Economists Say Global Trade Is Good" ニューヨーク・タイムズ 電子版、二〇一六年七月二十九日

（20）エマニュエル・トッド『デモクラシー以後』（藤原書店、二〇〇九年）でトッドも教育レベルの高い層による寡頭制の可能性について論じている。

（21）中山智香子『経済ジェノサイド：フリードマンと世界経済の半世紀』平凡社新書、二〇一三年参照。

（22）国際成人力調査概要　文部科学省のサイトより。
http://www.mext.go.jp/b_menu/toukei/data/Others/1287165.htm

5

芸術作品との対話と人間形成

フンボルトの教養理論が目指したもの

山取 清

はじめに

十九世紀初頭のナポレオン戦争とプロイセン改革の時期、ヴィルヘルム・フォン・フンボルト（Wilhelm von Humboldt;1767-1835）によって提唱された教養理念は、ゲーテ、シラーに代表されるドイツ古典主義の人文主義思想を背景に成立し、その後長きにわたって近代の大学教育の礎を築いた思想と考えられてきた。しかし近年になって、従来の枠組みでは常識とみなされていた古典主義の文学史的意義が改めて問い直されることによって、古典主義への見方そのものがじつはドイツが国民国家として成長する近代化の過程でつくられた創世神話でもあったという側面が次第に明らかになり、さらにフンボルトの教養理念も、実際には近代社会が発達していく途上で作り上げられたある種の虚構でしかなかったという事実も指摘されるようになった。また、近年に至っては産業と生活の両面における高度な技術的発達による労働の合理化と情報革命、それに加えて大学そのものの大衆化など、いわゆる教養理念は現代社会特有の問題に直面してもはや空洞化したものとみなされるようになった。

フンボルトが二〇〇年前に唱えた理想は、たんなる「フンボルト神話」であって、今日においてはもはや実際的意味を失ったのであろうか。もちろん、現在の大学教育が解決を迫られている問題は、理想をかかげてスローガンを叫ぶだけで済ますことのできるほど単純なものではない。しかしそうかといって組織や教育内容の微調整によって克服できるような表面的なものでないこともたしかである。現在の大学が直面している問題に取り組むには、そもそも「大学では何を学ぶのか」という根本的な問いかけにまで遡って考えなければならないのではないか。その意味において、私たちはフンボルトが近代ドイツの入口で大学のあり方を模索したときとほとんど同じ状況に直面しているとみなすこともできるだろう。その問題を考える緒として、ここでは近年の資料をてがかりに、フンボルトの人物像と教養理論をワイマル古典主義の中心人物であるゲーテ、シラーとの交流を軸にしながら検証し、その現代的意味について考えてみたい。

1　フンボルトの大学観と人物像

フンボルトが生きた十八世紀末から十九世紀の初めにかけては、フランスで始まった市民革命とそれに続くナポレオンの登場によってヨーロッパ全体が激動の渦に巻き込まれた時代であった。ドイツは、しばしば「後進性」ということばで表されるとおり、政治の方面ではイギリスやフランスにくらべて近代的な国民国家の建設が立ち遅れていた。しかしその一方で、ゲーテ、シラーをはじめとする多くの詩人たちや、カント、ヘルダー、フィヒテ、ヘーゲルといった哲学者や思想家が次々と登場するなど、精神文化にかんしては歴史上ドイツが最も輝いた時代でもあった。

フンボルトが二歳下の弟アレクサンダー（一七六九－一八五九）とともに青少年時代を過ごしたのは、啓蒙専制君主として知られるフリードリヒ大王の治世であり、やがてドイツが精神文化の黄金時代を迎える礎を築いた時代である。プロイセンでは大王のもとで言論や思想の自由化が推し進められ、ベルリンには知識人たちの集まるサロンも形成されていたが、このような解放的な雰囲気と産業の振興による経済的興隆の一方で、絶対専制君主のもとでの貴族主義と官僚主義という政治的構図にはまだ大きな変化がなかった。プロイセンの下級貴族の子弟としてともに家庭教師から英才教育を受けた兄弟は、このような啓蒙主義後期の独特の雰囲気の中で少年時代を過ごし、それがやがて二人の将来に大きな影を落とすことになる。兄のヴィルヘルムは、帝国内の旅行や革命期のパリへの遊学をとおして激しく動きつつある時代の動向を目の当たりにして、社会が抱えるさまざまな矛盾を実際に体験する一方で、ギリシャ・ローマの古典古代の言語と文化に興味を惹かれ、そこに理想的な世界を夢想するようになっていった。

二十三歳のときにフンボルトは法律家として裁判所に勤務するが、わずか一年で辞職し、かねてよりベルリンのサロンで知り合って婚約していたカロリーネ（一七六六－

一八二九）と結婚。その後の一七九一年から約十年間は家族とともにパリをはじめヨーロッパ各地を転々とし、好きな歴史学、民俗学、言語学の調査や研究を行いながら多くの著名人と交わる。一八〇二年からはプロイセンのローマ教皇庁公使として外交官の任務に就き、少年期から親しんでいたギリシャ古典の研究に没頭する生活を送っていたが、一八〇九年、転機が訪れる。

当時のベルリンはフランス軍の占領下に置かれ、プロイセンはまさに存亡の危機に直面していた。宰相シュタインと、その後を継いだハルデンベルクの指導のもと、農民解放、一般兵役義務、貴族と市民間の身分差の廃止など、さまざまな方面の国内改革が着手されていた。フンボルトはその改革にあたってプロイセンの国家顧問官に任命され、教育長官として学校制度の改革を任されることになった。「フンボルト理念」と一般に呼ばれる、フンボルト独自の教育理念が公にされたのはその時である。

大学には、人間だけが自分自身をとおして自分自身において見つけることのできるもの、すなわち純粋な学問をのぞくことが確保されている。最も本来的な意味でのこのような自己行動には、自由が不可欠であり、また孤独が有益である。そしてこれらの二つの観点から同時に大学の外部組織が生まれる。[1]

これは一八〇九年九月に提出された『ケーニヒスベルクおよびリトアニア学校計画』の一文である。ほぼ同じ内容は、翌年に出された『ベルリンの高等学術施設の内部および外部組織について』にも見つかる。

高等学術施設は国民の道徳文化とじかにかかわるものがすべて集約される頂点であるという理解は、学問を最も深く広い意味で取り扱い、図らずともおのずから目的にかなったテーマを精神的道徳的教養のためにに捧げることがそれらの使命であるという考えに基づいている。したがって、高等学術施設の本質は、内面的には客観的学問を主観的教養と結びつけ、外面的には出来上がった学校の授業を自己管理のもとで始められつつある学術研究に結びつけること、あるいは、前者から後者への移行をうながすことにある。しかし主たる関心は学問である。なぜなら、学問は、たとえ個々に逸脱する点が現れようとも、純粋な状態にあるときには、おのずから全体として正しくとらえられるからである。しかしこれらの施設は、いずれもできるかぎり学問の純粋な理念と向き合うときにのみ目的を達成することができるので、孤独と自由がそれらの領域における支配的原理である。(2)

ここには「フンボルト的大学観」の輪郭をかたちづくるためにいくつかの重要なキーワードが見られる。まず、「精神的道徳的教養」「客観的学問と主観的教養」という言葉である。フンボルトによれば、「高等学術施設」すなわち「大学」は学問のためだけの場ではなく、「客観的学問と主観的教養」を結びつける場、つまり、教師および学生が学問を研究するという営みをとおして自己を形成するための場でなければならない。したがって「純粋な学問」「孤独と自由」という言葉は、いずれもその理想を実現するために大学が尊重しなければならない基本的な条件を表している。「純粋な学問」とは、大学が教師と学生が学問と出会い、純粋に研究する場であること、言いかえれば、大学における学問研究は何らかの実際上の目的に影響されることなく、学問と純粋に向き合うことによって行われなければならないこと、そして「孤独と自由」という言葉には、その理想を実現するための場を確保するという意味が込められている。

学校がたんに既成の解決済みの知識とのみかかわるのにたいして、大学は学問をつねに完全には解決されていない問題として取り扱い、研究し続けることが特徴である。したがって、教師と学生の関係はそれまでのものとはまったく異なる。教師は学生のためにいるのではなく、教師も学生もともに学問のためにいるのである。教師の仕事は、ともに学問の現存と不可分であり、学問なくして成就しないであろう。(3)

理想の教育が実現されるためには、何をさしおいても学問が自立していなければならなかった。すなわち教師や学生が現実の利害得失に煩わされることなく自由に学問と向き合い、たがいに切磋琢磨することが求められた。右の引用文に見られる「純粋な学問」「学問の純粋な理念」「孤独と自由」は、大学にそのような環境を保障するための条件であり、これによって「フンボルト理念」と言われる大学の基本的なイメージがかたちづくられることになった。すなわち近代の大学教育において「一般教育」と「特殊専門教育」を分けるという発想の原点はこの辺にあると考えられる。
　ただ、ここに紹介した「フンボルト的大学観」については、看過することのできないもう一つの重要な側面があることも指摘しておかなければならない。それはフンボルトの教育思想がフンボルト自身の人間像としばしば直接に結びつけて語られてきたという事実である。例えば、フンボルトの教育哲学と言語思想の研究家として知られるメンツェの『ヴィルヘルム・フォン・フンボルトの人間学』[4]（一九六五）によれば、フンボルトの教育理念をどのように評価するかという問題は、多くの場合、フンボルト自身の生き方をどのようにとらえるかという立場と密接にかかわっている。とくにハイムによる最初のフンボルト伝『ヴィルヘルム・フォン・フンボルト、経歴と人物像』（一八五六）は、後世の人々のフンボルト像と教育理念への評価を決定づける最も大きな要因となったと考えられる著作である。ハイムはそこでフンボルトの人物像を次のように評している。

　さまざまな研究や見解や確信が、たがいに流動的に移り変わりながら、一つの中心点に集まるようにして、彼の全存在は調和として完成する。いかに不確かに、曖昧に、理想主義的に、あるいは熱狂的に聴こえようとも、フンボルトの人物像を言い表す仕方はほかにはない。詩人たちが描こうとしたあの美しい人間性、ギリシャ的なもののあの純粋な近代化、ここにそれが個人の生きた現実となったのである。彼が人生を不断の意識的な努力として展開していく中で、私たちが出会ったもの、それがいま目標として達成されたのである。[5]

　このように、ハイムのフンボルト伝はフンボルトを均衡のとれた真に古典的な人間として称揚する。だが、その一方で「彼の人文主義は本質的に貴族主義的色彩を帯びている。ただし、この貴族主義的色彩は完全に理想主義と、そして理想主義は完全に審美主義と一致する」とも指摘し、フンボルトの人物像を日常の雑事から自己の生活を遠ざけ、時代の現実を観念的に形成することのできた貴族としても描き出す。こうして、フンボルトの人物像の相反する二面性が強調されたことは、とくに二十世紀において「分裂したフンボルト像」が語られるきっかけとなり、さらに、やがて「フンボルト的大学観」そのものにたいする見解の屈折を生む原因にもつながるのである。

例えば、シュプランガーの『ヴィルヘルム・フォン・フンボルトと人文主義理念』[6]（一九〇九）とケーラーの『ヴィルヘルム・フォン・フンボルトと国家』[7]（一九二七）には、フンボルトの人物像と教養思想にたいする評価の二面性が最も典型的に表れている。シュプランガーの著作においては、ドイツ古典主義の教養理念がフンボルト自身の個性と作品の中に実現されていると理解され、フンボルトの人生そのものが「古典主義の頂点と完成の体現」とみなされた。ところが、ケーラーの著作では、フンボルトが現実を変革しようと努力するものの、結局はそれが果たせずに自己に閉じ籠る、不安定に引き裂かれた弱い人間として描かれる。いずれにせよ、このような「分裂したフンボルト像」は、それらが執筆された時代背景と密接にかかわっていることは重要である。

シュプランガーのフンボルト論は、古典主義者としてのフンボルトを強調することによって、時代の物質主義的・実証主義的傾向にたいして内面生活における精神的な安定と調和を求め、また、近代の産業化社会が専門的技能と知識を優先したのに抵抗して、一般的教養の重要性を訴えたのであった。しかしケーラーにおいては、時代が第一次大戦後の変革を経て、やがて経済の混乱と政治の不安定化、そして全体主義へと向かいつつある不穏な状況下で、人文主義理念はある種の楽観的なリベラリズムとしてむしろ批判の対象となる。ここでは個性の形成によって世界を変革するという教養思想もフンボルト自身の個人主義者としての側面が照らし出され、もはやたんなるユートピア思想にすぎないという評価が降される。

このように、フンボルトの教育理念ばかりでなく、フンボルト自身の描かれ方も、やはり執筆当時の時代状況と密接に関係しており、場合によってはまったく異なるフンボルト像が生まれ、「フンボルト理念」にも解釈に大きな揺れがあったことがわかる。しかしいずれにせよ、フンボルトの教育思想を人物像と重ねて理解するというあり方は、ハイムのフンボルト伝から二〇世紀末に至るまでほとんど変わっていない。例えば、フンボルト研究の第一人者ボルシェは『ヴィルヘルム・フォン・フンボルト』（一九九〇）で次のように述べている。

生涯とさまざまな出来事と同様にフンボルトの著作は断片的である。フンボルト自身はわずかの著作しか出版しなかった。そのほかに多くの下書きや草案、手紙、さらに日記、一般理念に照らして具体的な歴史的問題に見解を述べている公文書。フンボルトにとって本来の仕事は表紙に挟まれて公に委ねられるものでなかったことは明らかである。仕事のそのような結果はむしろ仮の副産物であり、本来の作品とは彼個人である。ことばによる精神的個性の形成、これこそがフンボルトの存在の意義と使命である。(8)

ベルリンのフンボルト大学は、フンボルトの発案によって設立された大学であり、近代の大学の発展に大きな影響を与えたといわれる。たしかに、フンボルトはプロイセンを再建するために古い教育体制の改革に乗り出し、新たな国民教育に一石を投じたことは事実である。そのためにフンボルトの教育思想は、「フンボルト理念」として教育史において大きな功績を認められている。しかし、フンボルト自身はわずか一年あまりで教育長官の職を辞しており、大学の運営には直接にかかわってはいない。しかも近年では、フンボルトの教育理念がその後の教育体制に本当の意味で活かされ、実際に定着したことを裏付ける資料を見出すことはかならずしも容易ではないとする研究報告すら提出されている。

フンボルトは政治家あるいは外交官であり、教育学者あるいは言語学者でもあった。フンボルトの活動と研究の分野はあまりにも多方面に亘っており、つねに当時の第一線の人々とともにまたはそのサークルで活動している。それらが全体としてフンボルト自身の人間形成におおいに役立ったことはたしかであろう。しかし、職務上の活動ばかりでなく、執筆された論文や著書の多くも途中で中断されて未完のままに終わっていることが多い。しかも、残された多くの著作のほとんどは出版を念頭に置かずに執筆されたものであり、しばしば独特の晦渋な表現にも阻まれて、全体としての見通しを得るのは非常に難しい。フンボルトは五十二歳でほとんどの公職から退き、生涯の最後の十五年間を言語の研究に捧げる日々を送った。フンボルトの著作で最も有名な『カヴィ語研究序説』もこの時期に書かれたものであり、フンボルトの全活動の集大成として最も重要な思想を含むものと考えられる。それにもかかわらず、従来の議論のほとんどは言語学の専門的分野に限定されがちであり、他の領域との関連性についてはかならずしも十分に言及されないことが多い。フンボルトの場合に限らず、個々の狭い領域だけに絞って研究を進めるのは、断片的な印象ばかりが先に立ってしまいがちであるが、それをできるかぎり回避していわゆる「フンボルト像」や「教養理論」のより正確な実像を得るためには、何よりもまず旧来の固定したイメージを批判的に吟味することから始めなければならないだろう。

2 フンボルト理念の背景にあるもの

「フンボルト的大学観」が話題にされるときには、「純粋な学問」や「孤独と自由」、あるいは「人格の陶冶」といったある種の理念やスローガンとともに取り上げられるという傾向が一般に見受けられる。言い換えるならば、たいていの場合「フンボルト理念」は何らかの具体的な内容とともに言及されるわけではなく、学問の理想的状態、すなわち「理想の大学」を表わす言葉であって、あくまで理念にとどまる。いわば理念がひとり歩きしているだけにすぎないとも言える。しかし「フンボルト理念」はそもそもたんなる理念にすぎないのか。それとも何かもっと具体的な内容をともなうものであるのだろうか。この点について明らかにするには、一七九〇年代、つまり青年時代のフンボルトがシラーやゲーテをはじめとする知識人との交流を深め、独自の思想を形成した時期を振り返らなければならない。

この時期のフンボルトには、政治や宗教などの社会問題やギリシャ古典・歴史学・美学芸術学・人類学・自然科学などを取り扱った論文、さらにそれらと関連する内容に言及した多くの日記や書簡などが残されているが、一見すると、これらの資料からはフンボルトの多方面にわたる関心が確認できるだけで、全体像は見えてこない。しかし、後年に明らかにされる「フンボルト理念」における教育思想家としての姿や、政界からの引退を余儀なくされて言語研究に没頭した言語学者としての活動に一貫して流れるフンボルトの思想を読み解く最も重要なてがかりは、おそらくこの頃にかたちづくられたように思われる。

例えば、一七八九年八月にかつての家庭教師のカンペとともに革命勃発直後のパリを訪れたときには、その際の体験や感想を日記や手紙にしたためている。それによると、カンペはフランス革命を人間の基本的な権利を奪われた民衆による自由を希求する闘いとしてとらえ、自分が世界史の舞台に実際に遭遇することに感激していた。しかしフンボルトの感想はカンペとはまったく異なっていた。パリ滞在中のフンボルトの日記に描かれているのは、民衆を煽りたてるスローガンの背後で、むしろ革命がもたらした混乱と多くの犠牲者たちの姿、また、革命の熱狂に表面的には覆い隠されていても、旧態依然として変わることのない日常の世界の悲惨な現実、そしてそれらを招来する非人間的な社会の深層構造であった。帰国後も、フンボルトは友人のゲンツにて宛てた書簡で、新憲法が制定されて立法議会が成立する革命後のフランスの政治状況について次のように記している。

> 国民議会が発足し、まったく新しい国家体制を純粋な理性の原則にしたがって築こうとした。（中略）だが、立案された計画に則って、いわば理性が先に立って創設されたどのような憲法もその構想を実現することはできない。成功するのは、より影響力のある偶然とそれに対抗する理性との闘いから生まれる憲法だけである。[9]

このように、フランス革命とその指導理念に基づいて考案された新憲法にたいして、フンボルトの態度はあくまで冷静であった。

> 理性はたしかに既存の素材をかたちづくることはできるが、新しい素材を生み出す力はない。この力はださまざまな物事の本質に眠っている。物事が活動し、賢明な理性がその力を刺激してはたらかせて導こうとする。ところがこの力は控えめでじっと動かない。国家憲法は、芽が木に接ぎ木されるように、人間に接ぎ木できるものではない。時と自然が熟さなかったところでは、糸で花を縫いつけるようなものだ。昼の日差しがすぐにそれを焦がしてしまうだろう。そこで相変わらず以下の疑問が生まれる。フランス国民は、新しい国家憲法を受け入れる準備を十分に行っただろうか。だが、一国民が純粋な理性の原則にしたがって体系的に構想された国家憲法にふさわしいほど十分に成熟していることなど、決してありえることではない。[10]

この書簡は、その後『国家の憲法についての見解、フランスの新憲法を起因として』（一七九一）というタイトルで『ベルリン月報』に掲載される。論文としてはごく短いものであるが、フンボルトの思想全体の根幹とその独自性を理解するための重要なてがかりとなる部分を含んでいる。フンボルトにとって、理性という啓蒙の原則に基づいて構想された憲法は現実を無視した虚構にすぎなかった。現実は理性という不変の原理によって統一的に構成されるべきものではなく、むしろ、さまざまな個々の事物や状況の中に潜在する諸々の力が活性化したときに、はじめて個々の具体的なかたちとなって現れる。個々人であろうと、社会集団であろうと、それぞれの性格はそのような力が偶然に現れたものであり、その意味で、個々人も国民も理性という絶対的基準からすれば一面的で不完全なものにすぎない。しかしフンボルトはこのような一面性や不完全性を個々人や国民のたんなる欠陥として否定的にとらえるのではではなく、むしろ個々人や個々の国民をかたちづくる基本的な差異として肯定的にとらえる。つまり、それらの差異がそれと認識されて洗練されることによって個人の個性や国民の国民性へと発展すると考えたのである。こうして形成されたフンボルト独特の国家思想は、『国家活動の限界を定義する試案』(一七九二)としてまとめられた。

人間がとる最善の行動は、自然の行動をできるだけ忠実に模倣することである。だが、豊かでやさしい至福をもたらすのは、つねに破滅をともなう荒々しい火山の噴火ではなく、大地からひそかに気づかれずに生えてくる芽の方である。また、いまの時代が文化と啓蒙の利点を誇ることが本当に正しいとすれば、いまの時代にふさわしい改革はほかにはない。というのは、国家活動の限界という重要な研究に目をやれば――容易に予見できるように――諸々の力のより高度な自由と状況のより大きな多様性へと行き着かざるをえないからである。しかしもっと高度な自由を可能にするには、同じく高い教養といわば徒党を組んだ群衆として行動する欲求が乏しいこと、つまり行動する個人のより大きな強さとより多様な豊かさが必要である。(11)

古代国家では、多くの奴隷たちが少数の市民の自由を支えたが、専制主義国家では、ただ一人の専制君主が絶対的な自由を享受した。そして革命によって登場した近代の民主主義国家は国民に国家憲法の下での自由を保障する。しかし専制主義国家であろうと、民主主義国家であろうと、そもそも国家による支配体制の下で人間は本当に自由を実現できるのであろうか。国民の幸福のために制定された法はしばしば市民の自由を制限するのではないのか。国家の活動は法を守ることと安全の確保にのみ制限されるべきではないのか。国家はあくまでも人間に従属する手段にすぎないのであって、主体であるはずの人間が国家の犠牲にされてはいけないのではないか。国家の存在理由は、これらの条件を整えることに制限されるべきである。しかしフンボルトの眼に映ったフランス革命の実態は、国民の内的な自由を擁護することよりも、むしろ強制と暴力と支配欲に突き動かされていた。結局、本当の意味での自由を実現するためには、社会が「文化」や「啓蒙」の段階で満足しているだけでは不十分で、さらに個性をもつ個々の人間の「教養」を発達させることと、それの条件としての状況の多様性を確保しなければならない。こうしてフンボルトにとっての国家思想は「人間はどうあるべきか」という人間論に向かう。

変化する好みや永遠不変の理性によって規定されない、人間の真の目的は、さまざまな力を最も均整を保ちながら形成して全体をつくりあげることである。こ の形成には自由がまず欠かせない条件である。だが、自由と密接に結びついているが、自由のほかにまだべつの何かが必要である。それが状況の多様性である。いかに自由で独立した人間でも、単調な境遇におかれると十分な形成は不可能である。たしかに、この多様性は自由の結果でもあるが、人間を制限する代わりに、人間を取り巻く事物に任意の形態を与えるある種の抑制でもあり、いわば二つは同じものである。[12]

個人の自由に制限を加える国家から、個性の自由な発達をうながす社会的発達の担い手としての国家、つまり「臣民国家」から「市民国家」へと移行するためには、国家の支配権の対象であった国民が本当の意味で主体とならなければならない。しかしそのきっかけは国民自身にある。「すべての立法は市民の人間としての教養の観点から出発しなければならない。なぜなら、国家はこの教養を促進するか、それとも非社会的な状況においてそれに立ちはだかる障害を取り除くものにほかならないからである」。フンボルトにとっての理想国家の前提は、個人の「教養」であり、この立場は啓蒙主義の理性万能主義にたいして、フンボルトがたどりついた一つの結論であった。

3 歴史哲学と歴史家の課題

シュプランガーは『ヴィルヘルム・フォン・フンボルトと人文主義理念』において、「フンボルトは依然としてカント主義者である」と述べているが、これはフンボルトが一七九六年二月二日にシラーに宛てた次の手紙を根拠にしている。

人類の歴史の全体からは、人間の精神と性格の一つのイメージが導かれます。これは個々の世紀にも個々の国民にもまったく同じではありませんが、すべてがそのために協力しました。そして私の関心はこれに向かっています。このイメージは二つの次元に従って考察されなければならないでしょう。一つはいわば長さ、つまり人間が到達する徹底的な大きさであり、もう一つはいわば人間が示した広範囲な多様性です。このイメージは、人間が思考し自由に行動する存在であるかぎり、そもそも人間だけの関心を引き起こすものです。これこそ究極の結果であり、人間が学び営むその他のものはすべてこの結果に向かって人間を導いているのです[13]。

シュプランガーは「フンボルトが精神的収穫のためにのみ歴史に打ち込んでいることがこれほどはっきりと表明されているところはない」と指摘する。それによれば、フンボルトにとって「多様な人間の形式に触れることをとおして人間の理念を豊かにすることが歴史の効果的な要素」であり、「フンボルトの歴史哲学は現実を人文主義の観点の下に考察し、実際の経過を規則的な理想をとおして判断することにほかならない」。というのも、シュプランガーは、歴史の目的をつまるところ「人間理念」(Menschheitsidee)、すなわち「人間性」(Humanität)の発展としてとらえている点にフンボルトの歴史哲学の本質があると考えるからである。たしかに、フンボルトの方法論がカントの批判哲学から大きな恩恵を受けているのは事実であり、また、歴史哲学に関心をもったこともカントからの影響があったことを否定することはできないだろう。この点においては、シュプランガーの指摘するとおり、フンボルトはやはり「カント主義者」であると言えるかもしれない。しかし同時に、『世界史に関する考察』(一八一四)におけるフンボルト自身の言葉からは、カントとフンボルトの歴史観に明らかな相異があることを読み取ることができる。

一見すると偶然のようにみえる個々にばらばらの出来事を一つの観点の下にまとめ、必然性の原理にしたがってそれらを互いから導き出そうとする試みがある。これを最も体系的かつ抽象的に行ったのはカントであり、後にカントに追従した者が何人かあった。哲学史と呼ばれるものはすべてこの種の試みである。歴史について考察するという欲望は、歴史を、少なくとも歴史意識をほとんど排除してしまった。しかしこれらの体系は、たいていの場合、歴史的でなかったり、すこしも世界史的でなかったりという間違い、すなわちさまざまな出来事を無理に取り扱い、比較的はっきり連関する部分に収まらない部分をすべて無視するという間違いのほかに、さらにたんなる文化として一面的にとらえられるにすぎない個人や社会の完成度を基準にして、人類をあまりにも知的偏重に考察し、その一方で地球や宇宙との関連性、つまり純粋に自然史的には不十分な考察しかしないという欠点をもつ。(14)

ここでフンボルトは、世界史を一つの完成へと向かう普遍史として構想するカントの立場をはっきりと批判し、さらに次のように強調する。

世界史に関する昨今の見解の欠点は、文化や文明ばかりに目をやり、進歩的完成を念頭に置き、この完成の段階を好き勝手に作り、さまざまな芽から素晴らしいものが育つかもしれないことや、素晴らしいものが育ったことを見逃してしまっていること、人間をあまりにも理性と悟性の存在とみなして、自然の産物であることを見逃していること、人類の完成を普遍的・抽象的な完全性が達成されることに見て、個々の形式の豊富さが発展することに見ていない点である。(15)

このように見てくると、シュプランガーがフンボルトの歴史観を「人間性の完成」と「人格の陶冶」という人文主義の特定の理想の下にとらえようとしている点は、少なくともある程度制限されなければならないのではないだろうか。フンボルトにとって、人間という存在は理念であるばかりではなく、実際に思考し行動する生きた個性でもあり、歴史とは、あくまでそのような生きた無数の個性によって感受され創造される動的な過程として理解されなければならないからである。

人間の個性はいずれも現象に根付いている理念であり、いくつかの個性の中からこの理念が輝き、みずからをそこに現すためにのみ個体の形式をとったように見えることが明らかになる。人間の働きを発展させると、それを規定するすべての原因を差し引いた後で、あのさまざまな影響に窒息させられる代わりに、むしろそれらを変化させる何か根源的なものがそこに残る。そしてその要因には内部の独自な性質を顕在化しようとして不断に活動する趨勢が存在する。諸国民の個性も同じである。（中略）したがって諸国民の欲求、熱情、見かけの偶然によって導かれた出来事には、あれらの要因よりも強く、個性という精神的原理が働き続けている。か細い植物が導管を有機的に膨らませて、数世紀の作用に耐えてきた古びた外壁を破るように、それは内在する理念のために場所を確保しようとして成功する。諸国民や個人は、自分たちの行いによって人類に与える方向のほかに、さまざまな出来事や事件よりも持続し影響力ある精神的個性の形式を残すのである。(16)

フンボルトは歴史学と比較人間学の領域でギリシャ古典古代の文献学研究という実証的方法と直観的判断を両立させることで、人間という理念がギリシャ人として具現されているという見方を発見したのである。これはゲーテが自然科学の方法論に独特の本質直観を融合させて「原型」という概念を得たのとまさに同じであった。ゲーテはイタリア旅行において対象の「純粋な形式」を把握し、それらに内在する法則性を検証する方法論を獲得し、これを有名な「原植物」（Urpflanze）という表現を用いて示したのである。ゲーテがイタリア旅行に赴く以前から自然の研究に大きな関心を寄せていたことはよく知られているし、また、とくに「形態学」と「色彩論」の分野において、リンネ風の自然史やニュートン的な光学に終生変わることのない抵抗感を懐いていたことも有名である。そのようなゲーテにとって、イタリアでの体験は本来の感受性の目を覚まさせ、芸術家として新たに誕生するかけ替えのないきっかけとなったのである。一方、フンボルトもスペイン旅行から戻った後、プロイセンのローマ法王庁駐在公使として一八〇二年から六年間に亘ってイタリアに滞在し、その間にギリシャ古典の研究に打ち込んだ。イタリア滞在は、ゲーテと同様にフンボルトにとっても研究生活の全体に大きな発展をもたらした機会であり、フンボルトは諸民族の文化や言語、あるいは古典古代の研究をとおして人間の理念を発見したのであった。

人間の目には、世界を統べる計画を直接に探し出すことはできず、それらが現われるさまざまな理念にかすかに感じ取れるだけである。したがってすべての歴史は理念が現実のものとなっただけである。そしてその理念にはまた力と目的とがある。精神が当然に向かう究極の原因へ到達しようとすれば、創造する種々の力を考察することにただ没頭するしかない。歴史の目的は理念を実現することであり、これは人間を通して描かれなければならず、究極の形式は、あらゆる方面に向かって、あらゆる形姿をとって、その理念と結びつくことができる。さまざまな出来事の経過は、形式と理念が互いに浸透することのできなくなるところでしか中断することはないのである。[17]

フンボルトは、「歴史的真実に近づくためには、二つの道、すなわち正確で偏らない、批判的な出来事の究明と、研究されたものの結合、すなわちこの方法によって達成されたものの予想という道を同時に進まなければならない」[18]と主張する。また「これらの道の前者のみに従う者は、真実の本質を見失い、反対に後者を第二の道よりも疎かにする者は、歴史を個々の点で歪曲する危険に陥る」[19]とも述べている。もちろん、このような分析と総合という方法は実際にそれほど容易に達成されるものではない。歴史家は世界史において働くさまざまな力を研究し、あらゆる出来事の関連から形式と一般的なイメージを引き出す。このイメージにはさまざまな理念が反映されているが、それらは歴史家の手で歴史の中に持ち込まれるのではなく、出来事そのものから引き出され、それら自体が歴史家によって描かれる歴史をかたちづくらなければならない。

この点で、フンボルトにとって歴史家は詩的芸術家である。すなわち、「歴史家は自発的であり、それどころか創造的ですらあり、たしかにさまざまな仕方で、詩人と同様にばらばらに集められたものをそれ自体として一つの全体に加工しなければならない」[20]からである。「歴史を描くことは、芸術的描写と同様に自然の模倣である。どちらの土台となるのも真の形態を認識し、必然的なものを明らかにし、偶然なものを区別することである」[21]。言い換えるならば、あらゆる事実の不確実な部分をみずからの理解にしたがって補足するのが歴史家の課題であると言えるだろう。なぜなら、「歴史家は存在しないものを産み出すのではなく、在りのままに、たんなる感受性では知覚できなかったものをみずからの力で形成しなければならない」[22]からである。歴史家は歴史を一つの大きな物語として編まなければならないのである。

4 美学芸術論をめぐる対話から教養理論の形成へ

「一七九四年から一七九七年までの期間はシラーの精神的発展にとって間違いなく最も重要な時期であった」。フンボルトは友人シラーとの間で交わされた書簡集に捧げた論文『シラーとその精神的発展の歩みについて』[23]（一八三〇）の冒頭でこのように語っている。『ドン＝カルロス』（一七八七）の出版から『ヴァレンシュタイン』（一七九七）に至るまでの約十年間、シラーは劇作家としての活動をすべて中断して歴史や哲学等の研究に専念していた。フンボルトによれば、この期間のシラーは病を得たことなどもあって、肉体的にも精神的にもまさに危機的な状況に直面していたが、それを乗り越えたお陰でその後の作家として最も充実した時期を迎えることができたのであった。

シラーとフンボルトが互いに知り合ったのは一七八九年のことであり、シラーはその年にイェーナ大学歴史学教授に就任していたが、フンボルトとのさらに親密な交流が開始されるのはフンボルトがイェーナに移り住んだ一七九四年からであり、また、その年にはフィヒテとの親交やゲーテとの往復書簡も始まっている。フンボルトは一七九七年にイェーナを去ることになるが、手紙での遣り取りはその後もシラーが亡くなる一八〇五年四月まで続けられる。フンボルトの回想文にあるように、一七九四年から九七年までの期間はわずか三年ほどの短い期間ではあるが、この時期に二人の間で交わされた直接の対話の内容がそれぞれの活動にいかに大きな影響を与えたかについては、どれほど強調しても強調しすぎることはなく、シラーの精神発展にとってばかりでなく、フンボルトにとっても大きな意味をもつ時期であったことは言うまでもない。というのも、この時期、シラーは『カリアス書簡』[24]（一七九三）、『人間の美的教育について』[25]（一七九五）、『素朴文学と情感文学について』[26]（一七九五–九六）からなる一連の美学論文を発表しており、当時のシラーの関心が美学をめぐる問題に向けられていたことはもちろんであるが、それと同時に、これらの論文の主題である美学と芸術に関するシラーの思想形成にフンボルトとの交流が少なからず作用していたことや、フンボルトの側でもシラーとの遣り取りから大きな影響を受けていたという事実をその後に書かれた著作や残された手紙などから確実に推察することができるからである。

シラーが美学あるいは芸術論の問題に取り組み始めたきっかけはカントの『判断力批判』（一七九〇）から直接

に得たものである。当時、シラーは美についてのカントの見解をてがかりにして創作家としての彼自身の活動の理念を確立することに取り組んでいたが、そのシラーの周りにケルナーとフンボルトを中心にサークルが形成され、さらにそこへゲーテも加わって美学とカント哲学をめぐる実り多き対話が生まれるのである。ただ、たしかにカントの『判断力批判』は当時ドイツの芸術家や知識人たちの間にこれほど大きな波紋を巻き起こしたのであるが、カント自身はここで美の問題を人間の認識の特殊な事例として、美しいものについての判断が特殊な形式を取ることを問題にしているだけであって、美そのものに特別の関心を抱いているわけでは決してなく、ここで芸術一般について論じようという意図から執筆しているわけではなかった。カントの関心はあくまでも美しいものについての想念が心の中に起こるときの認識の過程を明らかにすることに限定されていた。これにたいしてシラーの周りに集まった芸術家たちは、カントの哲学を芸術論と融合させることによって、フランス革命後の混迷の時代状況において芸術が果たせる役割を理論的に確立するとともに、それをみずからの創作活動にも応用することを目指していたのである。

ところで、このサークルに加わった人々の間で主要なテーマとして取り上げられているのは「美とは何か」という問題であり、その際に最も注目されるのが「構想力」(Einbildungskraft) すなわち「想像力」の働きである。カントは人間の自然認識を取り扱う『純粋理性批判』では構想力に感性と悟性を仲介する補助的な役割しか与えなかったが、美的認識にかかわる『判断力批判』では構想力の自立した働きを重要視するようになる。ただ、カントにおいては、構想力に悟性と感性を媒介して多様な直観を綜合し、さまざまなイメージを結び、さまざまな形態を産出するという重要な役割が与えられるとはいうものの、いずれにせよ構想力の働きそのものへの注目はまだ限定的なものであった。その点において、多くの芸術家たちは、構想力こそがすべての経験される客観的関係の制約から芸術家の創作力を解放してくれる最も重要な能力であるという考えから、しばしば構想力の問題を美学をめぐる議論の中心テーマとして位置づけることになったのである。

そこで、シラーは『人間の美的教育について』第二十四巻において人間の「構想力」すなわち「想像力」について次のように述べている。「人間は想像力の翼に乗ってたんなる獣が閉じ込められる現在という狭い境界を後にして無限の未来を目指すが、目眩を起こしている想像力の前に無限なものが現れると、人間の心は個々のものにしがみついて瞬間に仕えることを止めなかった[27]」。たしかに、感性界に縛られた時間的存在である人間にとって、理想界の高みへと上昇することがどれほど困難であるかは言うまでもない。人間は人間であるかぎり肉体的欲求と理性的欲求を併せもつ中途半端な存在であり、「最も粗野な人間にも理性の自由の紛れもない痕跡が見つかるのと同様に、最高の教養人にもあの薄暗い自然状態を思い起こさせる要素がないわけではない[28]」。しかし、シラーはこのような中間的存在者としての人間のあり方にむしろ人間としての本質を発見し、「物質的な世界からの出口と精神世界への移行を求めるあいだにすでに自分の想像力の自由な動きによって精神世界の真只中に導かれていた[29]」ことに気づく。

人間を実在から仮象へと高めるのは自然そのものです。自然は人間に二つの感覚を与え、それらの感覚によって人間は仮象を通して現実を認識します。目と耳では押し寄せる質料がすでに感官から遠ざけられ、動物的感官では直接に触れる対象が私たちから離れます。私たちが目で見るものは、私たちが直接に感覚するものとは違っています。というのも、知性が光を越えて対象に飛んでいくからです。触覚の対象は私たちが受ける力ですが、目や耳の対象は私たちが生み出す形式です。人間が未開人であるかぎり、人間は感触の感覚で楽しむだけで、仮象の感覚はこの時期にはそれらに仕えているにすぎません。人間は見ることにまでまったく高まらないか、それで満足しないかのいずれかです。目で楽しみ始め、見ることが独立した価値を獲得すると、人間もすでに美的に自由になり、遊戯衝動が発達したのです[30]。

シラーによれば、肉体的欲求と理性的欲求、すなわち「素材衝動」(Stofftrieb)と「形式衝動」(Formtrieb)を併せもつ存在者である人間は、神のように理性という絶対的基準に到達することもできず、そうかと言って獣のように感性にのみ従うことにも満足できない。しかしその代わりに、人間には想像力という天性が与えられ、その能力を駆使すること、すなわち「遊戯衝動」(Spieltrieb)によって美的に自由な境地に達することができる。たとえ欲望に駆り立てられて現実に固く縛られていた人間であっても、その欲望が鎮まるにつれて徐々に想像力が力を増して内的な自由に近づくことができる。つまり人間は迫ってくる事物を自分の力で自分から引き離し、事物をただ受け入れるだけではなく、みずからそれらに働きかけて「仮象」(Schein)としてそれらを美的に楽しむことができる。すなわち、シラーは構想力を行使することによって人間は精神の自由を獲得することができると考えたのであった。

フンボルトの『美学試論　第一部：ゲーテのヘルマンとドロテーア』(一七九七―九八)もシラーの『人間の美的教育について』と同様に構想力の問題をテーマにした論文であり、ここにはシラーとの交流が大きく関わっている。ただし、ここではフンボルトとシラーとの違いも重要である。すなわち、シラーが文明論という比較的広い視野から芸術の問題と取り組み、構想力を一般的普遍的な人間論の立場から論じているのにたいして、フンボルトの論文では、詩人の構想力が作品の創作においてどのように展開するかという、芸術をより具体的な製作過程において取り上げて構想力の分析を行なっているのが大きな特徴である。また、この論文はフンボルトが生存中に刊行された数少ないものの一つでもあり、フンボルトの思想のその後の展開と全体像をとらえるうえでも見逃せない資料であると考えられる。とくにフンボルトが教養理論にどのような具体的なイメージと内容を想定していたのかを知るための重要なてがかりを含んでいる点も強調すべきである。しかしそれにもかかわらず、従来のフンボルト研究では最も見過ごされている部分でもあり、結果的にはそれがフンボルトの教養理論にたいする不十分な理解を生む大きな要因ともなっているように思われる。タイトルからして一見すると、この論文はゲーテの文学作品『ヘルマンとドロテーア』(一七九七)を取り上げた作品論の体裁をとっているように勘違いされるかもしれないが、実際にはたんに具体的な芸術作品を取り扱った批評というよりも、むしろ芸術に関する一般論を意識して執筆された論文であり、しかもそれがフンボルトの教養理論の基本的な考え方と深く関わっているのである。

詩人が自分の所有物として手を加えるのは構想力の領域であり、詩人はこの仕事に携わることによってのみ、そしてこれを強く排他的に行うかぎり、彼は詩人と呼ばれるに値する。また、詩人は感覚的直観の対象だけを手渡す自然を想像力のための素材に造り変えなければならない。現実のものをイメージに造り変えることは、すべての芸術の最も普遍的な課題であり、他のすべての課題は多かれ少なかれ、直接この課題に立ち返るのである。この点で成功するために芸術家が取らなければならない道は一つしかない。芸術家は私たちの心から現実の記憶を削除し、ただ想像力だけを活発で生き生きと保たなければならない。詩人は対象の内容や形をほとんど変更してはならない。自然を表象として再認識させようとすれば、詩人はそれを厳格に忠実に模倣しなければならない。したがって詩人に残されているのは、詩人が働きかけようとする主体に向かうことだけである。(31)

この引用に見られるように、フンボルトの美学論の最大の特色は、芸術を鑑賞する者の立場から芸術作品を論じていることにある。つまり、フンボルトが芸術作品の価値を論じるにあたって着目したのは、作品そのものがもつ具体的な外観や内容でもなく、その作品を生み出した芸術家自身の意図でもなく、「詩人が働きかけようとする主体に向かうこと」である。つまり、「現実のものをイメージに造り変えること」が芸術の普遍的なテーマであるとすれば、そのためには、たんに素材としての現実の対象が芸術家である詩人の手によって造り変えられるだけでは不十分であり、芸術作品が芸術作品としての機能を獲得するためには、詩人の構想力が芸術作品を介して作品を享受する鑑賞者自身の想像力に直接に働きかけ、それによって鑑賞者の心理に何らかの変化が起きなければならない。

構想力によって構想力に火をつけることは、芸術家の秘密である。というのも、芸術家がわれわれの構想力にたいして描く対象をみずから純粋に生み出すように、われわれの構想力に強いるためには、その対象は芸術家の構想力から自由に生み出されなければならない。しかし、あらゆる芸術作品は、いかにその元の形象に忠実であろうとも、完全に新たな創造として芸術家に固有のものであることによって、対象も本質の変化を被り、もう一つの頂点へと高められるのである。(32)

フンボルトによれば、芸術家の構想力が芸術作品を生み出す力の源泉であることは当然であるが、芸術家の構想力だけでは十分ではない。芸術作品を芸術作品として成立させるためには、ここに鑑賞する者の構想力が対応することによって鑑賞者の側でも新しい創造が誘発されなければならない。すなわち、作品を創造する芸術家の構想力と作品を受容する鑑賞者の構想力が互いに反応し共鳴し合うことによって作品は芸術としての本来のあり方を獲得することができるのである。
ここでは芸術作品というものを芸術家と鑑賞者の構想力が織りなす関係性からとらえるという、それまでの古典的な芸術観とはまったく異なる見解が展開されていることがわかる。しかしいずれにせよ、このような独創的な発想にフンボルトが至った背景には、シラーとの美学芸術論をめぐる意見の遣り取りが大きな影響を与えていたことは間違いない。事実、フンボルトはパリからシラーに宛てて送った一七九八年四月十九日の手紙に次のように書いている。

この著作にはとくに三つの目的があるのがお判りいただけるでしょう。つまり、（一）芸術の本質を明らかにすること、（二）ゲーテの特徴を説明すること、（三）叙事文学の性質を究明し、叙事文学と抒情文学が唯一の大きな分類であり、その他のものはこれらに包括されることを示すことです。私がこの目的をどの程度達成したかという点についてのご判断は、あなたと私たちの友人の手に委ねます。もし私に何か上手くいったことがあるとすれば、つまり芸術家が感激した瞬間に何が起きているかという点について私が完全に間違えていないとすれば、それはただあなたとゲーテをしばしば観察する幸運に恵まれたお陰です。[33]

フンボルト自身はみずから作品を創作する詩人でも芸術家でもなかったが、シラーとゲーテという二人の天才詩人との交流においてフンボルト自身の特性である批判的精神が刺激され触発を受ける。そもそも芸術作品というものはいったいどのようにして生み出されるものなのか。フンボルトの関心は天才的芸術家のいわゆる創作の秘密へわけ入りたいという単純な好奇心から起ったものであったが、しだいに明確な分析と批評へ発展し、構想力にこそ芸術家の創作を解明する最も重要なてがかりがあるという考えにいたる。

芸術の手が構想力の純粋な領域へと導くものはすべてこうして理想化されなければならない。どこへ目を向けようとも、人間は相互関連、つまり内的組織化の概念にこだわるものである。いたるところで偶然を締め出し、観察や思考の領域で思い通りにならなかったり、行動の領域で思い通りにならなかったりすることを理性の働きでなんとかしようとするのである。人間が他の生物よりも高貴に生まれついていることを誇ることや、現実の国よりもより良き国、すなわち理念の国に属していることが正しいことは、ただそうすることでしか証明できない。忠実に完全に観察すれば、自然の全体をそこへ持っていくこと、すなわち経験の素材を世界の領域と同じにすること、これらの巨大な個々のばらばらの現象を統一体としてまとめて有機的全体に造り変えること、そしてこのために人間に与えられているすべての器官をとおしてこれを行うことが人間の知的営みの最終目標である。(34)

芸術家が行う創作とは、経験の世界で観察される素材の中から偶然をみずからの理性を働かせて排除し、相互の連関を見出すことによって内的な組織化と理想化を行うこと、すなわち「巨大なばらばらの現象を統一体としてまとめて有機体に造り変えること」である。しかし、芸術家の創作においてこのプロセスが実際に完成するためには、創作そのものにのみ目を向けるだけでは説明が十分であるとは言えない。むしろ、ここに「鑑賞者」すなわち芸術作品を受容する側の観点が考慮されてはじめて芸術は芸術作品として成立するのである。

詩人がここで行わなければならないことのすべては、ただ読者を中心へ立てることだけである。そこからあらゆる方向に向かって光が無限へと発し、したがって本当の対象から偶然の特徴を取り去るとき、そこに立つすべての偉大で単純な自然の形式を見渡すことができる。したがって重要なのは、それ自体があり得なかったり、芸術の多くの分野を排除したりする多くのものを実際に見せることではなく、すべてを見る気分にわれわれを移すことである。芸術家はわれわれ自身の本質を一つの点に集め、芸術家としてそれを行わなければならないように、自分を自分のそとの対象の中に立てる。すると、この対象がどんなものであれ、直接に世界が私たちの前に立つ。なぜなら、その時、私たちの本質が私たちにおいて、そしてすべてにおいて生き生きとなり、創造的になるからである。(35)

フンボルトの美学論の革新的な点は、たんに芸術家の構想力を問題にするばかりではなく、作品を受容する側の構想力にも注目しなければならないことに気づいたことである。芸術的効果を達成することは、芸術の鑑賞者を芸術家の構想力の状態に移すこと、つまり、芸術を受容する者を芸術産出者の側に属していた「気分」へと移すことにほかならない。見方を換えれば、芸術家の一般的な力量とは、鑑賞者の構想力、すなわち芸術の受け手の潜在的な芸術産出力に語りかけることによって、受け手自身の無限の力の発展に関与する特殊な伝達能力を指す。芸術家がみずからの感動を一般に伝える能力は、ある種の感情によって引き起こされた、短時間しか持続しない効果などでは決してなく、芸術の生産過程で客観化する芸術家の活動的エネルギーを芸術の受容という行為をとおして普遍化することである。芸術作品によって先導された知覚活動は、芸術家が行うことをたんに模倣することではなく、作品の需要をとおして受け手の構想力の活動が操作され、作品によって暗示された知覚構造を超えて受け手の生産的活動が新たに形成され、作品に与えられていたものを受け手が個人的に完成するプロセスが始まるのである。

フンボルトにとって、芸術作品と接することによって得られた美的経験は、芸術作品の受け手の形成的機能の発達をうながすことを意味する。すなわち、受け手は芸術作品をとおして芸術家の見方に全身全霊でかかわることによって、みずからの人間形成にとって決定的に重要な感受性を発達させることが可能になる。このように、芸術的構想力の特殊性を問題にすると同時に、芸術を生み出す者と芸術を受容する者の間における作品を介した双方向的な関係による美的知覚形式の問題をテーマにしたという点で、フンボルトの美学論は美に関する従来の常識的な考え方とは一線を画するものであり、この点においてまさにカントの「コペルニクス的転回」であったと言えるだろう。

5 結論

いったいフンボルト自身は「教養理論」によって何を目指していたのであろうか。それを知るてがかりとして、シラーを介して知り合い、フンボルトの終生の友人でもあったケルナー宛てた手紙（一七九三年十一月十九日付）の一部を引用しよう。

新しい創造は集められた材料の混沌から生まれるに違いなく、私たちの時代の良き精神が芸術の手から受け取ることを望んでいるのは、おそらくあなたのおっしゃるとおりです。集められたさまざまなものを整理して利用することは、私たちの時代の大きな要求であり、それは人間が行うことを学んださまざまな種類の活動それぞれに本来の価値を定め、そもそも人間を取り巻くさまざまな対象と人間との関係を完全に正確に決定することです。というのも、哲学的認識におけるこれほど大きな解明や史的知識のこれほど大きな拡大、また芸術の分野での趣味の洗練、これらが相変わらず生かされず、実を結ばないままであり、考え方となるものはわずかで、行動の仕方となるものに至ってはほとんどないこと、これらの財宝があるにもかかわらず、今世紀が、人々自身何であるかということによってよりも、人々が知っていることや作るものによって際立つであろうことは誰の目にも明らかな現象だからです。この現象は、人間の教養が部分的には顧慮されなかったこと、部分的には誤って導かれたことによってのみ説明できるように思われます(36)。

フンボルトがこの手紙で書いているように、「人間が行うことを学んださまざまな種類の活動それぞれに本来の価値を定め、そもそも人間を取り巻くさまざまな対象と人間との関係を完全に正確に決定する」こと、それを可能にするのが「教養」である。したがって、フンボルトの言う意味での教養とは、社会で通用している知識の体系や集積でも、それらを学んで積み重ねることでもなく、人間がさまざまな状況において本来の使命にふさわしい判断を下すことを可能にする能力と関係している。すなわち、人間が遭遇するあらゆる困難な局面においてこそ、このような教養が問われることになる。専門的かつ職人的な仕事では労働による生産と使用と評価が誰の目にも明らかな連関に置かれているために、それによって個々人の実践的能力と道徳的能力との関係はともに保たれているが、科学の発達にともなってこの種の展望は失われ、人間は個々の活動を最終目的に合わせて自分で選ぶことができなくなってしまった。フンボルトの「教養理論」の背景には、このような近代社会に特有の問題意識が存在していたと思われる。

私たちの生存の究極の課題、すなわち、私たちが生きている時代ばかりでなく、その向こうにもなお、私たちが残す生きた活動の痕跡をとおして私たち個人の中の人類の概念にできるかぎり大きな内容を手に入れること、この課題は私たちの自我と世界を結合して最も普遍的で活発で自由な相互作用を目指すことによってしか解決できない(37)。

フンボルトの教養理論が目指すところは、「周りの世界と自己の内面が差し出す素材のすべてを感受性という道具を使って自己に受け入れ、自己の活動の力を尽くして造り変え、自分のものとし、それによって自我と自然を普遍的で活発で調和のとれた相互作用へともたらす[38]」ことにほかならなかった。したがって、言語による芸術である「詩的芸術は直接的に、他のどの芸術よりもはるかに高い意味で、二つのまったく異なる対象である外部の形式と内部の形式、すなわち世界と人間のためにつくられている[39]」のであり、人間の形成と本来深く関わっている。このように、フンボルトの教養理論においては「人間と世界の根源的相互作用」という観点が最も重要視されている。すなわち、フンボルトは人間の認識の限界を認めながらも、その限界の克服を目指す人間の営みそのものに人間の精神の本質を見たのである。フンボルトは晩年になって言語の研究に没頭することになるが、これもフンボルト独特の教養の理解と明らかに深く関わっている。美学論においては、芸術作品を生み出した芸術家の構想力に受け手の構想力が呼応することによって対話が成り立ち、それによって受け手の側に形成の過程が繰り広げられることに着目された。言語においてもまさしくこれと同じ過程が展開する。芸術作品であれ、言語であれ、自我が世界と向き合い、構想力をとおして世界が造り変えられて内面化される。しかし同時に内面は作品あるいは言語として対象化されることによって自立し意識化される。このように見てくると、フンボルトの教養理論を単純にワイマル古典主義という旧来の枠組みで一括りに取り扱うことには無理があるのではないだろうか。ゲーテは古代の造形芸術への傾倒と独特の自然観察に基づいて、シラーはカント哲学の美の原理と道徳法則を芸術論へと発展させることによって、いずれにせよ、両者は芸術家の立場から創作という芸術活動をとおして人間を理想的な状態へと形成することを目指したのであった。これにたいして批評家としてのフンボルトの考え方は、対話を基軸に据えるという点において、むしろ世界を自我から一方的に内面化することへの客観的で冷静な態度から出発する。フンボルトの教養理論に現代的な意味が認められるとすれば、このように、いわゆる自己形成あるいは陶冶とも区別される、ある種の批判哲学としての性格を強くもっていることにあるように思われる。

注

（1）Humboldt, Wilhelm von : *Der Königsberger und der Litauische Schulplan*. In: Wilheim von Humboldt Werke Band 4, Darmstadt 1982, vgl. S.191.

（2）Humboldt : *Über die innere und äussere Organisation der höheren wissenschaftlichen Anstalten in Berlin*. In: Wilhelm von Humboldt Werke Band 4, Darmstadt 1982, vgl. S.255.

（3）Ibid., S. 256.

（4）Menze, Clemens : *Wilhelm von Humboldts Lehre und Bild vom Menschen*. Ratingen bei Düsseldorf 1965.

（5）Haym, Rudolf : *Wilhelm von Humboldt, Lebensbild und Charakteristik*. Osnabrück 1965, S. 629.

（6）Spranger, Eduard : *Wilhelm von Humboldt und die Humanitätsidee*. Berlin 1909.

（7）Kaehler, Siegfried A. : *Wilhelm von Humboldt und der Staat*. Göttingen 1963.

（8）Borsche, Tilman : *Wilhelm von Humboldt*. München 1990, vgl. S.12f.

（9）Humboldt : *Brief an Friedrich Genz*. In: Wilhelm von Humboldt Briefe. Auswahl von W. Rößle. München 1952.

（10）Humboldt : *Ideen über Staatsverfassung, durch die neue französische Constitution veranlasst*. In: Wilhelm von Humboldts Gesammelte Schriften, Band I, Berlin 1968, S.80.

（11）Humboldt : *Ideen zu einem Versuch, die Gränzen der Wirksamkeit des Staats zu bestimmen*. In: Wilhelm von Humboldts Gesammelte Schriften, Band I, Berlin 1968, S.101.

（12）Ibid., S.106.

（13）Humboldt : *Brief an Schiller. In: Der Briefwechsel zwischen Friedrich Schiller und Wilhelm von Humboldt*, Band II, Berlin 1962, S.23.

（14）Humboldt : *Betrachtungen über die Weltgeschichte*. In: Wilhelm von Humboldts Gesammelte Schriften, Band III, Berlin 1968, vgl. S.350.

（15）Ibid., S.358.

（16）Humboldt : *Über die Aufgabe des Geschichtsschreibers*. In: Wilhelm von Humboldts Gesammelte Schriften, Band VI, Berlin 1968, vgl. S.54.

（17）Ibid., S.55.

（18）Ibid., S.37.

（19）Ibid., S.38.

（20）Ibid., S.36.

（21）Ibid., S.41.

（22）Ibid., S.36.

（23）Humboldt : *Über Schiller und den Gang seiner Geistesentwicklung*. In: Wilhelm von Humboldts Gesammelte Schriften, Band IV, Berlin

1968, S.492ff.

(24) Schiller, Friedrich : *Kallias oder über die Schönheit.* Stuttgart 1971.

(25) Schiller, Friedrich : *Über die ästhetische Erziehung des Menschen.* Stuttgart 2000.

(26) Schiller, Friedrich : *Über naive und sentimentalische Dichtung.* Stuttgart 1978.

(27) Vgl. Schiller : *Über die ästhetische Erziehung des Menschen.* S.98.

(28) Ibid., S.97.

(29) Ibid., S.104.

(30) Ibid., S.109.

(31) Humboldt : *Ästhetische Versuche. Erster Teil Über Goethes Hermann und Dorothea.* In: Wilhelm von Humboldts Gesammelte Schriften, Band II, Berlin 1968, S.126.

(32) Ibid., S.127f.

(33) Vgl. Humboldt : *Brief an Schiller.* S.150.

(34) Vgl. Humboldt : *Ästhetische Versuche.* S.128f.

(35) Ibid., S.136.

(36) Humboldt : *An Christian Gottfried Körner: Zur philosophischen Geschichte der Menschheit.* In: Wilhelm von Humboldt Werke V, hrg. Von Andreas Filtner und Klaus Giel, Stuttgart 1981, S.171ff.

(37) Humboldt : *Theorie der Bildung der Menschheit.* In: Wilhelm von Humboldts Gesammelte Schriften, Band I, Berlin 1968, S.282ff.

(38) Vgl. Humboldt : *Ästhetische Versuche.* S.113.

(39) Ibid., S.118.

その他の参考文献

Borsche, Tilman : Sprachansichten, *Der Begriff der menschlichen Rede in der Sprachphilosophie Wilhelm von Humboldts.* Stuttgart 1981.

Bergler, Peter : *Wilhelm von Humboldt.* Hamburg 1970.

Benner, Dietrich : *Wilhelm von Humboldts Bildungstheorie, Eine problemgeschichtliche Studie zum Begründungszusammenhang neuzeitlicher Bildungsreform.* München 1995.

Heydorn, Heinz-Joachim : *Wilhelm von Humboldt.* In: Studien zur Sozialgeschichte und Philosophie der Bildung, II Aspekte des 19.Jahrhunderts in Deutschland, München 1973, S. 57ff.

Humboldt : *Wilhelm von Humboldt, Sein Leben und Wirken, dargestellt in Briefen, Tagebüchern und Dokumenten seiner Zeit.* Verlag der Nation.

Kessel, Eberhard : *Wilhelm von Humboldt, Idee und Wirklichkeit.* Stuttgart 1967.

Kost, Jürgen *Wilhelm von Humboldt-Weimarer Klassik- Bürgerliches*

Bewußtsein.Kulturelle Entwürfe in Deutschland um 1800. Würzburg 2004.

Meinecke, Friedrich : *Wilhelm von Humboldt und der deutsche Staat.* In: Staat und Persönlichkeit, Berlin 1933, S.81ff.

Menze, Clemens : *Wilhelm von Humboldt.* Sankt Augustin 1993.

: *Die Bildungsreform Wilhelm von Humboldts*. Hannover 1975.

: *Grundzüge der Bildungsphilosophie Wilhelm von Humboldts.* In : Bildung und Gesellschaft, zumBildungsbegriff von Humboldt bs zur Gegenwart, Göttingen 1972.

Müller-Vollmer, Kurt : *Poesie und Einbildungskraft, Zur Dichtungstheorie Wilhelm von Humboldts*. Stuttgart 1967.

Otto, Wolf Dieter : *Ästhetische Bildung, Studien zur Kunsttheorie Wilhelm von Humboldts.* Frankfur am Main 1987.

Sauter, Christina M. : *Wilhelm von Humboldt und die deutsche Aufklärung.* Berlin 1989.

Scurla, Herbert : *Wilhelm von Humboldt, Werden und Wirken.* Berlin 1985.

Secker, Wilfried : *Wiederholte Spiegelungen, Die klassische Kunstauffassung Goethes und Wilhelm von Humboldts.* Frankfurt am Main 1985.

Spitta, Dietrich : *Die Staatsidee Wilhelm von Humboldts.* Berlin 2004.

: *Menschenbildung und Staat, Das Bildungsideal Wilhelm von Humboldts angesichts der Kritik des Humanismus.* Stuttgart 2006.

Spranger, Eduard : *Wilhelm von Humboldt und die Reform des Bildungswesens.* Tübingen 1965.

Trabant, Jürgen : *Traditionen Humboldts.* Frankfurt am Main 1990.

Wilhelm von Humboldt Studienausgabe, hrg. v. Kurt Müller-Vollmer, Frankfurt am Main Band 1, 1970, Band 2, 1971.

Wilhelm von Humboldt, Erbe - Gegenwart – Zukunft. Halle (Saale) 1967.

Sprache und Bildung, Beiträge zum 150. Todestag Wilhelm von Humboldts. Darmstadt 1987.

Dippel, Lydia: *Wilhem von Humboldt, Ästhetik und Anthropologie.* Würzburg 1990.

Döll, C.Volker: *Weimarer Klassik*. Paderborn 2007.

Greif, Stefan: *Arbeitsbuch Deutsche Klassik.* Paderborn 2008.

Voßkamp, Wilhelm(hrsg.): *Theorie der Klassik*. Stuttgart 2009.

シラー『美学芸術論集』石原達二訳　冨山房百科文庫　一九九二年。

シラー『美と芸術の理論』草薙正夫　岩波文庫　一九九八年。

ヴィルヘルム・フォン・フンボルト『人間形成と言語』C・メンツェ編、クラウス・ルーメル、小笠原道雄、江島正子訳　以文社　一九八九年。

ユルゲン・トラバント『フンボルトの言語思想』村井則夫訳　平凡社　二〇〇一年。

西村貞二『フンボルト』「人と思想　八六」清水書院　一九九〇年。

亀山健吉『フンボルト、文人・政治家・言語学者』中央公論社　一九七八年。

潮木守一『フンボルト理念の終焉？現代大学の新次元』東信堂　二〇〇八年。

ハンス＝ヴェルナー・プラール『大学制度の社会史』山本尤訳　法政大学出版会　一九八八年。

野田宣雄『ドイツ教養市民層の歴史』講談社　一九九七年。

西山雄二編『哲学と大学』未来社　二〇〇九年。

特集「大学の終焉——人文学の消滅」『現代思想』青土社　二〇一五年。


なお、本稿の執筆にあたっては下記論文の一部を修正したうえで再録した。


山取清『フンボルトの言語論の研究、西洋近代言語思想史再考（一）』近畿大学語学教育部紀要　第一巻第一号　二〇〇一年　一一三—一二六頁。

山取清『フンボルトの教養理念と言語思想——異文化理解教育の視点から見た考察』近畿大学異文化理解教育研究会編『異文化理解教育』二〇〇九年　一—二三頁。

山取清『フンボルトの教養理念と言語思想（その二）——歴史哲学および芸術論との接点』近畿大学異文化理解教育研究会編『異文化理解教育』二〇一〇年　一—十九頁。

III

人物との対話

6　岡倉天心のアジアによせるおもい

綱澤満昭

岡倉天心のアジア観

いまもって、日本はアジアに関するとてつもない大きな問題をかかえている。

アメリカと日本の関係からくる「対アジア」の問題一つにしても、そこにはいくつもの隘路が存在する。日本はどこに足場を置くべきか、難問である。

これまで私たちは、アジアへの認識をめぐって、対極にあるように見える二人の思想家の存在を知っている。

その一人は福沢諭吉（一八三五～一九〇一）であり、いま一人は岡倉天心（一八六二～一九一三）である。

福沢は明治十八年に、「脱亜論」を書いた。日本はたしかに地図の上ではアジア東方に位置していて、アジアの一員である。しかし現状を見るとき、アジアの隣国と共に歩んでいたならば、西洋列強の餌食になることを避けることはできない。日本は東方の国々を謝絶し、ヨーロッパ文明に接近しなければならぬという。隣国はおそかれはやかれ亡国の道を歩むことになるであろう。陋習を保守するのみでアジアは自立することは不可能だと福沢はいう。

「脱亜論」よりも、先に書いた『文明論之概略』（明治八年）のなかで、福沢はヨーロッパ、アメリカを最高の文明国と呼び、中国、日本などは、半開の国と称している。彼は文明ということをことさら強調し、こだわり、文明の発達こそが国家の独立であり、日本も文明国になることを目標にして進まねばならぬとした。

福沢の「脱亜論」の思想的背景となるものは、いかなるものか。彼が中国の文明に触れた最初のものは、いうまでもなく漢学である。福沢の漢学の実力はかなりのものであった。論語はいうまでもなく、詩経、書経、左伝、老子、荘子、史記など。

『福翁自伝』にこうある。

「白石の塾にいて漢書《かんしょ》は如何《いか》なるものを読んだかと申すと、経書《けいしょ》を専らにして論語孟子は勿論、すべて経義《けいぎ》の研究を勉め、殊《こと》に先生が好きと見えて詩経に書経というものは本当に講義をして貰って善《よ》く読みました。ソレカラ、蒙求、世《せ》説《せつ》、左伝《さでん》、戦国策《せんごくさく》、老子《そうし》、荘子《そうじ》というようなものも能《よ》く講義を聞き、その先《さき》は私独《ひと》りの勉強、歴史は史記を始め、前《ぜん》後漢書《ごかんじょ》、晋書《しんじょ》、五代史《ごだいし》、元明史略《げんみんしりゃく》というようなものも読み、殊に私は左伝が得意で、大概の書生は左伝十五巻の内三、四巻でしまうのを、私は全部通読、およそ十一度《た》び読み返して、面白いところは暗記していた。」（『新訂・福翁自伝』岩波書店、昭和五十三年、一五～一六頁。）

福沢は大阪に行き、緒方洪庵の蘭学塾で、蘭学を学ぶ。その実学、実用性に強烈な印象を持った。そうなると、それまでの儒教が急速に空虚に思え、その批判に彼の目は移ることになる。

外遊を機に福沢は、ヨーロッパのアジア植民地獲得状況に、強い危機感を持った。力としての文明に福沢は強い興味を持つのであった。

「脱亜」の背景に、福沢のアジア文明の危機感があったことを忘れてはならない。

岡倉天心は明治三十六年に、『東洋の理想』を書き、次のようにのべた。

「アジアは一つである。ヒマラヤ山脈は、二つの偉大な文明―孔子の共産主義《コミュニズム》をもつ中国文明と『ヴェーダ』の個人主義をもつインド文明を、ただきわだたせるためにのみ、分かっている。しかし、雪をいただくこの障壁でさえも、究極と普遍をもとめるあの愛のひろがりを一瞬といえどもさえぎることはできない。この愛こそは、アジアのすべての民族の共通の思想的遺産であり、彼らに世界のすべての大宗教をうみだすことを可能にさせ、また彼らを、地中海やバルト海の沿海諸民族――特殊なものに執着し、人生の目的ではなく手段をさがしもとめることを好む民族――から区別しているものである。…（略）…アジアが一つであるとすれば、アジアの諸民族が力強い一体をなしている、ということも真実なのである。」（「東洋の理想」『岡倉天心』、色川大吉責任編集、中央公論社、昭和四十五年、一〇六～一〇七頁。）

天心がここに表明しているものは、アジアにたいする生涯の関心と、その思念を集めたものである。

アジアの諸国は、その多くがヨーロッパ列強の侵攻を受けており、その蹂躙に呻吟していた。植民地支配からの解放の意味も、ここにはあった。

こういった天心の思いとは別に、日本の近代化の方向は、福沢が主張した通りの脱亜入欧の道を歩み、ヨーロッパの近代文明を金科玉条のごとくにした。あとへ引き返すことはなかった。

この近代化のスタート時点よりアジアは日本にとって、近くて遠い国になってしまったのである。

ヨーロッパ列強に遅れをとった、後発の日本は、文明開化に象徴されるような、ヨーロッパ文明の日本化に血道をあげていったのである。

このことにより、日本は急激に実力をつけていった。やがて膨張的日本の姿があらわれるにいたる。蛙のお腹が破れるほど、ふくれあがろうとした。

天心は近代日本のそのような道に共鳴することもなく、旗をふることもなかった。

アジアのそれぞれの国は、それぞれ独自の歴史と文化を持って生きていることを天心は熟知していた。一つの国家の内部においてさえ、それぞれの地域がそれぞれ独自の生活の型を持っていることも、彼は知っていた。

たとえば同じ中国にしても、儒教、老荘、道教の支配する地域があり、インドも多様である。

その凹凸を巨大なヨーロッパ文明というローラーで平板化してゆくことは、文明の破壊であるとの認識を天心はしていた。

この多様なアジアを、もし大きな枠でくくるとすれば、それは「究極と普遍をもとめるあの愛」である。この愛こそが、あのヨーロッパ文明の根底にある「人生の目的ではなく手段をさがしもとめる」ものと、決定的に違うものだと天心はいう。

アジアの文明は、愛と美と道義を核に置きその求めるところを追究してやまないのである。しかし、ヨーロッパはこのことを、アジアの停滞と呼ぶ。

日本近代の知識人と呼ばれる人たちが、ヨーロッパにしか目が向いてないのと、そちらにしか足を運ぼうとしないのに、天心は中国、インドを縦横に歩いた。

科学的技術文明に遅れをとったからという理由で、アジアはいささかも劣等感をもつ必要はないし、これを恥じることもない。

天心は次のようにいう。

「アジアの簡素な生活が、今日蒸気と電気とが定めたところのヨーロッパとのきわだった対照を恥とする必要は毫《ごう》もない。…（略）…いかにもアジアは、時を稼ぐ交通機関によるはげしいよろこびは何も知らないが、しかし今なお巡礼や雲水という、はるかに深い意義をもつ旅の文化をもっている。」（同上書、一九三頁。）

そして、さらにこうもいう。

「今日アジアのなすべき仕事は、アジアの様式をまもり、これを回復することにある。しかし、これをおこなうためには、アジアはまずみずからこの様式の意義を確認し、これを発展させなければならない。なぜならば、過去の影像は未来の約束であるからである。いかなる木も、種子のなかにある力よりも大きくなることはできない。」（同上書、一九五頁。）

人間が自然を自分の支配下に置き、スピード、効率によって生産性をあげることに、最高の価値を置くような文明ではなく、たとえ、生産性はあがらなくとも、人間と自然が一つとなり、労働と芸術が一つになるような精神の昂揚にその基本を置くのがアジア文明である。

アジアの多くは農耕文明を持っている。これは、自然との融合、受容性のなかでの文明を持ち続けるということである。ヨーロッパ的価値からすれば、このアジア文明は、人間の進歩に逆行するものとなるのであろう。

現実世界において、物資的豊かさを追究するヨーロッパ文明が、近代兵器を使用しながら、アジアを抑圧し、侵略し、息の根を止めてしまうほどの攻勢をかけてきた。

ヨーロッパが非ヨーロッパを認めるのは、後者が前者に敗北を喫したときだけである。

多くの非ヨーロッパの国は、自国の誇りを捨ててでも、ヨーロッパに馴染もうと必死になった。

近代史上、ヨーロッパの栄光は、まさしく、アジアの屈辱であったのである。

天心は次のような声をあげている。

「ヨーロッパの栄光はアジアの屈辱である！　歴史の過程は、西洋とわれわれのさけがたい敵対関係をもたらした歩みの記録である。狩猟と戦争、海賊と略奪の子である地中海およびバルト海民族の、落ちつきのない海洋的本能は、最初から、農業的アジアの大陸的安住とはいちじるしい対照をなしていた。自由という、全人類にとって神聖なその言葉は、彼らにとっては個人的享楽の投影であって、たがいに関連しあった生活の調和ではなかった。彼らの社会の力は、つねに、共通の餌食《えじき》を撃つためにむすびつく力にあった。彼らの偉大さとは、弱者を彼らの快楽に奉仕させることであった。」（「東洋の目覚め」『岡倉天心』、色川大吉

責任編集、中央公論社、昭和四十五年、七〇頁。）

近代の歴史は、ヨーロッパ中心の歴史として展開した。そこに存在する基準がすべての領域における普遍的なものとなっていて、それが唯一絶対のものとなったのである。この尺度によって、全世界がとらえられ、アジアは停滞地域となった。

自由も民主主義も、ヨーロッパが非ヨーロッパを支配し、植民地獲得による拡大主義と、いささかも矛盾するものではない。

科学技術の発達が植民地拡大に大きく貢献したことを否定する者はなかろう。

ヨーロッパが自由を拡大してゆく歩みは、非ヨーロッパの不自由の拡大につながる。ヨーロッパ文明の発達は、人類に数々の貢献をしてきたのは事実であるが、根本的に他の生命の犠牲の上に成立するもので、そこには強烈な自己利益の追求の姿がある。

略奪と抑圧によって膨張してゆくことが、ヨーロッパ文明の本質で、この文明は科学技術による「力」そのものである。この「力」に抗して固有の精神的価値を堅持してゆくことは、そう簡単なことではない。

ヨーロッパ文明という流行病の感染を恐れ、その侵入にブレーキをかけようとした人たちもいるにはいたが、大きな流れとはならず、ヨーロッパ文明が世界を席巻することとなった。

日本は福沢のいう「脱亜」の道を選び、ヨーロッパ列強の仲間入りを熱望し、それに向って奔走した。

ヨーロッパ文明がたとえ麻疹のような伝染病であったとしても、日本はその伝染病に罹ってでも、追随してゆくという選択をした。停滞している隣国と歩調を合わせていたら、日本の独立は不可能で、やがて植民地となり、従属の運命を辿るであろうという認識に立って、日本の近代はあった。

天心の思いは、そのようなものとは大きく異なっている。そもそも彼は、アジアを停滞した地域だとは思っていない。中国にしても、インドにしても、尊敬に値する道義をもち、崇高なる理想にもとづいた宗教、芸術をもっている。そこにはヨーロッパにはない精神の昂揚があるという。

しかし、この精神のたかまりを、近代兵器をもったヨーロッパは次々と侵略してゆくのである。

侵略と拡大を目標にするヨーロッパ文明の嵐は、狂気をもって激しくおそいかかる。アジアは完全にヨーロッパに従属するところとなった。

いつまでも、いつまでも、アジアはヨーロッパに忍従するのか、それともいつの日にか、アジア民族解放のために、アジアの怒りは爆発するのか。断固として天心は闘いを主張する。次のように彼はいう。

「アジア人ひとりひとりの心臓は、彼らの圧迫によるいいようのない苦しみに血を流していないであろうか？　ひとりひとりの皮膚は、彼らの侮蔑《ぶべつ》的な眼の鞭《むち》の下でうずいていないであろうか？　ヨーロッパの脅迫そのものが、アジアを鞭うって、自覚的統一へみちびいている。アジアはつねに、その巨体をうごかすのに緩慢であった。しかし眠れる巨象は、あすにも目覚めて、おそるべき巨歩をふみだすかもしれない。そして、八億三千万の人間が正当な怒りを発して進むならば、そのひと足ごとに地球は震動し、アルプスはその根底まで揺れ、ラインとテームズは恐怖にさかまくであろう。」（同上書、九一頁。）

幾重にも虐げられてきたアジア民族の解放は、アジア全体の夢であった。その熱い思いを誰も消すことはできない。

天心は民族解放のための闘いとして、ゲリラ戦をもってくる。

天心は中国美術の調査という名目で、明治二十六年七月から十二月にかけて、中国を旅している。この年は日清戦争のはじまる直前で、きわめて危険な状況のなかでの旅であった。この政治状況とは別に、自然環境の厳しさもそれに重なった。

これより七年前、つまり、明治十九年に、文部省図画取調掛となり、九月に美術取調員として欧米に出向いている。滞在期間は、約九ヶ月間であった。ここで彼が意識して調査の対象としたものは、学校、博物館、そして著名な人と会見した。いわゆる人間の営みに注目したのである。

七年経過して天心が中国の旅で遭遇したものは、巨大な自然の力が人間の営みを圧倒する風景であった。この旅は、のちの天心のアジア観になり、日本文明観の一つになった。この旅での一大収穫は、竜門の大石窟群であった。

色川大吉は、そのことを次のようにのべている。

「北京に着くまで二十五日という惨憺たる旅をかさね、それから奥地へは危険だというので、…（略）…九月九日には黄河を渡る。この日は、朝三時半に起こされ、四時には出発している。その後十日して、洛陽の南方、竜門の大石窟群にぶつかり、天心は狂喜し、我を忘れてこの大芸術に見とれたという。ここでかれははじめて、東洋人にそなわった優秀な芸術的素質と表現技術の極致にたいする確信をつかんだようである。このことはかれのアジア文化にたいするこれまでの信念を決定的にしたであろう。」（色川大吉「東洋の告知者天心――その生涯のドラマ」『岡倉天心』色川大吉責任編集、中央公論社、昭和四十五年、二七頁。）

中国の芸術が、いかなる歴史的、風土的背景のなかで生れ、育ったかを天心は体感したのである。

雄大であるが、時として厳しく襲いかかる自然の勢いの前に、人知の非力さを天心は見た。

どれほど長期にわたり、人間の生活を支えてきたものであっても、それが人間の作為によってつくられたものであるかぎり、それは一瞬にして、破壊されてゆく自然の猛威を天心は見たのである。

人間を地球上の最高の座に置き、すべての長として認めるヨーロッパ的ヒューマニズムの主体性論、合理主義などの破綻してゆく姿を天心は見たのである。

この中国旅行によって、ヨーロッパ文明との決定的違いを知った天心は、さらに、アジア芸術の源ともいえるインドへの旅行で、天心のアジア文明観は、完成の方向を辿ることになる。

美術遺跡の見学、調査ということが旅の目的であった。明治三十四年の十一月から翌年の十月まで、およそ一年にちかいインド滞在であった。

インドと中国の天心の旅の違いを、大久保喬樹は次のようにのべている。

「このインド旅行は、八年前の中国旅行に比べて、約二倍の日程に及ぶ長期のものだったが、内容的にも、前回の旅が現地人との交際も案内もなく、独力で苦労を重ねながら強行日程で各地を踏破した孤独な遺跡探検行であったのに対し、今回は、現地知識人社会に厚く迎えられ、そこに悠々と滞在して交際を深めながら、インドの過去と現在、遺跡と社会現状を並行して全体的に観察するというように幅広いものだった。…（略）…そこで中心的テーマとなっているのは、日本から中国へとさかのぼって確かめられたアジア美術の流れを更にその源泉たるインドにまでたどって、最終的にアジア美術全体の大きな見取図を確認完成することである。」（大久保喬樹『岡倉天心』小沢書店、昭和六十二年、一九一～一九二頁。）

インドにおいて、天心は明治三十五年の一月三日にはラムナッド国王と昼食を共にしたり、その後、世界的仏教学者であるヴィヴェカーナンダに会い、彼の紹介で、タゴール家の人々などに会っている。

天心が多くの人に会い、現地を歩いてわかったことは、日本の古美術なども、インドの影響を強く受けていること、また、美術だけでなく、日本の風俗習慣などにもその影響下にあるものが多いということであった。

アジアの深い伝統にもとづく、愛と美の普遍的なものを追い求めるために、天心の「アジアは一つ」はあったのである。しかし、いつしか彼の真意とは違ったところでそれは利用され、政治世界に利用されるという悲劇を生んだ。

アジア全体の解放ということが、日本がその主人となって、アジアをヨーロッパ列強にかわって主導権を握ろうとする思想にかわってゆく。

日本ファシズムのイデオロギーの一つとして、「大アジア主義」があることを指摘してくれた一人に丸山真男がいる。彼は次のようにいっている。

「日本ファシズムのなかには、自由民権運動時代からの課題であるアジア民族の解放、東亜をヨーロッパの圧力から解放しようとする動向が強く流れ込んでいるのですが、しかもそれが殆ど不可避的に日本がヨーロッパ帝国主義に代ってアジアのヘゲモニーをにぎろうとする思想と織り合わさってしまうのであります。（東亜共同体論より東亜新秩序論への展開を見よ）。日本がともかく東洋において最初に近代国家を完成し、『ヨーロッパの東漸』をくいとめた国家であるという歴史的地位からして、日本の大陸発展のイデオロギーには終始この東亜解放的側面がまつわっております。勿論後になればなるほど、この側面は帝国主義戦争の単なる粉飾という意味を強化して行くわけですが…」（丸山真男「日本ファシズムの思想と運動」『増補版・現代政治の思想と行動』、未来社、昭和六十二年、五七頁。）

天心の真意がどこにあろうとも、「アジアは一つ」は、大東亜共栄圏という偽善のなかに吸引されてゆく。

いうまでもないことであるが、ファシズムは、もともと固有の思想や哲学を持っているわけではない。行動が優先し、その行動を正当化できるものであれば、右でも左でも利用できるものは、なんでも利用する。

天心の「アジアは一つ」は、利用価値の高いものであった。アジアの解放という大義名分があり、また、ヨーロッパ文明にたいする強烈な疑念があったからである。

「ヨーロッパの栄光は、アジアの屈辱である」と豪語し、ヨーロッパ近代を攻撃した天心は、日本浪曼派とも結びつき、ファシズムに利用されていった。

日本浪曼派の代表である保田与重郎は、昭和十七年、天心についてこうのべている。

「天心は明治最大の思想家である。又最大の詩人であった。最も識見の高い志士であった。さうして最大の予言者であった。彼はアジアが一つであること、アジアの未来がアジア自身の中に蔵されていることを云うた。さうしてアジアが自身の力で、九死より回生する神話を、アジアの中にさし示した。彼の思想は予言であったが、それは神話である。…（略）…天心の思想は、所謂南進論や北進論と云ふ類のものと同一ではない。彼の創造的な思想は、情勢論でなく、神話であった。」（保田与重郎「日本語録」『保田与重郎全集』第十七巻、講談社、昭和六十二年、一七六～一七八頁。）

保田を中心とする日本浪曼派の基本的主張は、ヨーロッパ近代、文明開化への懐疑であり、否定であったから、保田が天心を仲間に入れないはずがない。

保田もそうであったが、天心もまた、戦後民主主義の嵐によって、厳しい糾弾を受けたことは周知の通りである。

ヨーロッパの攻勢、侵略にたいするアジアの抵抗ということは、聞こえはいいが、アジアの真の連帯を意味するものではなく、それは日本のアジア侵略、統合のための隠れみのにすぎなかったという否定的発言も多くあったのである。芸術などの面にしても主役は日本ということになる。

青木保は、この点にふれてこうのべている。

「天心の『東洋の理想』論といえども、日本の使命を説くのに熱心であり、その背後にアジアの芸術と愛があるとはいっても、アジアとの『共同』の作業を行ない、『連合』を築く上でそれを論じるという動きはほとんどみえないのである。もとより天心はアジアに多くの友人知己をもち、その交友関係の中での『共同』は意識をいだいたであろうが、いざアジアの芸術と伝統の存亡の危機に際して、それを擁護できるのは日本と日本人であると主張するのみである。アジアの偉大な伝統、そこに達成された芸術と宗教の深さと広さを称える天心であるが、その継承発展はひとえに日本の使命であるということになる。」（青木保「近代日本のアジア認識」、青木保・川本三郎他編『近代日本文化論（2）――日本人の自己認識』岩波書店、平成十一年、一〇四～一〇五頁。）

青木の言っていることは当たっているが、そうだからといって、天心のアジアへの熱い思いを消去していいということにはならない。

天心の真意が奈辺にあったかを探る必死の努力を惜しんではなるまい。天心の片言隻語をつかまえて、極小化したり、極大化したり、あるいは歪曲して政治的に利用される危険性はなくなってはいない。

天心は大正二年九月二日に他界した。相当の年月が流れたが、いまだ彼についての文明論は、たしかな理解がなされていないるであろうか。

色川大吉の次の炯眼に注目したい。

「天心評価は戦争の活況とともに栄え、敗勢とともに衰えた。昭和二十年八月の敗戦によって、もはや天心を口にする風潮はまったく消え去った。天心の訳者たち、解説者たちは、戦後民主主義の洪水のなかで戦争責任を問われて逼《ひっ》塞《そく》し、あるものは言論界から放逐された。天心の『アジアは一つ』は虚妄の弁とされ、アジアにたいしては、もっぱら〝懺悔《ざんげ》の哲学〟がくりかえし説かれた。しかし、そのことによって天心の提起した問題は、ほとんど何一つ解明されなかった。」（色川大吉「東洋の告知者――その生涯のドラマ」、前掲書、八頁。）

天心が提起したアジアへの思いを、いま、日本は、この厳しいアジア情勢のなかで、どのように理解し、将来につなげてゆけるのか。

ヨーロッパ、アメリカの仲間入りだけを目標にして突き進んできた日本近代の流れのなかで、天心から学ぶものは山ほどある。

主要引用・参考文献（岡倉天心の著作は略）

大久保喬樹『日本文化論の系譜――「武士道」から「甘えの構造」まで』中央公論社、平成十五年
菅孝行『日本の思想家』大和書房、昭和五十六年
竹内好編『アジア主義』〈現代日本思想大系（9）〉筑摩書房、昭和三十八年
保田与重郎『保田与重郎全集』第十七巻、講談社
丸山真男『現代政治の思想と行動』、未来社、昭和六十二年
青木保他編『日本人の自己認識――近代日本文化論（2）』岩波書店、平成十一年
大岡信『岡倉天心』朝日新聞社、昭和六十年
竹内好・橋川文三編『近代日本と中国』（上）朝日新聞社、昭和四十九年
大久保喬樹『岡倉天心』小沢書店、昭和六十三年
色川大吉編集・解説『日本の名著（39）・岡倉天心』中央公論社、昭和四十五年
斉藤隆三『岡倉天心』吉川弘文館、昭和三十五年
河原宏『近代日本のアジア認識』第三文明社、昭和五十一年
福沢諭吉『文明論之概略』岩波書店、昭和六年
福沢諭吉『福翁自伝』岩波書店、昭和五十三年

7 長田須磨の奄美への視線

関口千佳

長田須磨は奄美の民俗におけるある核心を独自の視点から浮かび上がらせた。それはかつて柳田國男が『妹の力』で伊波普猷の論文「をなり神」を通して問おうとした母系社会文化の存在である。「奄美」と「女性」に拘泥し続けた長田は、生活経験を基にした奄美の習俗への考察を徹底して「女性」に落とし込むことによって、柳田が追求しようとしてしきれなかった問題(1)に肉迫し、奄美における母系制的文化を現出させた。

この長田の論考において、私が感興を覚えるのは、彼女がヲナリ神信仰との関連から織物文化に着目していることである。なぜならオナリ神信仰と織物文化は「女性」を介して強固な結び付きを持つものであり、このことによってそれを包括するものとしての母系制文化の存在がより鮮明に示されるからである。換言すれば織物文化の隆盛は、母系制的社会環境においてこそ可能となるということであって、そのような社会の崩壊とともに機を織るという行為から精神性が剥奪されていく事実を長田の母系制文化論は同時に暗示していると思えるからである。かつて奄美は織物文化が栄えた地であり、多種多様な織物があったにもかかわらず、今はそれが消滅してしまっていることを問いたい私にとって、長田の母系制文化を巡る論考は多くの示唆を与えてくれる。したがってこの小稿では、長田が提示した母系制文化論からこの問題に接近してみたい。

1 長田須磨の奄美への思い

長田須磨は、一九〇二年(明治三五年)に奄美でも有数の旧家に生まれた。諸鈍の林家、大和の太家、住用の住家は、奄美大島の三大名家に数えられ、長田は大和集落を治めた太家の末裔である。その祖は琉球王朝から奄美のノロの最高位を任じられたという家柄で、その格式を示す衣服として琉球から太家に花織が伝えられている。

長田は一八歳で共立女子専門学校への進学のために上京し、故郷である奄美大島を離れた。その後は国内や満州などを転々とする定まらない生活を送りながら遠地から故郷を想う日々を過ごす。奄美が米国の占領下にあった昭和二五年ころ、柳田国男の『海南小記』を読み、未だ祖国復帰がかなわない奄美への懐郷の情をしたためた手紙を柳田に送ったことから機縁を得て柳田が自宅で主宰する「女性民俗研究会」への誘いを受けて参加するようになる。(2) 柳田の許で奄美の文化、習俗の価値に開眼した長田は以後奄美の言語や習俗の研究に打ち込み、その成果として、『奄美方言分類辞典』上下巻(笠間書院)(3)、『奄美女性誌』(農山漁村文化協会)、『奄美の生活とむかし話』(小峰書店)の著書を残した。また没後には『わが奄美』(海風社)が刊行されている。

これらは、長田が五〇歳を過ぎてからの仕事である。柳田の勧めで、奄美方言の収集を思い立ってから、二〇年余りの歳月をかけて『奄美方言分類辞典』の編纂に取り組みながら、それと並行して、島尾敏雄が主催する「奄美郷土研究会」会報や『えとのす』などに奄美の習俗についての執筆を続けた。専門的知識や方法論を持たない長田が、五〇歳を過ぎてから言語学、民俗学上価値のある画期的な仕事を完遂し得たのは、もちろん柳田を始めとする、その道の理解者や協力者に恵まれたことに因るところは大きい。しかし長期にわたって彼女のモチベーションを支えたものは、長田が終生持ち続けた奄美への郷土愛に他ならない。急速に失われてゆく、また失われてしまった奄美の方言や固有の文化、習俗を今書き留めておかなければならないという焦燥感とそういう場を与えられた者としての使命感が彼女を動かしたのに違いない。郷土の言語だけではなく、生活のあらゆる面への深い関心と記憶がその原動力であったといえる。

長田が奄美大島で暮らした期間は一八年に満たないにも拘わらず、彼女の特に生活面に関する記憶は細部にまでわたっている。島を離れてからもその記憶を保持していたことから奄美での生活体験がいかに豊かなものであったかが窺えるし、その生活へのゆるぎない肯定と執着の姿勢が彼女の著述には貫かれているのである。たとえば彼女が上京して間もないころ、腰を下げてしとやかに振る舞う本土の女性の姿より、頭上にものを乗せ背筋を伸ばして堂々と歩く沖縄の漁夫の妻の姿のほうが美しく思えたと言うのだ。(4)

つまり当時の東京の女性の装いは男性が求める女性の理想像でしかなく、父系制社会での抑圧された女性の姿として彼女の眼には映ったのではないだろうか。この時点で長田の意識がそこまで到達していたかどうかはわからないが、少なくとも奄美ではそのような女性の姿を美徳とする風土はなかったということであろう。

　このような長田の奄美への思いは、次第に「明治の世を直接につくったのは薩摩に外ならぬが、その底力は奄美の砂糖の力に外ならぬ[5]」という観念にまで昇華する。長田は亡くなる前年に発表した随想でこの思いを述べた。それまで長田の著述には薩摩藩の黒糖政策を直接的に批判したものはない。しかしここでは、琉球の善政に比べてそれがいかに過酷な搾取であったかについて言及したうえで、熾烈を極めた黒糖政策のもとでの奄美の人々の苦難に心を寄せて、維新の陰の力、ほんとうの力は、奄美の人々のこの死をもった戦いであり、我が身をおいて「死を賭して戦って来た奄美の人々の霊に報いられたらと、謹んで乞い願う[6]」と結んでいる。薩摩の圧政による苦痛を実体験したわけではなくともその時代に生きた人たちの辛酸は、子孫たちの胸に刻まれ、今も尚年配者には薩摩に対しての払拭できない憎悪を心底に宿している人は少なくない。彼らの代弁者として新しい時代が誕生した陰には奄美の多大な犠牲があったことを、豊かさだけではなく奄美にそのような悲しい歴史があったことを、長田はどうしても伝えたかったのであろう。それが奄美を愛する彼女の最後のメッセージとなった。

2　柳田国男のヲナリ信仰への関心

ヲナリ神信仰とは、姉妹（をなり）に兄弟（ゑけり）を守護する霊威を認める信仰で、昭和二年に伊波普猷が雑誌『民族』に発表した論文「をなり神」によってその存在が確認された。

　ヲナリ神信仰が奄美の習俗に深く関わっていることについて、長田はその独特の感性で捉えてはいたであろうが、柳田に私淑したことによって、その認識を強くしたに違いない。なぜなら柳田自身がこの南島に残存するヲナリ神信仰に並々ならぬ関心を持っていたからである。

　柳田は『妹の力』で、伊波の論文「をなり神」の意義を絶賛したが、その事情を清眞人は次のように観ている。当時柳田は「バッハオーフェン・ルネッサンス」と称される「母権制文化」へ向かう西欧の知的世界の関心をいち早く掴み、日本文化の古層にそれと類似の「母権制文化」の存在が発見できるのではないかとの問題意識に立っていたが、しかしながら、日本本土の文献資料からはその確証は得られず、方法論的暗礁に乗り上げていた時に、伊波の「をなり神」が登場したわけで、それは民衆のなかに口承されてきた伝承の民俗的価値を柳田に認識させると同時に、ヲナリ神信仰が象徴する沖縄、奄美の伝承世界とその生活文化のありようは、日本古代における「母権制文化」の存在を柳田に強く印象付けることになった。つまり、伊波論文は、「柳田が直面していた方法論的隘路を切開し突破するものであった」[7]と。

確かにバッハオーフェンの『母権論』が登場した後の西洋知的世界の動向を柳田が看過するとは思えないし、実際に「それで此研究の為に何より大切になって来るのは、中世以降に社会事情を異にし、相互独自の展開を遂げたかと思う隻方の家族制の比較、沖縄でいうなら祝女神人の職分の継承法、殊にヲナリ神の信仰の衰え又変わって来た経路を明らかにすること」[8]であり、そのことによって「仮に今日世界で論議せられて居る家族性発達の問題に、直接参考となる迄は望み難くも…」[9]と述べているのである。柳田にとって、ヲナリ神信仰は日本古代史に母系制文化の存在を発掘するための有効な素材として意義を持つものであったのだ。

この柳田のヲナリ神信仰への問題意識は、長田に大きな影響を与えた。長田は『奄美女性誌』のあとがきで、「柳田先生は、目に見えない霊魂の声を聞き、その霊力により男のなし得ない問題に力を与えるオナリ神の力、その太初の姿が残っている南島に目を注いでおられた。その柳田先生のもとで、『女性と経験』『日本民俗学』、後に『奄美郷土研究会報』などに、〝私の奄美〟を発表させていただいてきた」[10]と述べている。また別のところでは、「男のもたない力、女にのみ与えられた呪詛力、霊力、これをもっと追いかけてみたいと思う」[11]とも言っている。柳田がなぜこのヲナリ神信仰へ注目するのか、その学問的野心を長田は感じ取っていたのだと思う。「女権制度」という言葉が彼女の著作の中にも見られるし、長田が「古代のような奄美」を表現する意識の根底にはこの柳田の問題意識への呼応があったように感じられる。また柳田も長田にそれを求めていたのではないかとも思える。いずれにせよこの柳田の姿勢が彼女に「女性の霊力」への関心を誘発させたことは確かである。長田は柳田のもとで〝私の奄美〟に接近するための方法論として、その考察基点に「女性の霊力」を据えるという手法を獲得したのである。

3　オナリ神信仰にまつわる奄美の伝承

このような長田の考察観点に織物文化がどのように関わっているのであろうか。このことを探るうえで、非常に興味深い次のような奄美の伝承を長田は披露している。

昔、娘が機の上で機織りの手を休めて、居眠りをしていたという。母親がそれを見つけて、起こした。娘は「お母さん、私にもう少し居眠りをさせて下さったらよかったのに。いま兄さんが難船して溺れているところを私が縄を投げたら、兄さんはそれにつかまって、もう少しで私が救い上げるところをお母さんに起こされた。ああ、兄さんはどうなったのだろう」と娘は泣いた。これにさきがけて、父親と兄は船旅に出掛けていた。二人の船は難破して、父親は無事帰ってきたのに、兄は溺死したという。「おナリ」が居眠りしていて兄を救おうとしていたところ、母が起こして手を放した。ちょうどその時に、兄が溺死したと父の話でわかった。(12)

この奄美の伝承で深い意味を持つのは、母親が兄の守護神としての妹の霊力をむしろ妨げる存在として描かれているということである。一般的な概念としては、子を守るのは母親で、それを母性として神聖化する。本来母性は息子、娘を問わず子に対して平等に働くはずであるが、父系制社会においては、娘より息子のほうが当然大切に扱われ、母性的愛情もより男子のうえに注がれるのが常である。それが社会の要求であり、それに従うとするならば、母親が何としても、誰よりも守りたいのは息子であろう。しかしこの伝承では、息子を守護するどころか、その救済を邪魔する役割しか与えられていない。伊波普猷も「をなり神」のなかで沖縄に伝わる同種の口碑を紹介しているが、奄美のものとはこの辺の状況が少し違うのである。比較のうえで次に挙げておく。

父と長男とが支那に行った時の話である。或晩妹が睡眠中、大きな声を立てて、もがくので、一緒に寝ていた母が、なぜそんなことをするかと、一方の手をつかまえてゆり起したら、惜しいことをした、二人の乗った船が、今難船にあったところで、右の手で兄さんを助けて、左の手でお父さんをつかまえようとするところを、手が動かなくなって、お父さんをとうとう助けることが出来なかったと謂った。程経て、支那にいった兄から手紙が来て、行く途中難船にあって、自分は助かったが、父は溺死した、ということであったので、皆々びっくりした。(13)

恐らく、この沖縄の伝承がオリジナルで、奄美のものはその変形であろう。沖縄のヲナリ神信仰にまつわる伝承がなぜ奄美に伝わった後に変えられたのか。これは薩摩藩の琉球侵攻によって、奄美諸島が琉球から分離されて薩摩の直管地となったことと無関係ではないはずである。藩は奄美統治の方針を「大島置目条々」で示したが、その内容は琉球王朝から続いた古代的な支配体制を打破して琉球との関係を断ち切り、薩摩藩独自の支配体制の確立を目指そうとするものであった。つまり奄美の社会を琉球風(母系制)から薩摩風(父系制)に改変してゆくことであった。そのことへの牽制という意味がこの奄美バージョンには含まれているのではないか。父系制社会では母と子の関係はあくまでもその母とその子という縦の関係に限定され、子供の中でも家督を継承する男子がとりわけ大切にされる。しかしバッハオーフェンの言う「母性の優位に立脚する生活形態(14)」を持つ母系制社会では、母性の永続性が何より重要であり、その点で姉妹がより大切にされる。それは「女性」という性の根源においては娘たちも等しく「母」(経産婦であろうとなかろうと)であるからであり、その意味において母と娘も親と子という関係を超えて母性に集約され、母性の永続が保たれるからである。

オナリ神信仰的概念においては、妹の霊力がその兄に作用するとされており、それは母と息子の関係性より、兄と妹の関係性のほうが強固であり、尊重されることを意味している。しかもここでいう兄妹は血縁で繋がった兄妹を指すのではなく、をなり(兄からみた妹)とゑけり(妹からみた兄)のみで完結した関係性なのである。つまりこの「をなり」「ゑけり」の関係は、肉親としての男女、恋人としての男女、夫婦としての男女という男女間のすべての関係を内包するものであり、その思想世界においては、兄(男)が政を行い、妹(女)が男を守護し、神に仕える女神と位置づけられる。この位置づけが、琉球王と聞得大君、根人とその妹(神職を司る)、さらには一般民に至るまであらゆる局面において果てしなく転用されると同時にそれが男女の役割として決定される。

先の伝承でも、船旅に出ている兄(男)とそれを守護する妹(女)の関係性において男女それぞれの役割が表されている。古来より漁労は普遍的に男性の職分であるが、加えて大半が山岳部で占められている奄美大島では、物資の運搬や、人の移動等においても海路を利用するしかなく、これら海上に関わる仕事はすべて男性の役割であった。それが非常に危険を伴うもので、たとえ失命することがあったとしても、島の生命維持のためにはこれを回避することはできない。そのため海に出ていく男性の守護神としての役割が島に残る女性に賦与されたのである。女性の役割と言えばまた機を織ることこれもその始原から女性の持分であった。天照大神が機を織る神であったように、女神と機織りという職分的関連は、神話上においても日本のみならず世界的に広がりを持つモチーフとなっている。「娘(ヲナリ)が機織の手をやすめて居眠りをしていた」時の夢見というこの伝承の設定は、ここに象徴的な意味を持つのである。

4 長田の織物への拘りとその背景

さて、この伝承を長田が取り上げている以上、女神と機織りという職分的関連性を充分意識していたはずであるが、そのうえで彼女は女性が機を織るという行為を、また織物をどう捉えていたのか。

長田によると、奄美では機を織ることは良家の子女の嗜みとされていたという。彼女自身も幼少の頃から自ら進んで母親に機仕事を習い、八歳くらいになると機織りの真似事くらいはできるようになっていたらしい[15]。奄美でも有数の名門で生れ育った長田にとって、その出自からも機織りは女性として当然身に付けなければならない技術であり、彼女自身にもそのことへの自覚があったのだと思う。名瀬の旧家の出身で、機織りの素養がある母親が、女性の仕事として最も尊重される機織りに専念できる家に嫁いだこと、また機織りに専念する母親の姿から長田はそのことを強く自覚したはずである。

自給自足の衣生活を原則とする時代、あるいは地域においては、布を織れるということは女性にとっての最高の教養とみなされた。かつての琉球王国でも、織物の売買は原則的には行われておらず、むしろ織物は貨幣と等価なものとして扱われており、生活に必要な布から上納布まですべて女性によって手織りされていた。王族の女性たち――王妃であろうと聞得大君であろうと――も例外ではなく機を織った[16]。このことから琉球王国では機が織れる女性というのは上層の女性及びその生活を意味した。琉球の影響を強く受けた奄美においても同様で、母親は上層の生活ができる女性になれるように願って娘に機織りを習わせたという[17]。

しかし、このような奄美でも高等教育の道が女性にも開かれていくに従い、機を織るということへの認識も変化していったと長田はみている。大正六年に名瀬に女学校が開設されと、当然良家の子女は進学し、進学できない娘たちは、そのころ黄金期を迎えようとしていた大島紬機業の織子として従事したため、機織りは良家の子女の嗜みから遠く離れて、むしろ賃金を得るための手段と認識されるようなったというのである。このように機を織るということについての環境の変化やそれにつれる認識の変化を長田は時代の趨勢として感受しているが、けっして肯定はしていない。進学のために上京した後も機を織ることへの関心を彼女は失うことはなかった。当然東京はより機織りを軽視する風潮にあったはずであるが、むしろその流れに反発するかのように積極的に柳悦孝らの指導を受け、機織り技術のみならず広く染織に関しての知識を深めようと努めたのである。[18]

この長田の姿勢は、彼女の生まれ育った豊かな環境や、機を織ることがその豊かさを象徴していたかつての奄美の生活への単なる郷愁から誘出せられたのではなく、そういった生活を抹殺し、それを省みようともせず近代西洋の模倣に明け暮れて止むことなく近代化の道を進もうとする当時の社会の在り方に対する意識的な抵抗であり、挑戦であったように思えてならない。

恐らくこのような問題意識に立って、織物への造詣を深めていったであろう長田は、柳田との邂逅によって得た女性の霊力という観点を織物にも投影させ、「ノロ、ヨた、神官、僧侶などその衣によって自分の身分を象徴づけると同時に、正にその御座の人として神仏になり得る呪術を持つ力が生まれるのであろうか[19]」と問う。これこそがまさに織物文化における根源的かつ核心的問題であり、奄美の織物の存在基盤に関わる問題なのである。

5　三角形が意味するもの

前述の課題に当たって、長田は、蝶を象形化した「三角形」に注目し、身に付けるもののほとんどにこの「三角形」が見られると指摘する。たとえば三角形の小切れをパッチワーク風に接ぎ合わせた着物ハブキラハギン、これは主に子供に用いられたが、ノロが祭祀の時に着用するドゥギン（胴衣）にも同じ方法で作られたものが見受けられる。同じくノロの衣装としては首から下げる装身具である玉ハブルの連珠方法も三角が基調であり、その先端には三角の色とりどりの布が付けられている。織物文様においてもタスキｷと称される菱形文様も確かに三角が二つ合わさった形である。古い時代の花織や絣の織物の文様はほとんどがこのタスキｷで、大島紬の絣柄の原形にもなっている。またオンジョという裂織の労働着は織りながら襟肩あきをつくりそこに別襟を付けることで、着用したときに別襟によって首元に三角形が生じるように工夫されている。このように、織物柄せよ、布の接ぎ合わせ方にせよ、着物の構成にせよ、「三角形」が表れるように計算されているのである。この「三角形」への拘りは、奄美では蝶は先祖の霊を意味し、また脱皮（孵化）することから再生の力を象徴するものとされていることに由来するもので、「三角形」を身に付けることによって、祖霊の加護を受けることができると信じられてきたためだと長田は分析している。[20] すなわち「三角形」の霊威によって布は単なる物質を離れて、霊魂が抜けやすいとされる幼児を守護し、ノロに神と交信する能力を授ける霊物となる。ここに疑いや否定という近代的思考が入る余地はないのである。

　このように祖霊信仰を根底に置く社会では、織物は寒暖を凌ぎ身体を保護するための衣料である以上に、祖霊と生者を媒介するものとしての役割が大きい。なぜなら織物はその視覚性において宗教的世界観を体現化し、実用性においてそれを具現化するものになり得るからである。祖霊とより良好な関係を築くために、またその加護と恩恵を願って、女性たちは一段一段丹精込めて機を織り、母から娘へとそれを伝承してきた。長田は言う。「母たちの姿は、それらを語っていた。衣は単なる布ではないと。私たち、すなわち着る人を守護してくれる霊物であると。これを織るおナリ神は、こうして神の地位に立ってこれを織った」[21]。

　ところで、長田もその文化的意味を奄美の女性文化に関わらせて確認しているが、この「三角形」が女性器の象徴とされ、万物の源として崇拝の対象であったことは、東西を問わず普遍性をもって古代文化にひろく行き渡っているという[22]。だとするならば「三角形」を再生の力の表象とし、それを織物柄に残してきたということは、もはや神話の世界にしかその形跡を見出せない古代宗教の形態が奄美では永らく生き続けてきたということの証明でもあろう。女性が機を織ることを通して、古代宗教の精神的世界観が伝承され、それをもとに構築される母系制的社会形態が存続してきたのである。

　ちなみに織物は新石器時代に誕生したということが現段階における定説となっている。織物は有機物質であるがために残り難く、この説も考古学の分野からのあくまでも推定であり、新石器時代のものと認められる土器に織物組織の圧痕が見られたことからの推測によるが、新石器時代がまた農耕の開始時代であるということを考えると、この説は実に説得力を持つ。穀物の栽培はもともと女性が始めたものであり、繊維が食の二次的利用法であった[23]ということからも、織物の誕生が農耕の開始と無関係ではないはずであるし、農耕の開始とは、それまで「食」に関して受動的であった人間が食物を自ら生産し管理するようになったということであり、それに付随して「衣」に対してもそれまで以上に能動的になっていった[24]と考えるほうが自然である。とにかくこの時代は生産に関する分野はほとんど女性が担っており、そのことと女性自らが持つ出産能力とによって女性の役割は高く評価され、女性は支配的影響力を持ち得たのである。織物は生まれながらにして、女性の優位的立場を補完するものであったともいえるのではないか。

6 ノロの役割とその影響

ノロは琉球王国府から任命を受けた公職であり、第二尚氏王朝、第三代国王尚真王時代に祭政一致政策のもとに組織された。その組織は聞得大君を頂点としてその下に首里を掌管する三人の大阿母志良礼《おおあもしられ》を置き、またその下には各地方を統括する大阿母、さらにその下には各地域の祭祀を行う祝女（ノロ）を配する。ノロは原則として世襲制であるが、その娘ではなく、実家の娘すなわち姪が後継者になるという規則になっている。つまり女系による継承形態なのである。

長田の祖先は奄美最高位のノロであり、長田は「あむしられ」と称している。地域のノロを統括する立場にあるノロを奄美では「あむしられ」と呼んでいたのであろうか。長田の天保生まれの曽祖母も九五歳で亡くなるまでノロを務めた。長田はこの曽祖母に特に可愛がられ、家伝のノロの衣装や装身具を前に、「これを須磨にあげようね。」と言われたという[25]。琉球は厳重な服制をしいたが、そのため奄美でも衣服には素材はもちろん色、柄にいたるまで厳しい制限があった。しかしノロ職だけは例外で、琉球王府からの辞令とともに下賜される衣装は、型染めや刺繡で色とりどりに花や扇、流水などの模様を表したものや古錦など豪華絢爛で、それには王の衣装も及ばないほどである。明らかに特別な人のための衣装であると感じさせる効果がある。長田も華麗な衣装を前にしてそう思ったのに違いない。これを着る人は特別な人、人を超えた存在であると。しかも人を超えた存在になり得るのは女性だけなのである。女性だけに与えられた超人になり得る力とその神秘はノロの衣装を通して、自らの出自への誇りや使命感とともに幼い長田の心に刻まれたに違いない。

ちなみに、私も大和村でこのほど村に寄贈されたというノロの衣装を見る機会に恵まれた[26]。私が見た衣装も華麗なもので絹布に金糸で刺繍が施されていた。それは沖縄や奄美の伝統的な衣服とは異なり、中国の影響を強く思わせる図柄であった。ノロの衣装には古錦も使われていたというが、錦は本土では奈良時代に中国より技術者を招いてようやく取得がかなったくらい複雑な技法であり、織機にも大掛かりな装置が必要で、織物においては北中国文化圏よりも東南アジア文化圏の影響を受けた琉球では、錦は織られていない。したがってこのノロの衣装は琉球ではなく中国で織られた布を一部それに充てたのではないかと思われる。このことは琉球の織物文化の系譜を考える上で非常に重要であるが、現段階ではまだ私の研究の及ぶところではないので、今後の研究課題としたい。

ところで、奄美諸島が薩摩藩領となった後は制度上、首里王府との関係が切れ、奄美のノロは王府の公職から離れるが[27]、多くのムラでは社会習慣として、その機能が生き続けてきた。たとえば本土で寺社が果たす役割をすべてノロが務めるのである。本土では寺と神社の棲み分けがうまくなされていて、人が生まれ死ぬまでの間における儀礼はもちろんのこと人生の様々な局面で、必要に応じて寺あるいは神社の機能を使い分ける。しかし奄美ではそれらをすべてノロが受け持つのである。ノロは人の生をさらには社会の動向を司る存在＝神として認められているのであるから、その影響力は計り知れない。かつて（恐らく明治以降と思われる）大和村の今里ではノロを迷信として廃止しようとしたところ、大豪雨になって山が崩れたことから再びノロを信仰するようになったという[28]。今里は現在に至ってもノロ文化を色濃く残しているところの一つである。

むすびにかえて

明治以降、奄美は、薩摩藩支配から一応は解放され、本土との自由な交易が可能になったが、それは同時に古代の女系制文化を残しながらも、父系社会的価値観を受け入れることであった。また本土中央が推し進める近代化への対応を迫られることでもあった。その過程で、女性の最高の教養であった機織りは、精神的活動から経済活動へと変わっていった。長田はこの経過を「その昔、子女の嗜として求められた機織りの技術が、今また、文明社会で生計を支えるものとして力強く生きつづけていることを想うと、島に生まれた女として今昔の感にたえない[29]」と、冷静かつ的確に捉えている。また紬の仲買人がヤンゴ（屋仁川、名瀬の繁華街）に上がってビールで足を洗ったとか歯を抜いて金歯にすげかえたとか言われる大島紬景気に沸く狂乱の時代（第一次黄金期を迎えた大正期）を「その時代は、男だけが表向きに立った一劃期[30]」と表現する。しかし女性は織子として家庭を助け、兄弟の学費を稼ぐなど「他に比類ないおナリ神の地位はゆるぎない美しい花を咲かせていた[31]」と評する。

確かにヲナリ神はその役割を果たしているが、ヲナリ神が機を織ることの目的が変わったのである。それは賃金を稼ぐための労働となり分業となった。かつて芭蕉が衣料の中心であったころは、芭蕉を伐採し、繊維をとり、緒績みをし、おだまきをして機にかけて織る。気の遠くなるような時間と手間を要する作業である。賃金を目的とした場合、とてもこのような時間と手間をかけることはできないであろう。

『染織の美18』に掲載された「沖縄の伝統織物をになって」という対談[32]の中で、宮原初子は次のように言っていた。「私の娘時代には、今どの家にもミシンとかテレビがあるように、機があったんです。そして自分の家族が着るものを作りますから、上等を作るわけですよ[33]」、これを受けて大城志津子も「商売用のものと自家用のものとあり、自家用によいものを作るんですね[34]」と言っている。これこそが機を織ることの原点であり真髄であろう。沖縄の織物文化においてもかつての琉球王国時代の繁栄は今はもう見られない。しかし、宮原、大城らによってその精神はかろうじて継承され、わずかながらでも沖縄では偉大な琉球織物文化の痕跡を留めているのである。家族の息災を願って機を織る。織物文化はその精神の反映であろう。そして家族のために機を織るという女性だけに認められた崇高な行為によって、女性たちは永らく守護神的権威を保証され、そのことによって支配的影響力を保持し得たのである。

かつて奄美に豊かな織物文化が存在したということは、そのような土壌があったからで、今はそれが見る影もなく衰退しているのはその土壌が失われてしまったということに尽きる。

＊柳田國男、伊波普猷からの引用に際しては旧字体表記を新字体表記に改めた。

注

（1）清眞人は、長田が考察の核心に性を据えたことを評価しながら、柳田が性の問題をヲナリ信仰の考察から意識的に排除していると指摘している。（清眞人「奄美母権文化試考」近畿大学日本文化研究所編『日本文化の鉱脈』風媒社、二〇〇八年、七八頁）

（2）長田須磨『奄美女性誌』農山魚村文化協会、一九七八年、一二～一四頁。この書の出版は島尾敏雄の勧めによる。

（3）この『奄美方言分類辞典』は古代語を専攻した須山名保子、藤井美佐子の協力によって刊行された。二〇年余りを要した大著で、長田の情念の書である。民俗学的記述と言語学的分析の両面において優れた画期的なものと評価されている。

（4）長田須磨『奄美随想　わが奄美』海風社、二〇〇四年、四〇頁

（5）同前、二三頁

（6）同前、二三頁

（7）清眞人「奄美母権文化試考」前掲書、一六〇～一六二頁

（8）柳田國男『妹の力』（定本柳田國男第9巻）筑摩書房、一九六九年、三五頁

（9）同前、三六頁

（10）長田須磨『奄美女性誌』前掲、二二八頁

（11）同前、一八七頁

（12）長田須磨『奄美随想　わが奄美』前掲、二五六～二五七頁

（13）伊波普猷「をなり神」『をなり神の島』紫浪書院、一九四〇年、一五頁。この伝承には続きがあって、彼女は他家には嫁がず、家族以外には見られたことがなかったが、ある時、妹の夫にその姿を見られたので、普天間の洞窟に隠れたため、後日神として祀られたという。つまりこの伝承は普天間権現の縁起となっているものである。

（14）バッハオーフェン著、岡道夫・河上倫逸監訳『母権論』みすず書房、一九九一年、一一頁

（15）長田須磨『奄美女性誌』前掲、一五頁

（16）岡村吉右衛門『庶民の染織』衣生活研究会、一九七六年、二七二頁

（17）長田須磨『奄美随想　わが奄美』前掲、九六～九七頁

（18）もともと機織りの素養があり、また染色についても奄美で経験していた長田はさらに研鑽を重ね、夫を喪った後は、織物を教えることでその生計を立てていたという。織染に関する研究にも熱心で、現在は消え去った織物についての知識は驚くほど豊富である。奄美の織物に

関する文献資料は乏しく、その意味からも長田の織物についての論考は貴重である。長田はインドネシアなどにも調査に出かけており、おそらく奄美の織物文化のルーツを探ろうとしていたのではないかと思える。

(19) 長田須磨『奄美随想　わが奄美』前掲、二〇五頁

(20) 同前、六八〜七四頁、一八六頁

(21) 同前、一八六頁

(22) バーバラ・ウォーカー著、山下圭一郎他訳『神話・伝承事典』大修館書店、一九八八年、一七八〜一七九頁、八六六〜八六七頁

(23) 麻は栽培された繊維原植物として最も古い物とされているが、最初は食用として栽培された油料作物であった。綿も麻と同様に油料用植物である。植物も動物もまず食料として用いられ、繊維は二次的な利用法であった。絹でさえ蚕のサナギが食用であったという。

(24) 当然のことながら、狩猟採集の時代においても編物など衣料を作る技術はあったが、そこから織物への移行は相当の発想の転換を必要とする。織物＝織機の誕生はいわば衣料生産における技術革新であり、そのシステムの原理は今も変わらないばかりかコンピュータにも応用されているくらいである。

(25) 長田須磨『奄美随想　わが奄美』前掲、二八六頁

(26) 今年の三月に大和村村役場において、保管されている衣装を見ることができたが、それを収納箱から取り出すことができるのは女性に限られているとのことであった。つまり男性はいかなる場合においても、ノロの衣装に触れることは許されていないのである。

(27) 公職から離れたことによって、奄美大島のノロは正統を引く「真須知組」と傍系の「須多組」に分かれていったという。「真須知組」は大和浜から焼内・西・東方に広がり、古来の法を厳守して独身を通したが、名瀬・笠利方面を本拠とする「須多組」は途中から結婚も許されていたらしい。（昇曙夢『大奄美史』奄美社、一九四九年、一二四頁）

(28) 長田須磨『奄美随想　わが奄美』前掲、八二頁

(29) 長田須磨『奄美女性誌』前掲、二一一頁

(30) 長田須磨『奄美随想　わが奄美』前掲、二一四頁

(31) 同前、二一五頁

(32)『染織の美18』（京都書院、一九八三年）に収録。

(33) 同前、七四頁。宮平初子は首里に生まれ、沖縄の女子工芸学校卒業後、柳宗悦のもとで沖縄の伝統織物を研究に携わる。沖縄に戻り工房を開設し、後進の指導を行いながら、王府首里の華麗な織物を現代に伝える第一人者である。平成十年、人間国宝に認定。

(34) 同前、七四頁。大城志津子は一九三一年に首里に生まれ、那覇で育つ。女子美術大学洋画科を卒業後、柳悦

孝に師事し染織の道に入る。沖縄に帰り、沖縄の伝統技法を踏まえながら現代的創作活動を続け、一九八六年から沖縄県立芸術大学で教授として後進の指導に当たったが一九八九年に死去。

Ⅳ 市民社会をめぐる対話

8 山崎勉治と消費組合理論

堀田 泉

1 人と業績

私は本叢書において、消費組合の社会運動としての現在および将来における可能性を模索するために継続的にその歴史を追ってきた。なかでも組合運動家や組合理論の掘り起しは基礎的な作業をなしていた。今回は実践にも関わりながら生涯にわたって消費組合に理論的関心を持ち続け、消費組合運動史に業績を残した山崎勉治［(一八九四（明治二七）年～一九六七（昭和四二）年］に焦点を当ててみたい。

私の研究においては、もちろん当時の書籍や論文、組合機関誌、パンフレットなどの第一次資料は必要に応じて活用してきた。しかし、運動史の先行研究文献となると、協同組合関係のものは多くあるが、消費組合とりわけ明治から戦前日本の消費組合運動史に関しては非常に少ないという思いが強くあった。定番と言えば奥谷松治の『消費組合論』［奥谷：1937］と『日本生活協同組合史』［同：1973］および山本秋『日本生活協同組合運動史』［山本：1982］などであるが、この研究に先鞭をつけた人物として、忘れ去られようとしているのが山崎勉治である。奥谷、山本の書には山崎の運動史に負うところが随所にあるし、何よりも、山崎のこの領域での著述の分量は、重複も多いがかなりなものがある。そして三者に共通していえるのは戦前の消費組合活動に携わりつつ社会運動を担った実践家である[1]とともに在野の研究者であったことである。奥谷、山本が戦前戦後を通じてほぼ一貫して左翼系の消費組合運動に組合幹部として精力的にコミットしたのに比べると、山崎は比較すれば理論家肌で組合運動への傾斜はより低かったといえる[2]。そして正面からかれが辿った道やその評価を語る人は現在ではほとんどいない。

山崎の軌跡をたどってみると、元来病弱で大正末期に社会問題・資本主義批判に目覚めつつ早大を出るが、定職にはつかず生活に困窮するなかで消費組合研究を続け、消費組合運動史を、後述するように無産者の自主的消費組合の立場からまとめていく。その間一九三二（昭和七）年頃、短期間であるが石橋湛山が主幹であった東洋経済新報社で働いてもいる［山崎：1948：202］。その後賀川豊彦がかれの生活苦を見かねて私邸に「賀川社会事業研究所」を設置し、山崎はここで賀川が取り組んでいた国民健康保険の研究や翻訳をしつつ、実質的には賀川のゴーストライターとなった。その代表作として『産業組合読本』［賀川・山崎：1938］が出版されている。その後交戦状態にある上海に渡り、現地人慰撫のための教育機関である「上海学院」に勤務した。日中友好の意欲をもって協同組合を中国人学生に講義し、そのかたわら合作社の研究に携わった。一九四一（昭和一六）年には東京に戻って千石興太郎が率いていた「産業組合中央会」に就職し、その消滅の運命をともにする。

戦後は『産業組合発達史全五巻』［産業組合史編纂会：1965-66］の編纂において主たる執筆者になりこれを完成させる。また、ソ連の協同組合を今後の日本や世界に対する期待を込めて紹介し、産業組合の戦後版として出発した農業協同組合（農協）の研究や実務についての著作を重ねている。このように奥谷や山本に比較するとかなり振幅のあるキャリアを経ている。本稿ではこの点に注意を払いながら山崎の掘り起しを通じて現代の消費組合運動の抱える課題のありようを示してみたい。

2　消費組合運動史の基本姿勢

山崎は戦前に都合三冊の消費組合運動史を短期間に出版している。①『消費組合運動概観』［山崎：1928：本文一七六頁からなる］、②『消費組合物語』［山崎：1931：本文五三〇頁からなる］、③『日本消費組合運動史』［山崎：1932：本文附録とも四〇八頁からなる］である。これらは時間の経過とともに史実を追うという研究者的態度で叙述されているが、並行してかれの消費組合運動への評価および態度表明としての意図をもつ小冊子④『消費組合運動の倫理的基礎』［山崎：1935：本文五八頁からなる］が出版されている。この①〜④を総合して山崎の協同組合研究の出発点ということができる。[3]まずこれらを検討していこう。

①は比較的ボリュームが小さく海外編（オウエン・ロッ

チデール・英国および欧州各国の消費組合・ＩＣＡ）、日本編（明治の片山潜の共働店運動[4]から大正末の岡本利吉指導の共働社結成まで）の二編構成となっており、全体に啓蒙的な色彩が濃い。②は正編六章付編二章構成で、正編はイギリス・ベルギー・ロシア・イタリア・日本・ＩＣＡの順で、付編は正編以外の欧州各国・ＩＣＡにおけるソヴィエトが書かれており、前著と比較すればロシア・ソ連関係というテーマが付加されている。日本における運動の記述は①と対照するとさらに関東消費連盟の分裂まで延長されている。

③は日本評論社の協同組合叢書の第四巻として出版されている。タイトルどおり対象は日本の消費組合運動に限られ、それについては①、②をほとんど踏襲した最終版といえる。前編「歴史時代」、後編「新興消費組合時代」の二編構成となっており、前編は共働社誕生の経緯の叙述で終わる。後編は一九二九（昭和四）年に関東消費者連盟が分裂した経過までが記述されており、新しい運動史を出版するたびに最新の情勢を組み込もうとする意図が伝わってくる。

したがって、①とも符合するが、消費組合運動が前後編に分けられる転回点が「新興消費組合」の誕生記としての共働社となっており、この区分をする根拠として新興消費組合が労働者を包含していることが決定的であること、しかも同様に労働者の消費組合であった明治三〇年代の片山らの労働組合員だけで構成される先駆的な共働店運動[4]とは質的に異なるもの、とかれが認識していたことがわかる。そこで何をもって共働社以前が異なるとしたかといえば、両者には継承関係が全くないこと、そして大正末から昭和初期の労働運動・無産運動が明治期の状況とはかなり違っていたことがある。この区分に共働社以降の新興消費組合の運動[5]にかれがいかに関心を払い、また傾斜していたかが伺われるのである。

そして以上の①～③の文献の構成や緒言（序）や巻末の参考文献表を瞥見すると、運動史の執筆にたどりついた山崎の姿勢が少し形を結んでくる。まず生活に追われるなかで消費組合運動に携わり、その具体的に活動した組合としては西郊共働社[6]があげられている［山崎：1928：自序i］。この背景には「私は素より弱虫である。だから自己の性格の弱さを隠さず、最も弱い者をも抱容し得る合法的運動たる消費組合運動を以て自己の参加し得る運動並に研究の領野として来た」［山崎④：1935：i］、あるいは「消費組合運動は無産階級解放運動の一領野である……消費組合はその兵站部なのである……資本主義社会が止揚された後に出現す可き社会の基礎組織たる可き」［山崎③：1932：1-2］

というように新興消費組合に向かう関心の端緒が示されている。そしてこの新興消費組合に対する位置づけは奥谷・山本らとも共有されており、奥谷もまた「消費組合運動は、資本主義機構における被圧迫階級が、解放運動のために行う消費部門における組織である」［奥谷：1937：7］という立場である。山本もまた、新興消費組合運動の背景にある第一次大戦後の独占資本の確立とそれに対抗する労働者階級の成長を重視している［山本：1982：117］。このような関連から山崎が非合法運動を含めた当時の左翼政治運動のシンパという立ち位置であったこととともに、消費組合はその従属的なものであるという認識をもっていることがわかる。それから「実際運動に身を投ずる情熱を有せず……」と自嘲気味ではあるが、感激をもたらしたのはシドニー・ヴェッブ夫妻の『消費組合運動』の訳者（山村喬）序文であったと、「研究」への入り口を語っている。(7)

参考文献は①と②に付けられている。運動史研究の進捗にともなってであろうが、②のほうが英文文献を中心に数量的にも格段に増加している。とくにソ連関係の資料の多さは、前述した本文の内容にもかかわるのであって、かれの関心がいわゆるモスクワ型消費組合へと向かいつつあることを物語っている。

3 消費組合運動史の特徴

だが山崎には奥谷・山本とは異なる点が二つ存在した。それは新興消費組合運動とは性格の異なる「産業組合」に対する扱いと、④のテーマである消費組合運動を「倫理運動」としてとらえていることである。

まず第一点。産業組合は明治初期にドイツに留学して学んだ品川弥二郎、平田東助の発案で産業組合法(8)に則って信用組合を中心に政府主導で組織されていたが、消費に関する組合としては「市街地購買組合」や会社の温情的購買組合がこの翼下で勢力をなしていた。一九〇五（明治三八）年に創設された全国組織である産業組合中央会を山崎はこの時点では②において「その出生の歴史が示すように、たとえ定款が民主的団体であっても、事実上半官半民的天降り的連盟であるので、大衆の創意に基づく協同組合の中央連盟とは言い得ない」［山崎②：1931：391］としている。さらには③において市街地購買組合や会社の購買組合を「賃金低下、引上拒絶の口実を与え……争議時に当って会社が争議団の糧道を断つ武器に利用し得る」［山崎③：1932：125］とまでいっている。この見解は基本的には奥谷、山本にも共通していて、『消費組合論』〔奥谷：1937〕』では産業組合は消費組合とはいえないという立場で叙述からほとんど除外しているし、戦後にまとめた『増補改訂日本生活共同組合史』〔奥谷：1973〕でも中央会が信用組合中心で生協対策には消極的であったとの指摘だけにとどめている。山本に至っては「産業組合と絶対主義的天下り指導」〔山本：1982：76〕「絶対主義の支柱としての市街地購買組合」〔同：88〕となっている。

しかし山崎の立場は③で言明されているようにあくまでも無産者の自主的消費組合たる新興消費組合にあって中央会への批判的な態度は変わらないものの、産業組合の独立した項が立てられており、中央会の資料を使用しつつこれを明治の平民社の活動から新興消費組合の間の「産業組合時代」という歴史区分〔山崎③：1932：117〕がなされている。消費組合的なものを実勢に即して網羅的・年代的に記述しようという学者的な意図から同列に置いたように思われるが、「発案者たる平田東助氏が現社会組織の欠陥を認識することなかなか明晰であったことである」〔山崎②：1931：340〕〔山崎③：1932：16〕という奥谷、山本には見られない平田評価をしている点は注目すべきである。その趣旨は平田は官僚として資本家と労働者、地主と小作人は協調すべきという認識があったがゆえ、その対立が激化し、農村を荒廃させている欧州の状況に鑑みて「救済を社会運動に求めず、信用組合に求めた」〔山崎②：1931：342〕と述べている。この視点は、後に山崎が産業組合に関わっていく伏線になっていると思われる。

奥谷、山本と異なる第二点として、山崎は歴史家としての立場を堅持して消費組合運動史を①～③で描いた後、④において消費組合運動に理論と実践において関わる思想的根拠を吐露していることがあげられる。それはこの著書のタイトルのとおり「倫理」があるからこそ、この運動の値打ちがあるのだという表明である。以下その概要を示す。

山崎はまず人間は本来自己中心的であるというところから出発する。他人に対する同情、理解、友愛といった相愛的なものも、自分が自己中心的だからこそ他者に自己を投影するからにほかならないという。「自己中心的性向それ自体の中から、自己中心的性向それ自体に対立して」〔山崎④：1935：9-10〕それらは生じる。そしてこのような自己中心性が、現実には力として人間社会のなかでぶつかりあっている。これをかれは「力の相撃的発現」と呼ぶ。そして力の相撃は人間相互に打撃や不安を生ぜしめざるをえないが、これをそこから必然的に出てくる相愛的な「力の協力的発現」によってこれをとり除き、相互の力を相互の生活の向上にむける明示的・または暗黙の約束が社会道徳であると定義する。この時代、アダム・スミスの『道徳感情論』の「利己心と共感」は日本社会に知られてはいなかったが、これはまさに共通の認識であるといっていい。そして山崎によれば、人間のあらゆる能力は、対外的に発揮されるときにこの二つの発現形態をとることになる。

　ここから導かれるかれの体制認識、資本主義認識は「相撃的形態の発現が抑止されないのみならず、むしろそれを以て正当なりとし、之に反する者をもって秩序の攪乱者と見做す」［同：17］というものになる。これは政治運動が念頭に置かれつつ、資本主義とは「明示的・暗示的」な約束なき競争社会であって「社会道徳」の正反対の状況＝道徳の逆転＝倒錯である。これはどこに起因するかといえば、「生産に於ける私的領有と社会的生産との間の矛盾」［同：18］すなわち資本家と労働者の経済的利益の相反性にあり、これを資本主義の「根本矛盾」［同］であるとかれはいう。要はゼロサムの関係である。資本家の相撃性は労働力を安く買いたたくこと、生産された商品を高く販売することにあり、これは正当な商品価格を妨げる方向に作用する。だから市価販売で利益を購買高に応じて割り戻す消費者の運動はそれ自体資本主義の打倒には直接ならないにしても倫理的に本質的な意義がある、ということである。

　つまり労働者はこれを資本主義の相撃性を防衛、抑止するために労働者同士で相互扶助的に「力の協力的発現」を発揮するのが消費組合運動となる。しかも労働自体が消費という自己中心的欲望に向かって社会的生産力を高めていくのであるから、これも協力的になっていく。そして同じ消費者として資本家、富裕者に反省を促し、これを包含することもできる。したがって消費組合運動は市街地購買組合のように廉価販売と意識されても、またそこに留まってもいけないのであって、このような全社会を包含する社会道徳を備えた「意識的倫理運動」［同：40］でなければならないという。これが「消費組合運動の倫理的基礎」である。

　しかし、この点からいうと消費組合運動は当然「生きること」を前提に日常の消費生活のよりよさを求めるという一般性をもち、全社会層を含むために「改良主義」的運動であることを免れえず、資本主義の止揚に向かえない。そこでかれは消費組合の出発点であるロッチデールのパイオニアたちの協力性に還り、それが無産者の集団力の発現であったことを注視し、改めて資本主義を打倒する無産者の力の発現の様相を考察に入れてくる。現体制すなわち資本主義が相撃的暴力であるのはいうまでもないが、それへの対抗的な運動も当然自己中心的な力＝暴力をともなう。それをどう倫理づけるかということが次の課題になる。

これについて資本主義に対抗する力を山崎は先の力の二類型になぞらえて集団力の「破壊的発現」と「建設的発現」とする。前者は政治的組織、労働組合や農民組合などの運動において、後者は日常の経済生活そのものを担う消費組合を含む協同組合の運動において現れる。「生命を否定された人間」すなわち無産者戦線からなる前者は、資本主義の止揚に不可欠でありまた極めて暴力的であって、後者の消費組運動をその改良主義ゆえに嘲笑・罵倒する。[9] しかし資本主義打倒の時には鉄の如き統制が、官僚主義に陥る危険性を孕みつつ進行する。これこそ相撃的であるのだが、山崎はこれを「天災」［山崎：1935：58］のようなものだとしている。革命の暴力はそれ自体善でも悪でもなく、それを生ぜしめる社会組織の悪であるという理由からである。そしてこの相撃性を減消するものこそ消費組合運動の道徳性にほかならない。ゆえに「道徳とは生命を有する人間の間における相互に制縛力を有する行為の基準」［同：15］と定義するのである。つまりこの消費組合運動の倫理性とは、資本主義経済を止揚すること、そのプロセスにおいて随伴する天災的な害悪を回避すること、という二点にある。しかもそれを遂行するのは無産者だけではなく、この道徳性を認識して消費組合運動に協力するならば資本家、中産者も包含した社会の多くの社会層であってもいいというのが④の骨子である。

相撃性を協力性に対置して滅消すべきものと出発点に措定しながら、資本主義の廃絶に向かってかれには必然と考えられた革命的規律や暴力をこのように超越的にとらえるには矛盾があろう。ここで読み取るべきは現実の政治過程に問題性あるいは批判を含みつつも消費組合運動を現実にある無産者運動に繋げようとする意図である。そしてここで提起された相撃的・協力的な倫理と広汎な社会層という担い手は、後に検討するように山崎の生涯にわたって維持されていく。

この一連の①〜④を山崎の出発点としてまとめておくと消費組合運動をかれは客観的には「資本主義の欠陥を認識し、より合理的な経済組織（これは社会主義・計画経済を指している）を企画するあらゆる社会運動の最大公約数」［同：6］として、そして主観的には倫理的要素を不可欠に含んだ過渡期的なものと見ていることがわかる。そして資本主義の打倒には消費組合運動それだけでは不可能であるという認識がある。ここから伝わるのは当時の非合法の左翼運動に対する山崎の複雑な想念である。「倫理的基礎」を自己中心的「力」によって論じ始めること自体、十分に現実政治《レアルポリティーク》における権力関係の重みを認識していたことを示している。しかもかれは明白に左翼運動に共感を寄せている一方、「制縛力」としての道徳を説く。ここには運動を弾圧する国家権力への忌避があると同時に、左翼陣営に対しても「天災」という曖昧な表現をとりながらもある種のためらいがあることをうかがわせるのである。「弱虫」という自嘲的表現は極めて示唆的である。

4 産業組合へ向かって

以上のように自らコミットする消費組合運動への理論づけをなした後、山崎の研究対象は、運動史ではほとんど評価していなかった産業組合に移動していく。まず賀川豊彦が私宅に建てた「賀川社会事業研究所」で所長賀川のもとでのたったひとりの研究員として、当時の賀川のテーマであった国民健康保険の産業組合代行、一般保険の産業組合経営に関する研究［山崎：1954：16］に携わり、賀川との共著『国民健康保険と産業組合』［賀川・山崎：1936］を出版する。またフェビアン社会主義者としてシドニー・ウエッブ夫妻の薫陶を受け、保険研究をおこなったバルウ(10)の『協同組合保険論』［バルウ：1938］の翻訳などを手がけた。この研究所での在籍期間は一九三四（昭和九）年から一九三八（昭和一三）年にかけてであった。そもそも一貫して反マルクスで唯心論的意識経済を旗印にして、当時において産業組合の組織力のうえに健康保険の国民的制度を「神の国」のもとに構想していた賀川と、左翼シンパの山崎とがどのような出会いをしたのかはつまびらかではない。ただ、つねに経済的に困窮していた山崎に賀川が手を差し伸べた結果であるとの山崎の言は残っている［山崎：1960：20］。おそらく「(目覚めた者の）意識的活動としての協同組合」を標榜していた賀川と「倫理」を運動史に持ち込んだ山崎という精神面での両者の響きあい、賀川もまたかつては総同盟の幹部として三菱・川崎造船所の労働争議を闘い、その敗北から消費組合運動へと目を向け、共益社へと進んだという経過が底流にあるかと思われる。運動史における山崎は、賀川の共益社運動の流れについてはこれを新興消費組合のひとつとして淡々と記述しているだけで、とくに強い思い入れをしていたというわけでもない。

研究所時代の山崎の主たる仕事といえば、賀川との共著『産業組合読本』［賀川・山崎：1938］の執筆であった。この本では賀川は「序」と「あとがき」に相当する短い「理想を語る」を書いただけで、ほとんど山崎の手になる著書であるが、タイトルと目次だけを見れば当然ながら「産業組合」の叙述が中心となって前編「各国産業組合運動概観」、中編「日本産業組合史概説」、下編（後編と名付けられてはいない）「日本産業組合の現状」の三編構成からなっている。その研究環境にも因るのであろうが、山崎の変容と、変容しきれない撞着がかなり読み取れる。

まず前編はロッチデールに始まり、ヨーロッパ各国の消費組合・協同組合の現状を叙述するもので運動史①②を踏襲したものである。しかしここで最初から概念上困難な問題が生ずる。いうまでもなく「産業組合」とは日本の産業組合法で認可されているものをいうのであって、ここで紹介されているヨーロッパの組合はあくまでも下から自主的に形成された協同組合だからである。[11] つまり「産業組合史」になっていないのである。[12] また中編では従来からの産業組合観を「消費組合外の我が国の産業組合は、資本主義の受難者たる無産勤労者が資本主義の緊縛より自らを解放するための手段として起こされたる運動であるよりは、むしろ中小産者を資本主義に順応せしむるために、政府が援助しつつ作り上げてきたものであり、それは明治維新以来各産業部面において政府の試みた保護助長政策の一環をなすものである」（傍点筆者）［同：83］と批判的視点をより一層具体化しつつ第一次大戦後の日本の「産業組合」ならざる「新興消費組合」の運動史を賀川の共益社も含めて運動史③を継承して描くのだが、これも「産業組合運動」と括らざるをえなくなっているのである。

そしてさらに、岡本利吉が従来の産業自治の労資協調路線を脱して階級的無産者消費組合の労働争議支援に旋回したことを[13]「消費組合運動が新たな陣容と役割とを以て上場した」とポジティヴに描き、その後内部思想闘争の果てに関東消費組合連盟（関消連）の一九三八（昭和十三）年における解散を「歴史に一時代を画する」と感慨を込めて書いている［同：1938：124］。「運動史」の立場を強く引きずりながらもその使命が終わりつつあることも示唆しているのである。

結局、産業組合に対するかれの見解は一方で「支配階級の立場からすれば農村における資本主義の修正のための機関として政府に用いられ」［同：117］た「政府の米価統制政策の中心機関」［同：119］というものであり、他方で

「社会運動者の立場よりすれば大衆自身の協同組織建設の母体として新たなる期待をかけられつつ社会的関心の中へ躍り出てきたのである」［同：124］という二面性を持つものとしたものとなっている。これは明らかに運動史①におけ る産業組合観とは異なる。そして政治に引きずられた関消連の分裂の経過を淡々と叙述し、下編「日本産業組合の現状」を農村信用組合や医療利用組合など、消費組合とは関係の薄い領域の趨勢を描いていくのである。『産業組合読本』という書名に従うならばこの下編では産業組合法の成立と改正の理論的叙述をすれば十分という見方も成り立つ[14]。いずれにしても山崎は無産者の自主的運動としての消費組合運動と官製の産業組合との間を消化不良のまま揺れ動いているのである。そして著述の対象は消費組合から協同組合へと広がっていった。

ここに山崎の「変容」へと向かう自己矛盾的なモメントを「混乱」というかたちで確認してもよいだろう。学者として学問的・思想的に叙述の説得性を保持するならば『読本』全体の構成は協同組合と産業組合を同一の地平で扱うという注での断りで済むものではないであろうことは本人自身もわかっていたはずである。他方で「相愛互助の友愛経済」を説く賀川と、産業組合史およびその現状を客観的に綴らんとする山崎の執筆方針との齟齬は随所に見られるのにもかかわらず、例えば終結部における産業組合の欠陥についての議論などでは、消費組合組織は生産者的産業組合に比べてあまりにも立ち遅れていると指摘するだけで、その欠陥を克服する方途は示さずに、産業組合が「保険」と「共済」を欠いているという賀川の主張を完璧になぞっているのである［同：336］。そして同書冒頭で賀川のキリスト精神に基づく産業組合は世界的運動であると宣命しているのである。

さらにいえば自説の賀川へのアジャストという事態さえ存在する。この時期、山崎は賀川の布教誌「雲の柱」にしばしば寄稿するが、そのなかで終生の持論である倫理の問題に触れ、「社会道徳とは、相撃的発現を抑制し（贖罪）、協力的発現を高揚する（愛）ことに在る」［山崎：1937：26］と書いている。このカッコ付きの置き換えは両者の思想的経歴からみれば決して同一なものではないのであって、さすがにかれが賀川のもとを離れたのちには再現はしなかった。実践としては賀川が作った江東消費組合で活動をしていること[15]も付け加えておこう。

5　戦中の中華民国体験と「産業組合中央会」入り

　賀川の研究所に在籍した後、一九三九（昭和一四）年に山崎は上海に渡り、「維新学院」の教壇に立って中国人学生に「協同組合」を講義することになった。戦後になって山崎は日中戦争反対の立場を通したことを記しているが［山崎：1954：18-19］現地慰撫のために関東軍の占領政策の一環として設立されたこのような教育機関にどのような経緯でかれが入ったかもつまびらかではない[16]。中国との草の根の友好を主張していた山崎を、とくに中国での農村協同組合的な「合作社」の扱いにおいて関東軍が利用するという文脈で受け入れられたものと思われる。この教育組織は、かれによれば興亜院[17]の軍人が校長以下幹事を占め、専任教授が山崎のほかは中国人四名、あとは日本の大学からの短期の非常勤講師で構成されていた。

　帰国後の一九四二（昭和一七）年に出版された『中国合作社の人と文献』は資料集の色合いが濃いが、かれの中華民国体験を通じた社会認識を推し量る唯一の資料である。ここでは「日満支」の経済の発展は緊密に手を携えて進まなければならず（大東亜共栄圏）、とくに「中国民大衆」［山崎：1942：1］の低い生活水準（民度）を改善することが急務であるという主張が貫かれている。中国人の生活の向上ということ自体、日中戦争が侵略戦争であり、誤りであるとの反戦思想にも繋がりうるし、山崎も機会をとらえてはこのことを力説した。さらには軍人の前で戦争の誤りと早期終結を訴え、軍人の大陸での蛮行などを難じたために特高がついたり授業ボイコットを受けたりした由をかれは戦後に記述している［山崎：1954：19］。合作社についても中国民衆の支配の末端組織としてこれを位置づける軍とはなじまない。だが理論における「変容」は潜行しつつあった。

　中国における協同組合＝合作社運動が必要とされるかれなりの根拠は以上であるが、ここで中国は「農業中心の後進資本主義国」と位置づけられている。山崎はイギリスを比較にとり、資本主義が自生的に発達した先進工業国においては協同組合の「自主性」が保持されなければならないが、そして消費組合から、販売組合、利用組合、生産組合と発展していくのが協同組合経営の通常の経過でなければならないが、ここ中国においては農村の信用組合がまず先行する必要があり、それは「自然発生的な自主的協同に固執せず、国家の組織たるべき意図のもとに進められねばならない」（傍点筆者）［山崎：1942：3］と書いている。運動史の時点では絶対主義国家が主導する資本主義に対して倫理的に倒錯であるとの批判を加え、またその資本主義が独占段階で国家と手を携えていると非難していた山崎にとって、外国とはいえこのような無前提な国家による統制が、あるいは国家の内容への問いを欠落させた中国社会の議論が出てくるのは問題とせねばならない。

むろん、出版にとっては「検閲」の時代である。だがこの信用組合、国家による誘導、農村の窮状への対応という論点では、かつて平田東助の「産業組合法」に対して萌芽としてあった肯定的評価をより強く甦らせている。「無産者の自主的な解放運動」と消費組合運動を定義付けたトーンが次第に弱まりつつあるうえに。

一九四一（昭和十六）年に帰国してすぐにかれは千石興太郎が率いる産業組合中央会に常務嘱託として就職し、中央会の消滅まで勤務する。産業組合もまた戦争遂行の立場であった。山崎の経歴や上海での言動をそのまま受け取るとありえない就職であったが、千石の豪気のゆえではなく、賀川の産業組合的ブレーンの過去は、実質的に千石のブレーンとして通用したこと、そして千石が学問＝知識を愛するがゆえであったと、この経緯を戦後に山崎は書いている［山崎：1954：15］。

当時の産業組合の課題のひとつに戦時経済のなかで戦争遂行のために食糧を確保するシステム＝配給管区を構築するということがあった。国策としては産業組合を経由して末端は商業者に任せるという方向だったが、これに対しては闇売買や隠匿で利益を得ようと予想される利己的な商業者を排除するか組み込むなりして、町内会を基礎に産業組合の配給を監視、協力する官民一致の「都市輸送協力隊」を作れとの試案を山崎は提起している［山崎：1943：37-38］。同様の趣旨は［山崎：1941］にも見られ、町内会を基盤に「配給協議会」を組織し、その全国連合会を作って国家との共同出資で創設される「生活必需品配給会社」で「新体制」を支えよと提案している。軍国主義に迎合しているともとれなくはないが、資本主義の欠陥と考える商業者の横暴（資本家や官僚の横暴ではない）を民衆の消費組合的なもので克服しようという観点は維持されている。

このように運動史以降の戦前の山崎はその職業においても主張においても、相矛盾する異質なものが混在して理論化されており、とりわけ戦後に回想した著作からはその時点の真意を伺いにくい。ただ、全体の流れとしては産業組合が戦後の農業協同組合の基礎となっていったのとパラレルに、都市の消費者運動である生協運動にではなく、戦後体制のなかでの農協のあるべき姿の構築というテーマへとかれが傾いていったという道筋は確認できるのである。

6 戦後の評論活動

戦後の山崎はこの流れのなかで、農協や消費組合としての生協を主とする協同組合についての評論を多く執筆していく。農協の実務についての著述も増える。消費組合をテーマにした一知識人の理論的足跡を協同組合をからめた資本主義体制変革と倫理の二点から見ていこう。

まず関心の焦点から外れつつある日本の消費組合については、自生的に資本主義を展開した欧米と比較して後発の資本主義の常として、利益を追う商業者の組合が強く、消費者の組合が弱いという現状があるという。そこで前者に後者の一部を付設して、とりわけ適正価格を確保するための監視の機能を持たせるべきであると主張する［山崎：1949：6-7］。戦後間もない経済の混乱からの影響もあると思われるが、戦中の中国体験をもとに主張してきた自主性よりも国家指導という後進資本主義像や、町内会は消えたものの既存の組織を基礎にして運動を進めることなど、戦後になっても戦時経済での議論の枠組みは変わらない。しかし、戦前に比較すれば政治運動・労働運動が容易になっているにもかかわらず、資本主義の廃絶や体制変革のための運動の大衆化として消費組合活動があるというそもそものかれの議論の出発点は見えにくくなっている。

では体制変革は意識の外に置かれるかというとそうではなく、戦後の山崎は終始ソ連の共産主義およびその移行の段階としての社会主義に身を重ねている点が特徴的である。何よりも資本主義の相撃性の克服がかれの終生のテーマであって、ソ連は資本主義ではないのでそのまま到達目標になっている。ただソ連は協同組合運動ないしは消費組合運動を直接に原動力にして国家建設がおこなわれるという経過を歴史的にたどっていないという意味で、山崎にとっては外在的なものであろう。そして西欧諸国も日本も社会主義に向かって進んでいる、あるいは進むべきだということになるが、そこでは協同組合先進国である西側諸国で協同組合運動はどのような役割を果たすべきなのかということを論じなければならない。ここで提起されるのが国家（国営）と協同組合の役割分担を基本とする「集産主義」という概念である。かれはロシア革命後のソ連が主要な産業や農業を国営化していくのを評価しつつ、国際協同組合連盟が主唱する集産主義が社会主義にとって重要であるとの提言をイギリス労働党幹部宛に送っている[18]。その趣旨は鉄道・ガス・電気・石炭・鉄鋼等の基幹的なものは国営に、一般生命保険や簡易保険等は国営にまさる経営力を備えている協同組合が担って資本主義に代わる集産主義を推進していくべきであるというものである［山崎：1951］。まさっているのは経営力だけではなく、営利を否定し「社会奉仕」であるのが協同組合であるからでもある。保険や社会奉仕については賀川の関心領域をそのままを受け継いでいるといえる。そして経済体制を問わず国家と協同組合は手を携えて進むべきであるというのが占領地中国、戦時配給体制、ソ連が実現した共産主義、そして後述する農協の分析に共通する基本的な枠組みになっている。

そして消費組合運動から開始されたかれのホームグラウンドは、行論で示してきたとおり戦後は農協になった。さしあたりの解放の対象は、都市の消費者ではなく農村の小農である。「日本の農協は形態は生産者組合だが実質は消費者の組合」としたうえで、「われわれが協同組合で言う消費者とは消費者一般という意味ではない。資本主義制下に常に消費生活を脅かされている者という程の意味であり日本の耕作農民にとっては、生産それ自体が消費生活の脅威と表裏一体をなすものであるからである」［山崎：1954：16］というのがその理由である。

そして政府から農協への補助を要求することが、戦後日本において国家と協同組合は手を携えて進めという主張の具体化となる。戦前の国家が産業組合を保護育成したように、である。山崎によれば、「明治以降の官製の独占資本主義国家」は地租を主軸として農民からの収奪をもとに進んできたのだから、当然の責務としてそれを農協に還元せよという論法なのである［山崎：1951b］。

そのうえで農協については、有能な経営者の育成や国民的運動としての展開の必要性をかれは説いていくのだが、その運動にとりわけ不可欠なものとして強調されるのが思想や倫理であって、この内容は戦前の運動史の出発点と全く変わらない。そしてこの議論は論争の形をとって主張されている。例えば協同組合運動は経営が合理化されつつあり、資本主義的企業と変わりないのであるから思想的要素は不要であるとする川野重任に対して、山崎は事態は逆で思想や倫理が考慮されないからこそ資本主義化されると反論している［山崎：1954c：12］。その理由として個人は自己中心的に力を発現する存在であり、資本主義は力の相撃性が協力性を圧倒している倒錯した状態＝倫理背反であって、貧しき者の団結の力はこれを抑制し、協力性を高揚する善であるからこそそこに倫理的愉悦が発見されるのであると「倫理的基礎」の主張を繰り返している。

つまり社会主義運動が政治運動であるならば、協同組合（農協）運動は経済的にして倫理運動であるということになる。ところが農協の現状を見るにそれは意識の高い「貧しき者＝貧農」だけからなる組織ではなく、高い意識で社会主義をめざす政治運動とは異なっている。ここに運動の主体の問題が生じてくる。「協同組合主義者」が唱えることの点を近藤康男は批判し、協同組合は資本家にとっては商業利潤の節約であるから農協運動は資本主義体制変革に繋がらないのであって、貧農の運動のみが主体にならなければ意味がないと論じていた[19]。これに対する反論として山崎は「資本主義の害悪を象徴的に憎み、社会主義社会の良さを象徴的に謳歌する一種の浪漫性」［山崎：1954a：14］を共有して進む倫理運動なのだから、協同組合運動を「参加している者すべてが、その目的を意識していることを必要とする全意識的運動であることを、必ずしも必要としない（半意識的運動）」［同：15］として中産者・富裕者を排除すべきではないというのである。ロッチデールに鑑みればそれは労働者が計画経済を実現する革命運動であるが、だからといって「私は決して協同組合は社会主義を標榜せよなどとは言わない。協同組合運動が社会主義（共産主義を含む）と目的を一つにするからとて、その運動方式の異なる二つの組織を混同することは誤謬である。社会主義運動は政治運動であり、それは全意識的運動であるが、協同組合運動は経済活動を基礎とし、全意識的運動としても、半意識的運動としても成り立つものである」「協同組合運動が社会革命の事務的領野を担当しておりながら、しかも社会主義者に非ざる大衆を広く包容し、半意識的運動として成立し得るところに、協同組合運動の特質と任務があると思う[20]」［山崎：1949a：239］。倫理を込めた広汎な社会運動――これがかれの到達点であった。

この到達点は、現在においては倫理運動であるどころか既得権にしがみつき独占禁止法に抵触してまでも資本主義的経営の道を歩んだ戦後農協の歩みに見事に裏切られた。そしてその路線への推進力も抑止力も蔵していたということができる。

7　軌跡を顧みて

まず確認しておきたいのは、昭和中期までの歴史叙述とはいえ、山崎が消費組合運動史の先鞭をつけたこと、しかもそれができうるかぎり厳密に、客観的に詳述しようとした研究者的姿勢に貫かれていたことは正当に評価されるべきである。そしてそれは本稿では考察の外に置いたが、戦後の『産業組合発達史』まで持続されていた。同時に、生涯にわたって清貧に甘んじるなかで、生身の人間として、運動の主体を担う人間の倫理という思想的問題を基礎に置いて協同組合を論じ、これも生涯においてほぼ一貫させた。その社会道徳論には問題や異論もあるかと思われるが、この二つのことは不用意に混同されると歴史とも思想とも成り立たなくなるのであり、出発点においてこれを分けて世に問うたことは慧眼といっていいだろう。そしてこの複眼性は、ともすれば政治力学によって負の方向に引きずられていく社会運動の弱点を克服する重要な契機を含んでいる。

この二つを核としながらも、本稿で見届けてきたように、置かれた環境によって、とくに政治に関わる場面でぶれが生じていったのもまた事実である。自説を曲げずに時流に適応させようとする努力も感じられる。このぶれの正体は極端に図式化していえば、無産者の自主的消費組合運動と国家の保護育成の下にあった産業組合運動との間にあったといえる。どちらも現実的に「組合」という組織形態をとるからこそ、この揺れ動きが生じたのである。そこで首尾一貫した決定的な答えが山崎に出なかったのは、政治や国家への表面的な、あるいは社会運動の立場からして常識的な理解のうえではなく、構造を掘り下げた反省的な省察のうえに社会運動としての協同組合論が展開されてこなかったことが大きな原因として考えられよう。あえていえば資本主義が道徳的に倒錯しているという認識だけでは十分ではなく、国家論が欠如していたということではないか。「敗戦によって多くの人から〝あなたの時代がきた〟と言われたが、時流にはうまく乗れなかったようである」〔古桑：1982：180〕との山崎評がある。来し方を顧みていまひとつ納得しきれない逡巡がかれなりにあったのではないか。そしてそれは現在の消費組合運動としての生協運動の課題でもあるだろう。

注

（1）奥谷と山本は戦前の消費組合運動から引き続き戦後の生協運動もリードした。

（2）アカデミズムの学者にも消費組合論はあるが、運動史となると極めて政治性が色濃くなると同時に運動内部の確執にもかかわる記述も必要であって、自らの政治的立場を問われるので執筆が少ないということはいえるであろう。
（3）短期間に矢継ぎ早に三冊も内容の重なる運動史①〜③がなぜ書かれたかという理由は明言されていない。とくに①などは読者が研究者や運動家ではなく一般向きに想定されている、ということはあるかもしれない。ただこれらが書かれた時期は新興消費組合活動の結成や連合が頻繁に行われており、それに自己を同一化しようとする山崎の意図もあって逐一その新しい動きを追いたかったのは確かである。
（4）明治三〇年代の片山潜、高野房太郎の共働店については［堀田：2016：第2章］を参照。
（5）①での日本の消費組合の歴史からみてこの時点の状況からは当然であるが、後に奥谷と山本が定式化した「新興消費組合」という語はまだ出現せず「労働者の自主的組合」が使用されている。つまり③の「歴史時代」に該当するところで記述が終わっているのである。
（6）のちに知的階層が組合員として例外的に多くを占めた点に特徴をもつ中央線沿線の城西消費組合の前身。
（7）［山崎 1931：3］。しかし同時に「今読むと何処に打たれたのかは分からないが……」と前言を翻している。
（8）一九〇〇（明治三三）年成立、その前に信用組合法案として二度国会で流れている、このいきさつと評価についてはは［堀田：2016：12］など。
（9）当時の左翼戦線、とりわけアナ・ボル論争においては、アナーキストたちは闘争意欲をそぎ、革命性ではなく日常性にとどまるものとして消費組合運動を排斥した［堀田：2016：113］。
（10）バルウの保険論の内容については［堀田：2016：186−190］を参照。
（11）したがって「産業組合史」のなかで協同組合の語を使わざるをない旨をかれは注で断っている［賀川・山崎：1938：5］。
（12）この点、戦後に執筆した［産業組合史編纂会：1965-66］においては共働店運動、新興消費組合などの記述は極端に縮減されている。
（13）一九二一（大正一〇）年、日本鋳鋼所の争議に岡本利吉の共働社が徹底的な支援に回ったこと。岡本の軌跡については［堀田：2016：第4章］。
（14）戦後の出版であるが三浦［1965］では産業組合だけの構成によって日本の協同組合史が書かれている。
（15）江東消費組合の活動を分析して高評価を与えた［山崎：1938］がある。
（16）山崎自身の説明によれば「協同組合運動の同志で、私が日本国民が中華民国民を愛する運動を計画したときの同志でもあった広瀬庫太郎君の依頼により」［山崎：

1954：18］とある。広瀬には一九三二（昭和七）年に秀逸なファシズム論である『日本に於けるファシストの活動』があり、その後上海に渡って国策新聞『大陸新報』で働いた。山崎は似通った経路を辿っている。

(17) 一九三八（昭和一三）年、第一次近衛内閣で創設された中国占領地での軍政を進める国家機関。総裁は内閣総理大臣だが幹部は軍人で占められた。

(18) なぜイギリス労働党かというと、山崎によれば労働党政府が重要産業の国営化を推進しており、具体的な国営化と協同組合との関係を構築することが重要であると考えたからである。日本は協同組合後進国であるから日本の社会党や共産党には集産主義の提案は控えているということである。

(19) 近藤康男の「商業利潤節約論」については［堀田：2016：236–239］を参照。とくに「協同組合主義者」批判が近藤の立場であって、山崎も当然「協同組合主義者」である。

(20) この到達点は、個人の目覚めを必要とする「意識経済」の核となるものとして協同組合を位置付けた賀川からは明らかに乖離している。

参照文献

古桑実［1982］「協同組合史家」同編『協同組合運動への証言　上巻』日本経済評論社

堀田泉［2016］『消費組合論』風媒社

賀川豊彦・山崎勉治［1936］『国民健康保険と産業組合』成美堂

――［1938］『産業組合読本』春秋社

三浦虎六［1965］『協同組合史（日本編）』農業協同組合中央会

N・バルウ［1938］賀川豊彦訳『協同組合保険論』叢文閣

奥谷松治［1937］『消費組合論』三笠書房

奥谷松治［1973］『増補改訂　日本生活協同組合史』民衆社

産業組合史編纂会［1965-66］『産業組合発達史』全五巻

山本秋［1982］『日本生活協同組合運動史』日本評論社

山崎勉治［1928］『消費組合運動概観』文明協会　運動史①

――［1931］『消費組合物語』同人社　運動史②

――［1932］『日本消費組合運動史』日本評論社　運動史③

――［1935］『消費組合運動の倫理的基礎』開拓社　運

動史④
――［1937］「協同組合の妥當性と其社會的事由」『雲の柱』第16巻第4号
――［1938＝1979］「我が組合の躍進とその任務」江東会『回想の江東消費合』
――［1941］「生活必需品配給機構の整備に就て」江東消費組合
――［1942］『『中国合作社の人と文献』東亜協同組合協議会
――［1943］「戦時経済と都市の消費者組織」『産業組合』第56巻
――［1949a］「転換期に処する生活協同組合運動」『労働問題研究』33号
――［1949b］「消費者から見た商業者の組合」『中小企業協同組合』第4巻第12号
――［1951a］「産業の国営と協同組合」全国農業協同組合中央会編『農業協同組合』48号
――［1951b］「農協への国家補助の必要」全国農業協同組合中央会編『農業協同組合』51号
――［1953］「将来の社会と協同組合――英国労働党への提案」全国農業協同組合中央会編『農業協同組合』72号
――［1954a］「農協よ！夢を新たに」全国農業協同組合中央会編『農業協同組合』82号
――［1954b］「知識人〝千石興太郎〟の思い出」農業協同組合中央会編『農業協同組合』85号
――［1954c］「協同組合と倫理思想について」全国農業協同組合中央会編『農業協同組合』86号
――［1960］「賀川豊彦と協同組合思想」日本生活協同組合連合会『生協運動』4月号

9　市民社会の共進化と新自由主義の危機

「歴史戦」と「大東亜戦争」

斉藤日出治

はじめに
——新自由主義の危機と一九三〇年代危機との歴史的対話

市民社会は衰退したのだろうか。一九八九年の東欧民主化革命で高揚した市民社会論はいまやすっかり影を潜めてしまった。共産党の独裁政治を打破した市民革命は、崩壊後の旧社会主義諸国が新自由主義に飲み込まれる過程で、市民革命としての性格を急速に失っていく。

東欧だけではない。冷戦体制崩壊後の世界は、市場のグローバル化の進展によって、あらゆる社会諸関係が市場取引の関係に還元され、市民社会は市場の自由競争の社会とほとんど同義のものとして表象されるようになる。企業の経営者にとって市民社会とは、市民が自己責任にもとづいて市場競争に能動的に参画し、市場メカニズムによって社会を調整する仕組みが順調に機能するようになる社会のことにほかならない。

一九八〇年代以降に高揚するNGOやNPOなどの市民ネットワークは、市場と国家に対抗する市民の自律した共同的・公共的圏域を創出したというよりも、むしろ福祉・医療・環境といった領域で後退した国家の機能を代替し補完するだけの機関へと変質する。

あるいは、市民社会の内部から難民・移民を排除する市民運動が高揚し、排外主義的なナショナリズムが発動される。米国、ヨーロッパ、日本の各地で似たような排外主義の動きが昂進する。

このように市民社会についての表象が多義的になり、しかもたがいに敵対し矛盾しあうようになったために、市民社会が無概念化し無力化したかのようにみえる。まるで市民社会が市場経済に飲み込まれ、国家の意のままに翻弄されて右往左往するかのようである。

だが、市民社会は国家や市場経済とは分離された自立した聖域ではないし、中立的な市民団体が集合する領域でもない。市民社会は、たがいに敵対する社会諸集団や諸個人が社会のさまざまな表象を抱きその実現に向けて争うコンフリクトの場である。そして、そのコンフリクトが市場経済や国家の領域と絡み合い、市場経済や国家のすがたをかたちづくる。

市民社会における社会の多義的な表象のせめぎ合いは、市場経済の仕組みを組織し、国家の政策を方向づける重要な回路となる。新自由主義的な経済の組織化、軍事化する国家の政策は、市民社会における表象のせめぎ合いの結果として出現するものにほかならない。

本論が問おうとする市民社会とは、市民団体のような実体的組織のことではなく、社会を多義的に表象する言説がたがいにせめぎ合いつつ、経済、あるいは国家の領域と分節－連節して作用する政治としての市民社会である。市民社会は、労働組合、市民組織、経営者団体などの社会諸集団が掲げる理念、企業の内部組織や企業間関係の組織化のありかた、歴史的過去の集団的記憶のありかた、外交関係を結ぶ政治家の表象、社会における市場の位置づけ、といったあらゆる表象に介入し、その表象を組織する媒介機能を果たすものである。この表象がはらむ政治的作用のなかに市民社会は存在する。

本論は、このような市民社会の認識にもとづいて、日本の新自由主義的な転換の動態を考察する。戦後日本に定着した日米関係、労使間妥協、企業間妥協、そして、とりわけ侵略あるいは戦争についての集合的な歴史記憶がたがいに共進化して生み出された戦後体制が、新自由主義の体制へと構造転換する過程を市民社会の表象の転換を通して究明する。これが本論の第一の課題である。

第二の課題は、この市民社会の言説を媒介とした社会形成を過去との歴史的対話を通して考察することである。一九三〇年代におけるファシズムの時代は市民社会とは無縁の時代として理解されている。「満州国」の偽造から日中戦争、そしてアジア太平洋戦争へと戦線が拡大する動きは、軍部の台頭、国家による総動員体制の急進展、日本企業の海外侵略などの視点からこれまでとらえられてきた。

だが、日本社会を構成する社会諸集団が「大東亜共栄圏」あるいはアジア主義という言説を媒介にして合意形成を獲得するという市民社会の動態的運動を抜きにして、「大東亜戦争」への道はありえなかった。

市民社会の視座からの「大東亜戦争」の歴史的な内省は、

二一世紀前半における今日の日本の社会危機を考える上できわめて重要な意味をもっている。新自由主義の危機に直面する現代と「大東亜戦争」へと向かった一九三〇年代を、市民社会の共進化がもたらす社会の破局という視点から対比してみる、というのが本論のもうひとつ課題である。(1)

1　方法としての市民社会

本論の展開に先立って、本論の問題設定に役立つ市民社会の方法概念を確認しておきたい。

1　総過程的媒介としての政治
――ポスト・マルクス主義の市民社会論

先近代の市民社会はギリシャ・ローマの都市国家がそうであるように、政治的共同体であり、政治的国家と同義にとらえられていた。これに対して、近代の市民社会は、市場取引という交通様式（生産・分配・流通・消費の諸過程）を媒介とした物質的な生産諸関係の総体として定義される。そこではひとびとが私的所有者としてたがいに自立した関係を結ぶ。だが同時に、この形式的に自由で平等な関係は資本と労働の交換を通して不自由で不平等な階級関係へと反転する。市民的交通形態を媒介にして重層的に編成される階級的諸関係の総体は「ブルジョア社会」と呼ばれる。

だが、市民社会はそのような経済領域を編成する社会を超えて進展する。市民社会はそのような交通形態を媒介として物質的生産諸関係を組織する社会であると同時に、さらに物質的生産諸関係を組織する過程で生ずるさまざまな利害対立や敵対関係を調整しそこに共同的で公共的な関係を創出する領域でもある。労働組合、経営者団体、消費者組合、商工会議所、農協などの経済的な共同的関係はもとより、教育、医療、報道、交通、コミュニケーション、文化にかかわる無数の共同的・公共的関係が組織される。市民社会はそれらの諸関係の総体を意味する。このような意味での市民社会は、経済の領域を超え出て、政治、法、宗教、イデオロギーなど上部構造といわれる領域をも包み込むようになる。

カール・マルクスは、「ブルジョア社会」、およびそれよりもさらに広義の市民社会をともに包摂するものとして市民社会をとらえた。

アントニオ・グラムシは、このような広義の市民社会を編成する上で、敵対する諸階級の合意形成が階級闘争にとって重要な意味をもつことを洞察した。これらの諸関係において支配階級が被支配階級の合意を獲得することが、軍隊や警察などの強制装置や行政・司法・立法の国家機関の装置以上に、資本主義の秩序形成にとって決定的な条件となることに着目した。

グラムシはこの支配階級の知的・道徳的指導性をヘゲモニーと呼ぶ。また、被支配階級はそれに対抗して、支配階級の抑圧と不正義を暴く知的道徳的指導性を発揮する。市民社会とはこのような合意形成をめぐるせめぎあい＝「文化的塹壕戦」の領域である、と。

したがって、このヘゲモニーが作動する市民社会の領域は、物質的生産諸関係、あるいは国家の強制装置や国家機関とは区別される自立した領域ではない。そして、物質的生産諸関係や国家機関にしても、ヘゲモニーの領域と切り離され自存する領域だというわけではない。物質的生産諸関係の編成および国家機関の組織化は、市民社会のヘゲモニー闘争の領域を媒介としておこなわれる。たとえば、労働者の賃金決定、労働条件、製品の価格決定、投資の資金調達、産業の構造転換、技術革新、雇用創出といった物質的生産諸関係にかかわる問題は、諸階級、諸分派、諸集団の合意形成をめぐるヘゲモニー闘争に媒介されて組織される。(2)

ポスト・マルクス主義の思考は、このグラムシのヘゲモニー概念をさらに深化させ、物質的生産関係と政治的上部構造の双方に架橋して両者を媒介する領域として市民社会を再定義する。

> 市民社会とは「土台と上部構造との関連を制御調整する一個独自の過程的構造の一位相」である。（平田清明[1993] 二八三頁）

このような市民社会の定義は、国家を超える政治の発見をもたらす。経済と国家の双方を枠づけると同時に、国家をはみ出して湧出する政治の胎動が生まれる。市民社会とは、そのような政治の地平に設定されるべきものとなる。

2 市民社会の複合的表象とコンフリクト

市民社会を経済と国家の関連を媒介する過程的構造としてとらえるとき、この過程的構造を組織する重要なモメントになるのが、社会諸集団や諸個人が社会を表象する仕方である。社会諸集団や諸個人はみずからが表象する社会像を介して思考し行動して、経済を組織し国家をかたちづくるからである。

イギリスの国際政治学者のメアリー・カルドー［2003］は、グローバル市民社会を論ずるに当たって、市民社会のこれまでの歴史に登場した五つの異なった市民社会の見解を提示し、この五つの市民社会の表象がせめぎ合う敵対的で紛争的な社会としてグローバル市民社会を定義する。

第一は法の支配にもとづいて公共の安全を図る政治的国家と同義に理解される古典的な市民社会である。

第二は、その逆に、資本主義の発展とともに出現する市民的交通形態を媒介にして組織される経済的諸関係の総体としての市民社会である。「ブルジョア社会」と呼ばれるこの市民社会は、第一の見解とは異なり、国家に対置される社会である。

第三は、一九七〇－八〇年代の東欧社会主義諸国で台頭した官僚主義国家に対抗する自治組織としての市民社会で、カルドーはそれを「社会活動家的な見解」（Kaldor M. [2003] 邦訳一三頁）と呼ぶ。

第四は、市民社会を市場と国家の補完物あるいは代替物として位置づけ、市場の機能の円滑化、国家の計画の実行手段としてとらえる「ネオリベラル的な」（ibid., 邦訳一四頁）市民社会像である。

そして第五は、グローバル化によって動揺した国民国家の枠組みに支えられた宗教集団、民族集団がグローバル化に反発して唱える原理主義的で排外主義的な市民社会（「ポストモダン的な見解」（ibid., 邦訳一五頁））である。

グローバル市民社会とは、このような市民社会の多義的な表象がたがいのヘゲモニーを獲得しようとしてせめぎあうコンフリクトの世界であり、このコンフリクトを通して、市場経済が組織され、国家が位置づけられる。[3]

このグローバル市民社会における多義的表象のせめぎ合いは、一国内部の市民社会の多義的表象のせめぎ合いに反響する。[4]

そして、これらの五つの市民社会像のせめぎ合いを通して支配的な地位を占める表象が、市場経済の組織化や国家の組織化にとっての決定的契機となる。後述するように、二〇世紀末から二一世紀初頭にかけて日本の新自由主義が急進展する市民社会においては、「ネオリベラル的な」市民社会像と「ポストモダン的」な市民社会像が支配的な表象としてせり出してくる。このような市民社会の表象は、一方で金融や雇用の規制緩和、民営化といった経済政策および企業経営者のフレキシブルな経営方針を規定すると同時に、他方で排外主義的なナショナリズムを発揚させ、権威主義的な国家の台頭をもたらす。

3　「共進化」の場としての市民社会――D・ハーヴェイ

市民社会の多義的表象は、企業の組織化、労使間の妥協的取引、国家の政策、市場の組織化、歴史の集合的記憶などのありかたを分節＝連節する媒介をなすことによって、社会の総合的な姿態をかたちづくる決定的なモメントとなる。市民社会における多義的な社会表象が社会のさまざまな活動領域に反響して、共進化の作用を発揮する。

市民社会とは、そのようにして国家、経済、教育、文化、法、宗教、科学研究、日常的慣習、世界観などの社会の諸領域を相互に作用させ、たがいの関連を組織する総過程的媒介をなす。

つまり、社会の活動領域は、いずれか一つの領域、たとえば経済領域が国家、法、政治、文化、宗教、精神的諸観念、教育、科学技術といった他のすべての領域を一義的に規定するような因果関係によって編成されているのではない。それらの諸領域が互いに作用を及ぼし合ってそれぞれの領域が独自な進展を遂げる中で、社会の総合的な姿が編成されてくる。そのような社会の諸領域の相互作用を媒介する過程として市民社会はある。

この総過程的媒介としての市民社会を「共進化」という概念によって解き明かそうとしたのが、デーヴィッド・ハーヴェイ［2010］である。ハーヴェイは、マルクスが『資本論』の機械制大工業を論じた章で、機械という技術が社会の諸領域に及ぼす作用をダーウィンの進化論の方法を用いて読み解くその仕方に着目する。

マルクスはそこで、機械という技術が、人間の自然に対するかかわり方、人間の生活諸関係の組織の仕方、世界を表象する精神的観念のあり方、労働と資本の階級関係のあり方、生産過程における労働者のあり方、ジェンダーや家族のあり方にさまざまなかたちで作用を及ぼしつつ、それらのさまざまな領域がたがいに共進化して、資本主義の総姿態をかたちづくっていくことに注目する。

機械は労働者を固有の技能をもった職人の地位から機械のたんなる付属品の地位に押し下げた。だが、機械を操作する労働者の配置転換を促進するために工場立法は労働者の教育を義務づけ、それが固定した分業関係に縛られていた個人を全面的に発達した個人へと転換する可能性を切り開く。女性や児童の労働への参加は、子供の教育や家庭における性別役割分担に影響をあたえる。

精神的諸観念、社会的諸関係、日常生活の形態、社会的諸制度、技術などの多様な活動領域が、「資本主義の歴史的進化の中でさまざまに共進化する。どれか一領域が他の諸領域を支配するわけではない。……これらの領域のいずれも、……絶え間なく更新され変容する傾向がある。領域間の関係は因果関係ではなく、資本の流通と蓄積を通じた弁証法的な絡み合いである。したがって、全体としての編制のあり方が社会生態学的総体性を構成する」[5]（D・ハーヴェイ［2010］、邦訳一六四―一六五頁）。

共進化とは、生物学の用語で、複数の生物がたがいに作用を及ぼし合いながら進化を遂げていく過程のことを言う。ハーヴェイは、共進化においてそれぞれの活動領域が社会総体のたんなる部分として存在するのではなく、それぞれの活動領域が独立して運動し、その相互作用が総体をかたちづくることを強調する。それらの活動領域は自立して運動するだけでなく、それらの相互作用から影響を受け、その共進化を通してみずからの活動領域をかたちづくる。

土台と上部構造に架橋する総過程的媒介としての市民社会は、このような共進化の運動を通して作動する。

2 米国における市民社会の共進化と新自由主義の発生

ハーヴェイ『新自由主義』［2005］は、この市民社会の共進化の運動を通して、米国で新自由主義の社会がいかにして出現したか、を論じている。

通常、米国における新自由主義は、一九八〇年代に登場するレーガノミックスの経済政策に端を発するものと理解されている。一九八〇―一九八六年に大統領を務めたロナルド・レーガンは、国有企業の民営化、市場取引の規制緩和、雇用の規制緩和、減税政策、福祉の削減、公共サービスの縮小、労働者保護の廃止といった政策をつぎつぎと打ち出し、第二次大戦後の一九六〇―七〇年代における政府の市場介入によるケインズ主義的な経済政策を一新する市場原理主義的な政策を展開した。

だが、ハーヴェイは、政府の経済政策の転換が他の社会諸領域に一元的に作用するようなかたちで米国における新自由主義の出現を解き明かさない。その逆に、かれは、社会のさまざまな活動領域が共進化する結果として新自由主義が出現する複合的な相互作用の過程を解き明かそうとする。政府の経済政策は、このような共進化のひとつの契機として位置づけられる。

戦後の米国社会が新自由主義に向けて舵を切る転換の契機となったのは、戦後米国における資本主義の階級的権力の弱体化である。累進度の高い所得税制度、高福祉による所得配分、労働運動の高揚による高賃金政策がもたらした資本の分配率の低下、これらが企業利潤を圧縮し資本蓄積の進展を妨げ、富裕階層の不満を高めた。この行き詰まりを打開するために打ち出されたのが、金融業務の国内・国際市場における規制緩和、および債務による資金調達の自由化である。さらに、雇用の規制緩和、移民の大量の受け入れ、企業の海外移転などによる市場のグローバル化の進展によって、労働に対する資本の権力が強力に復活する。

このような資本市場・金融市場、労働市場における制度変革の動きは、市民社会における精神的観念の領域と共進化する。経済学、法学、哲学、政治学、倫理学といった学問領域において、自由の概念が変質し、企業および私的個人の市場取引における自由を賛美し、私的所有権を神聖化する自由についてのとらえ方がしだいに前面に登場するようになる。経済学では、ケインズ経済学やマルクス経済学が後退し、市場原理によって経済を編成する新古典派理論が主流派の地位を独占するようになる。ハイエクやフリードマンが唱える自由主義の経済学が経済学の学問領域で主流を占めるようになる。

注意すべきことは、学問領域における自由の概念の変質が経済領域における市場改革と階級権力の転換の動きの作用を受けて生じたというよりも、むしろ前者の動きが後者の動きを先導した、と言うことである。経済学に関して言えば、リップマン、ミーゼス、ハイエクら経済的自由主義者は、すでに第二次世界大戦前の一九三七年にリップマン・シンポジウムを開催して市場経済を唯一実行可能な経済システムであるという前提の下で経済を構想する議論を展開していた。また、第二次大戦直後の一九四七年には、これらの経済学者がモンペルラン会議を開催して、私的所有と競争的市場を文明の価値基準とした市場社会の建設を目指す討論をしている。経済学における経済的自由主義の言説が、戦後の階級権力の転換と市場の新自由主義的改革を準備しその改革に道筋をあたえるヘゲモニーとしての力を発揮したのである(6)。

消費生活の領域においても、個人の排他的な自由を基盤にした消費様式が多様なかたちで模索されるようになる。画一的で集団的な消費に代わって、個人主義的で個性的な消費スタイルが称揚され、ニッチ化された多様なライフスタイルが賛美される。物品だけでなく、芸術・文化や歴史的な遺跡や都市の景観がスペクタクル化され消費の対象として組織され、個人の私的欲求を刺激しかきたてる。

社会運動では、民族の解放、労働者の解放といった集団の権利の獲得を課題とした運動から、個人のアイデンティティの創造を課題とするライフ・ポリティクスの社会運動が台頭する。ノートパソコン、携帯電話、iPodなどの電子技術の出現が、個人主義を高揚させ、それらの技術を駆使した成果を個人の所有物とみなす所有個人主義の意識を高める。

このような個人主義の高揚は、表現、結社、自己決定といった市民的権利を育てる方向へと向かうのではなく、市民を消費者へと、つまり商品の受動的な享受者へと還元する傾向を強める。

さらに、新自由主義に向けた共進化を促迫する重要な契機として、ハーヴェイは、一九七〇年代におけるニューヨークの財政危機に端を発する都市政治の転換に着目する。

ニューヨークは、一九七〇年代後半に、財政支出の膨張や連邦政府の補助金の打ち切りによって深刻な財政危機に陥る。そのためニューヨーク市が発行する短期債の債務支払いが困難となる。ニューヨーク市議会は財政統制委員会を設置して、市の財政の全面的な統制と監督を行うが、ここで大きな役割を果たしたのが金融業者である。

金融業者は公務員労働組合と結託して財政支出の削減と財源確保を図る。公務員労働組合は、金融業者との妥協的取引によって、職員数の削減に応じながら、給与水準の引き下げを回避しようとする。

そして、この自治体労組と金融業者の妥協の犠牲となったのが、公共サービスを大幅カットされた市民であった。福祉受給者の削減、公立大学の学費の有料化、地下鉄料金の値上げ、消防署の閉鎖、保育所支出の削減などの政策が断行される。

金融業者はこの市財政への介入を契機として、都市開発投資を強力に推し進める。一九八〇年以降、公共の土地を処分し、土地の利用規制を緩和し、オフィスビルの減税措置を実現して、ニューヨーク市街地の大規模開発投資が推進される。マンハッタンの中心地区を中心に都市が民間投資の対象となり、建設業者、開発業者、投資銀行家がそこから巨大な利益を引き出す(7)。

ハーヴェイはこのような金融資本によるニューヨーク市の公的財政への介入を「ニューヨーク市に対する金融機関のクーデタ」と呼び、「チリにおける軍事クーデタと同じ効果をもった」(Harvey D.［2005］邦訳六八頁)という。一九七二年のチリの軍事的クーデタは、米国のCIAや多国籍企業に後押しされてアジェンデの社会主義政権を武力で打倒したピノチェト将軍が、政権奪取後、ミルトン・フリードマン率いるシカゴ学派の政策指導の下に新自由主義を一挙に導入した。この同じやり口が、米国の国内でニューヨーク市の市財政に対する金融資本の介入を通して断行されたのである(8)。

一九七〇年代におこなわれた都市財政という公的領域への私的金融資本の介入というこの手法が、やがて一九八〇年代にレーガン政権によって米国の国民的規模の経済政策となってあらわれ、さらにＩＭＦによる国際的な構造調整策となってあらわれる。

「ニューヨークの財政危機に対する対処法は、一九八〇年代における、国内的にはレーガン政権による、国際的にはＩＭＦによる新自由主義的実践の先駆だった」（Harvey D.［2005］邦訳七一頁）。

つまり、レーガノミックスの経済政策は、米国における新自由主義の出現の原因というよりも、むしろそれに先立つ市民社会の多様な領域の共進化――階級権力の力関係、市場の制度改革、学問研究における精神的諸観念の転換、消費生活における消費様式の転換、社会運動の課題の転換、都市の財政政策の転換――がもたらして帰結であることがわかる。

ハーヴェイは、このような新自由主義的共進化をつぎのように総括する。

「資本主義はさまざまな活動領域の中で共進化と不均等発展を経てようやく、それ自身の特有な技術的基盤を獲得したのであり、またその独自の生産過程や制度的・行政的枠組みはもちろんのこと、その信念体系や精神的諸観念、その不安定だが明らかに支配された社会的諸関係の編成、その奇妙な時空間的リズムとその同じく特殊な日常生活の諸形態を見いだしたのであり、したがって、これこそ真に資本主義だと言いうる存在になったのである」（Harvey. D.［2010］邦訳一七二―一七三頁）。

3　日本の新自由主義と市民社会の共進化の構造転換

それでは、日本における新自由主義の出現は、市民社会のいかなる共進化の運動を通して可能になったのであろうか。この共進化の運動は、戦後日本社会の一九九〇年代を境として巨大な構造転換をもたらす。戦後の成長経済を支えてきた日本の制度的妥協の重層的構造がしだいに機能障害を起こし、その重層的構造によって包み隠されてきた深層の社会的無意識（日本の国家犯罪の否認）が露呈してくる。重層的構造の転換は、この露呈した社会的無意識をめぐるヘゲモニー闘争を通して推進される。

1 企業社会から規制緩和と競争社会へ

戦後日本は、一九五〇年代後半の戦後復興、一九六〇－七〇年代前半の高度成長、一九七〇年代後半から一九八〇年代の輸出主導型成長を通じて経済成長を追求し、「経済大国」への道を突き進んできた。

この戦後日本資本主義の成長経済を支えたのが、「企業社会」あるいは「会社本位主義」と呼ばれる日本に固有な労使間妥協と企業間関係の調整様式であった。大企業の男性正社員を中心に経営者と労働組合のあいだに結ばれた特殊な妥協、それは経営側が労働者に長期の雇用を保障し、その見返りとして労働側に企業に対する無限の忠誠を求める、という労使間妥協であった。この妥協が日本に固有な内部労働市場による技能形成を支え、企業の手厚い福利厚生による企業福祉制度を生み出し、労働者の企業への全面的な包摂と労働者の勤労意欲の向上を促すことによって、日本企業の国際競争力をはぐくんだ。だがその一方で、労働者の生活を企業に封じ込めて、長時間労働・過労死・単身赴任・配置転換などの深刻な人権侵害を増幅させることにもなる。

さらに、この労使間妥協は、日本資本主義に固有な企業間関係によって支えられた。メインバンク制度と株の相互持ち合いによる系列という企業集団の組織化、がそれである。

メインバンク制度とは、銀行が取引先の企業に対して資金を供与すると同時に、企業の投資を企画し管理し監視して経営の保護を図る、企業はその見返りとして銀行に収益機会を提供するという銀行－企業間の妥協である。また、企業は取引関係にある企業同士で株を相互に持ち合うことによって安定した企業間関係をつくりあげ、外国資本からの買収を防止する。このような金融妥協、企業間妥協によって、企業の長期的な経営が保証され、この妥協が企業内部の労使間妥協を支え、この重層的な制度的妥協によって、日本企業は、正規労働者の長期雇用を保障すると同時に、企業の国内外の競争力を維持・強化した。これが戦後日本の経済成長を支えた固有な妥協の制度化の構造であった(9)。

だが、一九八〇年代以降進展する世界経済の金融化とグローバル化の流れのなかで、日本はバブル経済の崩壊に直面し、その後、「失われた二〇年」と言われる深刻な長期不況を強いられるようになる。日本資本主義はこの長期不況を打開するために、戦後日本の資本主義を支えた制度的な妥協を放棄するようになる。

まず、バブル経済が崩壊し長期不況に陥った一九九〇年代に、日本の企業経営者は、戦後定着した日本的経営の大幅な転換を図る。一九九五年に日本経済団体連合会が提唱した「新時代の日本的経営」では、従業員の雇用を三つのカテゴリーに分類し、「長期蓄積能力活用型グループ」と呼ばれる管理職、総合職、技術部門の社員グループだけを長期雇用契約で採用し、「高度専門能力活用型グループ」と呼ばれる企画・営業、研究開発の専門部門の社員、および「雇用柔軟型グループ」と呼ばれる一般職、販売職の社員については、契約社員、派遣、あるいは臨時職員として雇用し、労働力をフレキシブルに調整するという経営方針を提起する。

この経営方針に呼応するようにして、政府は雇用の規制緩和についての法改正を進めた。一九八六年に制定された労働者派遣法が一九九九年に改定され、派遣を可能とする職種を大幅に増やす。この時期以降、日本の労働者の正規雇用と非正規雇用の比率は大幅に変化する。厚生労働省によると、一九九〇年に総労働人口の二〇%だった非正規労働者の比率が、二〇一六年には四〇%へと倍増している。

このような規制緩和策は都市の空間に対しても行使される。ハーヴェイがニューヨークにおける都市政策に見たのと同じような動きが日本の都市政策においても進行する。

二〇〇一年に小泉内閣が誕生すると、ただちに「都市再生本部」が設置された。そのねらいは小泉内閣の新自由主義的構造改革路線を都市計画に適用することであった。一九九〇年代以降続く日本経済と都市の低迷状態を打ち破るため、土地の流動化を図り、民間企業の都市開発投資を促進するために、二〇〇二年二月に「都市再生特別措置法」が制定される。この法律では、東京をはじめとする全国の主要都市の中心地区を「都市再生緊急整備地区」に指定し、この地域に関しては、都市計画法や建築基準法の適用除外地域と定め、日照権や景観などを考慮することなしに、事実上の建築規制なしの高層ビル建設が認められるようになった。東京では、渋谷、池袋、恵比寿、新宿、大崎、品川、東京駅、秋葉原など山手線沿線で高層ビルが建設され、「職住一体」をキャッチフレーズにした都心部のマンション建設ラッシュが始まる。その結果、都心部の地価は急上昇し、二〇〇三－二〇〇四年の都心部のミニバブル現象が発生する。(10)

このような都市政策の実施によって、東京をはじめとする日本の主要都市の空間は、都市に住む住民の暮らしを改善するためではなく、企業の投資とビジネスチャンスのために開発され、都心部に集中した都市開発が進む一方で、郊外地区や地方都市は荒廃した状態のままに放置される。

このようにして、企業の労使間妥協、雇用の法的規制、都市開発政策のいずれにおいても、かつての企業主義的調整に代わって、新自由主義のベクトルが強力に作動する。

2 日米妥協から日米軍事同盟へ

日本の経済危機にともなう労使間および企業間の制度的妥協の転換は、その妥協を支えるより根底的な制度的妥協の危機と共進化している。

敗戦に際して、日本の指導層は国体の崩壊によってみずからの権力が失われることを恐れ、米国の軍事占領をむしろ積極的に受け入れた。そして、一九五二年のサンフランシスコ条約による主権の回復以降も、米国の軍隊の駐留を容認する。そのために、日米安全保障条約は司法権力によって日本国憲法や国内法の上位にある法律として位置づけられ、米軍基地の空間は日本の主権の及ばない治外法権の空間となる。

そのような一方的な軍事的従属の見返りとして、日本の支配層は天皇制の護持による国体の存続を確保した。米国が天皇制の皇位継承権を承認する、その見返りとして日本は米国に冷戦体制下の東アジアの軍事体制の拠点としての基地を供与する。この日米間の制度的妥協が戦後日本の経済成長を支えた労使間妥協および企業間妥協の根底で作動し、たがいに共進化したのである。高度成長は、このような制度的妥協の重層的構造に支えられて実現した[11]。

この制度間妥協の関係を日本の外交方針においてもっとも端的に表現しているのが、「吉田ドクトリン」である。戦後、冷戦体制がはじまると、米国は敗戦直後における日本の全面的な武装解除の方針を転換し、日本に防衛費の増額を迫った。しかし吉田茂首相は日本国憲法九条の戦争放棄条項を楯にして、この米国の要求を拒む。日本は防衛費を削減し、米国の核戦略の傘の下で、貿易や技術革新などの経済政策を軸に経済成長への道を突き進む。この「吉田ドクトリン」は、日米妥協の制度化が高度成長をとおして日本社会に定着していく外交上の指針となった[12]。

日本におけるアメリカの軍事的な覇権は、高度成長の過程で日本の市民社会の深層に深く定着するようになる。それは日本人の集合的無意識として沈殿する。消費生活、あるいは文化のなかにアメリカがどっしりと根を下ろす。そして同時に、天皇制にもとづく国体の理念が集団的心性として深く浸透する。

しかし、冷戦体制が崩壊した一九九〇年代以降、戦後に定着したこの日米間の制度的妥協はしだいに動揺を始める。冷戦の終焉は東アジアの安全保障戦略における米軍基地の意義を相対的に低下させ、米軍は外国に駐留する基地の負担を重荷と感ずるようになる。他方、日本は米国に基地を提供することによって「下請け帝国主義」(酒井直樹[2015])の地位を利用して軍事費を軽減し、経済成長に邁進してアジアにおける経済的な覇権を確立してきた。しかし、一九九〇年代以降、東アジア諸国の急成長によって、アジアに占める経済的な地位が低下したために、日本は日米間の妥協によってアジアの覇権を維持することが困難となる。

こうして、戦後日本を根底で支えた日米間の制度的妥協は大きく揺らぐようになる。

このような国内外の変容に対して、日本政府は、一九九〇年代以降、吉田ドクトリンの外交方針を転換し、「日米軍事同盟」の強化を前面に出し、日本が米軍の軍事的肩代わりをする責任を主張して、自国の軍備強化政策を強力に打ち出すようになる。

すでに一九七八年に「日米防衛協力のための指針」で日米新ガイドラインが定められ、「朝鮮有事」の際に日本の周辺で武力衝突が起きたとき自衛隊と米軍がどのように役割を分担するかが定められ、「日本が自衛のため適切な防衛力を保有」(『日本の防衛』一九七九年七月)するとして、日本の軍事的な役割が明示される。この方針の延長線上に、一九九九年には周辺事態法が制定され、日本にとって脅威となる事態が発生したときに、自衛隊の軍事行動を可能にする法案が通過した。二〇一五年には「切れ目のない、力強い、柔軟かつ実効的な日米共同の対応」(防衛省、二〇一五年四月二七日ホームページ)が謳われる。

さらに、経済成長を通して日本の国民生活のなかに無意識のうちに定着していた天皇制にもとづく国体の秩序が経済危機による格差・不平等・貧困の拡大とともに日本の社会の安定を支えきれなくなるにつれて、国体思想を意識化させ、明示化させる必要に迫られる。一九九九年には国旗国歌法が制定され、学校の式典で国旗の掲揚と君が代の斉唱が義務づけられる。近年の女性天皇説、天皇の「生前退位」の議論も、無意識の国体秩序を支えてきた天皇制を自覚化し、国民と天皇制の結びつきを国民に覚醒させせようとする動きと言えよう。

このようにして、国家の軍事化と権威主義化の進展が、日本資本主義の経済成長を支えてきた労使間・企業間の制度的妥協の崩壊によって出現した新自由主義政策と共進化する。

3　市民社会の支配的な表象の転換

このような制度的妥協の経済的・政治的・軍事的な構造転換を媒介したのは、市民社会における支配的な社会表象の転換であった。

戦後に定着した市民社会の支配的な表象は、日本国憲法にもとづく人権・平和・民主主義の理念であった。この理念は、国民が日本の侵略戦争を被害の体験として記憶する歴史認識に支えられ、したがって、日本が戦前の帝国国家の原理を清算して、戦前との歴史的断絶のうえに戦後社会を表象する歴史意識と不可分一体のものとしてうち立てられた。被爆、空襲、飢餓といった苦難をもたらした軍国主義・侵略戦争と決別し、平和憲法と民主主義の政治体制によって帝国日本の旧体制に終止符を打ち、日本が新しい歴史をスタートさせた、という歴史意識をひとびとのあいだに根づかせたのである。

さらに、戦後復興が経済成長へと引き継がれる中で、戦後日本の歴史は、敗戦という壊滅的打撃を受けた日本がその被害からたくましく立ち直って行く過程として表象される。

冷戦体制下でこの歴史意識に逆行する日本の再軍備、基地強化の反動が始まると、この反動が「平和国家」と経済成長の道を妨げるものと受け止められ、それが反戦平和運動や反基地闘争の市民運動のエネルギー源となった。

経済成長の過程は、同時に戦後日本のナショナリズムを支える基盤にもなった。国民は経済成長による国力の増強とアジアにおける経済的覇権の構築を通して、国民意識を強化した。この表象は、戦前の日本が「富国強兵」とアジアの植民地化によってナショナリズムの意識を高揚させたのとは異なる平和的イメージをナショナリズムに付与することによって、同じように戦前との断絶の表象を強めた。

だが、敗戦を被害と受け止める国民意識の背後には、日本の植民地統治と侵略戦争がアジアの民衆に行使した重大な国家犯罪を暗黙のうちに容認し、その加害を被害の表象に転移させる無意識の転換がはらまれていた。日米妥協における米国への軍事的従属という被害意識と天皇制にもとづく国体の護持がこの転移を強力に包み隠した(13)。

つまり、平和憲法と経済成長を通して敗戦の被害から立ち直る歴史がナショナリズムという集合意識をはぐくむことを通して、日本社会は戦前との断絶という歴史認識を強固なものとし、この戦前との断絶という歴史意識によって、日本はみずからが犯した重大な国家犯罪を容認する無意識を温存したのである。

だが、冷戦の崩壊と同時にはじまった日本の長期不況の過程で、この歴史認識に大きな転換が生ずる。

企業社会を支えた労使間妥協、企業間関係の動揺とともに労働者を企業につなぎとめる企業共同体の意識は後退し、不安定就労と過酷な労働条件のなかで労働者は孤立した個人に分断される。企業に依存した労働組合は、そのような分断した労働者を結集する統合力を失う。企業はグローバル市場の競争に参入して、国家と一体化した経済単位としての表象を脱ぎ捨てる。むしろ、企業は国家を手段として利用し、グローバル競争に勝ち抜く道を突き進む（国家の財政的基盤を揺るがす法人税の引き下げ、高等教育におけるグローバル人材育成や研究開発の企業による利用など）。一億総中産階級という所得の平準化を基盤にした国民意識も、所得格差の拡大とともに衰退する。国家と企業の福祉機能が後退する中で、ひとびとは自己の能力だけを唯一の手がかりとして能力主義的な競争に邁進するよう強いられる。

このようにして経済は高度成長期のようにナショナリズムを牽引し国民を統合するという力を喪失していく。このとき、経済成長に代わって国民統合力として浮上してくるのは、敗戦によって否認されていたはずの帝国日本の原理である。戦後日本が断ち切ったはずの帝国の原理が新しいナショナリズムの基盤としてたちあらわれる。そのとき、戦前との断絶という歴史意識のもとに肯定されていた国家犯罪の容認という無意識が、意識化に浮上してくる。

武藤一羊［2016］はこの戦後社会において隠された内実を「帝国継承原理」と呼ぶ。戦後国家は、「国家としての戦争責任――対内、対外の――回避」（五九頁）によって「自己免責」し、国家犯罪を容認してきた。そのために、日本の国家は、みずからが戦争犯罪人を裁くことも、犯罪者の氏名を公表することも、被害者に謝罪し、補償することも、回避してきた。つまり、「戦後日本国家の底部に帝国継承原理が自己免責コンセンサスの形で仕込まれてしまっていた」（六二頁）のである。(14)

したがって、帝国の原理にもとづく新しいナショナリズムの出現は、歴史記憶の表象の転換をともなう。敗戦を被害として受け止め経済成長によってその被害からの回復を図るという歴史の表象は、日本の植民地主義と侵略が行使したおびただしい国家犯罪を放置し、日本人が自己を加害者として歴史を見る眼を封じ込めた。戦後日本にうち立てられた諸種の制度間の階層的構造が、日本の植民地支配責任と侵略責任を封印してきた。労使間妥協、企業間妥協によって成り立つ経済構造、そしてその根底に存在する天皇制と米軍との制度的妥協がこの封印を保証した。

だが、この制度的妥協の階層的構造に揺らぎが生じ、経済成長と一体化してはぐくまれてきた戦後ナショナリズムが衰退したとき、この階層的構造によって封印されてきた日本の国家犯罪が市民社会の意識化に浮上してくる。

この公然化した国家犯罪を否認し正当化する言説として新しいナショナリズムが登場する。このネオ・ナショナリズムの出現は、戦後という歴史認識の巨大な転換を随伴する。戦前の軍国主義・侵略戦争を反省し、平和国家のもとで経済成長をなしとげた日本という戦後の歴史認識は、日本国憲法を「米国によって押しつけられた憲法」として否定し、極東裁判を否定し、「大東亜戦争」を肯定するという戦前を継承する戦後認識にとって代わる[15]。

こうして、戦後日本の市民社会における支配的な表象は、経済成長と一体化したナショナリズムという社会表象から、ネオリベラルな市場社会とネオナショナルな帝国日本の原理とを接合した社会表象へと変質していく[16]。

このような支配的な社会的表象の転換は、日本の植民地主義と侵略戦争が犯した国家犯罪をめぐるヘゲモニー闘争を引き起こす。

戦後の冷戦体制は、米国が日本を軍事的な拠点として極東の安全保障体制を堅持する体制のもとで、かつて日本が犯したアジアの諸地域に対する国家犯罪の究明と告発を押し隠してきた。そのため、日本の国家犯罪の糾明は、一九六五年の日韓条約や一九七四年の日中国交回復においても、外交問題の課題から除外されてきた。日本政府は自国がおこなった国家犯罪の問題を国交回復によって「結着済み」であるかのように主張するが、この問題ははじめから外交問題の課題から除外されていたのである。そもそも戦後の日本国家はみずからの国家犯罪を国家の責任の問題として扱おうとする自覚すらなかった。国家のこのような「自己免責」は、戦後日本の社会において国家犯罪を否認する制度的妥協の構造に支えられていたのである。

だが、冷戦の崩壊によってこの制度的妥協が揺らぐ中で、まず、戦時性奴隷、強制連行、住民虐殺による直接の被害者であるアジアの民衆が声を上げる。そして、国際社会が日本の国家犯罪を普遍的人権、人道に対する罪の立場から告発するようになる。つまり、制度的妥協によって保護されていた日本の集合的無意識が国境を越えた市民社会の言説の舞台で公式に審問に付されるようになる。

そのとき、日本の市民社会ではどのような反応が起きたのか。この告発や批判を受け止めて、国家の責任において国家犯罪を審理の俎上に載せると同時に、戦後日本を支えた制度的妥協の構造を問い直す、なによりも国体という侵略と植民地を支えた社会秩序を問い直そうとする、という動きは起きなかった。その逆に、制度的妥協の構造によって保護された国家犯罪の実態を市民社会の言説によって正当化しようと図る動きが巻き起こったのである。つまり、グローバル市民社会の告発を、〈日本国家と日本民族をおとしめようとする「反日包囲網」〉という「国際的陰謀」と位置づけて、これに反撃しようとする。(17)

4 市民社会における国家犯罪の否認の言説の出現

市民社会における歴史認識の論争は、市民社会における社会表象、新自由主義の経済政策、国家の軍事化政策、などと共進化するとりわけ重要なモメントになる。一九九〇年代に、学校の歴史教科書、論壇、歴史研究などの多様な領域において戦後確立された歴史の書き換えを要求する動きが高揚した。

歴史教科書から〈侵略〉〈慰安婦〉〈強制連行〉などの用語を削除するよう求め、戦時性暴力や強制労働や住民虐殺の事実はなかった、とする声が高まる。歴史教科書が戦争の加害責任を強調するのは「自虐的」であり、こどもの

「肯定的自我意識」を育て、「日本人としての誇り」を高める妨げとなる、というのがその理由である。

さらに、歴史博物館や平和記念館において戦争における加害展示の撤去の要求が強まり、展示内容の改変がおこなわれる。朝日新聞(二〇一五年九月七日)によれば、全国八五の歴史資料館、平和博物館で戦地や植民地での日本軍の犯罪行為を展示している施設はわずか三割で、しかもこの展示はしだいに縮小傾向にあり、それらが「自虐的」「偏向的」という批判を受けている。(18)

「慰安婦」制度、戦時性暴力、強制労働、住民虐殺などについては、すでに歴史研究においても、公的な判断においても、事実として認定されている。

笠原十九司[2013]は、日本の市民社会において南京大虐殺についての事実認定がすでに行われていることを確認している。一九八四年家永三郎教科書裁判支援のために南京事件調査委員会が歴史研究者、歴史教育者、ジャーナリスト、弁護士、市民らによって組織され、一九九〇年代前半には日本軍による南京市民の虐殺の事実を記録する『南京事件資料集』が発行された。家永教科書訴訟では、南京事件の事実認定もおこなわれた。日本政府は外務省のホームページで、南京虐殺が存在したことを公式見解としても

認めている。また日中両国政府の協同研究も進められ、その成果は二〇一〇年に『日中歴史協同研究』として刊行され、南京事件の歴史的事実が司法判決においても、政府の公式見解においても、歴史研究においても、外交関係においても、いずれももはや疑いのないものとして確認された。

とはいえ、日本国家が犯した侵略犯罪の実態は、あいかわらず闇に葬られている。南京大虐殺の背後に、アジア各地、日本国内で犯された膨大な住民虐殺、性暴力、略奪、暴行、破壊の事実が未解明のままに放置されている。国家犯罪の事実は、そのほとんどが明らかにされていない(19)。

それはなぜなのか。その最大の原因は、日本政府が国家犯罪の歴史的責任をみずからの国家の責任として自覚せず免責していることである。しかし同時に、日本政府の免責が、市民社会における犯罪の事実の否認という支配的な表象によって支えられているためである。

事実の解明を妨げているのは、事実そのものを否認する言説である。この国では、南京大虐殺を否定する言説が依然として市民社会において流布され、その言説が歴史認識に影響し、歴史教科書の記述や学校教育に圧力として作用している。

日本の国家犯罪の問題は、事実認識の問題であると同時に、その事実にどう向き合うかという問題である。そして、この事実との向き合い方には政治が作用している。自己が他者との関係をどのようにつくるのか、自己が自己の過去・現在・未来とどうかかわるのかという問題が、総過程的媒介としての政治において重要な意味をはらんでいる。

テッサ・モーリス＝スズキ［2016］は、当時生きていなかった日本人が過去の戦争に対して責任を負う必要はない、という新自由主義史観の主張に対して、つぎのように問いかける。自分は過去の残虐な犯罪に直接かかわってないが、過去の犯罪がもたらした結果の世界に暮らしており、その世界から利益を得て生きている、そしてその世界が、過去の犯罪を不正義なものとして告発するのではなく、その逆に過去の犯罪に知らないふりをしたり、その犠牲者に謝罪も補償もしない世界であるとしたら、そのような世界に生きているという意味において自分は歴史的責任を負っている、と。テッサ・モーリス＝スズキはそのような責任を「過去との連累」あるいは法律的な「事後共犯」(七三―七五頁)と呼ぶ。

日本の市民社会において衰退したのは、このような「過去との連累」の社会表象である。それに代わって支配的な表象として立ち現れてきたのは、この「過去との連累」を断ち切り、それを見えなくさせることによって、過去の犯罪の事実を公然と否認しかつ正当化することである。むしろ、「過去との連累」を自覚することを「自虐的な」こととして断罪する社会意識が高揚している。[20]

「過去との連累」の社会意識を戦後社会の制度的妥協の構造によって暗黙のうちに封じ込めてきた日本社会が、国家犯罪の事実とその告発を断ち切れなくなったとき、国家犯罪の事実を正当化するための言説としてもちだしてきたのが、次節で見るような「歴史戦」であった。[21]

5 グローバル市民社会と「歴史戦」

日本の右派の論壇は、「慰安婦」制度の強制性を否定し、南京大虐殺をなかったとする主張を「歴史戦」と呼ぶ。

なぜ「歴史戦」なのか。それは、この歴史認識をめぐる論争が国際的次元で浮上してきたことと密接に関連している。

戦後日本の社会が暗黙のうちに容認してきた国家犯罪の否認が、一九九〇年代以降、国境を越えた批判的な動きとなって、告発されるようになる。ウィーンにおける国連世界人権会議における戦時下性暴力についての公聴会の開催(一九九三年)、国際女性差別撤廃委員会による「慰安婦」問題に対する日本政府への対応の要求(一九九四年)、国際法律家協会による「慰安婦」問題についての日本政府の法的責任の指摘(一九九四年)、世界女性会議による「慰安婦」問題の討議と犯罪者の処罰・被害者の補償を求める行動綱領の採択(一九九五年)、米司法省による旧日本軍の七三一部隊および「従軍慰安婦」関係者の米国への入国禁止措置、アメリカにおける日本の七三一部隊の残虐行為に関するシンポジウムの開催、といった動きがそれである。[22]

その動きとともに、産経新聞、読売新聞、『正論』、『諸君』など右派の論壇で「情報戦」「歴史戦」という言葉が頻出するようになる。つまり「歴史戦」とは、日本の重大な国家犯罪の事実を明らかにしその責任を問う国内外の動きに対して、それを「日本国家と日本民族をおとしめようとする陰謀」として反撃する論争のことである。右派の論壇は、国家犯罪の事実の承認と謝罪・賠償を求める国内外の動きを封じ込め、これを「反日包囲網による陰謀」として言説化する。そしてこの言説を基盤にして、アジアの近隣諸国の「領土侵犯の脅威」や「軍事的脅威」を煽ることによって、日米軍事同盟の強化を図る。

この「歴史戦」の出現には、主権国家を超えた次元でグローバル市民社会が進展するというトランスナショナルな共進化のコンテクストが絡んでいる。つまり、主権国家の枠内に封印されてきた人権・市民権の理念が主権国家の枠を超えたトランスナショナルな次元の理念として浮上してきたことと密接に関連している。

とりわけ、冷戦の崩壊は、グローバル市民社会という主権国家を超えた複合的権力構造（EUなどの国際地域組織、国連、IMF、世銀などの国際機関、グローバル企業、国際NGO、国際労働運動組織、アジア、アフリカ、ラテンアメリカの先住民の運動など）の出現の重要な契機となった。

冷戦の崩壊は、通常は、市場の自由競争の進展や情報技術の革新にともなう情報化の進展がもたらしたものととらえられ、冷戦崩壊後も、グローバルな市場競争が本格化するという動きだけが注目される。

だが、この新自由主義の進展は、グローバル市民社会という国家主権を超える複合的権力の世界の出現のなかで生じたものであり、新自由主義的グローバリゼーションはグローバル市民社会がはらむ複数のベクトルのうちのネオリベラルというひとつの方向にすぎない。

なによりも、ソ連邦をはじめとする社会主義体制を崩壊させたのは、このグローバル市民社会の動態である。[23] M・カルドー［2003］は、冷戦の崩壊が、ソ連・東欧における反官僚主義の市民運動と、西側の反核市民運動が結合することによってもたらされた、と指摘する。かつての冷戦時代の世界では、東側の官僚制による人権侵害が西側による核攻撃の脅威によって正当化され、西側の核保有が東側の全体主義の脅威によって正当化された。この東西両体制における主権国家に拘束されたこのような社会表象（カルドーはこれを「想像上の戦争」（邦訳一〇三頁）と呼ぶ）が、強固な「鉄のカーテン」を支えたのである。

だが、一九八〇年代に、東側の民衆の反官僚主義と民主主義を求める運動が、西側の反核平和運動と合流することによって、冷戦体制下で容認されていた核の保有にもとづく戦争システムと東側の人権の抑圧をともに解体する胎動が始まる。つまり、主権国家を超えたトランスナショナルな次元で、人権抑圧の官僚主義と核武装による軍事力を容認しない人権と反核の理念が結合し、グローバルな価値規範として根づくようになる。カルドーは、東側と西側の民衆のこのような歴史的対話が冷戦を解体したとして、その対話のうちにグローバル市民社会の出現を見てとる。

そして、カルドーがとらえた、この主権国家を超えた次元における人権・平和・民主主義のトランスナショナルな価値理念の出現が、日本の国家犯罪を告発する力となって、

一九九〇年代に作用するようになる。(24)

太田昌国［2015］は、トランスナショナルな価値規範に則した各種の国際的決議は、「私たちの社会に対する精神的な〈贈与〉」であり、「問題解決のための、同士的な助言であり忠告」（五二頁）だ、と言う。もしも、このトランスナショナルな価値規範の出現を、日本の市民社会がそのようなグローバル市民社会からの「贈与」あるいは「助言」として受け止めていたならば、日本の市民社会は日本政府に対して国家犯罪の事実の究明を求め、犯罪の責任者を処罰し、被害者に謝罪と補償を求める動きを強めたはずである。

だが、日本の市民社会でヘゲモニーを掌握したのは、それとは正反対の動きであった。右派の論壇は、この国際的決議を「日本を犯罪国家におとしめるための国際的陰謀」へとすりかえる。日本の国家犯罪を告発する正義が日本の「国体」を脅かす不正義へと変換させられるのである。

右派の論壇にとって、諸種の国際的決議は主権国家を超える人権・市民権からの忠告ではなく、米中韓という「主権国家が画策する国際的陰謀」としてしか映らない。歴史認識をめぐる論争は、「外交戦争」であり、「国家間紛争の代理戦争」のようなものとして受け止められる。(25)

「歴史戦」を唱える市民集団の歴史認識は、国民国家を唯一の主権とするウエストファーレン条約（一六四八年）以来続いた主権国家の時代が終わり、複合的な主権が国家を超えて湧出するグローバル市民社会の時代をふたたびウエストファーレン時代における主権国家の枠組みに押し戻そうとする試みだと言ってもよい。(26)

日本に対する国際的な決議や勧告を「情報戦」、「歴史戦」と語ることによって、グローバル市民社会における言説のヘゲモニー闘争は、国家間の外交問題の枠組みに引き戻される。この「情報戦」、「歴史戦」というヘゲモニーは、グローバルな市場競争とは異なる主権のトランスナショナルな展開へと至る情報のルートを遮断し、ひとびとの思考をグローバル市場と主権国家の回路へと封じ込めることになる。

つまり、「慰安婦」問題あるいは南京大虐殺のような日本の国家犯罪を否認するという歴史認識を国内・国外において浸透させようとする「歴史戦」のヘゲモニーは、新自由主義のグローバル経済の推進と国家による国民の管理、および国家の軍事化の強化と共進化しつつ、資本主義を組織する日本の市民社会における総過程的媒介としての政治においてきわめて重要な機能を果たしていることがわかる。

冷戦の崩壊のうちにグローバル市民社会の出現をみるのではなく、情報化と市場のグローバル化現象だけをみる市場原理主義の表象と、排外主義的ナショナリズム及び国家主義の表象とがここでは共進化しているのである。

だが、このような「歴史戦」のヘゲモニーは、グローバル市民社会において主権国家が犯した犯罪に対する歴史的責任を問う連帯の運動に対する反動を意味する。「歴史戦」とは、グローバル市民社会における植民地主義、あるいは侵略戦争の歴史的責任を告発する言説に対抗して、このグローバルな市民戦争を国家間の外交関係に意味転換し、日本の市民社会を天皇制にもとづく国体の秩序へと引き戻そうとするヘゲモニーの行使である。(27)

6　「歴史戦」のヘゲモニー装置としての日本会議

この「歴史戦」を担うヘゲモニー装置として、日本会議の存在が際立ってきている。日本会議は、天皇を軸とする国家体制を基本とし皇室を精神的な支柱とする社会の復活を目ざし、この理念のもとに多様な社会集団の結集を図る市民組織である。神社本庁をはじめとする宗教法人、新興宗教団体、学者・文化人、財界の経営者、国会議員、青年組織がそこに結集する。(28)

日本会議の運動の起点は、かつて国家神道を担った諸団体が宗教法人として再結集を図り、宗教を柱とする国家建設の運動を市民社会の内部から開始したことにある。国家神道は、敗戦後に占領軍によって交付された「神道指令」(一九四五年一二月一五日)によって廃止された。この国家神道の廃止に対抗して、「神道指令」以前に国家の保護・管理下にあった大日本神祇会、皇典講究所、神宮奉斎会の三団体は合同で神社本庁という民間の宗教法人を立ち上げ、神社本庁は全国の七八〇〇〇の神社を統括するネットワーク組織となる。この神社本庁を中核とする新旧の宗教集団が結集して、一九七四年に「日本を守る会」を結成する。この会は、「混迷する社会状況に対処し、日本の伝統精神の原点に立ち返って、愛国心を高揚し、倫理国家の大成を図る」(山﨑雅弘［2016］六六頁)ことを目的として、市民社会の内部から愛国心の発揚と日本精神の確立を理念に掲げ、文化運動・思想運動の市民組織として出発した。

さらに、一九八一年には保守系の文化人、財界人を中心に「日本を守る国民会議」が結成される。この市民組織は、その当初から日本国憲法の改定という政治的目標を掲げて出発する。

これらの市民組織は草の根の運動を重視し、地方議会の請願運動など、民主主義的な手続きを駆使して、その力を徐々に培ってきた。たとえば「国会に憲法改正を求める意見書」、「小笠原諸島での中国漁船への取り締まりを求める意見書」、「外国人地方参政権付与法案提出に慎重な対応を求める意見書」などを市町村議会に提出し、これらの意見書を通して、地域社会の課題にとりくむのではなく、地方における改憲、国境紛争、外国人排除など排外主義的ナショナリズムの世論を喚起する地道な活動を展開してきた（菅野完［2016］）。

そして、一九九七年に「日本を守る会」と「日本を守る国民会議」が合同して、日本会議が結成された。

日本会議は、国民の主権にもとづく民主主義を否定し、「天皇中心の国体を守る」（山﨑雅弘［2016］九九頁）社会をつくろうとする。この目標を実現するために、日本会議が掲げる課題は以下のようなものである。「憲法同様GHQによって実質的に押しつけられた法律」である教育基本法（同書、一四二頁）を解体し、「教育勅語」を復活させる、「肯定的自我を形成できる歴史教育」（同書、一四九頁）を重視し、日本軍がおこなった虐殺や虐待や性暴力を教科書から削除する、夫婦中心ではなく家長を中心とし国家の基盤となる家族を重視する、したがって、そのような家族の解体につながる夫婦別姓には反対する、さらに、「大東亜戦争の賛美」、「侵略戦争の否認」、「東京裁判の否定」など、「対外戦争の正当化」を図る（同書、一六頁）。

そして、その集大成として日本国憲法を「押しつけ憲法」として否定し、天皇を元首とし国防軍を保持する憲法を制定する。

つまり、日本会議を支える歴史認識は、「戦前」との断絶の上に民主主義と平和の理念によって定着した「戦後」的価値を覆し、「戦前」の天皇制国家の体制を原理として民主主義と平和の理念に支えられた「戦後レジーム」から抜け出そうという歴史意識に立脚する。

だが、すでに述べたように、「戦後レジームからの脱却」というこの歴史意識は、戦後の被害からの復興という「戦後」の歴史意識が包み隠した「敗戦の否認」、「国家犯罪の否認」という日米妥協の制度によって支えられた社会的無意識を公然たる言説として表明するものにほかならなかった。

そしてこの社会的無意識の言説化の契機となったのが、グローバル市民社会という国家を超える政治の出現である。つまり、日本会議が掲げる天皇制国家の原理は、「戦前」のたんなる復活ではなく、国家を超える政治というトラン

戦後日本における市民社会の共進化（1990年代を境にした共進化の構造転換）

国際秩序	冷戦	ポスト冷戦	グローバル市民社会
経済の表象	経済成長	長期不況	グローバル市場競争
	↑	↑	
経済構造	企業主義的調整	→新自由主義政策	ネオリベラルな社会像 ＝市場のグローバル化
国家の表象	経済国家	→グローバル競争国家 ＋ 軍事的・権威主義的国家	ウエストファリア体制の国家秩序
国家の構造	日米妥協	→日米妥協の動揺	
	日米安保条約	→日米軍事同盟	
	＋		
	象徴天皇制国体	→天皇の元首化	
	（日本国憲法）	→改憲	
市民社会の表象	平和・民主主義・人権	→能力主義的競争・自己責任	古典的ブルジョア社会
↓		＋	↑
	＝経済ナショナリズム	→排外主義ナショナリズム	ポストモダンの社会像
社会運動	反戦平和運動、消費者運動	→在日特権を許さない会 日本会議	
歴史認識	戦前と戦後の切断＝被害からの回復としての戦後史（加害の黙殺）	→戦後レジームからの脱却 →加害責任の「自虐化」	
社会的無意識	敗戦の否認	→市民社会の言説化	
	↑ 国家犯罪の否認	＝「歴史戦」→	←主権国家を超える価値規範（生命の尊厳、人道に対する罪、自決権）

スナショナルな地平の出現に対する反作用としてたちあらわれている。その意味で、日本会議のような市民団体の出現は、主権国家を超えた地平でグローバルな社会秩序の組織化をめぐるヘゲモニー闘争が展開される時代におけるひとつのベクトル（カルドーが言う「ポストモダン的な社会像」）を示している。主権国家によって独占的に組織されていた国際秩序がグローバル・ガバナンスという政治の地平の出現によって動揺する中で、主権国家の基盤を再強化しようとする反応として、国民的アイデンティティを打ち堅め、そのアイデンティティを国家神道という宗教によって再補強しようとするポストモダンの社会表象がたちあらわれるのである。

　この社会表象は、ネオリベラルな社会表象と接合し共進化する。グローバル企業の市場競争を強化しつつ、そのような市場競争が脅かす主権国家の秩序のゆらぎを宗教的原理主義によって補強しようとする。

　このような立憲主義の原則を放棄し国体を復活させる言説を理念とする市民団体が今日の日本の政権を支え、市民社会の世論形成の主導権を握る状況がつくりだされている。日本会議は三八〇〇〇人の会員を擁し、国会議員の四二％を占める三〇〇名近くの国会議員が会員として名を連ねる（山崎雅弘［2016］、二七頁）。

　以上、3章全体の展開を「戦後日本における市民社会の共進化として図示する（前ページ）。

4　「大東亜戦争」と市民社会の共進化
——一九三〇年代

1　「大正デモクラシー」——日本における近代市民社会の成立

　この共進化する市民社会という視座を通して、日本が破局へと向かった一九三〇年代の歴史をふりかえってみたい。一九三〇年代の歴史を先導したのは軍部と経済勢力であったことから、歴史研究は、軍部、政党、植民地統治、財閥などに主として焦点を当てておこなわれてきた(29)。だが、このような歴史研究においては、侵略戦争を担った国民大衆の社会意識がどのように形作られたのかについての究明は軽視された。

　近代日本は、伝統的な身分組織を解体し、そこに拘束されていたひとびとの欲望を解き放ち、ひとびとを流動化し、その欲望を帝国日本の膨張のエネルギー源として活用してきた。このエネルギーは、都市の大衆文化を創造し、それが国家に対する抵抗の可能性をはらむと同時に、帝国国家の生産力として総力戦を担う主体を生産する源泉にもなる。

近代日本に国民大衆が出現する発端となったのは「大正デモクラシー」と呼ばれる運動である。この民衆の欲望のエネルギーの両義性に着目して「大正デモクラシー」をとらえようとする研究が近年進展している。

たとえば、子安宣邦［2016］は、一九三〇年代の全体主義が「大正デモクラシー」においてすでに準備されていたことを強調する。子安によれば、「大正デモクラシー」は、日露戦争勝利の際の日比谷焼き討ち事件という大規模な民衆騒擾（一九〇五年）と「大逆事件」（一九一〇年）を契機として始まり、関東大震災における朝鮮人・中国人大虐殺（一九二三年）、そして「満州事変」（一九三一年）の全体主義的変容によって終わる。日比谷焼き討ち事件は、都市の雑業層の民衆と中小店主・工場主らの旦那衆が一九〇五年のポーツマス条約に不満を持って、首都東京の交番などを焼き討ちした民衆騒擾であり、この騒擾を通して都市民衆の欲望が活性化され、「時局への抗議を強力に、集団的に表現していく大衆」（子安宣邦［2016］、一七頁）が出現した。この政府を批判する大衆の意識のなかに、すでに排外主義的要素がはらまれ、「膨張主義的な国権の要求」（成田龍一［2007］一〇頁）が含みこまれていたのである。

都市の流動化する民衆は日露戦争へと動員され、さらにその「戦果」に対する不満を暴力的に表明する行動を通して、みずからを国民＝帝国臣民として組織していく。だがこの国民＝帝国臣民としての組織化は、先近代の身分制秩序に拘束された欲望が解き放たれ、流動化する中で、その欲望を回路化する市民社会という装置によって可能となった。子安はこの「騒擾する大衆」の社会を「大衆社会」と呼ぶ。そして、「大正」期に成立した大衆的熱狂のこの社会が「昭和」期の全体主義のエネルギー源になったことを力説する。

成田龍一［2007］は、大日本帝国の帝国主義的膨張と大衆社会が生み出したデモクラシーが二〇世紀初頭に共進化したことに着目する。デモクラシーは藩政や圧政に対する批判を含みこみながら、主権国家の膨張を求める国民のエネルギーとなって発現する。その意味で、「二〇世紀初頭の日本のデモクラシーは、日露戦争の熱狂性を背景に持ち、「帝国」の構造に規定されたナショナリズムと結合して現れてきている」。成田龍一［2007］はこれを「「帝国」のデモクラシー」（一〇頁）と呼ぶ。

子安宣邦は過去を語っているのではない。竹島、尖閣列島問題をめぐって国境問題への熱狂的なエネルギーが生み出され、このエネルギーを土壌として集団自衛権の法制化や合憲解釈が進むこの二一世紀の現在を見据える問題視座から「大正デモクラシー」をふりかえるのである。

本論では、子安宣邦が読み込んだ、欲望する大衆が言説を媒介にして結集し反乱するエネルギーを創出する「大正デモクラシー」を、日本における市民社会の出現としてとらえたい。一九一八年（大正七年）七月二三日富山県魚津市の漁民の妻女たちの蜂起を契機として、全国で米商人への襲撃、高騰する米価の値下げへの抗議行動が展開された。参加者七〇万人という近代日本史上最大の社会運動が繰り広げられた。子安はそこに「騒擾する大衆」の出現とその大衆が関与する政治の誕生を読み取る。

「大正デモクラシー」という時代が出現したのは、「生存条件にかかわる局面ではいつでも騒擾主体となるような不特定の社会的集合体「大衆」の成立によるのではないか。この「大衆」の存立から社会問題が生まれ、政治が問われ、政治的遂行とその形態の変容が促されていくのではないか」（一八頁）。

子安はこの大衆的熱狂が政治的自由の実現へと向かわずに、政治的自由を圧殺し、天皇崇拝の国家神道という日本精神に回収され、さらにこの日本精神を柱とした「大東亜共栄圏」の構築へと結びついて「大東亜戦争」が現実化するものととらえる。このように考えると、一九三〇年代における全体主義と「大東亜戦争」は、大衆の欲望を言説化し回路づける市民社会のヘゲモニーという視点から再考する必要があることがわかる[30]。

2 「汎アジア主義」と「大亜細亜協会」

「大東亜戦争」の正統性を確立し日本の民衆が自発的に「大東亜戦争」へとみずからを追い込んでいくうえで中核となった言説は、「汎アジア主義」である。アジア主義は日本だけでなく、アジアの他地域でも唱えられ、多様な意味合いが込められていた。だが、「大東亜戦争」に民衆を総動員する言説となった「汎アジア主義」は特殊な人的ネットワークと特殊な団体によって担われ、「八紘一宇」という天皇制の家族原理にもとづいて組織された。

松浦正孝［2010］は、「大東亜戦争」が生起した重要な要因として「汎アジア主義」の言説をとりあげ、アジア主義の思想的な内実の検討よりも、この言説がもたらした政治経済史的な作用を検討しようとする。本論の問題視座から言い換えると、ひとつの言説がひとびとの感情や思考をかき立て、それが経済活動、政治的行動、さまざまな集団の組織化、軍事戦略、科学者や知識人の思考、そしてなによりも民衆の欲望に作用し、その共進化がもたらした帰結として「大東亜戦争」をとらえかえそうとする。本論では、松浦が取り組んだ「汎アジア主義」というイデオロギーの政治経済史的な考察を〈総過程的媒介としての政治〉という市民社会論の視点から再設定することによって、一九三〇年代の侵略戦争を市民社会の共進化がもたらしたものとして再考してみたい。

「大東亜戦争」という命名は、日米戦争の開始（一九四一年一二月八日）直後の御前会議で決定され、一九三七年の「盧溝橋事件」にさかのぼってその名称が付与された（松浦正孝［2010］一頁）。つまり「大東亜戦争」とは、日本のアジア侵略と対欧米帝国主義に対するアジア植民地の確保のための帝国主義戦争を事後的に正当化するための言説として後からもちだされたことがわかる。この命名によって、この戦争が侵略戦争ではなく、アジア全域を欧米諸列強の植民地支配から「防衛する」ための「自衛の戦争」であり「解放の戦争」であるという意味が付与されたのである。帝国日本は、このような世界戦争に入ることによって、アジアにおける自国の植民地支配を確保し、侵略地を自国の「生命線」と位置づけて、それを「死守」しようと図った。

だが、「大東亜戦争」に着手するためには、そのような戦争に向けて自己の正当性を掲げ、国民の合意を獲得し、自国の国民だけでなく植民地の民衆をふくめてその戦争体制に全面的に動員する総力戦体制を築き上げなければならなかった。そのような総力戦を推進するための言説が「汎アジア主義」である[31]。

「大東亜戦争」が「汎アジア主義」の言説と「大亜細亜協会」という市民団体のヘゲモニー闘争を通してどのように引き起こされていったのか、その過程を松浦正孝の研究［2010］に拠りつつ、たどってみたい。

「汎アジア主義」の言説を理念に掲げた「大亜細亜協会」が組織されたのは、一九三一年の「満州事変」，翌一九三二年の「満州国」の建設に対して、国際連盟が不承認決議をして一九三三年に日本が国際連盟を脱退する最中であった。のちに大亜細亜協会の会長に就任する松井石根は、国際連盟による「満州国」の不承認を、国際連盟によるアジアの無理解、認識不足のゆえと受け止める。そして、アジアの問題をアジア諸国がみずから解決するためには、アジアの諸国が連合して、「国際連盟内の英連邦や仏帝国諸国のように、あるいは連盟外の米国グループや共産主義陣営のように、亜細亜連盟を作るしかない」（松浦正孝［2010］五三九頁）という思いを強くする。

国際連盟から日本に帰った松井石根は、一九三三年にまず「汎亜細亜学会」に入会する。「汎亜細亜学会」は、一九三二年春に「学者・評論家らが「満州国」建国後のアジア問題を、アジア大陸全体の問題や遠く中東問題まで含めて、満州事変問題より広い文脈で検討するために作った組織である」（同五四六頁）。

アジア主義の運動は、日本と「支那」の「東亜運動」、インド、ペルシャ、アフガニスタン、メソポタミアなどの解放を求める独立運動として当時高揚していたが、日本はこの「汎アジア主義」の運動を、欧米帝国主義に抗して、帝国日本が「満州国」建設を基盤としたアジア圏の統治を強化するための運動へと回収しようとする。松井たちはこの「汎亜細亜学会」を母体として、翌一九三三年三月一日に「大亜細亜協会」を設立する（同五五一頁）。

松浦は「大亜細亜協会」の特徴をつぎのように整理している。

第一に、「大亜細亜協会」は、「陸軍・海軍・外務省を横断して」、軍人・政治家が「汎アジア主義の理念を共有する若手を中心に組織された団体であった」（同五五四頁）。

第二に、「大亜細亜協会」は「アジアの文化運動、精神運動に目標を置き官民合同の与論機関」（同五五五頁）下中彌三郎からの引用）として組織された「文化・思想の運動」である。

第三に、「大亜細亜協会」は軍部や政府の内部対立から距離を置いた民間組織として結成された。

つまり、「大亜細亜協会は松井の下で、政府や軍部とは離れた民間の、しかも政治的色彩を持たない多様な身分・所属の人々が結びつくネットワークとして、また、政治運動ではなく思想・文化の運動をする団体として、形作られたのである」（同五五七頁）。

このような思想的・文化的な市民団体がアジア主義の言説を掲げて、「大正デモクラシー」運動とともに出現した大衆の熱狂的エネルギーを広範に集約する政治運動としての力を発揮していく。

アジア主義は、アジア各地で欧米諸列強の植民地支配にあえぐ民衆によるアジア解放闘争の理念でもあった。「大亜細亜協会」はこの解放の理念を天皇制にもとづく「八紘一宇」の理念へと変換する（入れ子する）ことによって、その理念を簒奪し、帝国日本によるアジアの植民地支配と欧米諸列強に対抗する帝国主義戦争を正当化する理念へと回収していったのである。支配と抑圧を「解放」と言いくるめるこのレトリックが、民衆のエネルギーを「大東亜戦争」へと動員していく強力な駆動力となる。

3　中国侵略戦争から「大東亜戦争」への転換における「大亜細亜協会」の役割

この「大亜細亜協会」が、やがて日本の中国侵略戦争を「汎アジア主義」にもとづく「大東亜戦争」へと転換する上で重要な役割を果たすことになる。松浦は「第12章　日中戦争の膠着と大亜細亜主義運動の高揚」で、この過程を克明に描写する。

「大東亜戦争」は、日本の市民社会における「汎アジア主義」という言説を媒介とした多様な諸集団の人的ネットワークが創出した運動を通して出現する。軍部、政府、財界、知識人、民衆はこの運動を介して分節＝連節し、「大東亜戦争」という世界戦争を生産したのである。

「汎アジア主義」の言説は、「満州国」の建設と中国侵略戦争の泥沼化によって、中国との解決が不可能な事態に直面したときに、その脱出の回路を「南進」に向けて方向づける指針を提供する。松井石根は「満州国」を維持しつつ「日支の提携」（五六四頁）を図るためには、「真に亜細亜の復興」および「日中両国の提携」（同五六四頁）が必要だ、と主張する。

つまり、松井石根のねらいは、「汎アジア主義」の言説によって、「満州・華北から南洋・東南アジアへと対中政策の重点を移動」させ、「日中関係打開の障害となっている満州問題を棚上げにし、日中関係からアジア全体へと枠組みを拡大する」（同五六五頁）ことであった。

「汎アジア主義」の言説は、このような戦争の意味転換における決定的な変換肢となった。軍部だけでなく，財界、知識人、政治家、ジャーナリズム、そして民衆の広範な社会層のなかにこの言説を浸透させ、この言説を通して戦争の意味転換についての合意形成を図る。このことを抜きにして「大東亜戦争」はありえなかった。

松井石根の構想は、「日中経済提携を中心とした東亜新秩序を形成し、東南アジア・インド、さらには中東・アフリカにまで及ぶ経済を基盤としたアジア連合を結成し，アングロサクソン連合、ヨーロッパ連合、ソビエト連合などと並んで世界政治経済の単位に」（同五六六頁）しようとすることであった。

つまり、日本は中国への侵略戦争をアングロサクソン、ヨーロッパ、ソビエトに対抗する「アジア連合」の構築へと意味転換し、「アジアの開放」のための「日中提携」というレトリックによって行き詰まった侵略戦争を打開しようとしたのである。

この構想が、やがて一九四〇年八月一日に第二次近衛内閣の松岡外相により「大東亜共栄圏」という国策としてとりいれられることになる。

この「汎アジア主義」の言説を媒介にした人的ネットワークの形成は、「内地」だけでなく、植民地、占領地にまで及ぶ。というよりも、松井石根はまず植民地における「大亜細亜協会」の設立に奔走する（同五六八–五八一頁）。

一九三一年八月に台湾軍司令官に任命された松井石根は、台湾における「大亜細亜協会」台湾支部を結成し、台湾における「汎アジア主義」の振興に努めた。一九三五年一〇–一一月には、「満州国」、華中、華北の視察旅行をおこない、「大亜細亜主義」の運動を推進する。さらに、一九三六年二–三月に、華中、華南に旅行して、「大亜細亜協会」の結成と「汎アジア主義」の宣伝工作を図る。こうして、一九三四–三六年にかけて、台湾、朝鮮、「満州国」、中国、そしてフィリピンといった植民地、占領地で「大亜細亜協会」の支部が結成される。続いて、国内でも、福岡、金沢、京都、名古屋、熊本、大阪、神戸、飛騨などに国内支部が結成され、松井は、国内各地で講演会を開催して、「汎アジア主義」の普及宣伝に奔走する（同五八一頁）。


松浦正孝は、「大亜細亜協会」が「汎アジア主義」という言説を理念に掲げ，この言説を介して、職業、階級、階層、宗教、国籍の異なる多様な集団と個人をネットワークに組織した運動であることに着目する。このネットワークが「内地」だけでなく、アジア各地にまで波及する。国内では、陸軍、海軍、外務省、学者、実業家、報道関係、医師などのさまざまな集団に所属するメンバーが会員となる。軍人は、この協会を通して「南進」を基軸とする軍事戦略の方向を明確にし、学者、ジャーナリスト、新聞社は、この協会を通して天皇を統帥とする日本が盟主となった「大東亜共栄圏」構想を国内外に普及・浸透を図り、実業界は、この協会を通して「アジアにおける英国との輸出競争に従事してきた繊維産業・雑貨産業や、貿易業者」（同書、七一九頁）を中心に財界の利益を追求した。多様な社会の諸集団が、「汎アジア主義」という言説の下にみずからの行動の進路を定め、その行動の正当化を図り、みずからの利益の拡大を追求したのである。

4 「大亜細亜協会」のヘゲモニーによる国民的反英運動の高揚

松浦は、さらにこの大亜細亜協会が日本の中国侵略戦争の膠着状態を打開して、日本を「大東亜戦争」へと導く上で果たした具体的な契機として、一九三九年夏の国民運動を頂点にする「大亜細亜協会」のヘゲモニーの行使に注目する。

一九三九年四月九日に、天津で海関（清朝が海港に設けた税関）の監督が射殺され、その犯人が英国の租界に逃げ込んだため、日本軍はその犯人の引き渡しを求め、六月一四日に英仏の租界の封鎖を始める。

この租界封鎖事件を契機として、一九三九年夏に軍部の措置を支持し、英国を非難する反英大衆運動が爆発する。松浦は『特高月報』の資料がこの年の七‐八月の全国各地で行われた国民的規模の運動が「日本の近代史上においてもおそらく他に例をみない」（同七四六頁）ものであった、という評価に着目する。

反英・「汎アジア主義」の国民的運動は、まず海外の植民地及び軍事占領地で始まった（同七四九‐七六二頁）。植民地朝鮮の主要都市で一九三九年六月より「国民排英大会」が総督府による新聞社を利用した官製主導の運動ではあるが、開催され、もりあがる。(32)

ついで、植民地台湾の各地で六月後半より七月にかけて「大亜細亜協会」が主導して「反英市民大会」が開催される。さらに、中国の華北各地で、そして「満州国」で、市民大会が開催される。

この植民地および軍事占領地における反英・「汎アジア主義」の運動が、日本「内地」の国民運動に火をつける。

七月になると、英国打倒を求める「内地」の運動が、要請書、声明書、国民大会、市民大会、時局批判演説会などによる一大国民運動として展開される。この運動に、軍人、商工会議所、商工会、工業界などの財界、新聞社、学者、府県町村会などの地方自治体、労働運動、農民運動、アジア人など社会各階層と多様な社会集団が関与し、「汎アジア主義」という言説のもとに国民が結集し、この運動を通して総力戦体制が現実化していく。新聞各社は反英大会に積極的に関与し、反英熱を煽る報道を連日おこなった。この報道を通じて、「汎アジア主義」のイデオロギーはひとびとの間に急速に浸透していった。

「大亜細亜協会」の松井石根は、各地で時局講演会を開催し、この反英運動の高揚において重要な役割を果たした。松浦は、在日華僑をはじめとする日本国内の在日アジア人が植民地、占領地の各地における「汎アジア主義」にもとづく反英運動と日本国内の排英運動を反響させる上で重要な役割を果たしたことも指摘している。

「「アジア人」の内地における活動は、内地における日本人の排英運動を高揚させ、それがまた、植民地や占領地、アジア各地へと、汎アジア主義を反響させ共鳴を増幅させていく役割をも担っていた」（同七六五頁）。

この一大国民運動を通して、当時日本にも根強かった親英派を圧倒して反英運動が高揚し、「日中戦争」は「日英戦争」へと舵を切る。

この転換において、「大亜細亜協会」が果たした役割は大きい。思想文化運動として「汎アジア主義」の言説の日本社会への浸透に重要な役割を果たした「大亜細亜協会」は、この反英運動の高揚を契機として思想文化団体から政治団体へと変質する。(33)

松浦はこのようにして、反英運動の発生のメカニズムを国家の指令という統一的な意思によって引き起こされたものとしてではなく、「大亜細亜協会」の思想文化団体が生み出した「汎アジア主義」のイデオロギー的ネットワークが警察、陸軍司令部、在郷軍人会、地方行政機関、地方議会などの公式の組織の回路を「私的に利用して流された指示を受けて」（同七九〇頁）組織され引き起こされたもの、ととらえる。

「大東亜戦争」は、市民社会に作動する「汎アジア主義」という言説を媒介にした社会諸集団の接合の運動が過程的媒介をなして、国家の集合的意思を形成し、総力戦体制を組織することによって引き起こされた。

松浦はこの動きを次のように総括する。

「一九三九年夏の反英運動という、日本近現代史上初めての、しかも内地のみならず植民地および周辺アジア地域を巻き込んだ一大政治運動は、国内政治の場において汎アジア勢力に強い力を持たせ、汎アジア主義イデオロギーを広く浸透させることになると同時に、三国軍事同盟締結という日本にとって極めて重要な政治決定過程において親英派を封じ込めた。日本帝国は「亜細亜の解放」のための「聖戦」と言うイデオロギーによって自らを緊縛し、……日米戦争回避の途を閉ざし、「大東亜戦争」へと自らを追い込んで行く」（同七九五頁）。

帝国日本は「アジアの解放」という理念を天皇制＝国体へと回収する言説によって「アジアを代表して欧米諸列強と戦う」という国民的合意を組織し、この合意によって流動化する大衆を帝国臣民へと陶冶する。この「聖戦」という国民的合意の組織化が、「アジアの解放」とは正反対の、アジアに対する徹底した資源略奪と民衆の収奪（強制連行、性暴力、住民虐殺）を強行することになる。沖縄の強制集団死、硫黄島の「玉砕」、日本の主要都市の大空襲、そして広島・長崎の被爆は、「アジアの解放」というレトリックの下に推進されたこの侵略戦争がもたらした最終的帰結であった。

むすび

立憲主義が否定され集団自衛権が合法化された二〇一〇年代の日本は、同じく天皇機関説が放棄され戦時動員体制へと急速に展開していった一九三〇年代と同じサイクルをたどっている。そしてそのサイクルの同期性を生み出す鍵を握るのが、「愛国と信仰」という国家神道の精神である。中島・島薗［2016］が主張するこの視座を、本論では市民社会の共進化という方法概念によってとらえかえしてみた。

だが、このサイクルの同期化は不可避の道ではない。このサイクルの同期化の動きは、そのなかに対抗するベクトルを内包しているのであり、われわれにそのベクトルを示唆してもいる。われわれに求められているのは、市民社会の新自由主義的な共進化の動態に介入して、それに対抗する共進化の動態をいかにして創出するか、という問いである。「歴史戦」という言説に媒介された市場のグローバル化と国家の権威主義化・軍事化による共進化のベクトルを、グローバル市民社会による市場と国家の制御のベクトルへと反転させなければならない。諸個人を家族、地域、協同組合、結社などの社会的基盤から引きはがして分断し、能力主義にもとづく個人間競争へとかき立てつつ、諸個人を国体へと回収しようとする共進化に代わって、連帯と協同の共進化の運動をいたるところで、多様な形で創造することが求められている。そしてこの共進化のなかに国家の政策を再定位し、市場競争を制御していくことが求められている[34]。

注

(1) 近年、急速に進む国家の軍事化および権威主義化の動きを一九三〇年代における全体主義の出現と重ね合わせて考える主張が登場している。たとえば、中島岳志・島薗進［2016］は、明治維新から敗戦までの七〇年と敗戦から現在までの七〇年を比較して、それぞれの時期を三区分し、明治維新後の日本と敗戦後の日本が同じサイクルをくりかえしているという興味深い指摘をしている。

一八六八年から一八九四年の日清戦争までの「富国強兵」の時代は、一九四五年から一九七〇年までの戦後復興と高度成長の時期と対比され、一八九四年から一九一四年の第一次世界大戦勃発までの「アジアの一等国」化の時代は、一九七〇年から一九九〇年までの「ジャパン・アズ・ナンバーワン」、およびバブル景気の時代と対比され、そして一九二〇年代から一九四五年の「昭和恐慌」、「昭和維新」、全体主義の時代が、一九九五年以降から現在にいたる長期の経済停滞と軍事化の動きと対比される。

中島岳志・島薗進は、この第三期のサイクルにおける全体主義の出現を、〈国家と宗教の関係〉という視点から解き明かそうとする（これがこの書のメインテーマである）。一九三〇年代の日本は、天皇機関説に代表される立憲君主制の学説を否定し、天皇を元首として絶対視する国家神道が前面に登場し、「愛国と信仰の暴走」によって全体主義がもたらされた。同じようにして、今日の日本も、戦後定着した日本国憲法と民主主義を基盤とする立憲主義が否定され、神社本庁をはじめとする宗教法人が主導権をとる市民団体（日本会議）が急速に台頭し、「日本精神としての国体」を理念に掲げて改憲、さらには帝国日本の復活の道が急速に現実化しつつある。排外主義的ナショナリズムの集団的心性が信仰という精神的枠組みと融合して、国家宗教化へと急速に傾斜する一九三〇年代のサイクルと類似した全体主義の動きが高まっている。

本論は、中島岳志・島薗進が提示したこの〈国家と宗教の問題〉を市民社会の次元でとらえ返し、新自由主義と全体主義が共進化しつつ社会の破局をもたらそうとする動きを市民社会論の視座から説き起こすことを課題とする。この解明によって、新自由主義と全体主義という一見相反するかに見える動きが市民社会の媒介によって共進化し作動している今日の日本の状況を明らかにしたい。

（2）J・M・ケインズは、資本主義がひとびとの不安定な社会心理に支えられていることに着目し、第一次大戦を境にしたひとびとの社会心理の転換が階級闘争と賃金決定に重要な作用を及ぼしていることを洞察している。本論で、市民社会として概念化しているのはケインズの社会心理の概念とも重なる。これについては、田淵太一［2012］を参照されたい。

同じようにして、T・ピケティ［2013］は、統計データの分析によって資本主義の歴史における格差の拡大を立証しただけでなく、能力主義という格差についてのひとびとの社会的表象に着目し、格差が拡大した原因をそこに求める。ケインズ、ピケティが焦点を当てているのは、市民社会の問題にほかならない。

（3）斉藤日出治［2005］は、M・カルドーのこのような複合的な社会像の表象が異なった国家の諸類型、異なった社会運動の組織化と節合する動態について論じている。

（4）後述するように、日本の右派論壇に登場する「歴史戦」は、グローバル市民社会の発展が日本の市民社会にもたらした反響についての重要な事例である。

（5）松原隆一郎［2000］は、戦後日本における家電製品の普及が、家族形態の核家族化、専業主婦の出現などに作用を及ぼしていることをとらえて、このような新しい商品の出現がまったく異次元の領域に及ぼす作用を「共進化」という概念で解き明かしている。

ハーヴェイが自著に「資本の〈謎〉」というタイトルを付けた理由は、資本がたえず共進化の運動をくりかえし、その運動がどのような形で実を結び、いかなる姿の社会を生み出すかは、その結果においてしかわからない「謎」だからである。市民社会とは、この共進化の運動を媒介する作用であり、資本主義はこの作用を介して組織される。

（6）新自由主義の思考は、すでに一九世紀資本主義において出現しており、一九三〇年代に劣化し破綻していた。この劣化した新自由主義をふたたび復活させたのが経済的自由主義の学説が発揮するヘゲモニーであった。これについては、若森みどり［2015］を参照されたい。

（7）ニューヨークの財政危機がもたらした都市政策の転換については、ハーヴェイのほかに、横田茂［2008］も参照されたい。

（8）ナオミ・クライン［2011］は、災害や軍事クーデタや戦争などを契機として、社会を白紙状態に還元し、社会をビジネスチャンスの空間としてリセットしようとする戦略を「ショック・ドクトリン」と呼ぶ。一九七二年のチリと一九七〇年代のニューヨーク市政で行使された「クーデタ」は、文字通り「ショック・ドクトリン」であった。本論の問題構成からすると、「ショック・ドクトリン」とは、市民社会における社会表象の劇的転換を介した制度改革だということができる。

（9）日本資本主義における労使間妥協、企業間妥協の相互補完の関係については、山田鋭夫［2008］を参照されたい。本論では、レギュラシオン理論の方法論的深化によって得られた日本資本主義の制度分析のこの成果を、市民社会の共進化の視点から、日本資本主義の根底を支える日米間の制度的妥協、さらにはその深層にある社会的無意識（日本の国家犯罪の否認）と節合させる。

（10）都市再生本部と都心部の建設ラッシュについては、五十嵐敬喜・小川明雄［2003］を参照されたい。

（11）日本が米軍によって天皇制を確保し、その見返りとして米国への軍事的従属を受け入れるというかたちで「「天皇＋米軍」が戦後日本の権力構造」（矢部宏治、一二〇頁）を支えたことについては、矢部宏治［2015］を参照されたい。

（12）吉田ドクトリンについては、加藤典洋［2015］を参照されたい。

（13）五十嵐恵邦［2007］は、人気ラジオ番組『君の名は』、怪獣映画『ゴジラ』、プロレスラー力道山の活躍といった戦後日本人の大衆的人気を博した大衆文化が、日本国民の加害のトラウマを被害に転移させ、その被害を乗り越えていく過程として戦後の歴史を表象する国民意識をはぐくんだ、と指摘する。一九六〇年代の高度成長や一九六四年の東京オリンピックは、敗戦という悲惨な被害体験をさらに未来に向かって前進させるエネルギーへと転換させた、と。

その意味で、日本の戦後社会は戦前との断絶にもとづくものではなく、戦前の植民地主義を生き続けている。この戦前と戦後を貫く植民地主義の原理については、斉藤日出治［2016a］を参照されたい。

（14）武藤一羊［2016］は戦後日本国家が、①米国の覇権、②憲法の平和主義、③「大日本帝国の継承原理」というたがいに矛盾する三つの原理の折衷として構築されていることを指摘する。武藤一羊はこの三つ原理の折衷を国家論として展開しているが、本論では、この国家論的展開を市民社会における共進化の政治としてとらえかえし、国家と経済を市民社会の総過程的媒介の政治において再定位しようとする。

（15）敗戦を受け入れたはずの日本が、敗戦を否認する意識を持ち続け、その意識がなぜ新自由主義のもとで浮上してきたのか。それは日米妥協の制度的構造の危機と密接に関連している。白井聡［2013］は、敗戦を否認するために米軍への従属を永続的に受け入れるという日本人のこの集合的無意識を「永続敗戦」と呼ぶ。「永続敗戦」の意識には、さらにその深層に国家犯罪の否認という社会的無意識がはらまれている。

（16）カルドーが市民社会の複合的言説として列挙した五つの社会像のうち、最後の二つの社会像、ネオリベラルな社会像」と「ポストモン団の社会像」が支配的な社会像としてひとびとの意識に顕在化してくる。

（17）戦後日本の市民社会派マルクス主義は、市場の一物一価の法則を徹底し市場社会を内実化することによって自由・平等の市民社会の達成を図ろうとした。だが、日本の市場社会とそれを支える企業主義的な調整という構造は、その深層に日本の敗戦の否認と国家犯罪の否認という集合的無意識を内蔵していた。市民社会派マルクス主義が問い詰めなければならなかったのは、この深層と向き合うことによって戦後日本の市民社会を真に内実化することであり、そのベクトルで社会主義の構想を構築することであった。戦後民主主義の反戦平和の運動は、日本の植民地主義、国家犯罪と向き合うことを回避することによって、戦後日本の制度的妥協の構造の延長上に社会主義を展望するという錯誤に陥った。

(18) ピースおおさかの平和記念館からは、加害展示が市民に情報公開されないまま行政の判断で撤去され、リニューアルされた。この撤去の理由は、加害展示を「自虐的」だとする市民からの要望があったため、とされている。

(19) 筆者が参加している市民団体(海南島近現代史研究会)は、その前史も含めて一七年間にわたり海南島を訪問し、各地の村を回って、被害者の遺族や幸存者の方々から聞き取りを行ってきた。

研究会が海南島で確認した日本軍による住民虐殺は四〇〇〇名を超えている。一九三九年一一月四日旦場村で九〇名余り、一九四一年四月一二日—一四日重興鎮(排田村、白石嶺村、昌文村、腸第村)で二四一名、一九四一年五月一三日、一九日九曲江郷の波鰲村、上嶺園村、上辺嶺村で一二九名、一九四一年六月二四日北岸村、大洋村で四九九名、一九四一年六月二八日大溝村で三八名、一九四一年八月四日澄邁県橋頭鎮沙土保峒の七村で五〇〇名、一九四二年三月二日石馬村で一七二名、一九四二年四月二〇日金牛流抗村で八二名、一九四二年一〇月三一日昌美村で四三名、一九四三年四月十日鰲頭村で七三名、一九四三年四月一三日九尾吊村で七二名、一九四五年五月二日月塘村で一九〇名、一九四五年四月十日坡村、長仙村、三古村、南橋村、雅昌村、佳文村、鳳嶺村、吉嶺村、宮園村で七七七名、一九四五年七月三〇日秀田村で一四〇名、など。日本軍が行ったこれほどの国家犯罪が、戦後七〇年が経過した今日でも、日本ではなかったことにされ、その事実が黙殺されている。

これらの国家犯罪に関する詳細な聞き取りの記録としては、紀州鉱山の真実を明らかにする会のブログ、紀州鉱山の真実を明らかにする会制作のドキュメンタリー[2004]、写真集[2007]および海南島近現代史研究会制作のドキュメンタリー[2008b][2008 c]を参照されたい。

また、海南島の八人の女性(当時一四—一九歳の少女だった)が日本の戦時性暴力の被害を受けたとして二〇〇一年に東京地裁に「日本政府に対して謝罪と名誉回復並びに損害賠償を求めた」訴訟を行った。

これに対する判決は、「旧日本軍が中国人の少女を強制的に拉致・監禁死、継続的かつ組織的に戦時性奴隷とした」事実を認定し、「被害女性らに対して軍の力により威圧しあるいは脅迫して自己の性欲を満足させるために陵辱の限りを尽くした軍人らの本件加害行為は、極めて卑劣な行為であって、厳しい非難を受けるべきである」とし、ＰＴＳＤはもとより「破局的体験後の持続的人格変化」も認定している。(二〇〇九年三月二六日東京高裁判決)。だがにもかかわらず、判決は、日中共同声明により「裁判上訴求する権能」が放棄されたとして、この請求を棄却している。

(20)「過去との連累」にふたをし「事後共犯」を犯しているのは日本の市民社会だけではない。日本政府みずからが、そして司法権力を保有する裁判官自身が、この「事後共犯」を犯しているのである。

海南島の万寧市月塘村では、日本の軍事占領下の一九四五年五月二日未明に佐世保鎮守府第八特別陸戦隊によって襲撃を受け、乳幼児、妊婦、高齢者、女性を問わず一九〇名の無抵抗の村民が無差別に殺害された。月塘村の村民は、犠牲者の追悼碑を建立するとともに、日本政府に対して、殺害をおこなった兵士の氏名の公表、謝罪、賠償を求めて抗議文を提出した。日本政府はこの抗議文に対して、「事実関係が明らかでないので回答いたしかねます」と平然と答えている。月塘村村民の抗議文と日本政府の回答については、海南島近現代史研究会[2008a]を参照されたい。

日本の裁判官は植民地においてかつて「匪徒刑罰令」、「保甲条例」、「罰金及笞刑処分令」、「不敬罪法」、「治安維持法」、「盗匪法」、「叛徒法」などの諸種の法を用いて、台湾や朝鮮や「満洲国」や日本で、多くの台湾先住民、朝鮮人、中国人、日本人を死に至らしめた。だがにもかかわらず、戦後になって司法権力が犯したこの侵略犯罪行為をみずからの責任において問い直すことを放置している。

(21) 過去とのかかわりかたをめぐるこのような敵対的対立、つまり歴史認識をめぐる歴史修正主義と歴史的責任論との論争については、斉藤日出治[2011]を参照されたい。

(22) この動きについては、太田昌国[2015]、能川元一[2016]を参照されたい。

(23) 斉藤日出治[2005]は、カルドーの説を参照にしつつ、主権国家を超えた国際機関、グローバル企業、市民諸団体のネットワークが主権国家と競合しつつ組織するトランスナショナルな複合的権力の社会として〈グローバル市民社会〉を定義する。

(24) 太田昌国[2015]は、主権国家による国際秩序の規制力を超えたトランスナショナルな人権の規制力の出現によって、「国民国家の過去・現在を無限に肯定し、国家の硬い壁を打ち固める時代は終わりを告げ」「国境を越えた共同の事業」(一一頁)の時代が始まった、と言う。

(25) 右派の「情報戦」「歴史戦」については、山口智美ほか著［2016］を参照されたい。この国際陰謀説は、「大東亜戦争」を日本が欧米諸列強の陰謀によって「仕掛けられた戦争」だとするとらえ方につながっている。能川元一［2015］は、このような戦争の説明を「日本は当事者能力に欠ける間抜けな国家」（一八六頁）とみなすに等しい、と批判する。

(26) 同じ動きが、二〇〇一年の九月一一日に米国で起きた。当時のブッシュ大統領は「これは戦争だ！」と叫んで、国連や諸外国の反対を押し切り、アフガニスタン、イラクへの軍事攻撃に踏み切る。カルドー［2003］はこの米国の単独行動主義を「グローバル市民社会とその規範および価値の具体的な成果を掘り崩」し、その成果を「現実主義や国益をめぐる言語」へと「回帰」（二一〇頁）させる試みである、と言う。

(27) したがって、「歴史戦」という言説は、グローバル市民社会の重要な構成要因である。カルドー［2003］は、この言説を市民社会の「ポストモダン的な見解」（邦訳一五頁）として位置づけている。グローバル化に対抗するかたちで高揚する宗教的原理主義、ネオ・ナショナリズムの運動をグローバル市民社会の構成要因に含めるカルドーの視座はきわめて重要である。

右派の論壇に比べて、「情報戦」「歴史戦」を市民社会のヘゲモニーの視座から位置づけようとする認識が左派には欠落している。唯一の例外として、加藤哲郎［2007］は、インターネットなどの電子メディアもちいた世論形成が国内・国際政治において決定的な意味をもつ時代を「情報戦の時代」と呼んで、グラムシの陣地戦、塹壕戦の延長線上に「情報戦」を位置づけている。

なお、本論では、日本の市民社会における右派の論壇のヘゲモニーに焦点を当てているが、このヘゲモニーに対抗して日本の国家犯罪の責任追及をおこなう多様な社会運動（朝鮮人・中国人の強制連行、南京大虐殺、七三一部隊などの究明に取り組む）があることも指摘しておきたい。

(28) 日本会議については、菅野完［2016］、山﨑雅弘［2016］、青木理［2016］を参照されたい。

(29) 日米開戦に関する研究は、軍部の予算問題、海軍と陸軍の確執、御前会議、天皇の意向、外交政策、議会の決議などに焦点が当てられ、国策としての「大東亜戦争」が市民社会の次元で論じられることはない。たとえば吉田裕［2007］がそうである。

(30) 今日の日本の社会危機を一九三〇年代の全体主義への急進展との関連においてとらえる中島岳志・島薗進［2016］も、同様に、一九二〇年代前半の「大正デモクラシー」の高揚と、一九三〇年代の昭和の全体主義とを対立させて考える考え方を批判し、「大正デモクラシーと言われる運動の中に、極めて昭和の全体主義を準備するような要素というのがすでに濃厚にあったとみるべき」（中島岳志・島薗進［2016］二四二頁）だ、と述べている。

(31) 吉本隆明［1991］は、「英米の白人支配に対し、徹底的に戦争を継続すべきだ」と思って、「死は恐ろしくない」と、当時の感慨を語っている（一七二―一七三頁）。多くの日本人民衆が抱いた当時の社会感情は、帝国日本の政府の声明や軍部の指令といった強制力だけでは説明のつかない身体感覚をあらわしている。このような身体感覚は、「汎アジア主義」という殺し文句のもとに民衆の社会感情を組織的に動員するダイナミックな社会運動の創出を通して生み出されたのではないか。

松浦正孝［2010］は、当時の「汎アジア主義」について、「日々の暮らしに生きる人々の経済生活・コミュニケーション・宗教的生活などに浸透し、平易なイデオロギーのネットワークとして広がりを持っていたが故に、大きな影響力を持つ国民的な「世論」……として政治的影響力を持つに至った」（一四頁）と言う。

(32) 松浦はこの反英運動の高揚とともに朝鮮人労働者の強制連行が始まることに着目する。強制連行は「汎アジア主義の枠組みの中で始まった」（七五六頁）、と。一九三九年七月八日に国民徴用令公布され、同じ一九三九年七月には「朝鮮人労務者内地移住に関する件」が交付され、朝鮮総督府では「朝鮮人労務者募集並渡航取扱要項」が発布され、集団募集が開始する。これが一九四二年二月の「朝鮮人労務者活用に関する方策」へとつながり、朝鮮総督府「朝鮮人内地移住斡旋要項」＝官斡旋による強制移住をもたらす。

アジア民衆の強制労働は、「大東亜共栄圏」という空間の中で帝国日本が対米英戦争を遂行するために最適の資源配分、労働配分をおこなうという思考によって全面展開した。この帝国の空間に住まうすべての住民をそのような最適配分の「駒」として利用しうる、という思考と政策は、「大東亜共栄圏」という言説に支えられて出現した。

(33) 当初、国家神道の復権を図る思想文化団体として出発した「日本を守る会」は、日本会議へと転成する中で急速に政治的団体としての性格を強めてきている。それは、一九三〇年代に「大亜細亜協会」が思想文化団体から政治団体へと転変した道に重なる。

(34) 関西生コンクリート産業が創造した労働運動、協同組合運動、産業政策、連帯経済、教育、技術開発への取り組みは、そのような連帯と協同に基づく共進化の運動を自力で生み出したきわめて貴重な事例である。これについては、斉藤日出治［2016b］参照されたい。

参考文献

青木理［2016］『日本会議の正体』平凡社新書
Harvey D.［2005］A Brief History of Neoliberalism,Oxford University Press.［『新自由主義』渡辺治監訳、作品社、二〇〇七］
――――［2010］The Enigma of Capital and the Crisis of Capitalism.［『資本の〈謎〉』森田成也ほか訳、作品社］
平田清明［1993］『市民社会とレギュラシオン』岩波書店
五十嵐敬喜・小川明雄［2003］『「都市再生」を問う』岩波新書
五十嵐恵邦［2007］『敗戦の記憶』中央公論新社
上丸洋一［2011］『『諸君』と『正論』の研究』岩波書店
笠原十九司［2013］「南京大虐殺をめぐる歴史修正主義と歴史学者」『歴史評論』七六一号、九月号
菅野完［2016］『日本会議の研究』扶桑社
金富子［2013］「日本の市民社会と「慰安婦」問題解決運動」『歴史評論』七六一号、九月号
海南島近現代史研究会編［2008a］『海南島近現代史研究会会誌』創刊号
――――［2008b］映像ドキュメンタリー『海南島月塘村虐殺』
――――［2008c］映像ドキュメンタリー『朝鮮報国隊』
――――［2011］『海南島近現代史研究会会誌』2号・3号
――――［2016］『海南島近現代史研究会会誌』4・5号、
紀州鉱山の真実を明らかにする会［2004］映像ドキュメンタリー『日本が占領した海南島で』
――――［2007］『写真集　日本の海南島侵略と抗日反日闘争』
加藤哲郎［2007］『情報戦の時代』花伝社
Kaldor M.［2003］Global Civil Society:An Answer to War,Cambridge Polity Press.［山本武彦ほか訳『グローバル市民社会――戦争へのひとつの回答』法政大学出版局］
加藤典洋［2015］『戦後入門』ちくま新書
子安宣邦［2016］『「大正」を読み直す』藤原書店
松原隆一郎［2000］『消費資本主義のゆくえ』ちくま新書
松浦正孝［2010］『「大東亜戦争」はなぜ起きたのか――汎アジア主義の政治経済史』名古屋大学出版
道場親信［2008］『抵抗の同時代史――軍事化とネオリベラリズムに抗して』人文書院
武藤一羊［2016］『戦後レジームと憲法平和主義』れんが書房新社
Naomi Klein［2007］The Shock Doctrine, Metropolitan Books.［幾島幸子・村上由見子訳『ショック・ドクトリン』上

下、岩波書店］
成田龍一［2007］『大正デモクラシー』岩波新書
能川元一・早川タダノリ［2015］『憎悪の広告』合同出版
日中韓3国共通歴史教材委員会編［2005］『未来を開く歴史――東アジア3国の近現代史』高文研
能川元一［2016］「「歴史戦」の誕生と展開」山口智美ほか『海を渡る「慰安婦」問題』岩波書店、所収
太田昌国［2015］『脱〈国家〉的状況』現代企画室
Piketty T.［2013］Le Capital au 21 Siécle,Editions du Seuil［山形浩生ほか訳『二一世紀の資本』筑摩書房］
斉藤日出治［2005］『帝国を超えて――グローバル市民社会論序説』大村書店
――［2011］「歴史記憶の組織化をめぐるヘゲモニー闘争」『季刊唯物論研究』一一五号
――［2016a］「現在に生き続ける植民地主義」近畿大学日本文化研究所編『変化と転換を見つめて』風媒社、所収
――［2016b］「社会的労働運動から連帯経済へ――関西生コンの社会闘争が切り開いた地平」『象』84号
酒井直樹［2015］「パックス・アメリカーナの終焉とひきこもりの国民主義」『思想』1095号
島薗進・中島岳志［2016］『愛国と信仰の構造――全体主義はよみがえるのか』集英社新書
白井聡［2013］『永続敗戦論』太田出版
田淵太一［2012］「「分岐」に入ったグローバル資本主義――ケインズに学ぶ階級闘争の「社会心理」」『同志社商学』第六四巻、第一・二号
テッサ・モーリス＝スズキ［2016］「謝罪は誰に向かって、何のために行うのか」山口智美ほか［2016］、所収
植村邦彦［2010］『市民社会とは何か』平凡社
若森みどり［2015］『カール・ポランニーの経済学入門』平凡社ライブラリー
山口智美ほか［2016］『海を渡る「慰安婦」問題――右派の「歴史戦」を問う』岩波書店
山田鋭夫［2008］『さまざまな資本主義』藤原書店
山崎雅弘［2016］『日本会議　戦前回帰への情念』集英社新書
横田茂［2008］『巨大都市の危機と再生――ニューヨーク市財政の軌跡』有斐閣
吉田裕［2007］『アジア・太平洋戦争』岩波新書
吉本隆明［1991］『高村光太郎』講談社文芸文庫

V　時代との対話

10 二つの遺品との対話

父の写真帖『追憶』と恩師の講義筆記ノート

高坂史朗

1 はじめに

私の手許に二つの遺品がある。一つは私の父、林光男の日中戦争時代、中国広東の戦地での従軍時代の写真帖である。表紙には『追憶　昭和拾四年~昭和拾八年』とある。そしてもう一つは恩師である久山康が京都大学時代に受けた講義の筆記ノートである。この残された二つの物はただ「私」が所持しているという以外に両者の間には何もつながりがない。強いて言えばその写真帖は昭和十四年から十八年の時代のものであり、久山の講義ノートも昭和十五年度とその前後を中心にしている。二人はともに大正四（一九一五）年生まれで、この当時二十歳代の青春のただ中にあった。私はかつて二人が偶然にも同じ年に生まれたということに気づいたとき、ふと漱石の『心』の一節を思い起こしたことがある。「私は心のうちで、父と先生とを比較して見た。…私は父が私の本当の父であり、先生が又いふ迄もなく、あかの他人であるといふ明白な事実を、ことさらに眼の前に並べて見て、始めて大きな真理でも発見したかの如く驚いた」(1)。ただ私は漱石のように両者を比較したり、血縁的なつながりと精神的な意味、と考えたことはない。ここでもただ日本陸軍の一兵卒として軍務についた青年と京都大学で哲学徒として学んだ学生の残したものを並べて見つめるだけである。この八〇年近く前の古ぼけた「過去」が私に問いかけるものを考えたい。

2 林光男の写真帖『追憶』

『追憶』という写真帖は五〇頁ほどで、その中にそれぞれ数枚ずつ貼られている。この写真はその一枚である。大

阪府和泉市の旧日本陸軍信太山営舎（現陸上自衛隊第三師団駐屯地）を背景とした写真である。戦地への出征を前にした記念撮影であろうか、総員九十二名である。林光男の出身は和歌山県和歌山市であった。応召地は信太山であり、騎兵第一〇四大隊編成のために動員されている。動員下令は昭和十三年六月十六日であり、高橋保和陸軍中佐が大隊長に任ぜられた。大隊本部、二ヶ中隊、機関銃小隊の構成である。六月二二日には動員が完結し、七月六日には大阪港を出帆している。林光男はこの編成時当初から騎兵第一〇四大隊に属して昭和十八年九月の除隊まで五年三ヶ月の兵役期間であった(2)。

騎兵第一〇四大隊は大阪から大連に上陸し、遼陽に至った。七月十二日である。遼陽で人馬の錬成訓練に励んでいたが、ソ連との国境地「張鼓峰」で日ソ両軍の戦闘が起こり、部隊は遼陽を出発し、朝鮮の南陽で豆満江の橋梁守備についた。その後九月三〇日騎兵大隊は広東攻略の第二一軍に編入され、南陽から大連へ、大連から広東へ向かった。

一九三七年盧溝橋事件によって日本と中国は全面戦争に突入した。南京陥落ののち重慶へ移った蒋介石政権への圧力のため、日本政府は両広省の中国国民党軍第四戦区何応欽、李済探、張発奎らの切り崩しをはかったが、功を奏せず「広東攻略戦」を展開することとなった。第二一軍は大本営直属に一九三八年九月、古荘幹郎中将（のち安藤利吉中将）の下に第一八師団と第一〇四師団さらに近衛混成旅団が加わって編成されたもので、兵力約五万人であった。一九三八年十月第二一軍は第五艦隊の護衛の下に、主力部隊第一八師団と第一〇四師団がおよそ百隻の輸送船に分乗し、香港東部の白耶士湾《バイヤス》に奇襲上陸し、十月十三日には第二一軍司令部も上陸、いわゆる「広東攻略戦」が開始された。一〇四騎兵隊も一〇四師団指揮下に行動している。戦況は惠州→増城→従化県と進み、十一月から十二月にかけて広東附近の要域を制圧占拠した。

　しかし、中国軍第一二集団軍（余漢謀指揮兵力十二万）も広東奪回および日本軍の北上阻止の攻勢をかけてきた。一〇四騎兵大隊は九江作戦、花県作戦で激しい戦闘を繰り広げている。しかも八月下旬には夏季攻勢を受けて広東背後の花県にまで迫られた。

　そこで日本軍は広東北方の余漢謀軍を壊滅させるべく根拠地・韶州への進攻作戦を計画した。いわゆる「翁英《オウエイ》作戦」である。それは、一九三九年十一月二十日から翌年一月十四日まで行われた。作戦地域は広東省北部の翁源・英徳周辺である。つぎの写真がその軍事作戦を語っている。

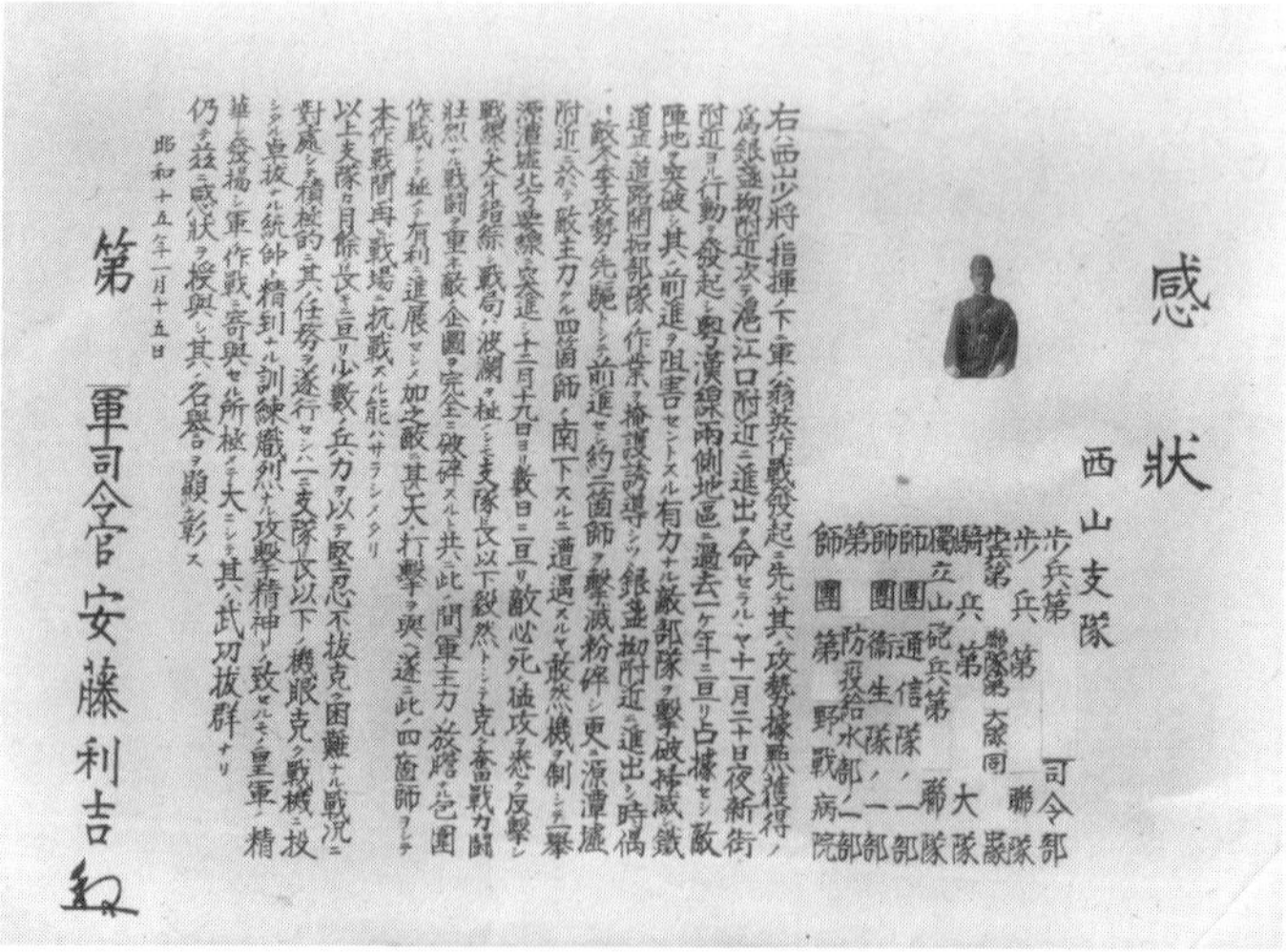

感状

西山支隊

歩兵第　司令部
歩兵第　聯隊
騎兵第　大隊
独立山砲兵第　大隊
第　師団通信隊ノ一部
師団衛生隊ノ一部
第　師団防疫給水部ノ一部
師団第　野戦病院

右ハ西山少将ノ指揮ノ下ニ軍ノ翁英作戦発起ニ先チ其ノ攻勢拠点ヲ獲得ノ為銀盞坳附近次テ滃江口附近ニ進出ヲ命セラルヤ十一月二十日夜新街附近ヨリ行動ヲ発起シ粤漢線両側地区ニ過去一ケ年ニ亘リ占拠セシ敵陣地ヲ突破シ其ノ前進ヲ阻害セントスル有力ナル敵部隊ヲ撃破シ鉄道並道路開拓部隊ノ作業ヲ掩護誘導シツツ銀盞坳附近ニ進出シ時偶々敵ノ冬季攻勢ノ先駆トシテ前進セル約三箇師ヲ撃滅粉砕シ更ニ源潭墟附近ニ於テ敵主力タル四箇師ノ南下スルニ遭遇スルヤ敢然機ヲ制シテ一挙源潭墟北方要線ニ突進シ十二月十九日ヨリ数日ニ亘リ敵必死ノ猛攻ヲ恣ニ反撃シ戦線ノ大ヲ[illegible]戦局ノ波瀾ヲ扼シ[illegible]支隊長以下毅然トシテ克ク奮戦力闘壮烈ナル戦闘ヲ重ネ敵ノ企図ヲ完全ニ破砕スルト共ニ此ノ間軍主力ノ旋回[illegible]包囲作戦ヲシテ極メテ有利ニ進展セシメ加之敵ニ甚大ナル打撃ヲ与ヘ遂ニ此ノ四箇師ヲシテ本作戦間再ヒ戦場ニ抗戦スル能ハサラシメタリ

以上支隊カ月余ニ亘リ少数ノ兵力ヲ以テ堅忍不抜克ク困難ナル戦況ニ対処シ積極的ニ其ノ任務ヲ遂行セシハ一ニ支隊長以下ノ機眼克ク戦機ニ投シタル卓抜ナル統帥ト精到ナル訓練ト熾烈ナル攻撃精神トヲ致セルモノニシテ皇軍ノ精華ヲ発揚シ軍作戦ニ寄与セル所極メテ大ニシテ其ノ武功抜群ナリ

仍テ茲ニ感状ヲ授与シ其ノ名誉ヲ顕彰ス

昭和十五年一月十五日

第　軍司令官　安藤利吉

翁英作戦「感状」

感　状

西山支隊
歩兵第□□□司令部
歩兵第□□　聯隊
歩兵第□聯隊第□大隊同　中隊
騎兵第□□大隊
独立山砲兵第□聯隊
師団通信隊ノ一部
師団衛生隊ノ一部
第□防疫給水部ノ一部
師団第□野戦病院

右ハ西山少将指揮ノ下ニ翁英作戦発起ニ先チ其ノ攻勢拠点獲得ノ為銀盞拗付近次テ滬江口付近ニ進出ヲ命セラル、ヤ十一月二十日夜新街付近ヨリ行動ヲ発起シ粤漢線両側地区ニ過去一ヶ年ニ亘リ占拠セシ敵陣地ヲ突破シ其ノ前進ヲ阻害セントスル有力ナル敵部隊ヲ撃破掃滅シ鐵道並ニ道路開拓部隊ノ作業ヲ掩護誘導シツヽ銀盞拗付近ニ進出シ時偶〻敵冬季攻勢ノ先駆トシテ前進セシ約二箇師団ヲ撃滅粉砕シ更ニ源潭墟附近ニ於テ敵主力タル四箇師団ノ南下スルニ遭遇スルヤ敢然機ヲ制シテ一挙源潭墟北方要線ニ突進シ十二月十九日ヨリ数日ニ亘リ敵必死ノ猛攻ヲ悉ク反撃シ戦線ハ大牙錯綜シ戦局ハ波瀾ヲ極メシモ支隊長以下毅然トシテ克ク奮戦力闘壮烈ナル戦闘ヲ重ネ敵ノ企図ヲ完全ニ破砕スルト共ニ此ノ間軍主力ノ放膽ナル包囲作戦ヲシテ極メテ有利ニ進展セシメ加之敵ニ甚大ノ打撃ヲ與ヘ遂ニ此ノ四箇師団ヲシテ本作戦間再ヒ戦場ニ抗戦スル能ハサラシメタリ

以上支隊カ月餘ノ長キニ亘リ少数ノ兵力ヲ以テ堅忍不抜克ク困難ナル戦況ニ対処シテ積極的ニ其ノ任務ヲ遂行セシハ一ニ支隊長以下ノ機眼克ク戦機ニ投シタル卓抜ナル統帥ト精到ナル訓練熾烈ナル攻撃精神トノ到セルモノ皇軍ノ精華ヲ発揚シ軍ノ作戦ニ寄与セル所極メテ大ニシテ其ノ武功抜群ナリ

仍テ茲ニ感状ヲ授与シ其ノ名誉ヲ顕彰ス

昭和十五年一月十五日

第□軍司令官　安藤利吉

「感状」とは上級指揮官（司令官）が軍功のあった下級の者等に与える感謝状ないしは軍功証明書である。この西山支隊は西山福太郎少将の率いる第一〇四師団の支隊で歩兵

第一〇七旅団のことである。与えたのは第二一軍司令官安藤利吉である。西山支隊に与えられた任務は十一月二〇日新街付近より行動を起し、粤漢鉄道（武漢―広州）の銀盞拗さらに滬江口を確保することであった。西山支隊は最初新街から銀盞拗への北上中「約二箇師団を撃滅粉砕し」さらに源潭に至っている。そしてその地で中国軍の主力余漢謀指揮下の第一二集団軍四箇師団と遭遇した。西山支隊の本来の目的は一〇四師団主力が右翼へ回り込むために敵を牽制することにあったが、機を制して突進し十二月十九日より数日に亘り激しい戦闘が繰り広げられた。戦局は波乱を極めたが、「支隊長以下毅然として奮戦力闘した」と感状は伝える。また味方の主力部隊も包囲作戦を展開、敵に甚大な打撃を与えた。日本軍死者二九三名中国軍遺棄死体約一六三一二人と伝えられている。日本軍は広州近郊を制圧し広東攻略の一連の作戦を終了、騎兵隊も広東に駐留した。その後第二一軍は一九四〇年二月九日に廃止され、第一〇四師団も新設された南支那方面軍戦闘序列に編入された。広東攻略戦の華々しい戦果である。日本人の立場とりわけ身内の立場では心躍る記述である。

多くの戦争の記録は日本人の立場に立つものに限られている。しかし、こんにち「戦争」を「全体」で見ることが求められている。そこでは中国国民党第一二集団軍余漢謀の将兵の言葉を聞く必要がある。しかしそれは中国でしか見いだせない。台湾の中文サイト〈中文維基百科〉では余漢謀に関する記述として「一九三七年抗日战争が勃発したのち第十二集團軍總司令に任ぜられ、第四戰區副司令となった。廣東の軍隊主力を率いて廣東、淞滬、南京、武漢等の戰役に參加したが一九三八年十月、日本軍が優勢な空軍、海軍の火力の支援下に廣東の大亞灣に上陸、広州を放棄せざるを得なかった。（中略）一九八一年台北で死去」[3]とある。今の共産党政権下の中国では国民党軍の記述は乏しい。

日本の後日資料では華々しい武功とは異なった面が見られる。この第二一軍司令官であった安藤利吉はその後南支那方面軍司令官に着任し、北部仏領インドシナへの進駐を指揮する。この仏印進駐は当初は政府方針に基づき武力に拠らない進駐を進める予定だったが、参謀本部第一部長富永恭次少将が独断で武力進駐を行うという事件となった。安藤もこの事件の責任を負い、一九四一年（昭和十六年）一月に予備役となっている。のちに再召集され台湾軍司令官、台湾総督となり、敗戦を迎えている。敗戦後の十月二十五日、台北公会堂において中華民国政府及び連合国代表の陳儀に降伏している。その後、中華民国政府に拘束され、一九四六年に抑留先の上海で服毒自殺した。

もう一人の西山福太郎少将はその後中将に昇格し、第二三師団長としてフィリピン戦線に派遣されている。そのアメリカ軍とのルソン島での戦いではかなり評判が悪い。久田栄正の証言である。

久田　自分の当番兵を餓死させた師団高級主計の兒玉實少佐については前述しましたが、師団長クラスにもそういう人間がいた。旭兵団長（第二三師団長）の西山福太郎中将です。彼は、自分の居所近くに兵隊がうろうろすると危険だといって寄せつけず、兵隊たちは師団長の居所を避けて、ぐるりと遠回りして任務を遂行しなければならなかった。〝師団長閣下〟といえば、兵隊から見れば雲の上の人ですからね。

水島　西山中将はどうして兵隊を近づけなかったのですか。盗みでもするからですか。

久田　そうではなく、米軍はフンドシ一つ干してあっても砲撃目標にする。壕を掘ってその土が外に出ているだけで、そこに徹底的な砲爆撃を加えてくる。〝アブ〟と呼んでいた観測機がすぐ上から監視しているので、兵隊がウロチョロしているだけで、自分の近くに砲弾が落ちてくる。だから、自分のいる周囲をうろつかないようにと、兵隊を遠ざけたわけです。勝手なもんだね。

（中略）

久田　こうした事例は偶然的なものではない。軍隊における上官と部下の関係は本質的に民主主義と無縁です。だから、腐敗した高級将校を生む根源は、実は帝国軍隊の構造そのものに根ざしていると思うのです。(4)

同一人物であっても戦争の勝利の場面と敗者ではかくも変わってしまうのだろうか。もちろん『追憶』の写真帖からはそういった痕跡は見つけられない。

国立中山大学

国立中山大学の紀念碑（珠江邊北校門）の写真である。そこには軍用トラックに乗る二、三人の兵士と鉄条網を絡めたバリケードが写っている。旅団の本部は昭和十八年一月三十日広州市郊外、中山大学に司令部を移駐した。その二ヶ月前の昭和十七年十二月八日、日本は真珠湾攻撃により太平洋戦争に突入した。第二一軍は香港を植民地下に置

いている九龍半島・啓徳空港のイギリス軍に攻撃をしかけ、第一〇四騎兵大隊からも一ヶ中隊を出動させたが、イギリス軍兵器の最新兵器の前に戦いは惨烈を極めた。この移駐はおそらくアメリカの空軍力への対処からであろう。

　この中山大学(Sun Yat-sen University 孫逸仙大学）は一九二四年十一月孫文によって広東高等師範学校、広東法科大学、広東農業専門学校を合併し、国立広東大学として設立されたもので、一九二六年孫文の死後孫文の名前を冠した中山大学に改名した。日中戦争時は雲南、広東北部などに移転したが、一九四五年に現在の広東省広州市へ戻っている。現在二十五の学部五万人の学生を擁する中国教育部所属の重点大学である。この記念碑は「珠江邊北校門」としていまも大学のシンボルとして存在する。私の友人も数名この大学に勤務しているが、この写真を見せても興味深げに見るよりも、不愉快な顔となるであろう。それはたとえていえば、わたしたちが皇居の大手門の前にアメリカのＧＨＱの兵士が自動小銃を構えている写真を見るようなものである。

　『追憶』にはこの記念碑のほかに大学校舎の写真もいくつかあり、野外プールや運動場も写っている。さらに孫文の銅像の写真もあり、戦争中とは思えない観光旅行の写真である。さらには広東郊外の農村風景や市内を流れる珠江、あるいは皇紀二六〇〇年の慰問団、戦友たちや自らの写真など日中戦争の前期段階のかなり余裕のある（写真を撮りそれが残っているということも余裕のある）日常なのだろう。太平洋戦争の開戦とともにその様相が変わってくる。実際十八年の五月初旬より桂林を基地としたアメリカ軍の空爆を受け対空戦闘に明け暮れた。ただ第一〇四大隊は九月三日に任務が解除され、広東黄浦港より帰還の途についている。

広東神社と日本人街

　私たちにとって興味深い写真でも、おそらく広州市の人々にとっては忌まわしい思いのするのがつぎの写真であ

る。「広東神社」の昭和十七年元旦の正月風景である。広東神社は現在の地名で広州市中山四路 児童公園内にあった。もちろん神社は影も形もない。この地を探すために中国人サイトを調べた。あるサイトにつぎのようにある。「筆者は一枚の日本軍の占領期間の広州の地図をもっている。この地図は日本の有名な製図社が出版したもので、地図の上にはっきり鳥居のマーク〝広東神社〟とある。神社は二基の繋がったあずまやの建物で、赤い瓦の反り返った軒先など日本建築の風格を見ることができる。いまの中山四路の児童公園内であることがわかった。一九三八年十月に日本軍が広州に侵入した際に、広州を華南の大本営として、そして神社を建築することに着手し、いわゆる〝軍魂〟を祭った。日本軍の神社は私の同胞を殺戮した許されない中国侵略戦争の罪悪を証言するものだ」[5]。

日本帝国・天皇制・神道に踏みにじられた経験を持つ人々、あるいはそれを引き継ぐ人々には私たちの感覚とは異なった思いがするであろう。韓国ではソウルの朝鮮総督府の建物はしばらく博物館であったのが、旧植民地の屈辱の歴史として撤去する意見と、歴史を忘れないため保存すべきという意見があり、最終的には、景福宮の敷地から撤去された。また、ソウルの南山にあった朝鮮神宮も今は跡形もなく、その跡地には安重根記念館が建っている。

広東神社の地は中山四路と北京路交差点のそばで、広州市の中心街であり、北京路は広州一の繁華街で省庁や市庁舎も近い。日本人街もここにあったであろう。近年その地に南越国(紀元前二〇三年~紀元前一一一年)の宮殿・役所遺跡が発掘され、さらに五代十国時代の南漢国(西暦九〇九年~九七一年)の大型宮殿を発見された。「南越王宮博物館」となったようだ。

3　久山康の京大時代の講義筆記ノート

一九九四年十二月三十日に恩師久山康が死去した。そのすぐあとに阪神淡路大震災が起こった。久山家も被災した。震災の数ヶ月後に恩師の未亡人宅を片付けに行った。関西学院の哲学科の学生数人に手伝ってもらい、散乱する本をまとめ、本棚を立ち上げ何とか形を整えた。その帰宅時に奥様が「あなたに必要なものがあれば持って帰ってください」と言ってくださった。そのときはいくらなんでも火事場泥棒のようなので辞退したが、その十年後ご厚意に甘えて、蔵書から何冊かを記念にいただいた。その時、震災の片付けの時から気になっていた風呂敷包みを開けさせていただいた。そこにはいくつかの原稿と久山康の京都大学時代のノートが数冊あった。解読のため預からせていただいた。

ノートは八冊あった。

1「高山岩男助教授講述 歴史の一回性と普遍性　京大哲学科　久山康」
2「天野貞祐博士論述　自由意志ノ問題　久山康」
3「片山正直講師　罪ト死ノ問題　哲学科久山康」
4「片山正直講師　罪と死の問題　京大哲学科久山康」
5「西谷啓治教授　宗教ニ於ケル合理的ナモノト非合理的ナルモノ　哲学科三回生　Y.Kuyama」
6「Note der Jaspers Philosophie Y. Kuyama」
7「　久山康」（無記名ではなく表題に白紙が貼ってある）
8「Note　西田哲学　久山康」

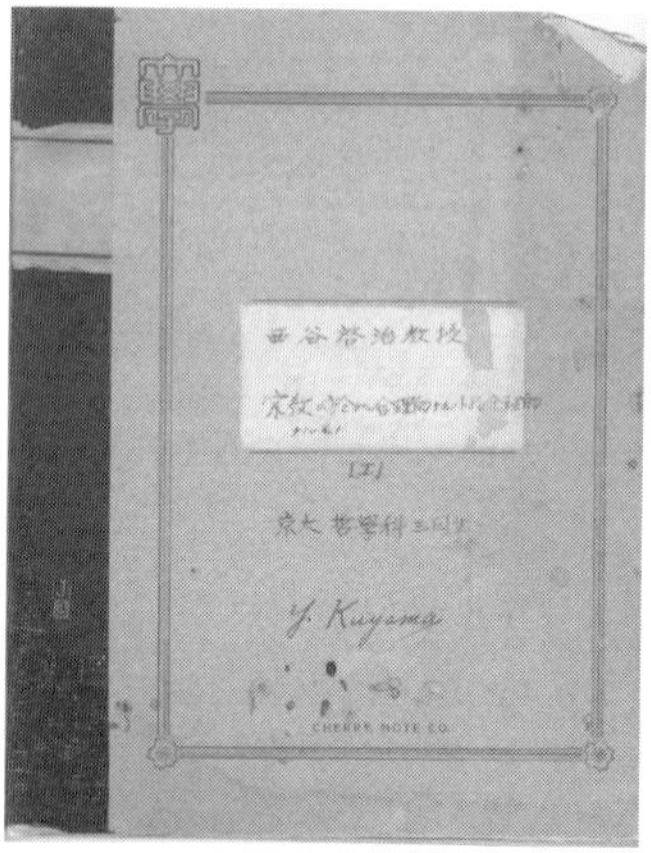

久山康は昭和十一年四月に、松山高等学校から京都大学に進学した。「哲学科に入学はしたものの、もともと哲学という学問を修めて社会に出ようという考えはなかったので、人生への不安な気持ちの中で落ち着きもなく、関心をひく哲学書や文学書、神学書などを乱読していた。授業

も田辺先生の講義は普通講義、特殊講義、演習と、すべてに出席したが、他の先生の講義は余り熱心に出席しなかった(6)」と言う。本来の卒業は昭和十四年であるはずなのだが、久山は生きる基本となるものを求め「混迷と焦燥の中で四年以上の歳月」を過ごし、五年在学の後、昭和十六年一月に「人間の有限性と無限性」という卒業論文を提出し三月に卒業している。したがって三回生は昭和十三年度、十四年度、十五年度と三度ある。その後大学院に籍を置き、翌昭和十七年の春から大津高等女学校に嘱託講師として勤務し、秋からは聖和女子学院に就職した。その十三年から十七年までのノートであるが、これを京都大学の雑誌『哲学研究』記載の講義項目に照応させよう。『哲学研究』にはつぎのようにある。

講義題目
京都帝国大学文学部哲学科　昭和十四年度
　哲学
普通　田辺教授　哲学概論
特殊　田辺教授　実存哲学対現実哲学
同　高山助教授　歴史の一回性と普遍性
同　下村講師　数理哲学の根本問題
演習　田辺元　Hegel: Phänomenologie des Geistes. Der Geist.（前学年の続き）
　西洋哲学史
（略）
　印度哲学史
（略）
　支那哲学史
（略）
　心理学
（略）
　倫理学
普通　天野教授　倫理学概論
特殊　天野教授　カント及びカント以後に於ける意志　自由の問題
（以下中略）
　宗教学
普通　西谷助教授　宗教学概論
特殊　片山講師　宗教的共同体
同　山谷講師　原始基督教（イエス、原始教団、パウロ）
演習　西谷助教授　未定
（以下略(7)）

昭和十五年度の講義題目は十四年度と大差はないが宗教学の西谷助教授　特殊「宗教に於ける非合理性と合理性」となっている。また十六年度の講義題目は西谷の特殊講義の題目に「理性の立場と実存の立場」とある。したがって「高山」「天野」ノートが昭和十四年度、「片山」ノートが十四年度と十五年度そして「西谷」ノートが十五年度と十六年度であると推測できる。あとの三冊のノートは自己研究のためのものと研究会のノートであろう。「田辺先生の講義はすべてに出席したが、他の先生の講義はあまり熱心に出席しなかった」というがノートを見る限り、非常に熱心で勤勉な学生であった。そのノートはおそらく別のメモ用紙かに一旦書き留めてそれから清書したであろうもので、整然と整った字が並んでいる。いずれにしろこれらの内容はそれぞれの教員の研究動向を示しており、また当時の京都大学の哲学科の雰囲気を語る重要な資料でもある。

久山康は哲学科のいわゆる「純哲」に属していた。田辺元が指導教授である。しかしそこには田辺元の講義ノートがない。ただの偶然かも知れないが、久山は田辺元をつぎのように評している。「田辺先生の講義は聞いたけれども、自分を先生の門下生のように意識したことは殆どない。それは先生の学恩を受けながら、それに応えるところが全くないからである」[8]。当時田辺元は西田幾多郎への批判から「種の論理」を構想し「国家の問題」を哲学的思索の中心に置いていた。しかし久山はその薫陶を受けながらも「田辺先生はキリスト教を「有」の立場として批判されたが、私にはキェルケゴールやドストエフスキイの信じたキリスト教が、そういう批判で尽くせるものではあるまいという不満があった。先生の思想は成程危機の時局に敏感に、民族という生の事実に則した思想のように見えたが、しかし同時に反面で深い生の事実を踏まえぬ論理主義のように感ぜられて仕方がなかった」[9]。田辺元のノートがないのはある種暗合かも知れない。そしてむしろ深い宗教的体験に基づく西田哲学に心引かれたのである。彼は高等学校時代の度重なる喀血と父の死から人生の虚無を見つめ大きくキリスト教へ傾斜していた。京都室町教会に通い、卒業の頃受洗した。宗教学の講師片山正直の講義を受講していたのはそのためであり、片山が関西学院に移ると、戦後久山も招かれて関西学院に赴任した。しかしそれ以上に一九三九年にドイツから帰国し、宗教学助教授として講義を始めた西谷啓治に傾倒している。

八冊のノート

この八冊のノートを翻刻し、それぞれの哲学者の著作に当てはめ、思索形成がどのように展開してゆくかを跡づけることは重要であろうが、正確な解読は存外難しい。ここでは素描に留めたい。

1の高山岩男の講義はのちに高山の著作『世界史の哲学』等を形作っているものであろう。

2の天野の「自由論」も『道理への意志』(岩波書店 一九四〇)へと展開するのであろうか。

3と4の片山正直の講義は昭和十六年に公刊した『宗教の真理』(岩波書店)にも反映してはいるが、片山自身はその書の「序言」につぎのように記している。「著者は本書に対して多くの意に充たぬものに気付いてゐる。意図した理想の高さに対して、努力の成果のいかに未熟不完全であるかをしみじみ感ぜざるを得ぬ。わけても第三論文(根本悪とその救済)に於いて、この情感の切なるを覚える。出来得る限りに『続編』に於いて補足する心組であるが、別個に『罪と死の問題』として、根本的に且つ新たな見地から考えたいと思つて居る[10]」

5の西谷啓治教授の講義筆記を詳細に見る前に三冊の研究ノートを開きたい

6「Note der Jaspers Philosophie Y. Kuyama」はカール・ヤスパースの一九三二年に公刊された『哲学』全三巻(『哲学的世界定位』『実存開明』『形而上学』)の研究ノートであり、久山はハイデガーよりもヤスパースへの関心が深かった。ノートの途中に田辺元の「実存哲学の限界」という項目がはさまれていて、ヤスパースの実存を実践理性と区別し批判しているが、キェルケゴールに大きく導かれていた当時の久山康がどこまで田辺の実存哲学批判へ共感したか疑問が残る。

7「　久山康」白紙が貼られてあるノートは何か別の授業ノートをその講義にでなくなって転用したもので「日本文化全体＝禅ガ底ニアルト云ヘバ少シ誇張ニナル」という言葉から始まって禅と日本文化との結合を論じ茶道との関係にふれたあと「三木清について」となっている。

8「Note　西田哲李　久山康」は高山岩男の著作『西田哲学』のノートあるいは高山岩男を交えての読書会ノートであろう。

西谷啓治の講義記録

さて5の「西谷啓治教授　宗教ニ於ケル合理的ナモノト非合理的ナルモノ」というノートであるが、その表紙には白い貼り紙をしたその上に記載されている。もともとはこの下に「Note marxistischer ＊＊＊」とあり背文字も「マルクス」とある。昭和十四年以前にマルクス主義を研究しようとノートを作ったのであろうか。少し考えにくいが、久山の長兄はマルクス経済学の本をかなり所蔵し、研究していたようだ。また兄の友人に岩田義道がおり「弾圧の激しかった昭和の初頭には、果物箱に詰めた岩田義道さんのマルクス主義関係の書物を二箱分預かっていた[11]」と語っている。本格的にマルキストになろうとしたとは思えないが、しかしそのノートを西谷先生の講義ノートに転用するのは、何か語られない心の亀裂として見るのは深読みだろうか。

久山康のノート、西谷啓治の「宗教ニ於ケル合理的ナモノト非合理的ナルモノ」の頁を繰ってみよう。冒頭に日付はなく二頁目に五月十日、四頁目五月十七日、七頁目五月三十一日、十頁目六月七日、十三頁六月十四日、十六頁六月二十一日、十八頁で前期終了である。そして白紙を挟んで、後期が始まるが、ただし、一日飛ブとして、十九頁から十月四日、二一頁十月十一日、二四頁十月二十五日、二七頁十一月八日であり、一日飛ブ、そして二九頁で終了している。京都大学は今でも授業をしない大学だが前期七講時、後期七講時の授業しか行っていない。つまり年間の講義規定回数の半分である。それがごく普通だったのだろう。

さらに同じノートに中程から翌年度十六年度の講義のノートが始まっている。五月九日の日付で、タイトルは「実存ノ立場ト理性ノ立場」とある。

冒頭の五月十日二頁目を翻刻してみよう。

宗教に於ける合理性と非合理性

Religion, Geschichtlichkeit ヨリ来ル Positivität. Irrationalität ト Rel. ノ含ム普遍的ナモノトハ解キ難イ問題ヲ投ゲカケル。

R. ヲ人間一般ノ本質ニ根ザスモノトシテ a priori トシテ歴史的 Positivität ヲ除イテ絶対者ヲ考ヘル。併シカヽル das Absolutes ハ歴史ニ於テ offenbaren サレタ Gott トハ比較スレバ観念的デアリ、人間ガ考ヘルト云フ点ガ附纏フ。

ソコニ今日非合理性ヲ強調シ Positivität ヲ竟ニ＊ルノハ正当ト云ヘルガ、今一度合理性ハ考ヘラレネバナラヌ。非合理性ハ単ニ凡テノ合理性ヲ否定スル事ニアリ、却テ立枯レニナル傾ガアル。合理主義ガ何故起ツタカヲ考ヘル事ニヨツテモソレハ判ル。Kant, Hegel, Schleiermacher ノ出タノハ一方ニ一八世紀ノ自然主義ト他方ソレニ対シテ＊＊的教会ノ Orthodox ノ信仰ヲ

と言われる運動の中に、極めて昭和の全体主義を準備するような要素というのがすでに濃厚にあったとみるべき」（中島岳志・島薗進［2016］二四二頁）だ、と述べている。

（31）吉本隆明［1991］は、「英米の白人支配に対し、徹底的に戦争を継続すべきだ」と思って、「死は恐ろしくない」と、当時の感慨を語っている（一七二―一七三頁）。多くの日本人民衆が抱いた当時の社会感情は、帝国日本の政府の声明や軍部の指令といった強制力だけでは説明のつかない身体感覚をあらわしている。このような身体感覚は、「汎アジア主義」という殺し文句のもとに民衆の社会感情を組織的に動員するダイナミックな社会運動の創出を通して生み出されたのではないか。

松浦正孝［2010］は、当時の「汎アジア主義」について、「日々の暮らしに生きる人々の経済生活・コミュニケーション・宗教的生活などに浸透し、平易なイデオロギーのネットワークとして広がりを持っていたが故に、大きな影響力を持つ国民的な「世論」……として政治的影響力を持つに至った」（一四頁）と言う。

（32）松浦はこの反英運動の高揚とともに朝鮮人労働者の強制連行が始まることに着目する。強制連行は「汎アジア主義の枠組みの中で始まった」（七五六頁）、と。一九三九年七月八日に国民徴用令公布され、同じ一九三九年七月には「朝鮮人労務者内地移住に関する件」が交付され、朝鮮総督府では「朝鮮人労務者募集並渡航取扱要項」が発布され、集団募集が開始する。これが一九四二年二月の「朝鮮人労務者活用に関する方策」へとつながり、朝鮮総督府「朝鮮人内地移住斡旋要項」＝官斡旋による強制移住をもたらす。

アジア民衆の強制労働は、「大東亜共栄圏」という空間の中で帝国日本が対米英戦争を遂行するために最適の資源配分、労働配分をおこなうという思考によって全面展開した。この帝国の空間に住まうすべての住民をそのような最適配分の「駒」として利用しうる、という思考と政策は、「大東亜共栄圏」という言説に支えられて出現した。

（33）当初、国家神道の復権を図る思想文化団体として出発した「日本を守る会」は、日本会議へと転成する中で急速に政治的団体としての性格を強めてきている。それは、一九三〇年代に「大亜細亜協会」が思想文化団体から政治団体へと転変した道に重なる。

（34）関西生コンクリート産業が創造した労働運動、協同組合運動、産業政策、連帯経済、教育、技術開発への取り組みは、そのような連帯と協同に基づく共進化の運動を自力で生み出したきわめて貴重な事例である。これについては、斉藤日出治［2016b］参照されたい。

か著［2016］を参照されたい。この国際陰謀説は、「大東亜戦争」を日本が欧米諸列強の陰謀によって「仕掛けられた戦争」だとするとらえ方につながっている。能川元一［2015］は、このような戦争の説明を「日本は当事者能力に欠ける間抜けな国家」（一八六頁）とみなすに等しい、と批判する。

(26) 同じ動きが、二〇〇一年の九月一一日に米国で起きた。当時のブッシュ大統領は「これは戦争だ！」と叫んで、国連や諸外国の反対を押し切り、アフガニスタン、イラクへの軍事攻撃に踏み切る。カルドー［2003］はこの米国の単独行動主義を「グローバル市民社会とその規範および価値の具体的な成果を掘り崩」し、その成果を「現実主義や国益をめぐる言語」へと「回帰」（二一〇頁）させる試みである、と言う。

(27) したがって、「歴史戦」という言説は、グローバル市民社会の重要な構成要因である。カルドー［2003］は、この言説を市民社会の「ポストモダン的な見解」（邦訳一五頁）として位置づけている。グローバル化に対抗するかたちで高揚する宗教的原理主義、ネオ・ナショナリズムの運動をグローバル市民社会の構成要因に含めるカルドーの視座はきわめて重要である。

右派の論壇に比べて、「情報戦」「歴史戦」を市民社会のヘゲモニーの視座から位置づけようとする認識が左派には欠落している。唯一の例外として、加藤哲郎［2007］は、インターネットなどの電子メディアもちいた世論形成が国内・国際政治において決定的な意味をもつ時代を「情報戦の時代」と呼んで、グラムシの陣地戦、塹壕戦の延長線上に「情報戦」を位置づけている。

なお、本論では、日本の市民社会における右派の論壇のヘゲモニーに焦点を当てているが、このヘゲモニーに対抗して日本の国家犯罪の責任追及をおこなう多様な社会運動（朝鮮人・中国人の強制連行、南京大虐殺、七三一部隊などの究明に取り組む）があることも指摘しておきたい。

(28) 日本会議については、菅野完［2016］、山崎雅弘［2016］、青木理［2016］を参照されたい。

(29) 日米開戦に関する研究は、軍部の予算問題、海軍と陸軍の確執、御前会議、天皇の意向、外交政策、議会の決議などに焦点が当てられ、国策としての「大東亜戦争」が市民社会の次元で論じられることはない。たとえば吉田裕［2007］がそうである。

(30) 今日の日本の社会危機を一九三〇年代の全体主義への急進展との関連においてとらえる中島岳志・島薗進［2016］も、同様に、一九二〇年代前半の「大正デモクラシー」の高揚と、一九三〇年代の昭和の全体主義とを対立させて考える考え方を批判し、「大正デモクラシー

考ヘネバ分カラナイ。
E. Brunner ノ unser Glaube
Brunner ノ云フニハ　ボルテールハ現代デハ Bibel ハ読マレナクナッタト云ハレルガソノボルテールノ家ハ今日聖書学＊　Bibel ハ広ク読マレテヰル。
ソレハ Bibel ノ中デ Gott ガ読マレテヰルカラデアルト云フ。併シ Bibel ガ読マレルノハ Bibel ノ権威ニアル事＊承認サレルガ併シ他面ボルテールニ反対的 Kant, Fichte, Hegel 等ノ力ガ又 Bibel ノ廣布ニ加ハッテヰル Dialektischer Theologie ハ Reformatorish ニ＊＊ニトスルガ簡単ニ Luther ヤ Calvin ニ特＊＊＊困難デアル　Luther ノ中ニモ＊＊分ケラレル面ガアル。（人間中心的ナ近代ノ特色ヲ現代ノ人ハ採用出来ル）（例ヘバ地獄トカ最後ノ審判 Urschöpfer ハ重要ナ意味ヲ持ツ）
Religion, Kern ハ絶対的他者デアルトシテモ周辺モ根本的デナケレバ Rel. ハ生キテ来ナイ。R. ガ生キテユクニハ時々刻々歴史的ナルモノト触レネバナラヌ。ソノタメニハ Rationalismus ノ立場デノ Umdeutung ガ必要トナル
(Jüngste Tage モ現在デハ歴史ノ中デハ考ヘラレヌ）
Brunner ハ人類ヲ神ガ造ラレタ＊何万年カ＊ガ Naturforscher ノ事デ Glaube ハ関セヌト云フガ然ハ云ヘヌ。

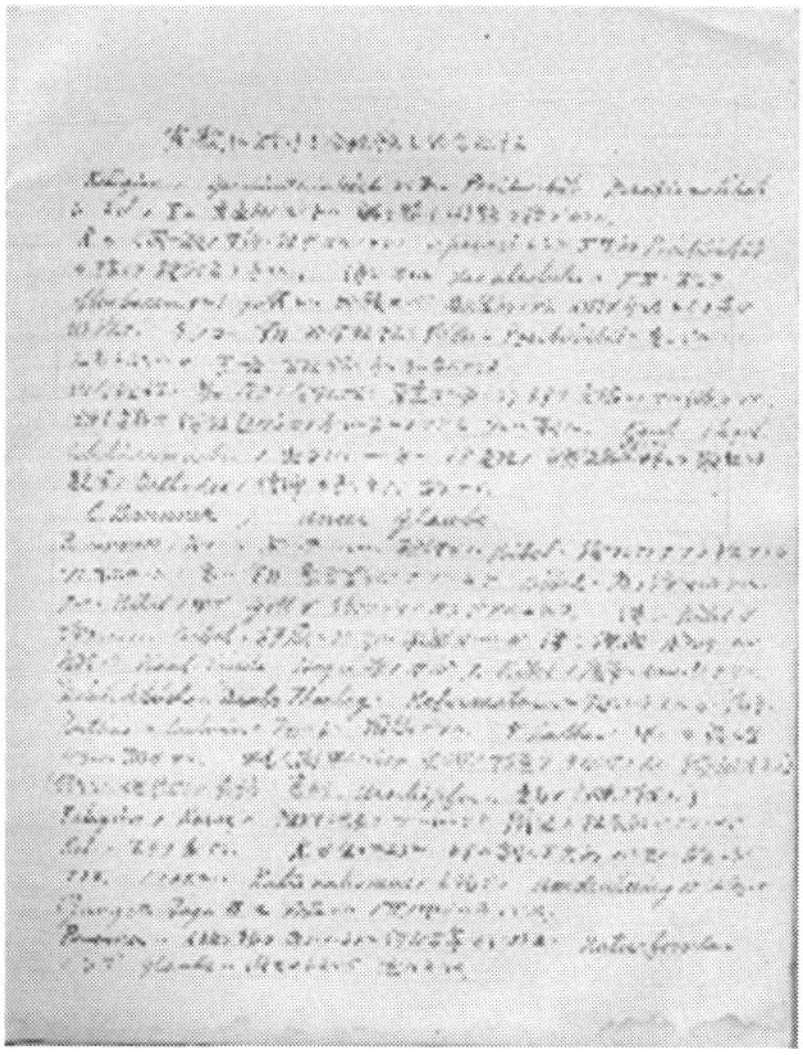

このように書き留められたノートの内容の重要な概念はほぼドイツ語である。冒頭の一行目「宗教は歴史的なものより来たる。積極的な非合理性と宗教の含む普遍的なものは解きがたい問題を投げかける」という内容を久山が西谷の講義をドイツ語に直して筆記したのではなく、西谷の講義がそのようになされたからであろう。たとえば「高山岩男助教授講述　歴史の一回性と普遍性」のノートにおい

ても「国家、種族、民族ノ関係　Meyer, Ranke ニ就テ話シタ　Meyer ハ国家は最モ古イ国体ト見ル　ソレハ問題ガ Das Politisch ノ Primat ハ承認セネバナラヌ。ソレハ新シク自覚サレル事デ国家ヲソノ夫々ノ一面ダトハ考ヘラレヌ」とある。とくに西谷は昭和十二〜十四年ドイツに留学し、この時期帰国直後であった。ただこの講義の内容を西谷の論文に求めても的確にこれという個所は見つからない。西谷は昭和十六年に「宗教哲学―序論」を『岩波講座・倫理学15』に発表している。内容的に同様の趣旨の部分が多い。たとえば「最初の主体であらうとするといふ人間の主体的存在の意味は、自らの力で最初の主体であらうとすることから、神の恩寵の力から最初の主体であるものの形を分与されるといふことに転ずるのである。併し、かかる際に、そこに恒に「知る」といふ意味伴つてゐることに注意せねばならない。神に背くことは、アダムの堕罪の説話が神話的に言ひ表してゐるやうに、自らを知ることである。神に背を向け自らの内へ向くことによって、人間は知るものとなり、知るものとして主体となる」[12] は先のノートの翻刻文の最後から続く、「智慧ノ木ノ実ヲ食ベル。自他ヲ知ル点ニ神ヘノ背反ガ考ヘラレル。Trieb デハ Reflexion ガ入ラナイ知ガ入ラヌ、衝動デハ対象ト同一的ナ方向シカナイ　Notwedigkeit デ結合シテヰル　Welt ソノモノハ一ツノ動キデアルト云フ事ガアル。知ニハ für sich ナ面ガ出ル。（中略）ソレラハツマリ神ノ手カラ叛イタ意味ヲ有ッテヰル。神ノ Gesetz ヲ従ハナイデ自己ノ善悪ヲ選択シ自己ノ Willkür ノママニ動ク事ガ起コル。Vernunft ハ Gottes Gestez カラ離レルト云フコトガ云ヘル」と照応するであろう。ただ十五年度の「宗教に於ける合理性と非合理性」翌年度の「理性の立場と実存の立場」はそのまま論文あるいは著作となったわけではない。西谷の「宗教哲学」成立史を探る点ではさらに考察が必要であろう。

　一般に西谷啓治は『宗教とは何か』で知られる宗教哲学者である。しかしはじめから宗教を、そして宗教のみを研究したのではない。旧制高等学校時代に抱いた「絶望と、絶望の上に現じてくる虚無は」宗教の次元での真実によってのみ克服されるのであるという自覚を持つのであるが、それでも西谷はそのニヒリズムの克服を「哲学」という「一種の回心」によって展開するのである。それは西田幾多郎との出会いによってである。そしてその研究はシェリング、アリストテレス、ドイツ神秘主義と多岐に亘る。そしてこの頃京都大学の宗教学の責任を担うとともに、国家との関係を出来る限り明かにしてみることに取り組むのである。高山岩男や高坂正顕らと国家や世界史的立場への議論を展開する。この「国家論」および戦争遂行の理論的根拠の言説などにより、戦後公職（京都大学）を追われるのであるが、それによってより宗教哲学の研究に向かうのである。

4 昭和十五年の一兵卒と哲学徒

この写真帖を残した林光男と講義ノートを残した久山康との間には歳が同じという以外何の関係もない。日本陸軍の一兵卒として広東で軍務に携わる二十四歳の青年と京都大学で哲学を専攻し宗教学・キリスト教へと傾倒してゆく二十四歳の学徒と、その二人の青春を、私がパラレルに見つめているだけである。とはいえ一般に二つのものを同時的に並べるということはそこに差異性を導き、さらにその共通性あるいは統一性を図ろうとする行為である。もちろんここでは差異性のみが浮き上がっている。しかし統一というよりも私自身の問題意識に同時的に併存してあり、相互に相対化しているのである。そこには戦争という歴史が横たわっている。さらにこの二十年間、私は東アジア間の思想対話を企図してきた。東アジアの相互の理解による平和を求めてである。そしてその相互性には加害者と被害者の関係を克服することが須要な要素となる。これを突き動かしている底辺の意識はおそらく父が兵士としての中国戦線に関わった事柄であろう。一個人が自由な意志を国家の目的と重ねることに倫理的普遍性があるとヘーゲルはいう。その意味では兵士として国家目的に自己をゆだねることが最も崇高な倫理的行為であろう。しかし戦後民主主義から見れば中国での戦争行為は日本帝国主義の侵略戦争である。とするとその国家目的の過ちとともにそれぞれの一兵士たちの行為は否定されるのであろうか。当時の戦った兵士はそれを侵略とは思わなかったであろう。国家防衛、米英帝国主義、共産主義からの国家防衛とアジア解放と信じて戦っていたであろう。

他方、肺結核により兵役を免除された久山康の思想的課題は「近代化と伝統」「東洋文化と西洋文化の総合」を自らのキリスト教徒としての信仰を基軸に深めてゆくものである。彼は西田幾多郎や西谷啓治ら京都学派の思索に学びながらそれを担ってゆく。ただ西田や西谷の哲学が仏教を基盤として展開されるのに対して、久山はキリスト教へと深く傾倒してゆく。彼が何故キリスト教に魅せられてゆくのかの信仰の根柢を推し量ることはできない。キェルケゴールやドストエフスキーに思想的に導かれるということも大きいであろうが、それも根底的には要素でしかないが、その要素の一つとしてさらに挙げるなら昭和十五年当時、受洗前において、戦時下における日本のキリスト教のあり方にずいぶん悩んでいたであろう。彼の編集した『近代日本とキリスト教（大正・昭和編）』の最終章には「戦時下のキリスト教」として、キリスト教者への抑圧、拘引あるいは日本主義へ迎合による日本的キリスト教といった中で「私はプロテスタンティズムの良心に立って行われた民族主義への品位の高い批判の書として、南原先生の『国家と良心』を忘れることはできないと思います」[13]と南原繁のナチスの世界観の解明から、田辺の種の論理への批判を論じている。

私自身は久山康の課題を自らのものとして取り組んでいる。過去に問いかけるということは、過去が語りかけてくることを謙虚に聞くとともに、現在という時点から歴史を顧みることでもある。それは私にとっては東アジアとの関わりであり、学問の自律と政治的現実ないしは歴史との関わりである。学問を担うものが現実の政治に、社会にどう関わってかという課題がある。またあれほど大きな戦争をしていたにもかかわらず日本の多くの知識人には東アジアを他者として見えなかったのである。それが何故なのか、さらに問いたい。

注

（1）夏目漱石『心』全集第六巻、岩波書店、一九七二年、六四頁

（2）これらの記述は騎兵萌黄会『年表　南支派遣（騎兵第一〇四大隊記録）』（私家版、一九九四年）に基づいている。

（3）中文サイト〈中文維基百科〉「余汉谋」参照。あるいは国民党军阀余汉谋二三事 - 广州文史の記事から拾う作業が必要であろう。

（4）水島朝穂『戦争とたたかう——憲法学者・久田栄正のルソン戦体験』岩波現代文庫、二〇一三年、二六二—二六三頁

（5）http://www.ycwb.com/gb/content/2005-07/24/content_946989.htm

（6）久山康『人間を見る経験』創文社、一九八四年、五一頁

（7）京都哲学会『哲学研究』第二七七号、一九三九年、一二一—一二三頁

（8）久山康、同、二四頁

（9）同、四一頁
（10）片山正直『宗教の真理』岩波書店、一九四一年、序言、四頁
（11）久山康、同、三四一頁
（12）西谷啓治著作集第六巻、創文社、一九八七年、一二頁
（13）久山康編『近代日本とキリスト教（大正・昭和編）』創文社、一九五六年、三四三頁

11 奈良電がやってきた。

昭和三年刊「沿線案内」三種に見る鉄道旅行の歴史

岸 文和

はじめに

昭和天皇の即位式典（御大典）を一週間後に控えた昭和三年（一九二八）十一月三日、奈良電気鉄道（通称「奈良電」）の桃山御陵前―西大寺間が開通した。御大典の儀がすべて終了した後の十一月十五日には、京都―西大寺間が全通し、京都を出発した奈良電は西大寺から、大阪電軌鉄道（通称「大軌」）奈良線と畝傍線（現在の近鉄橿原線）に乗り入れた。京阪神地区は、大正初期までには、現在の主要路線網をほぼ完成させていたが、京都―奈良間は、国鉄奈良線（旧奈良鉄道）が、単線で東の山沿いを大きく迂回し、一日十二往復、京都―奈良間を一時間二十分から三十分で結んでいるにすぎなかった。そのような状況にあって、奈良電は、御大典の儀が執り行われた古都・京都（明治天皇伏見桃山陵）と古都・奈良との間を、普通六十八分、急行五十七分（昭和四年三月から四十五分）で結ぶとともに、聖地・橿原（第一代神武天皇と皇后を祭神とする橿原神宮）とも直結する路線として、近畿圏の交通網の一翼を担うこととなった[1]。

奈良電は、このような新路線の利便性を潜在的顧客に対して訴求するため、昭和三年の開業時、少なくとも三種類の「沿線案内」を刊行／配布した。第一は、奈良電運輸部が編纂した冊子体の『奈良電車沿線名所案内』（《奈良電車運転線路図》【図1】を含む）で、第二は、一枚物の内田紫鳳画《奈良電車沿線案内》【図4】、第三は、これもまた一枚物である吉田初三郎画《奈良電車沿線を中心とせる鳥瞰図絵》【図6】である。これら三種の「沿線案内」は、昭和三年という時点で同時に刊行／配布されたが、歴史的な観点からすると、第一の「沿線名所案内（路線図）」は明治時代から存在する古典的なもの、第二の「沿線案内図」は大正二（一九一三）年以後に流行したもの、第三の「鳥瞰図絵」は、当時、最新のものであった。そこで、本論では、これら三種類の「沿線案内」のそれぞれについて、どのような造形上の工夫によって、どのような旅の魅力を表象することによって、潜在的顧客に訴求していたかを、明治以降における鉄道を利用した旅の歴史的な変容――明治時代の「遊覧」から、大正時代の「行楽」を経て、昭和時代の「観光」へと至る歴史――と連動させて明らかにすることを試みる。(2)

従来、鉄道／電車を利用した鉄道旅行という近代的な移動の形態にともなう視覚表象の変容については、相当の研究の蓄積がある。近年に限って言えば、一方で、「シリーズ明治・大正の旅行」（ゆまに書房、二〇一四年）第Ⅰ期「旅行案内書集成」（全二六巻）のように、近代に刊行された「旅行案内書」などの基礎資料を、近世的な「名所図会」や「道中記」との連続性を視野に入れて、収集・復刻する試みがある。また、他方で、国立歴史民俗学博物館編『企画展示／江戸の旅から鉄道旅行へ』（二〇〇八年）などのように、博物館・美術館での展示も盛んに試みられている。本論にかかわる範囲ということであれば、宇治市歴史博物館による一連の展示、『JR奈良線開通一一一年記念／パノラマ地図と鉄道旅行』（二〇〇七年）、『初三郎式鳥瞰図「誕生」一〇〇年／日本パノラマ大図鑑』（二〇一四年）、『JR奈良線一二〇年／進め！奈良鉄道』（二〇一六年）が興味深い。また、この種の視覚表象のなかで最も注目されているのが、吉田初三郎の「初三郎式鳥瞰図」で、歴史学的、図学的、形態論的なアプローチを採用することによって、その魅力が解明されつつある。(3)ただし、これらの展示・研究においては、この種の視覚表象が、鉄道という近代に固有の運輸手段とともに発生した必然性や、その注文主である鉄道会社の意図に沿って、鉄道を利用した旅行を勧める（勧誘／奨励する）ことを目的とするメディア性が、必ずしも十分に前景化されているようには思われない。

そこで、本論では、鉄道が知覚に及ぼした影響を論じたヴォルフガング・シヴェルブシュの『鉄道旅行の歴史：一九世紀における空間と時間の工業化』を導きの糸として、第一章では、《奈良電車運転線路図》【図1】を含む『奈良電車沿線名所案内』を、明治時代の鉄道旅行を特徴付ける「遊覧」という旅の形態との関連の中で理解することを試みる。(4)第二章では、内田紫鳳画《奈良電車沿線案内》【図

4】を、大正時代に新中間層の心を捉えた「行楽」という短距離の旅との関連の中で、第三章では、吉田初三郎画《奈良電車沿線を中心とせる鳥瞰図絵》【図6】を、昭和時代の長距離の旅の欲望を特徴付ける「観光」という概念との関連の中で考察することにする。

1　遊覧の時代から――『奈良電車沿線名所案内』（《奈良電車運転線路図》）を読む

奈良電運輸部編纂『奈良電車沿線名所案内』は、「昭和三年十月廿五日印刷／昭和三年十一月一日発行」の奥付をもつ冊子体の出版物（全二四頁）で、「非売品」とされているところからすると、奈良電開通に当たって、不特定多数の顧客に無料で配布された広告・宣伝メディアであったと思われる。冊子の構成は、冒頭に《奈良電車運転路線図》【図1】を折り込み、下記のような「はしがき」を記した上で、所々に写真を挿入しながら、奈良電沿線の神社仏閣・名所旧蹟をテクストで紹介するという古典的な体裁のものである。なお、傍線は筆者による。

> 平安天平の古都を結び建国の祖、神武帝陵と中興の聖、明治帝陵の両聖地とを連絡し我が国民をして益々忠君愛国の精神と崇祖尊宗の美風を涵養せんとする使命の下に生れたる我が奈良電気鉄道株式会社の電車は省線京都駅（七条）を起点として八條。東寺。十條。城南宮前。伏見。堀内。桃山御陵前。小倉。伊勢田。大久保。久津川。寺田。富野荘。新田辺。三山木。狛田。新祝園。山田川。平城の各駅を経て西大寺に至り大軌線に乗入れ更に南下し皇国発禪《ママ》の地橿原に至るもの、西大寺より奈良市に至るもの、平端より分岐して天理に至るもの及び小倉より分岐して宇治町（未成線）に至る各線とを有する一大交通機関にして沿線至る所名勝旧蹟に富み、御鴻徳千古に類ひなき明治大帝の永遠に神鎮まります、伏見桃山御陵は申す迄も無く、側には忠君愛国の権化乃木将軍の英霊を偲ぶ乃木神社あり、其の外巨椋池の辺に一日の清遊をこゝろみるも面白く、子供の守護神に我が児の長久を祈り、更に一休入寂の地を探るもよく、院本や劇で名高い「お千代半兵衛」の旧地、伝説、奇習に富む祝園の地の探勝もよく沿線の景勝は実に四季の別を問はない。
>
> 　更に奈良に至りては一木、一石、一丘、一陵、悉く上古の歴史を物語り、神寂びたる春日の苑内に無数の

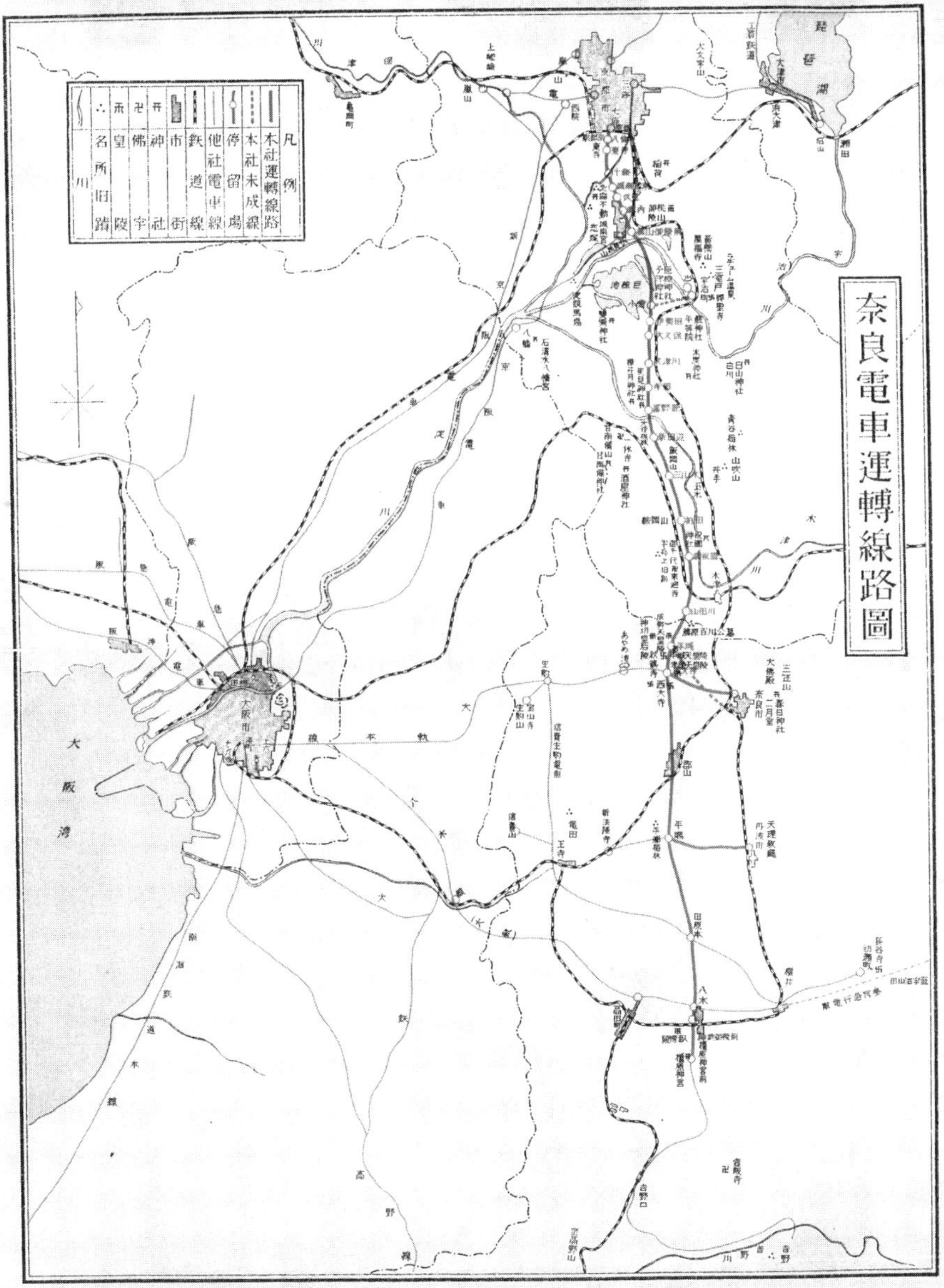

図1 《奈良電車運転線路図》 奈良電気鉄道株式会社運輸部編『奈良電車沿線名所案内』縦23×横17cm 昭和3(1928)年 奈良大学図書館

神鹿の遊ぶにも森厳古蒼の面影を偲ばないものはない。

更に転じて史と詩に恵まれたる宇治は或は情話に或は戦争に依つて名を成すに至りしもの、宇治の流れを乱して先陣を争つた昔、宇治の流れに蛍飛ぶ情話に名高い朝顔日記の物語りの昔も偲ばれ、余韻長き茶摘女の鄙歌を聞く、此れ等の名勝を訪るゝもの、夥しきは人の既に知る所である。

最近夏期納涼客の為め新に鵜飼を催し更に人気を増し洛南長良川の称あり。

其の他歴史に有名なる地は枚挙に遑なく探る可く語る可き地は少なく無い。

今序を追ふて沿線の名勝旧蹟を述べ行楽探勝の人士の参考に資せんとす。


テクストは昭和初期という時代の雰囲気を体現して、「忠君愛国の精神」や「崇祖尊宗の美風」を強調しつつ、名所旧蹟／名勝／勝景の「行楽」や「探勝」を勧めているが、「沿線案内」の歴史という観点からするならば、第二章で詳述する「行楽」という概念が使用されていることが注目に値する。というのも、このような構成をもつ冊子体の「沿線案内」は、鉄道が開設されて以来、最も一般的なものであったが、明治期を中心に刊行されたその種の「鉄道旅行案内書」に用いられていたのは「遊覧」という概念であったからである。「鉄道旅行案内書」とは、「鉄道や鉄道駅が登場する旅行案内書を言うのではなく、鉄道を利用する旅行者に向けて、鉄道沿線の案内を目的とした旅行案内書のこと」で、江戸時代の「道中記」の延長線上に制作されたものである。[5] その最も典型的なものと言えば、明治四十（一九〇七）年にすべての鉄道が国有化されて以来、鉄道／運輸行政を管轄した鉄道院（明治四十一〔一九〇八〕年に設置され、大正九〔一九二〇〕年に鉄道省に昇格）が発行した『鉄道旅行案内』である。『鉄道旅行案内』という書名のものは、大正三（一九一四）年に最初に刊行されたが、それ以前の官営鉄道による「鉄道旅行案内書」を増補・改訂したものである。その大正六（一九一七）年版の「例言」には、次のように記されている。[6]

一　本書は鉄道旅行の栞に供せんが為に発行したもので其記述せる事項は左の通である。
一　国有鉄道概要
一　鉄道院所管各線沿道の遊覧地
一　官公衙、学校、感化院、銀行、会社、工場、農

場、鉱山、造林、砂防工事、模範村、青年団、整理耕地、其他都市に於ける各種娯楽機関の主なるもの

一　駅付近の主要なる物産、名物

一　各線沿道主要地の気象

一　遊覧地一覧表

一　鉄道院所管線路表

一　鉄道系統表

一　廻遊旅行の栞

一　鉄道営業案内

一　沿線旅館一覧表

一　主要駅間乗客賃金表

（中略）

一　「遊覧地一覧表」は之を都市名邑、神社、仏閣、名所旧蹟、公園、避暑避寒地等に分類し、大体各線別に之を配列した、これは一見して各線主要の遊覧地を容易に知ることが出来るので、旅行者の遊覧計画の一助となり、又一面には記事の索引ともならうと考へたのである。

（中略）

一　主なる遊覧地に就ては、自動車、馬車、人力車、駕籠、船等の賃金及び所要の時間を記載したけれども、紙面の都合で、自動車、馬車等のある場合は人力車賃を省いた所もある。[7]

「遊覧」とは「見物してまわること」の意で、用例は古代から見られるが、「見物」が「催し物、名所、ある情景、事件などを見て楽しむこと。観覧」の意味として、「見る」ことを強調する限りにおいて、近代的な旅を、近世的な「物詣」「参詣」「参拝」――神社や仏閣にお参りして神仏を拝むこと――を主たる目的とした旅から区別する重要な概念である。[8]というのも、ジョン・アーリ『観光のまなざし：現代社会におけるレジャーと旅行』が言うように、「日常から離れた異なる景色、風景、町並みなどにたいしてまなざし（gaze）もしくは視線を投げかけること」こそが、「観光旅行（tourism）」という西洋・近代に固有の「遊興的経験」のコアとみなされるべきものだからである。[9]そこで、以下、アーリに即して、近代的な旅行の特徴を、改めて確認しておくことにする。ただし、「tourism」を「観光旅行」と訳すのは、日本の明治時代における旅行の様態を念頭に置く限り、歴史的用語としては、いささか誤解を招きやすい。というのも、第三章で詳述するように、「観

光」という用語は、明治時代を通して、もっぱら国際的な旅にのみ用いられていたからである。そこで、以下では、ジョン・アーリの言う「tourism」を「観光」と訳すことは避けて、「ツーリズム」と表記することにするが、明治・大正の用語法では「遊覧」が最も適切であるように思う。

アーリによると、ツーリズム（遊覧）のまなざしは、それ自体、歴史的・社会的な産物で、ヨーロッパにおいては、十九世紀、英国の産業労働者階級において発生した。アーリは「十九世紀以前には、上流階級以外の者が労働とか仕事と関係のない理由で何かを観に、どこかへ旅をするということはまずなかった。この点、近代社会での大衆的なツーリズムの大きな特徴は、あらゆる年齢層の大衆が基本的に労働と関係ない動機でどこかへ出かけ、何かにまなざしを向け、そこに滞在するということである」と言う(10)。一部の選ばれた者ではなく、大衆が、労働とは無関係であることは言うまでもなく、宗教的な目的（巡礼）や、教養的な目的（グランドツアー）、また健康的な理由（温泉／転地療養）とも無関係に、もっぱら「見る」ことを楽しむために、日常生活から一旦脱出し、非日常的な経験を経て、改めて日常生活に帰還すること。これが、ツーリズムである。

もちろん、このような行動が可能であるためには、余暇が発生しなければならないことは言うまでもなく、安全な交通手段の整備や、旅行業者の出現といった社会的諸条件が完備されなければならない。要するに、資本主義社会が一定程度成熟する必要がある　日本において明治時代は、まさにツーリズムが可能となった時代であるが、その際、本論にとって重要なことは、このようなツーリズムが写真的映像の流通と深く結びついていたという事実である。アーリは、次のように言う(11)。

> 休暇旅行で、人が求めるのは、旅行会社のパンフレットやテレビ番組で見るような、一連の写真的映像なのである。ツーリストが出かける場合　この既存イメージを追い求め捉え、ついにわがものにするというようにまでなっていく。そして、旅行とは、出かける前に、原型としてすでに見ているイメージの、自分用に焼直したものを、現地で指差して、そこに確かに来たということを証明する作業に結局なっているのだ

写真は、したがって、ツーリズムのまなざしと親密に結びついている。写真映像は、これからまなざしを向けようとしている場所についての予知あるいは白日

夢を構成してくれる。

このようなアーリの指摘が重要なのは、明治以来の「沿線案内」である「鉄道旅行案内書」には必ずと言っていいほど、写真や銅版画による名所の視覚的映像——集中遠近法を特徴とするイメージ——が添付されているからである。大正六（一九一七）年に鉄道省が発行した「遊覧」の時代を代表する『鉄道旅行案内』も、また、昭和三（一九二八）年に奈良電が「行楽」の時代に配布した『奈良電車沿線名所案内』も例外ではない。それらに挿入された沿線名所の写真は、旅行者が現地において指さし、確かに現地に来たことを確認するための「予知あるいは白日夢」なのである。

さて、「鉄道旅行案内書」に挿入された名所の写真ではなくて、「鉄道路線図」に議論の焦点を移すことにしよう。「鉄道路線図」とは、文字通り、路線を構成する駅の隣接的な関係を表示するもので、『奈良電車沿線名所案内』に収録された《奈良電車運転線路図》【図1】などがこれに該当する。この種の視覚表象にとって最も重要な点は、実は、これが鉄道という近代的な移動手段の発生とともに必然的に誕生したという点である。すなわち、「鉄道路線図」は、鉄道旅行に固有の経験／価値と分かちがたく結ばれているのである。なぜなら、「鉄道路線図」が、実際には蛇行し、アップダウンを繰り返す鉄路を、もっぱら直線として、時には、なだらかに湾曲する曲線として表象することは、直線が、二点間を結ぶ最短距離であるとともに、無限に延長可能であるという属性をもつことによって、鉄道による移動が、遠くまで、短時間（高速）で、容易（安全）に到達することのできる便利なものであることを象徴的に示しているからである。

W・シヴェルブシュ『鉄道旅行の歴史：十九世紀における空間と時間の工業化』は、周知のように、鉄道というきわめて近代的な技術が、従来の徒歩や馬車による旅行のあり方を、根本的に変容させたことを、空間的・時間的・意識的（知覚的）な点にわたって、詳細に検討したものである。その結果、高速で移動する鉄道旅行は、一方で、ラスキンに代表される古い旅に固執する人たちに「風景の喪失」をもたらしたが、他方で、新しい旅行技術の影響に逆らわず、次々に移り変わる車窓の景観を「新しい知覚」によって楽しむ旅行者が出現することによって、「パノラマ的再生」を果たしていることを明らかにした。シヴェルブシュは、「パノラマ風の旅行」という章において、「知覚が行き届いた」ゲーテのスイス旅行の日記を旅行小説の記念碑と位置づけたうえで、鉄道がこのジャンルに終止符を打ったことを指摘し、次のように言う[12]。

鉄道が風景の中を突っ走る速度と数学的な直線性が、旅行者と通過する空間の間の親密な関係を破壊する。この経緯を説明するために提示されたエルヴィン・シュトラウスの概念を使って言えば、風景空間（der Landschaftraum）が地理的空間（der geographische Raum）になったのである。「風景の中では」とシュトラウスは言う。「われわれは常に、一つの場所から他の場所へとたどるだけだ。どの場所も、目に見える範囲内にある隣接の場所との関係で、もっぱら規定されている。われわれは、一つの部分空間からもう一つの別の部分空間に到着するだけで、われわれが旅する場所は、どの場所も全体を見渡せる状態にはない。さて、地理的空間のほうは一つのまとまった空間であり、その限りにおいて、全構造が見通せる空間である。この空間内のどの場所も、全体の中にあるその位置により規定され、結局は、この空間を整序する座標系のゼロ点との関係に規定されている。地理的空間は組織化されている」。シュトラウスは、鉄道を名づけて、風景空間を地理的空間に変えた重要な代理人と、言っている。

馬車や徒歩によって移動する旅行者は、旅の空間を「生き生きとした統一体」として知覚し、「生きている連続性」として体験した。しかし、列車による移動は、中間の空間を跳び越したり、通過したり、眠って過ごしたりすることを可能にすることによって、古い旅の統一性／連続性を破壊し、新しい抽象的な秩序をもたらした。ここで言う「風景空間」の表象として、例えば、歌川広重の「東海道五十三次」シリーズを考えてもよい。それは、江戸日本橋と京都三条の間の繋ぐ東海道を歩く旅人が、その間で「生き生きとした統一体」として経験する五十三——江戸と京都を勘定に入れると五十五——の場所（部分空間）の風景表象＝名所絵の連続体である。しかし、それぞれの個別的な名所絵——例えば「由比」とか「平塚」とかといった場所の表象——は独立／孤立したもので、たとえそれらをシリーズとして眺めたとしても、そこに出現するのは、部分空間の加算的集合であって、東海道の全体が、ひとつのまとまりをもって見通されるわけではない。その結果と言うべきか、江戸時代の「広域図」には、しばしば、現代の眼から

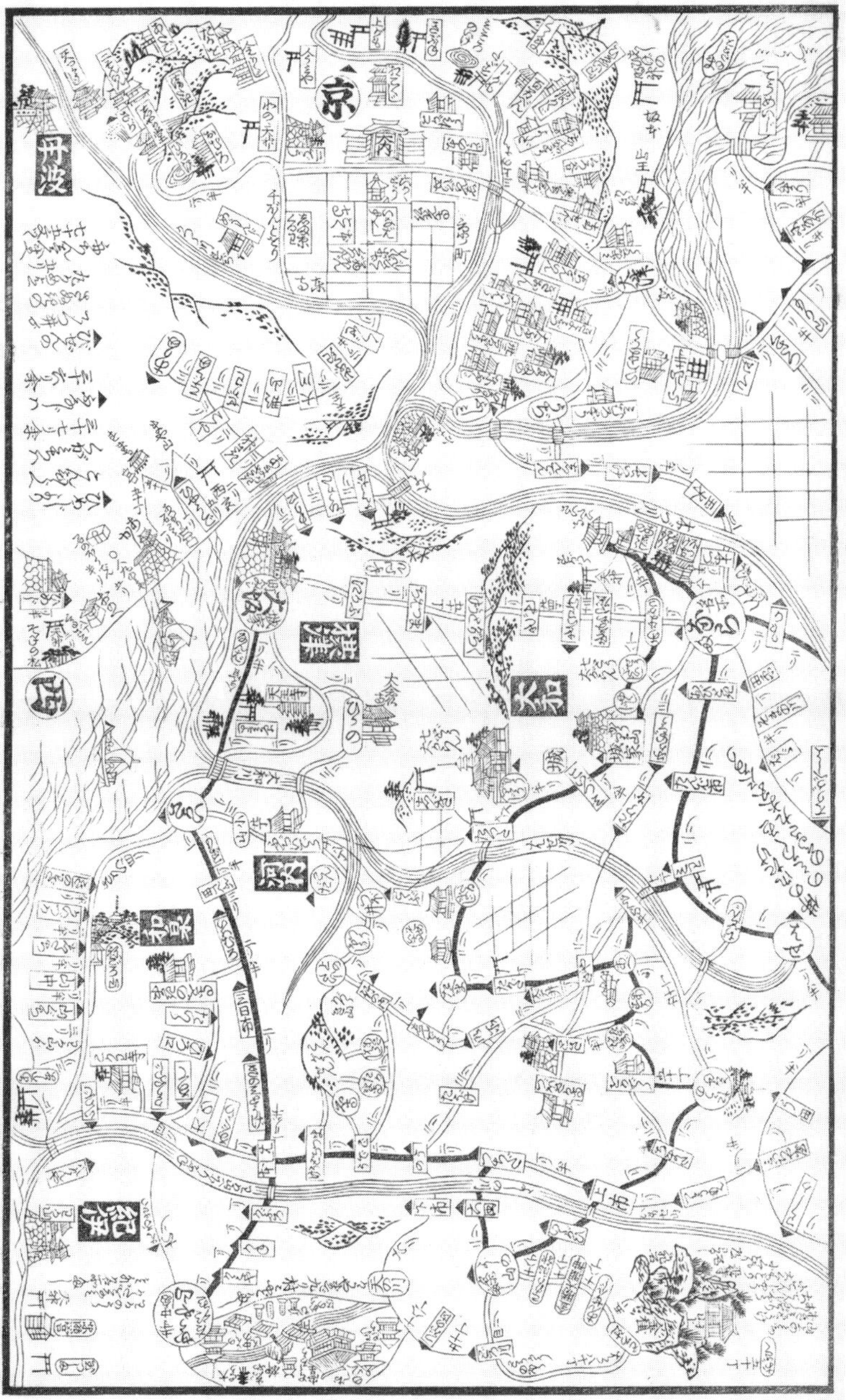

図2 《いせ大和まハり名所絵図道のり（西半分）》 南都大仏前ゑつ屋庄八板 縦437×横268cm 嘉永2（1849）年 筒井正夫家蔵 奈良大学総合研究所編『南都大仏前絵図屋筒井家刻成絵図集成』 平成14（2002）年

しい行動形態である行楽は、二〇年代前半における「新しい案内書」の出版ブームによって加速されたと考えている。[15] そのきっかけとなったのが、大正五（一九一六）年に刊行された小菅広胖・小川煙雨『東京郊外・名所めぐり』（厚明社）と田山花袋『東京の近郊』（実業之日本社、大正九（一九二〇）年に磯部甲陽堂から『東京の近郊：一日二日の旅』と改題して再版）で、「鉄道・電車利用を前面に出した点、そして、従来は各沿線別であった（各沿線別に出版されていた）ものを一冊に網羅した点で画期的であった」という。[16] ちなみに、田山花袋は、大正十二（一九二三）年に、博文館から『東京近郊一日の行楽』と『京阪一日の行楽』を出版したが、『東京近郊一日の行楽』の広告には次のように記されている。[17]

東京を中心として近郊乃至近県地方に一日二日の楽しい小旅行を試みようとする人達のためにこの書は出来た。この書

図4　内田紫鳳画《奈良電車沿線案内》奈良電気鉄道株式会社 縦 20 ×横 53cm 昭和 3（1928）年

はつとめて、名所古蹟に詳しからんことを期すると共に、簡単にその道順を知ることが出来るやうに心がけた。故に都会の忙しい生活に、いそしむ人に取っては本書は実に一日の行楽の上に此上もない伴侶である。

「行楽案内記」とでも呼ぶべきこの種のテクストの新しさは、たしかに「鉄道・電車利用を前面に出した点」にある。(18) しかし、最も斬新な点は、テクストの構成と記述の仕方という点からして、第一に、一日、二日で見るべき名所旧跡を鉄道・電車の路線に沿って系統的に説明する点と、第二に、車窓からの眺めを随所に挿入する点である。このような斬新さを体現した「行楽案内記」は、しかし、田山花袋によって最初に書かれたわけではない。大正七（一九一八）年——鉄道院が『鉄道旅行案内』を刊行した翌年——に博文館から出版された谷口梨花の『汽車の窓から』がその嚆矢で、花袋の『東京近郊一日の行楽』や

『京阪一日の行楽』は、この谷口のスタイルに倣っている。ちなみに、この案内書の意義について、鉄道を運輸サービスと捉えて、ジャパンツーリストビューローの産みの親になった木下淑夫(一八七四〜一九二三)は、その序で、「近年社会の上下を通じて旅行熱が一般に増進した」と述べたうえで、『汽車の窓から』は、「車窓の友」「車内の説明者」であるとともに「遊覧の手引」「目的地の案内者」でもあることを目指したものであるという。[19] 実際のところ、谷口の案内書は、鉄道院所管の幹線——東海道線/山陽線/中央線など——の沿線について、過去の風景を想像したり、見えない遊覧スポットの説明を織り込んだりしながらも、実際に車窓から見える風景を記述・説明することを主眼にする。花袋の『東京近郊一日の行楽』や『京阪一日の行楽』もその例外ではない。

興味深いことに、このような新しい案内書の出版ブームが起こった一九一〇年代後半から二〇年代は、ちょうど吉田初三郎(一八八四〜一九五五)が描く鳥瞰図的な「沿線案内図」が大流行した時期とぴったり重なる。言うまでもなく、両者の出現時期が重なるのは、一方の言語的テクストと、他方の視覚イメージが、旅の魅力として表象しようとしている事柄が同じだからである。[20] 「初三郎式鳥瞰図」と呼び習わされるこの種の「沿線案内図」の嚆矢は、大正二(一九一三)年に描かれた《京阪電車御案内》である。この《京阪電車御案内》は、初三郎がはじめて描いた沿線案内図で、大正三年三月二十七日、「修学旅行的な意味合い」で京都を訪れていた皇太子(後の昭和天皇)が、八幡・宇治へと向かう京阪電車の中で目に留め、「これは奇麗で解り易い、東京に持ち帰って学友に頒ちたい」というお褒めの言葉を賜った伝説中の広告・広告メディアである。[21] 初三郎は、この御言葉に奮起し、「日本全国の名所図絵、否朝鮮、満州、世界中」の名所図絵を描くことによって「図画報国」を誓ったことは周知のことであるが、奈良電が昭和三(一九二八)年開通時に配布した一枚物の「沿線案内図」である《奈良電車沿線案内》【図4】は、明らかにこの「初三郎式鳥瞰図」の系譜に連なるものである。[22]

では、この《奈良電車沿線案内》は、いったい何を「分かり易い」仕方で伝達しているのであろうか。この案内図を見ると、いくつかの興味深い工夫があることに気付く。第一に、この「沿線案内図」は、横長の画面の左端に「京都」、右端に「橿原神宮前」、画面右寄り上部に「奈良」と「天理」を配し、これらのターミナルを結ぶ奈良電の駅名を、太い線で円形に縁取ったうえで、それらの間を緩やかに蛇行する太線で繋いでいる点では、第1章で詳論した「鉄道路線図」【図1】に類似している。第二に、そればかりでなく、この「路線案内図」は、「鉄道路線図」の進化形【図3】のように、沿線に展開する神社仏閣・名所旧跡を、文字テクストではなく、山や川とともに、視覚的なアイコンとして表象する「鳥瞰図」である。このような工夫が、この案内図をシュトラウス的な意味における「地理的空間」の表象としていることは明らかである。すなわち、この図の「分かり易さ」は、京都と奈良と橿原神宮とを包摂する空間の全体性を見通せるものとして提示することによって、どのような神社仏閣・名所旧蹟が、どこにあって、奈良電の路線の最寄り駅とどのような位置関係にあるかを、あたかも「車窓から見る」ように、提示していることにある。「車窓から見るように」という点では、宇治川に架かる澱川橋梁のアイコンが興味深い。というのも、このアイコンは、一見、ただの図案的なものに見えるかもしれないが、陸軍の反対で橋脚を立てることを許されなかった「トラス橋」(日本最長)であることをはっきりと示しているからである。

「初三郎式鳥瞰図」は、大正二年に誕生して以来、手軽な一日旅行としての行楽の魅力を十分に表現するものとして大流行したが、時間の経過とともに、さらに独自の進化を遂げることとなった。この変容を如実に示すのが、大正十(一九二一)年に、鉄道省が刊行した『鉄道旅行案内』に挿入された一〇三枚(見開き二〇六頁分)に及ぶ初三郎の「鳥瞰図」である。というのも、例えば「京都奈良大阪間鳥瞰図」【図5】とでも呼ぶべき関西本線の京都―神戸間の「鳥瞰図」は、もはや《奈良電車沿線案内》のように平面的(地平線が欠如している)で図案的(記号的な地物に満ちている)であるというよりも、空間的(地平線が設定されている)で絵画的(写実的な地物に満ちている)なものに変容しているからである。[23] この「沿線案内」は、鉄道省の前身である鉄道院が、およそ七年前の大正六(一九一七)年に発行した『鉄道旅行案内』を、「鉄道開通五〇周年」を記念して改訂したもので、その「例言」には次のように記されている。[24]

一 本書は鉄道によつて旅行せらるゝ人々の参考に供せんが為に、沿線主要の地に就て、遊覧地や遊覧旅行経路等を概説したものである

一 汽車の窓から見ゆる景観図は、新なる試みとして、本年始めて挿入したものであるが、全線を僅に二

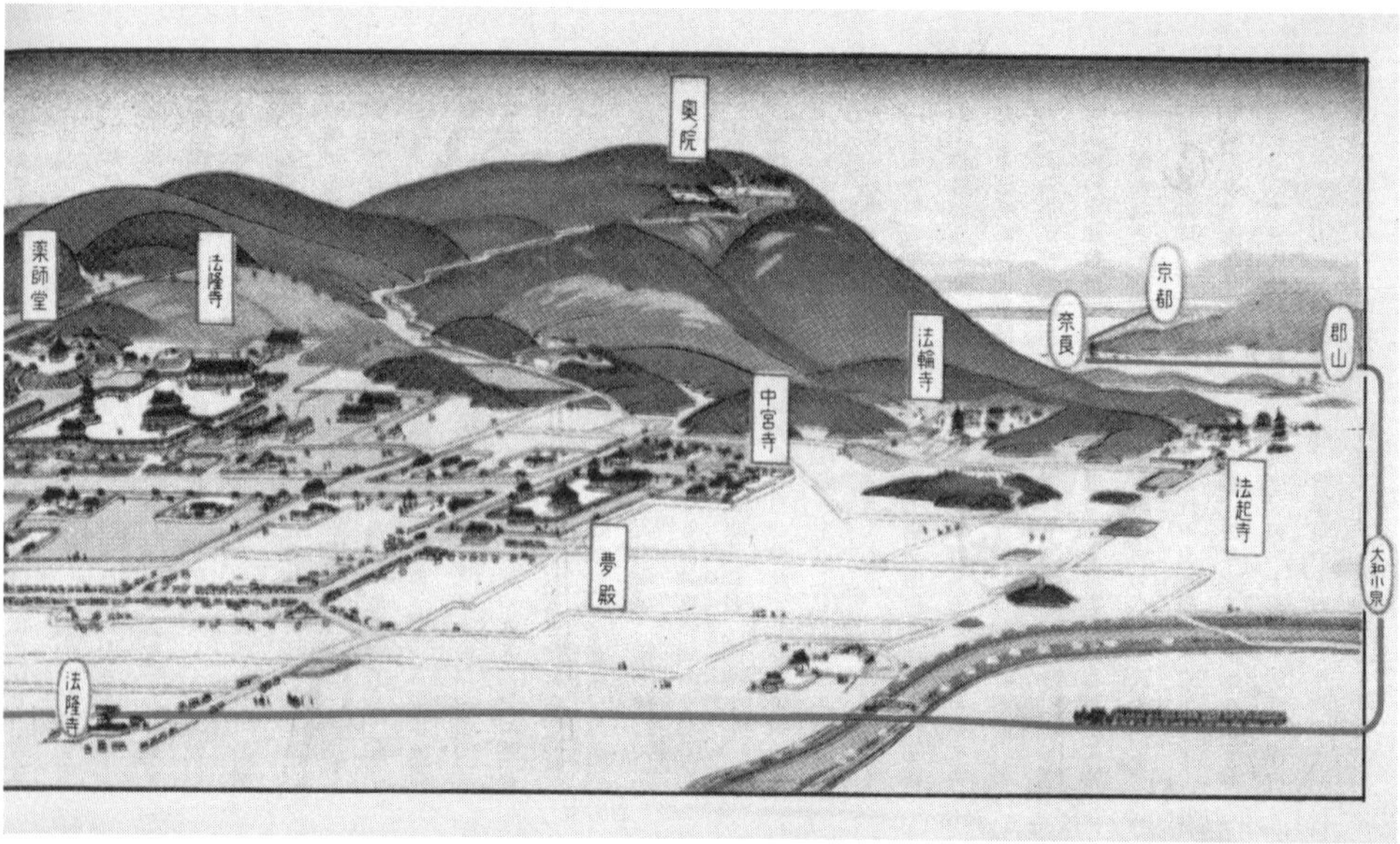

百余頁に縮めた為め、描いて其微を尽さざるの恨あるは、誠に止むを得ぬ次第である

一　上記の如く記事と図絵とをこの小冊子に併せ収めた結果は、双方とも勢簡略なものとなり、沿線主要地の案内に止まることとなつたが、夫でも大方の旅行者には多少の参考となるべきことを信ずるのである

一　私設鉄道、軽便鉄道、軌道の分岐点、接続点等は本文に記載漏れのものも多い、これらは凡て「鉄道連絡表」を参照せられんことを希望する

一　道庁府県庁所在地駅には別に其道府県産業の概要を附記し、各種の統計を附して参考に供することにした

この「沿線案内」は、従来通り「遊覧」という用語を使用してはいるが、「汽車の窓から見ゆる景観図」を追加することによって、鉄道旅行の性格の変化――「遊覧」から「行くことを楽しむこと」――に対応しようとしたものである。その結果、「鳥瞰図」は、大正七（一九一八）年に博文館から出版された谷口梨花の『汽車の窓から』――「序」に言う「『鉄道旅行案内』の姉妹編とも云ふべきもの」――

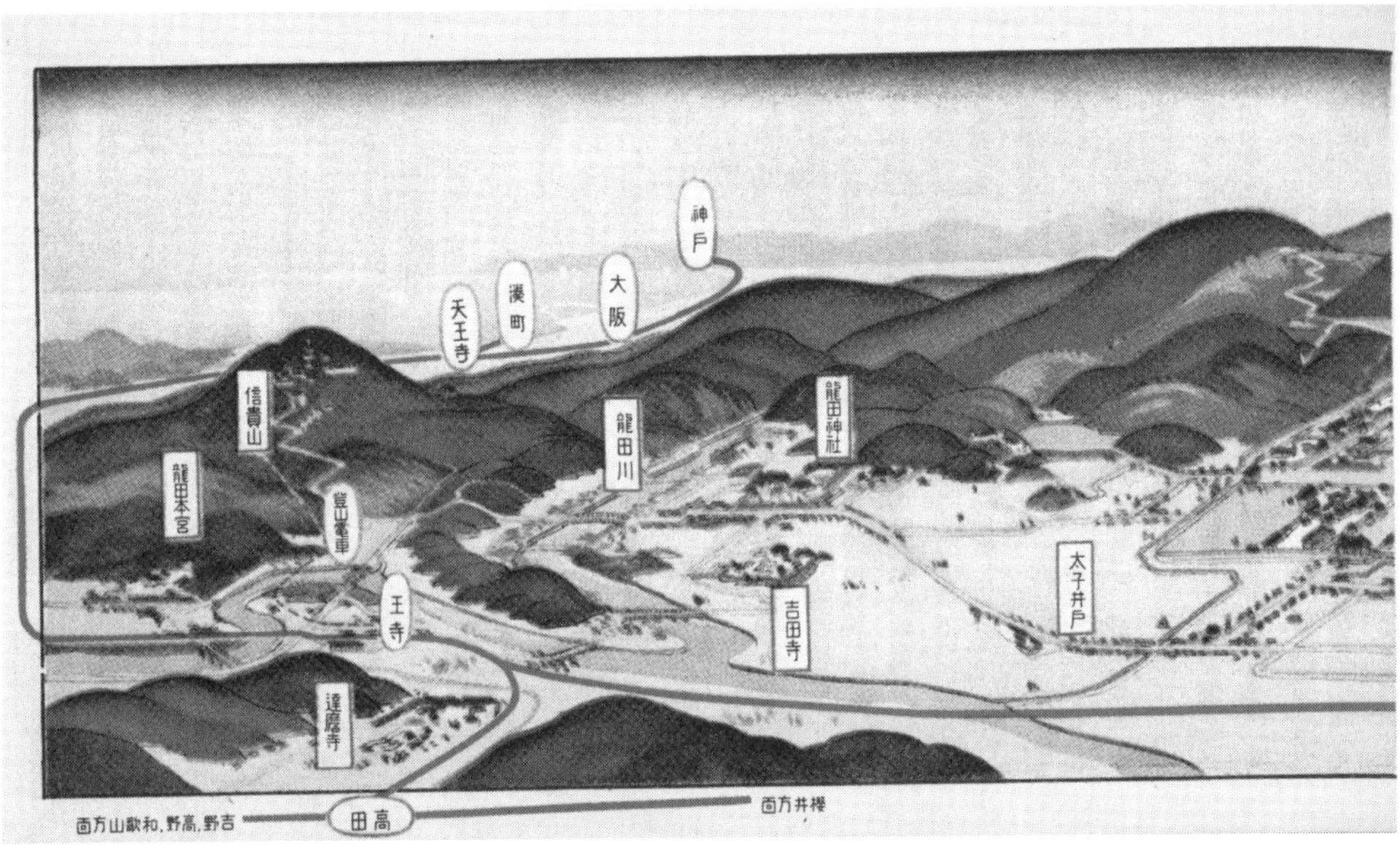

図5　吉田初三郎「京都奈良大阪間鳥瞰図」　鉄道省『鉄道旅行案内』改訂版　縦11×横20㎝　大正13（1924）年

における窓外の記述と見事に対応することとなる。いささか長文になるが、該当箇所を引用する。(25)

奈良からは桜井線が岐れて居る、初瀬参りや畝傍詣では此線に頼るべきものであるが夫は後まはしとして急いで大阪まで行つて見ようと思ふ。

奈良を出るとやがて郡山、町の北は古奈良京の南端である、此処は柳沢氏の旧城下で城址には柳沢神社がある、其角が「菜の花の中に城あり郡山」とよんだ通り、附近一帯は菜畝が多く、夕陽花光城壁に及ぶのである。町の金漁業は日本一と聞く。

郡山を出ると左右には大和平野が展《ひら》けて居る、やがて右窓から法起寺の三重塔が木立の中に見え、次で法輪寺の三重塔が見え、続いて細長い法隆寺町が見え、松林が見え、塔が見え、寺が見える、汽車は即ち日本最古の美術の宝庫たる法隆寺に近づいたのである。

（中略）

法隆寺駅を後にすると左窓にはやがて大和川の流が近づいて来る、汽車は夫を渡つて王寺に着く、右窓からは信貴山が見え、左窓の方には葛城山脈が迫つて来て居る、信貴山には多聞天が祀つてある、王寺から登

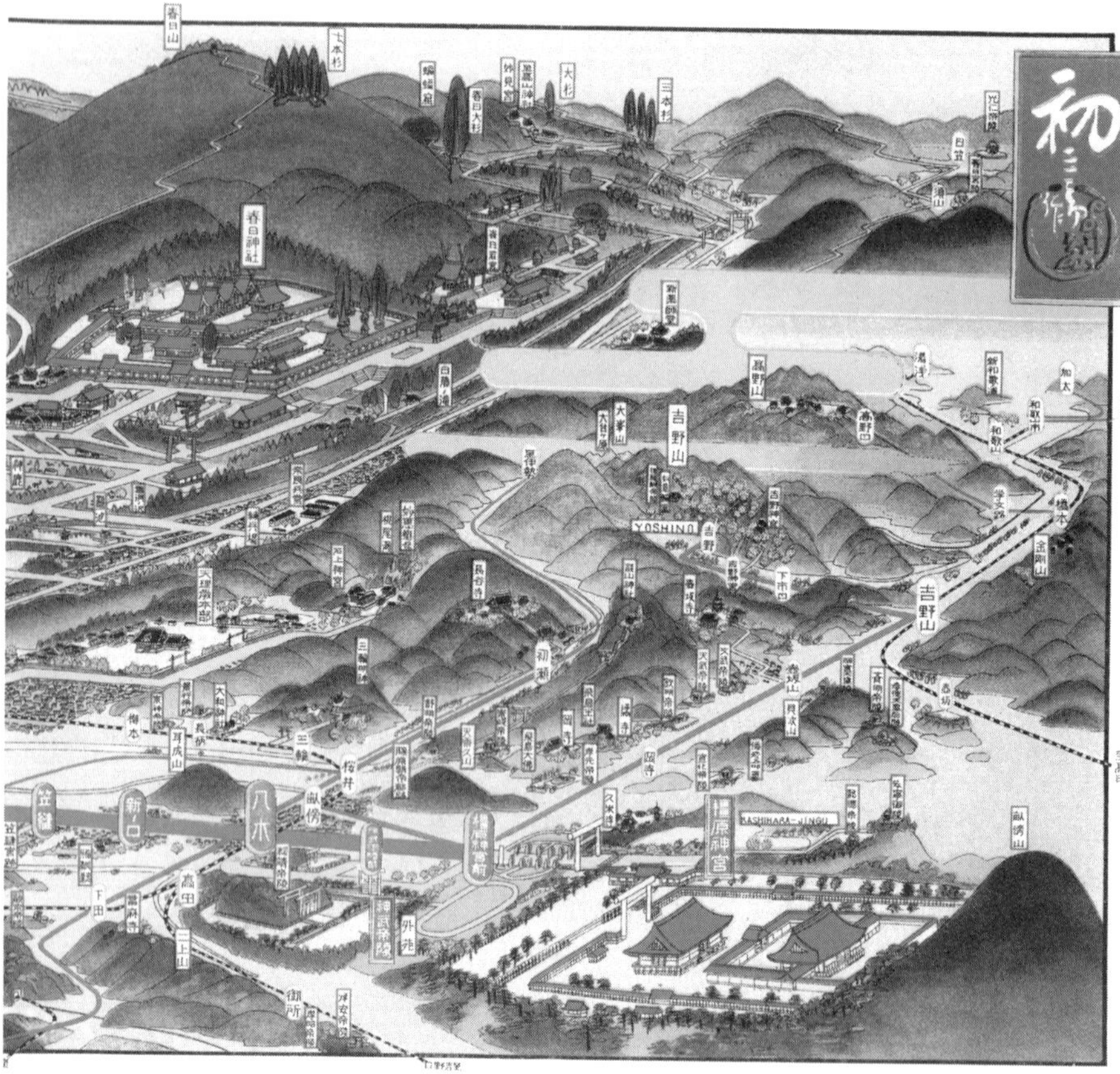

路一里である、其堂塔は懸崖の上に建てられて画中の趣を添へて居る、舞台からは大阪方面が一目に見渡される、楠公の母の祈請を籠められたのは此寺だ。

　王寺は和歌山線の分岐点である、当麻寺や壺阪寺や吉野山へ遊ぶには此線に頼らねばならぬ、私は尚本線を西に向ふことゝする。王寺を出るとやがて又大和川の鉄橋を渡る、右窓近く森の見ゆるは官幣大社龍田神社の本宮で、王寺の駅からは二十町を隔てゝ居る、汽車は夫れより大和川の流に沿ひ、大和、河内の国境に連なる峯巒に穿てる三つのトンネルを潜つて河内に入り、大和川の清流を左にし又右にして柏原に至る。

「中略」の部分は、筆者である谷口梨花が「法隆寺前駅」で下車し、徒歩で、

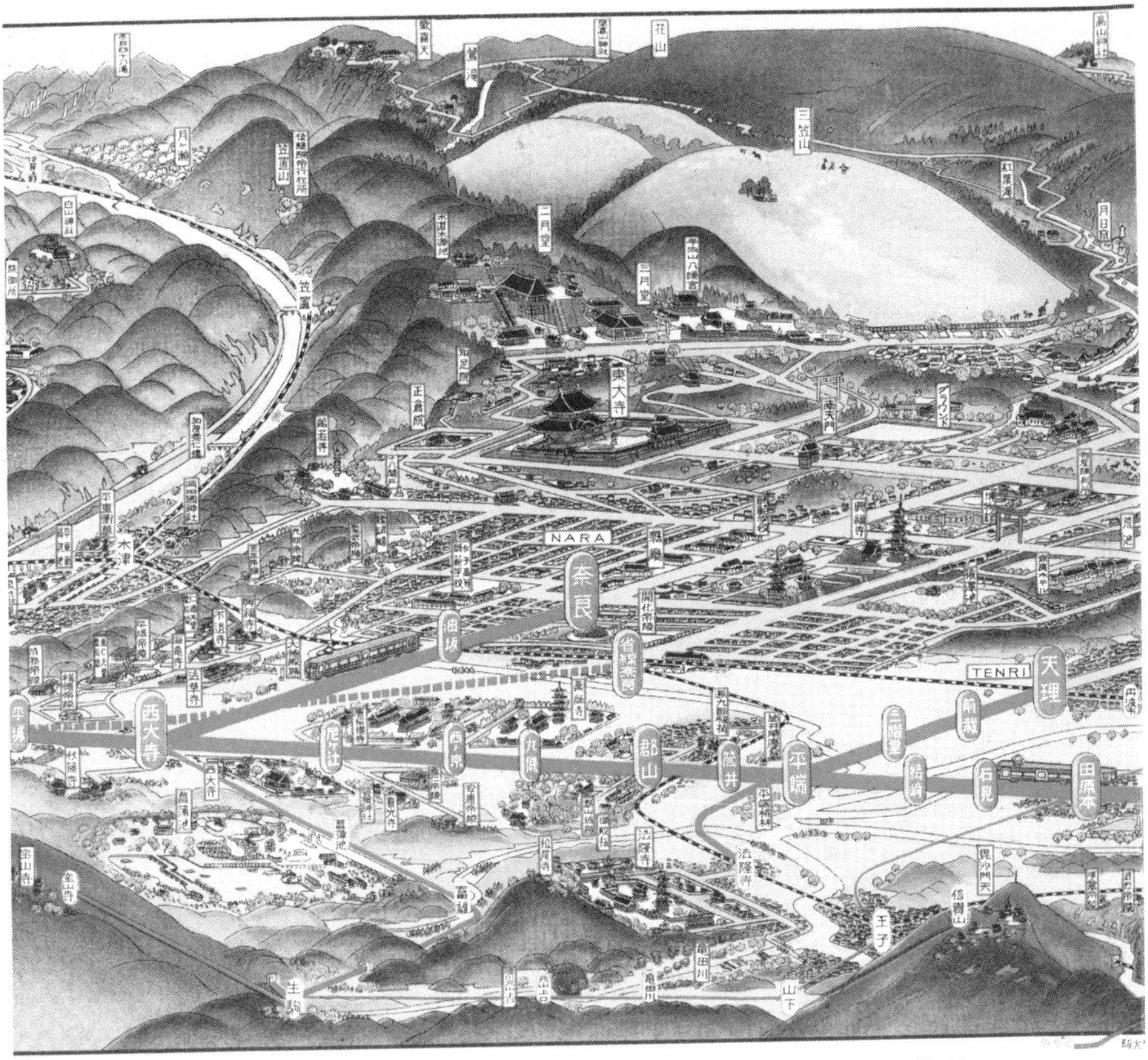

図6　吉田初三郎《奈良電車沿線を中心とせる鳥瞰図絵》右　奈良電気軌道　縦20×横88cm　昭和3（1928）年

法隆寺境内を案内する部分であるが、それ以外は、「車窓からの眺め」である。もっとも、「鳥瞰図」に描かれているように、実際の神社仏閣が「車窓から」見えるわけではない。「鳥瞰図」に描かれているのは、近世的な「名所図会」を構成していた「俯瞰図」（平行遠近法で描かれた地物の説明図）である。

3　観光の時代へ——《奈良電車沿線を中心とせる鳥瞰図絵》を読む

吉田初三郎画《奈良電車沿線を中心とせる鳥瞰図絵》【図6】は、大正年間の「行楽」の時代を代表する「初三郎式鳥瞰図」が、さらに次のような特徴をもつ「パノラマ地図」へと進化したもので、「行楽」（京阪神からの日帰り旅行）とは異なる「国内外観光」

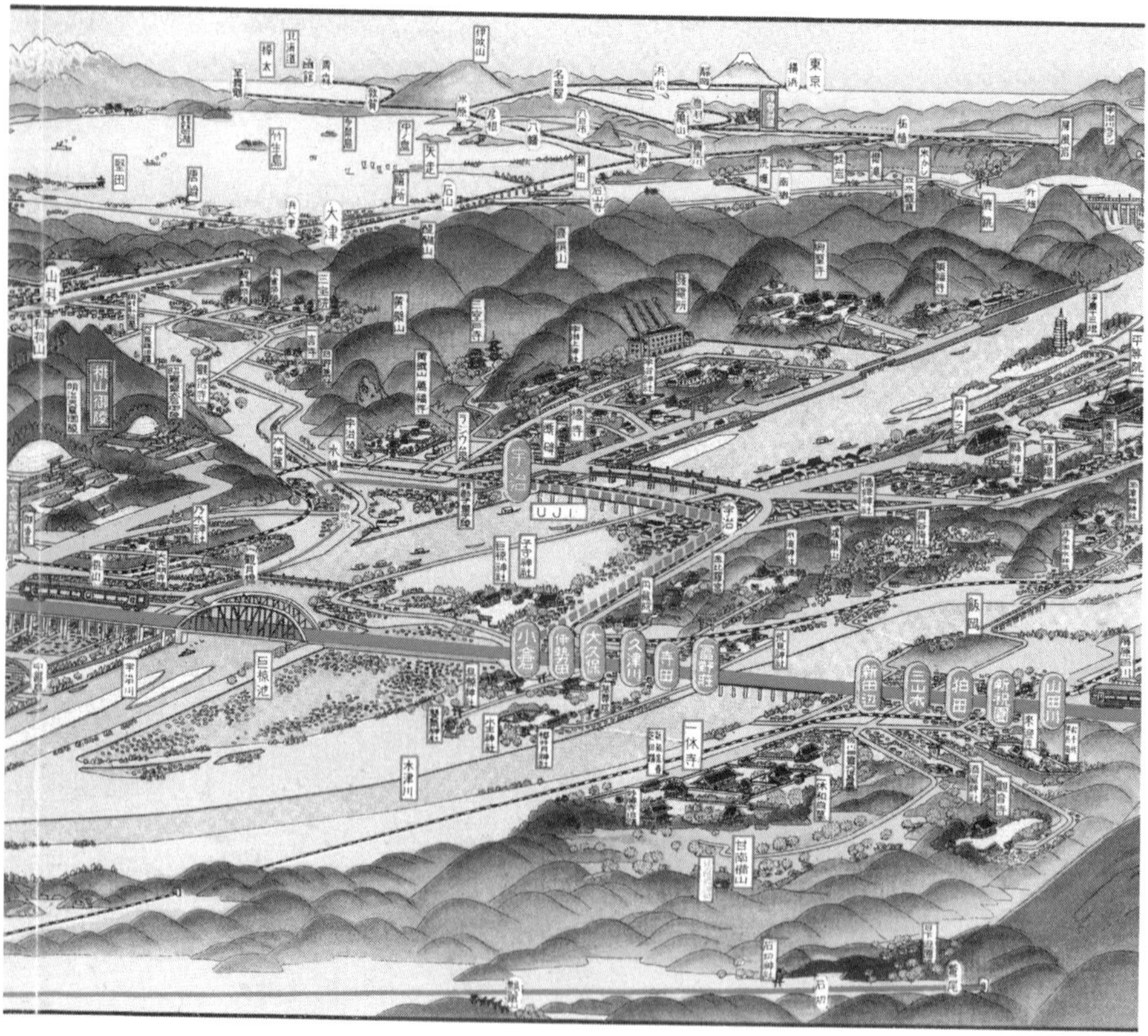

（遠距離の長期間旅行）の魅力を表現するメディアである。その特徴とは、次のような点である。すなわち、第一に、線路が一層「直線的」に表現されていて、電車による旅行の魅力である空間と時間の短縮——スピードの速さと快適さ——を感じさせる点。第二に、地平線を画面の高い位置に据え、基本的には、集中遠近法の規則に従って、近い物は大きく、遠い物は小さく描きながらも、深く広い空間の全体を一望している点（一望性）。具体的に言うと、奥行きという点では、水平線（無限遠点の透視図である）の上に「北海道」「樺太」「富士山」を配置し、左右の広がりという点では、空間を馬蹄形に歪めて、西は「大阪」「神戸」、南は（ピンク色の大和絵的な霞を利用して）「和歌山市」という広い景観を見渡している点である。第三に、山川を鮮やかな緑と青で彩色したり、澱川橋梁の形態だけでなく、伏見高架（堀内—澱

図6　吉田初三郎《奈良電車沿線を中心とせる鳥瞰図絵》左　奈良電気軌道　縦20×横88cm　昭和3（1928）年

川橋梁間の高架）、菖蒲池遊園地などのモチーフを一層「写実的」に表現したりして、あたかも「車窓から見る」感じを絵画的に描いている点（錯覚性）。線路の上を走る電車も例外ではなく、当時、実際に走っていた奈良電を代表する車両「デハボ一〇〇〇型」――全長十七メートルの半鋼鉄製で、腰板の高い、三ドアタイプの車両――として写実的に表象している点。第四に、京都・桃山御陵・春日神社・橿原神宮を強調して、「平安天平の古都を結び建国の祖、神武帝陵と中興の聖、明治帝陵の両聖地とを連絡」する奈良電の意義を強調する点である。たしかに、第四の点と第二の点の一部（樺太や富士山を描くこと）は、この「沿線案内図」が、帝国主義的な時代背景の下に制作されたことを如実に示してはいる。しかし、その他の点は、この「沿線案内図」が、「パノラマ地図」として、鉄道旅行のもつ根源的な魅力を最大限に表現しえていることを示していることは間違いない。

では、なぜ、この種の「パノラマ地図」に、鉄道旅行の根源的な魅力を表象することが可能なのだろうか。これには、説明が必要である。まず、ここで言う「パノラマ地図」とは、初三郎が自らの「沿線案内図」に与えた名称である。[26] 次に、その「パノラマ」とは、言うまでもなく、一七八七年、イギリスの美術家ロバート・バーカー（Robert Barker, 1739-1806）がロンドンで特許状を登録した「見世物としての絵画」のことである。ベルナール・コマンの『パノラマの時代』[27]は、この装置の原理と構成要素について、次のように言う。

> 初めこの発明品は「自然を一望のもとに」と名づけられていた。パノラマという新語が現れるのは、「タイムズ」に広告が出た一七九二年一月になってからのことである。この言葉の語源はギリシア語で、文字どおりの意味は「すべてを見る」（pan（すべて）とhorama（眺め）の合成）である。パノラマとは切れ目なく描かれた円筒状の絵であって、それを収めるため特別に円形の建築物を作り、その内壁にキャンバスを設置したものだ。そして絵は現実と区別がつかぬほど似せて描かれている。見物客はまず外界との位置関係が分からなくなるように長い廊下や暗い階段を歩かされる。そして下から観覧台に昇る。その観覧台の周りには手摺りが設けられており、画面に近づけないようになっている。それによって「絵はどこから見てもその効果を発揮する。」照明は自然光で真上から採っており、屋根と天幕をうまく使って光源が見えない仕組みになっていた。これは画面の上端より上を見せないようにする効果も持っていたのである。また画面の下端を隠すのにはフェンスや実在の事物が使われた。このように絵に関係のないすべての要素が見物客の目に入らぬよう配慮されていた。なぜなら、閉じられた場所の中に描かれた世界が無限に広がっているというのが、パノラマの逆説的なありようだからだ。

要するに、パノラマとは、ある景観の全体を、無限に（無限性）遠く、また、広く、高い視点から見渡す（一望性）とともに、あたかも実景を見ているかのように（錯覚性）描くものである。バーカーが、一八〇一年、ロンドンのレスター・スクエアに建てた「パノラマ館」【図7】は、二層の円形ホールで、下層階では、山に囲まれた入り江の

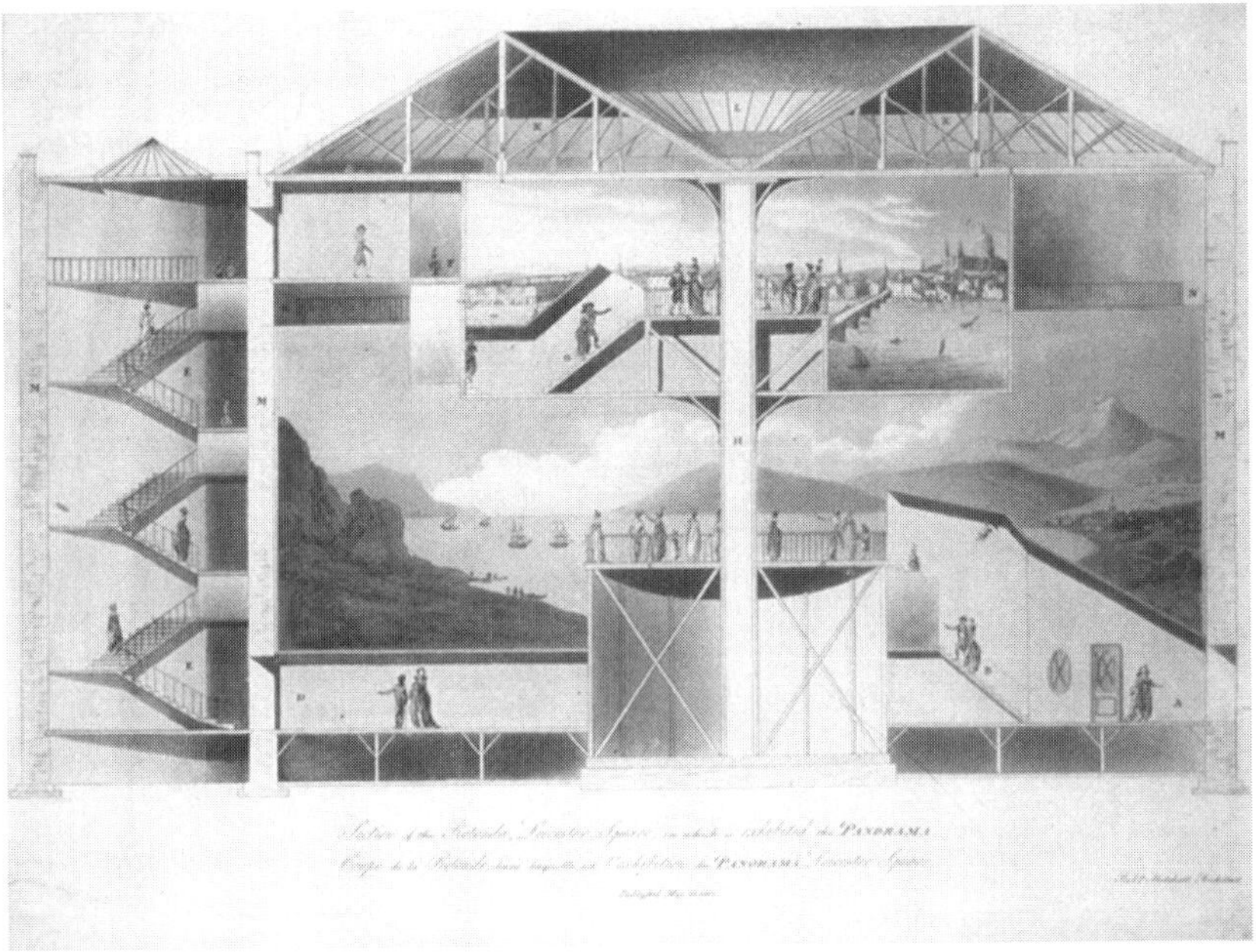

図7　Section of Burford's Panorama, Leicester Square (London, 1789). From Robert Mitchell's Plans and Views in Perspective of Buildings Erected in England and Scotland, 1801.

風景が、上層階では、どこかの都市が、ちょうど観客の目の高さに水平線／地平線（無限遠点の透視図）が来るように、筒状の壁面にぐるりと描かれているのが分かる。重要なことは、この種のパノラマ館が、当初、労働者に提示したのは、その施設が建てられた都市の全容であったということである。パノラマ画の主題は、その後、諸国の風景、そして戦争の場面へと変化していくが、では、なぜ、最初は都市の全容を表象したのだろうか。それは、この時代のヨーロッパでは、労働者はたしかに自らの生活圏のことは熟知していても、膨張する都市の全体像を視野に収めることができなくなっていて、パノラマは、その全体像を回復／獲得したいという労働者の欲望を満たすからである。B・コマンに言わせると、パノラマは「四方八方に膨張していく都市という公共空間を昔と同じように完全に支配するためのモデルになる」からなのである[28]。

初三郎の「パノラマ地図」は、それが無限性・一望性・錯覚性をもっている限りにおいて、この「パノラマ」と同じ種類の視覚的な装置なのである。では、なぜ、初三郎は、鉄道の沿線案内図に「パノラマ」を適用したのか。それは、おそらく、初三郎は、パノラマが鉄道旅行の魅力を表象する最善の形式であると考えたからにちがいない。実際のところ、W・シヴェルブシュが『鉄道旅行の歴史：十九世紀における空間と時間の工業化』において明らかにした鉄道旅行の魅力こそ、次々に移り変わる車窓の景観をまさに「パノラマ的」な眺望として楽しむことであった。

「パノラマ的」とは、ドルフ・シュテルンベルガー（Dorf Sternberger, 1907-1989）が、高速で移動する鉄道旅行のもたらした「新しい知覚」に与えた形容詞であるが、シヴェルブシュは移動中の車窓から外を眺める乗客の知覚について次のように言う(29)。

> 速度が前景を消してしまうということは、速度が主体のすぐ近くにある空間から主体を引き離すということ、つまり速度が客体と主体との間に、「ほとんど実体のない障壁」となって割りこむことである。このようにして見られた風景は、たとえば鉄道旅行の批判者ラスキンがしたように、集中的に、アウラ的に体験されず、刹那的に、印象派的に、つまりパノラマ的に体験される。より正確に言えば――パノラマ的知覚とは、対象をその刹那的性格のゆえに、逆に魅力あるものと見なす知覚である。それゆえ、この魅力は、対象または観察する主体を、このような状態に置き換える動きから生ずるのである。（中略）われわれはこの知覚を、対象との集中的な静的な関係を特徴とする、ラスキン流の伝統的知覚と区別して、パノラマ的と名づけた。

繰り返し引用されるこの個所は、鉄道が現出させた新しい風景――旅行者の目を楽しませてくれる車窓からの「パノラマ的眺望」――に言及しているが、その眺望の特徴は次の三点に集約される。第一に、空間的には、速度によって前景が消失するが、遠景は十分長い間視野に捉えられて印象を残す点、第二に、時間的には、それぞれ異なる領域に属する景観が直接結び付けられて、次々に、連続的に展開される（変化する）点、第三に、車窓のかなたに展開する種々さまざまなものを、その間の区別をつけずに受け入れる能力の発達によって、ひとつの全体として――展望として――把握される点である。このような次々に移り変わる車窓の景観を楽しむ鉄道旅行の魅力は、初三郎の「パノラマ地図」によって最も適切に表象されるにちがいない。

おわりに

昭和三年という時点は、鉄道インフラが国内的にも国際的にも整備された時期である。そのおかげで、鉄道旅行は、短期間での短距離の「行楽」を可能とするばかりか、長期間にわたる長距離の旅行をも可能とするものへと成熟していた。その意味では、初三郎の「パノラマ式地図」が無限に広い範囲を一望していること、例えば《近畿を中心とせる名勝交通鳥瞰図》(昭和元〔一九二六〕年)などが、近畿三県の交通路線を示しながらも、地図の左側上部の水平線上に「朝鮮」「釜山」「上海」「台湾」「南洋」を記し、右側上部の水平線上に「北海道」「樺太」「ウラジオ」を記すことは、たしかに帝国主義的な欲望を感じさせるものではあるとしても、鉄道の国際的ネットワークの成熟を反映するものと言ってよい。初三郎の「パノラマ地図」は、したがって、奈良電による行楽でさえ、国際的な旅行へと連続しうるものであるという快感を喚起する。この種の「国際的な旅行」こそ、本来、「観光」と呼ばれるべきものである。

『日本国語大辞典』の教えるところによると、「観光」とは「他国、他郷の景色、史跡、風物などを遊覧すること。また、風俗、制度等を視察すること。観風」のことで、次のような「語誌」をともなう[30]。

> 「易経-観卦」に「観国之光。利用賓于王」とあるように、漢籍では、もともと国の威光を見る意で、国の文物や礼制を観察するという意味があった。日本でも中世以降ほぼ同様の意で用いられてきたが、現在のような単なる遊覧の意味で用いられるようになるのは、比較的新しく、明治期後半からである。

「観国之光。利用賓于王」つまり「国の光を観る。もって王に賓《ひん》するに利す」とは、「旅に出て他の国や地域の見聞を増やせば、その知識が役立ち、国王から重用される立場になることができる」の意味である。したがって、「観光」という語は、当初、国際的な視察のような旅に使用されていたが、大正年間(一九一二~二六年)には、「tourism」の訳語として「国の内外を問わない長距離の遊覧」として一般化した。そのような一般化を確定的にしたのが、昭和五(一九三〇)年、外客誘致に関する調査と誘致を図る日本最初の行政部局(鉄道省の外局)として、国際観光局が設置されたことである。それまで、「観光」は、多くの場合、国際的な文脈において使用されていたから、「国際観光局」という名称には違和感があったにちがいない。しかしこのために、「国内観光」という用語が発生する余地ができた

誘：吉田初三郎の鳥瞰図に見る〈パノラマ的眺望〉」（前出）参照。
(21) 詳細は「皇太子の京都修学旅行」（『初三郎式鳥瞰図「誕生」一〇〇年／日本パノラマ大図鑑』前出、七一頁）参照。
(22) 奈良電はこの種の《奈良電車沿線案内》を毎年刊行していたようで、筆者の手許には、少なくとも三種ある。小倉—玉造間の「未成線」（昭和四（一九二九）年六月に免許取得）や「木津川駅」（昭和四年七月開業）、「木津川水泳場」（同前）、「花園ラグビー場前駅」（昭和四年十一月）、「ラグビー運動場」（同前）、「八尾競馬場（大阪競馬場）」（昭和五（一九三〇）年春開場）、「奈良競馬場」（昭和四年十月開場）などの記入状況が異なることから、それぞれ、昭和三年、四年、五年に発行されたものと思われる。
(23) この図は、大正十三（一九二四）年の改訂に際して、初三郎が新たに追加したものである。
(24) 「シリーズ明治・大正の旅行」第五巻には「この鉄道路線の鳥瞰図は、道中記で描かれてきた街道絵図の系譜に連なるものである。また挿絵の二〇枚（見開き四〇頁分）には名所が描かれており、近世以来御名所図会の系譜に連なると考えられる。すなわち、鉄道省によるこの『鉄道旅行案内』は、判型が横帳であることもあわせて、名所図会と道中記の形式を復活させた旅行案内書と位置づけうるであろう」（二四頁）とある。
(25) 谷口梨花『汽車の窓から』前出、四一八～四二二頁
(26) 例えば、平安考古会編《京都鳥瞰図》（初版は大正四（一九一五）年、駸々堂書店、大正十三（一九二四）年再版）の袋図名は「京都パノラマ地図」である。
(27) B・コマン『パノラマの時代』野村正人訳、筑摩書房、一九九六年、四頁
(28) 同前、六頁
(29) W・シヴェルブシュ『鉄道旅行の歴史』前出、二三五頁以下（S.166-167）
(30) 「観光」『日本国語大辞典』

あとがき

ひとりで物思いにふけるときなど、私たちはとかく自分ひとりの物思いと考えがちになるが、そんなことはない。私たちを思考に誘うきっかけとなった現実は、決して私たちの独占物ではない。なんとなれば、それは説明すれば他の人にもたいていの意味は分かってもらえるような「現実」だからである。他の人とある程度まで意味を共有し合っている現実の中で私たちの悩みや葛藤が生じ、時に物思いにふけることにもつながっていく。このように、社会的に共有された意味の世界の中に私たちの思考も、そして行動も織り込まれている。ひとり物思いにふけってしまう私たちにしても、親身に話を聴いてくれる人に心を開き、事情を説明し始めると対話が開始されていく。ひとりの物思いであったとしても、他者と多かれ少なかれ共有できる現実から派生している限り、対話の契機は常に潜在しているのである。

もしそのような共有された現実を離れて自分独自の、他人にどうにも説明のつかないような世界に入り込むとしたら、それはいわゆる妄想の世界ということであり、精神がバランスを失って行くことにつながってしまうだろう。そうであってはならないし、そんなふうに現実から退いてしまう代わりに、人間というものは常に、現実の意味を他者と共有できるような表現の意欲を持ち続けてきた。つまりは対話の意欲ということである。そしてそのような表現を受けとめる他者は他者で、その対話をきっかけにして新たな現実の意味づけへと向かっていくことになる。

このように私たちが対話するということは、私たちを社会的に共有された意味の世界に留め、それがたまたま不都合な、苦しいものに感じられたとしても、そのような現実の中から、新たな意味を見出す思考を紡ぎ出すような、独特の人間らしい可能性に身を投じることにほかならない。現実の意味変容の可能性を見ずに、現実を決めつけてしまうことと対話の拒否ということは、表裏一体の関係にある。現実の意味変容の可能性を失ってしまうと、私たちの生はそのような「現実」の前に簡単に行き詰まってしまう。現実が耐えがたいほど理不尽に見えるとしたら、それはそのように見なしてしまう私たちの責任かもしれない。私たち自身が対話の意欲を失ってはならないし、同時に他の人の対話の意欲を尊重し、他者の表現したいことを受けとめるように努めていく必要があるだろう。

そのような意味において、対話は常に「潜在する可能性」に満ちているものであり、私たちに思いもかけなかったような現実の意味の変容を引き起こしていく契機となるものである。本書に収められた各論考において、いかにそれがなされているのか、そしてまた、それを読む私たちの中で、新たにどのような変容が起こるのか、興味は尽きない。

日本文化研究所の叢書も、第十二巻目の本巻においてひとつの節目を迎えました。もしかするとこれが最終刊となるかもしれません。これまで投稿してくださった皆さん、そして温かく見守って支援してくださった方々に厚く御礼申し上げ、捲土重来を期していきたいと考えております。

ご支援を頂いた大学に改めて感謝を申し上げます。あわせて、辛抱強く本叢書の制作を担当して頂いた風媒社にも厚く御礼を申し上げます。

（編集担当　鈴木伸太郎）

堀田 泉（ほった・いずみ）
日本教育財団主幹研究員・近畿大学名誉教授
著書：『消費組合論』（風媒社、2016年）、『モダニティにおける都市と市民』（御茶の水書房、2002年）、『創られた都市空間』（共編著、法政大学出版局、2015年）、『21世紀社会の視軸と描像』（編著、御茶の水書房、2004年）

斉藤日出治（さいとう・ひではる）
元・大阪産業大学教授
著書：『帝国を超えて』（大村書店、2005年）、『グローバル化を超える市民社会』（新泉社、2010年）、竹内常善と共編著『東日本大震災と社会認識』（ナカニシヤ出版、2013年）

高坂史朗（こうさか・しろう）
大阪市立大学名誉教授
著書：『実践哲学の基礎』（創元社、1984年）、『近代という躓き』（ナカニシヤ出版、1997年）、『東アジアの思想対話』（ぺりかん社、2014年）

岸 文和（きし・ふみかず）
同志社大学文学部教授
著書：『絵画行為論――浮世絵のプラグマティクス』（醍醐書房、2008年）、『江戸の遠近法――浮絵の視覚』（勁草書房、1994年）、『絵画のメディア学』（共編著、昭和堂、1998年）、『日本美術を学ぶ人のために』（共編著、世界思想社、2001年）

執筆者紹介（掲載順）

吉原直樹（よしはら・なおき）
東北大学名誉教授、大妻女子大学社会情報学部教授
著書：『開いて守る』（岩波書店、2007年）、『モビリティと場所』（東京大学出版会、2008年）、『「原発さまの町」からの脱却』（岩波書店、2013年）

平林一成（ひらばやし・かずなり）
近畿大学日本文化研究所講師
著書・論文：『能、戯曲解釈の可能性――〈草刈の能〉から〈狭衣〉まで』（早稲田大学出版部、2009年）、「能の作品史初期に関する諸問題――貞和五年における「憲清」の人物造型をめぐって」（能楽学会『能と狂言』No.6、2008年）

清 眞人（きよし・まひと）
元・近畿大学文芸学部教授
著書：『ドストエフスキーとキリスト教――イエス主義・大地信仰・社会主義』（藤原書店、2016年）、『聖書論Ⅰ 妬みの神と憐れみの神』・『聖書論Ⅱ 聖書批判史考』（藤原書店、2015年）

鈴木伸太郎（すずき・しんたろう）
近畿大学総合社会学部教授
著書・論文：「身体と時間の新たな関係性」（堀田泉編著『21世紀社会の視軸と描像』御茶の水書房、2004年）、「社会学が始まるまで」（コミュニティ・自治・歴史研究会『ヘスティアとクリオ』No.8、2009年）、「共同体形成力」（近畿大学日本文化研究所編『危機における共同性』風媒社、2012年）

山取 清（やまどり・きよし）
近畿大学総合社会学部教授
著書・論文：「西洋のロゴス、日本の言霊」（近畿大学日本文化研究所編『日本文化の明と暗』風媒社、2014年）、「自然ということばについての考察」（近畿大学日本文化研究所編『自然へ向かう眼』風媒社、2015年）、「レトリックの変転と現代教養論」（近畿大学日本文化研究所編『変化と転換を見つめて』風媒社、2016年）

綱澤満昭（つなざわ・みつあき）
姫路大学学長・近畿大学名誉教授
著書：『日本の農本主義』（紀伊國屋書店、2004年）、『農の思想と日本近代』（風媒社、2004年）、『思想としての道徳・修養』（海風社、2013年）

関口千佳（せきぐち・ちか）
近畿大学文芸学部教授
著書・論文：「権藤成卿における『社稷』論の序」（近畿大学日本文化研究所編『日本文化の攻と守』風媒社、2011年）、「奄美の社会運動」（近畿大学日本文化研究所編『否定と肯定の文脈』風媒社、2013年）、「大島紬にみる伝統の消失とその再生」（近畿大学日本文化研究所編『日本文化の明と暗』風媒社、2014年）

装幀／安起瑩

対話——潜在する可能性

2017年2月25日　第1刷発行　（定価はカバーに表示してあります）

編　者　　近畿大学日本文化研究所

発行者　　山口　章

発行所　名古屋市中区上前津2-9-14　久野ビル
電話 052-331-0008　FAX052-331-0512
振替 00880-5-5616 http://www.fubaisha.com/
風媒社

乱丁・落丁本はお取り替えいたします。　＊印刷・製本／シナノパブリッシングプレス
ISBN978-4-8331-0574-3